KB105731

악마의 탄생

악마의 탄생

지은이 폴 카루스
옮긴이 이지현
발행일 2015년 8월 20일
발행인 양근모
발행처 도서출판 청년정신
등 록 1997년 12월 26일 제10-1531호
주 소 경기도 파주시 문발로 115 세종출판벤처타운 408호
전 화 031-955-4923 / **팩 스** 031-955-4928
이메일 pricker@empas.com

* 이 책은 《악마의 역사》 개정판입니다.

선에 대한 끝없는 투쟁

악마의 탄생

폴 카루스 지음 ‖ 이지현 옮김

출판사 서문

폴 카루스는 이 책을 쓰기 위해 수많은 삽화들을 모으고 정리했다. 하지만 독자들은 그 매혹적인 삽화들에 마음을 빼앗기기 전에, 먼저 폴 카루스가 악마의 존재에 깊은 관심을 가졌던 무신론자라는 사실에 주의를 기울여 그의 주장을 대해주기를 바란다.

폴 카루스는 복음에 대한 열정으로 가득 찬 종교를 상대로 과학자들이 역설교를 펼치던, 바로 그 세기의 전환기에 집필을 하면서 과학과 종교 모두가 진보할 수 있는 중간의 길을 모색하는 데 힘을 쏟았다. 그는 젊은 나이에, 자신의 자유분방한 사고—훗날 자신의 일원론 철학을 꽃피우게 했던—를 마음껏 표현하는 데 제약을 받았던 독일을 떠났다. 그리고 일생일대의 업적을 이뤄낸 오픈코트 출판사(Open Court Publishing Company)의 편집인으로서 자리를 잡게 되었는데, 그곳에 머물면서 수십 권의 책을 저술하였고, 과학 · 종교와 관련된 두 편의 잡지를 발행했으며, 전 세계의 가장 진보적인 과학자 · 신학자들의 인상적인 저서들을 출판하였다. '과학과 종교에 대한 세계적 관점' 은 실로 오픈코트 사의 간행물과 폴 카루스가 견지했던 일원론 철학의 전형적인 특징이라 할 수 있다.

폴 카루스는 무엇보다 과학 철학자였다. 일원론(Monism)은 '하나' 라는 의미의 그리스어 '모노(mono)' 로부터 유래되었는데, 카루스에게 일원론의 교의는 과학적 토대를 마련하기 위해서는 반드시 필요한 요소였다.

그리고 종교를 비롯한 삶의 모든 면에 적용될 수 있는 연구법에는 이러한 토대가 깔려 있기 마련이었다.

일원론에서는 자연을 단일한 것, 불가분의 것으로 본다. 또 이것이 하나의 체계, 즉 이성으로 설명될 수 있다고 본다. 인간의 경험 또한 단일한 것이며, 불가분의 것이다. 그러므로 인간의 경험 역시 이성으로 설명될 수 있다. 특히 카루스의 일원론에는 감정, 사고, 도덕적 신념과 같은 인간 경험의 무형의 범주도 포함되어 있으며, 심지어 환영과 종교적 신념도 실재하는 세상의 한 부분으로 간주된다.

폴 카루스는 자신의 일원론적 사상을 다루면서, 모든 시대와 문화가 가지고 있는 갖가지 신화와 종교 사상의 표본들을 수집하여 그것들의 공통된 요소를 이끌어냄으로써, 과거의 문자화된 신화나 종교적 신념에 다가설 수 있고, 그것들의 진정한 의미를 밝힐 수 있다는 사실을 보여주었다. 죠셉 캠벨(Joseph Campbell)과 로버트 그레이브스(Robert Graves) 역시 그의 방법론을 따르고 있다.

《악마의 탄생》은 놀랄 만한 시각적 효과를 통해서 독자에게 악마 사상의 보편성을 느끼게 해준다. 사실 카루스는 악마 사상이 신에 대한 사상과 나란히 발전되었음을 보여준다. 악마 역시 신과 똑같이 인간 경험의 실재적인 부분을 상징하고, 양자 모두 제도화되고 인격화된 존재들이다. 신과 악마는 인간의 마음이 창조해 낸 것이지만, 악마가 단순한 악의 상징일 뿐이라고 해서 악이 덜 실재적이라는 뜻은 결코 아니다. 카루스는 '악'을 극복해야 할 장애물—모든 사람들이 직면하고 있는 근본적인 문제점—로 해석하고 있다.

카루스는 스스로를 '완벽한 이단자'로 칭하며, 그 이유를 "특히 전통적인 악마를 믿는다는 점에서"라고 밝히고 있다. 그는 자신이 '악'이 세상에 실제로 존재한다는 점에서 악마의 실재성을 믿는다는 사실을 독자들이 이해해 주기를 바랬다.

악마란, 인간의 노력에 대한 일체의 저항을 말한다. 저항이 없다면 진보는 이루어질 수 없기에, 마찬가지로 악이 없으면 선도 없다. 카루스는 신과 악마를 상대적인 용어로 이해하면서, "선은 악이 있기 때문에 존재하고, 신은 악마가 있기 때문에 존재한다"고 말한다.

아마도 최초의 현대 과학 철학자였을 폴 카루스가 제시한 '과학 대 종교' 문제에 대한 해결점은 당시만 해도 시대를 앞서 있었다. 그가 악의 문제에 관심을 가지고 악마를 분명하고 합리적으로 해석했기 때문에 이 책을 적시에 출판할 수 있었다고 생각한다.

폴 카루스는 선과 악에 대한 자신의 상대적 관점이 전 세계적인 공감대와 평화적 진보를 이룰 수 있는 첫걸음이라고 생각했다. 게다가 그는 악마가 너무나 매력적인 녀석이라는 걸 깨달았다.

자, 여러분의 눈으로 한 번 확인해 보시라!

HISTORY OF THE

DEVIL

C · · · O · · · N · · · T · · · E · · · N · · · T · · · S · · ·

1

종교 사상으로서의 선과 악

우리가 사는 세계에는 상반되는 수많은 개념들이 존재한다. 빛과 그림자, 열기와 냉기, 선과 악, 그리고 신과 악마 등등이 그러한데, 이제까지 이원론적 자연관은 인간 사고가 진화하는 과정에서 나타나는 필연적인 결과였다고 할 수 있다. 인류발전의 초기 단계에도 선령과 악령에 대한 이원론적 견해가 지배적이었는데, 타일러는 이를 '애니미즘(Animism)'이라고 하였다.

그러나 '단일성의 원리(the Principle of Unity)'가 사고의 발달을 지배하기 시작하면서, 인간은 모순되지 않는, 일관되고 조화로운 일원론 쪽으로 자신의 관념을 일치시키려고 애를 써왔다. 따라서 선한 영에 대한 믿음은 유일신적 믿음을 형성하게 된 반면, 악령에 대한 믿음은 자연히 사악하고 파괴적이며 비도덕적인 것들의 총체로 형상화되어 절대적인 악신으로 받아들이게 되었다.

일신교와 악마일신교(monodiabolism) 모두, 인간의 지성이 일원론적 경향으로 진화하는 과정에서 동시에 비롯되어 함께 이원론적 세계관을 성립시켰으며, 아직도 많은 사람들에게 가장 널리 받아들여지는 세계관으로 자리잡고 있다. 그렇지만 그것이 철학의 최종 목적지는 아니다. 인류의 사상가들이 세계를 해석하면서 그 속에 이원론이 내포되어 있음을 알게 되자마자, 그 해석의 흐름은 다시 한 단계 높은 관념으로 향하게 되었는데, 그것은 바로 순수한 일원론적 관점이다.

그렇다면 일원론에서는 신을 유일무이한 것(the one and all)으로 만들기 위해 악마라는 개념을 아예 없애버릴 것인가? 아니면 신과 악마 모두를 없애고, 그 자리에 또 다른 무언가를 창조해 낼 것인가? 과연 인류의 미래에는 귀요(M. Guyau)가 예언했던 것처럼, 종교가 사라진 '무종교(irreligion)의 시대'가 도래하게 될 것인가?

인간 사상의 진보에 끼친 이원론의 공헌을 인정하지 않고, 그 주장이 이치에 맞지 않는다고 생각하는 사람이라면, 당연히 미래에는 종교가 사라질 것이라 기대한다. 또한 자유사상가들은 무신론이 온갖 신에 대한 관념들을 대체하게 될 것이라고 단언한다. 그러나 이러한 주장은 별로 신빙성이 없다. 미래의 일원론적 풍조는 종교를 파괴하는 것이 아니라, 오히려 종교를 정화하고 진보시켜 줄 것이기 때문이다.

앞에서도 말했지만 미개인의 애니미즘은 인간 정신이 진화하면서 거치는 하나의 필연적 단계였다. 어느 정도 개화된 시기에 사는 좀 더 고등한 인간의 눈에는 그것이 마치 오류처럼 보일 것이다. 그러나 실상 그 오류에는, 주변세계를 보다 정확하게 바라보는 세계관으로 자연스럽게 발전할 수 있는 진리가 담겨 있다. 오늘날의 종교 사상도 마찬가지다. 종교 사상은 상징으로 이루어져 있기 때문에, 글자 그대로 받아들인다면 이치에 맞지 않을 수도 있다. 하지만, 그 상징성 안에서 이해하면 보다 완전한 진리의 세계를 꽃피울 씨앗이 들어 있음을 알 수 있다.

오늘날에는 실증주의적인 세계관이 철학적 흐름을 지배하고 있다. 이러한 세계관은 사실을 진술하는 것으로 상징을 대신하고, 종교적 우의(allegories)를 부인하지 않으면서도 정확하고 더 깊이가 있는 관념을 부여한다.

인류가 무신론의 교의를 받아들여 그것을 공공연히 가르치게 될 무종교의 시대가 온다는 것은 불가능한 일이다. 무신론은 하나의 부정(negation)에 불과하며, 부정이란 거부할 만한 확실한 논제들을 만났을 때에만 의미가 있는 까닭이다. 즉 부정만으로는 지탱될 수가 없다. 또한 신이 인간의 모습을 닮았다고 보는 관점, 즉 신을 무한하게 큰 개인으로 이해하는 신인동형론(Anthropotheism)은 보다 높은 수준의 관점, 즉 '인격적 신'이라는 개념을 단순히 직유적 표현으로 보는 관점에 밀려날 수밖에 없다.

신은 인간 이상의 존재이다. 보통 신을 '인격적인 존재'로 말할 때, 알레고리(allegory)를 사용하고 있다는 사실을 우리는 분명하게 인식하고 있어야 한다. 그것을 글자 그대로 받아들인다면 신을 과소평가 하게 마련이다. 이런 이유로 미래의 신은 인격적인 존재가 아니라 초인격적 존재일 것이다.

그렇다면 우리는 과연 어떻게 초인격적 신에 대한 이해에 다다를 수 있을 것인가? 그 해답은 과학의 도움으로 찾을 수 있을 것 같다. 과학이 밟아온 행로를 종교에서도 추구한다면, 편협한 종파심을 띠고 있는 종교는 지금의 과학이 그러하듯 보다 관대하고 보편적인 종교로 발전하게 될 것이다.

상징은 거짓이 아니다. 상징은 진실을 내포한다. 알레고리와 우화 역시 허구가 아니다. 그것들은 모두 어떤 정보를 담고 있다. 더욱이 단순한 진리를 받아들일 준비가 되어 있지 않은 사람들은 이들을 통해 보다 쉽게 진리를 향해 다가갈 수 있다. 그러므로 과학의 진보와 함께 종교적 상징이 그 상징성 안에서 인지되고 이해될 때, 이러한 이해의 방식은 종교를 파괴하는 것이 아니라, 오히려 신화를 통해 정화될 것이다.

우리는 신을 '일정한 도덕적 행위를 역설하는, 만물 중에서 가장 권위 있는 존재'로 정의한다. 신은 조화로운 자연의 법칙을 만들어 낸다. 또 수학과 논리학의 내재적 필연성(the intrinsic necessity)이다. 무엇보다도 신은 우리로 하여금 각자의 경험을 통해 바름, 정의, 도덕이라는 서로 분리될 수 없는 특성들을 갖추도록 가르친다.

이러한 존재는 우주에 충만한 법칙의 구성적 특징 때문에 내재적이며, 모든 형태의 우주 질서의 필요조건이기에 또한 초월적이다. 이 점에서 신이라는 존재는 초우주적, 초자연적이다.

우리는 신이 '비인격적(impersonal)'이라고 말하지 않는다. '비인격적'이라는 말에는 인격을 구성하는 요소들이 결핍되어 있다는 뜻이 내포되어 있기 때문이다. 다시 말하면 비인격적이라는 말은 모호함, 불확정, 어떤 특징의 결핍을 의미한다. 그러나 신은 우주의 질서 속에서 드러나기 때문에 분명히 한정되어 있다. 신은 모호하지 않으며, 오히려 매우 두드러진 특징들을 가지고 있다. 또 신은 신일 따름이며 다른 어떤 것이 아니다. 그 존재는 보편적이지만, 그렇다고 한정할 수 없는 것도 아니다.

신의 본질 역시 아무 특징 없는 보편성으로 이루어져 있는 것이 아니라, 뚜렷한 성질을 보여준다. 사실 여기에 정의된 대로 정신의 세계뿐 아니라 물질적 세계에 있는 모든 존재의 본성이 신에게 달려 있다면, 우리가 이성이라 부르는 저 보편논리를 실현하지 않은 '인격(personality)'이란 과연 무엇이란 말인가?

개별적인 존재는 아니라 할지라도, 신은 인격의 원형이다. 비록 신이 심사숙고하고, 비교 검토하여 결론을 내리는 우리와 같은 인간은 아니지만, 그래도 신이란 인격을 조건 짓는 존재인 것이다. 신은 생명체의 혼에 고상한 자신의 이미지를 불어넣었기 때문에, 생명체가 가지고 있는 '인격'의 특징들도 모두 지니고 있다. 그러므로 우리는 신이 '비인격적'이라고 하지 않고 '초인격적(superpersonal)'이라고 한다.

신은 철학자와 진보적 신학자들로부터 많은 주목을 받았지만, 반면 악마라는 어둠의 존재는 너무나 소홀히 다루어져 왔다. 그러나 어쨌든 악마라는 대상은 매우 흥미롭다. 괴기스럽지만 낭만적이고 익살스러우며, 시적이면서도 어떤 면에서는 장엄하고 비극적이기까지 하다. 신이라는 개념이 현실 세계에 실재하는 존재를 나타내는 하나의 상징이라 할 때, 악마라는 개념 역시 실재성을 나타낸다고 봐야 하지 않을까?

악마의 역사를 완성하기 위한 글을 쓰기 위해서는 수십 권의 책만으로도 부족하기 때문에, 이를 총망라하는 것은 거의 불가능하다. 따라서 우리는 악마에 대한 믿음과 악에 대한 사상이 발전해 온 가장 두드러진 특징들만을 가지고, 그저 그 윤곽을 그려보는 것으로 만족할 수밖에 없다.

2

악마 숭배

종교의 발생

악마 신앙을 연구하는 사람이라면, 바이츠(Waitz), 러벅(Lubbock), 타일러(Tylor)가 수집하고 정리한 원시종교 상태에 대한 기록들을 살펴봄으로써, 악마 숭배가 자비롭고 도덕적으로 선한 신을 숭배했던 시기보다 시간적으로 앞서 있다는 확신을 가지게 된다. '악마 숭배' 단계에서 '신 숭배' 단계로 옮겨간 사실을 확인할 수 있는 증거자료들은 많다. 또 모든 종교적 숭배행위에는 언제나 공포가 최초의 동기가 된다는 사실에도 예외가 없는 것 같다. 이 때문에 악마, 다시 말해 강력한 악신은 까마득한 옛날, 거의 모든 신앙에서 가장 중요한 존재로 나타나고 있다.

우리들이 보통 선한 사람보다는 나쁜 사람을 두려워하는 것처럼, 종교는 그 진화의 첫 단계에서 마귀 혹은 악마를 숭배하는 형태를 띠었던 것이다.

허버트 스펜서(Herbert Spencer)는, 미개인은 자신이 이해하지 못하는 힘을 숭배한다고 주장하면서, 종교의 발생이 '미지의 세계'에 근거하고 있다고 보았다. 과학자들조차 손대려 하지 않는 이 같은 근거를 종교에 부여하기 위해, 스펜서는 완전한 미지의 존재를 주장하면서 그것을 앞으로의 종교 원리로 제시하였다. 그러나 사실 스펜서의 주장은 옳지 않다. 독일 속담에 이런 말이 있다.

Was ich nicht weiss(내가 모르는 것은)
Macht mich nicht heiss(나를 뜨겁게 만들지 않는다).

이를 우리말로 옮기면, '모르는 게 약' 정도가 된다.

우리는 전혀 모르고 있는 존재에 대해서는 걱정하지 않는다. 미개인은 천둥이 무엇인지 몰라서 숭배하는 것이 아니다. 그들은 천둥을 동반하는 벼락과 그 결과에 대해 충분히 알고 있다. 단지, 그것이 자신에게 떨어질까 봐 두려워하는 것이다. 즉 자신이 익히 알고는 있지만 통제할 수 없는 명백한 위협 때문에 천둥을 두려워하며, 두렵기 때문에 그것을 숭배한다는 이야기다.

인신공희(供犧, Human Sacrifices)

실화를 수집하여 면밀히 조사한 사람들의 얘기로 주의를 살펴보자. 바이츠(Waitz)는 《인류학(Anthropologie)》에서 어느 정도 기독교로 교화된 인디언들에 관해서 기술하였다. 플로리다의 부족들은 환영(幻影)을 통해 사람을 괴롭힌다는 악령 토이아(Toia)를 진지하게 섬겨왔던 데 반해, 인간사에 그다지 간섭하지 않는 선령에 대해서는 별로 중요하게 생각하지 않는다는 것이다. 또 마르티우스(Martius)는 브라질의 미개부족에 대해서 다음과 같은 독특한 의견을 내놓았다.

> 모든 인디언들은, 악의 정령이 강한 힘을 가지고 자신들을 지배하고 있다고 깊이 믿는다. 물론 선령의 힘을 어느 정도 믿기 시작하는 인디언들이 늘어나고 있기는 하지만 악령의 힘에 대해 경외하는 것에 비하면 미약하다. 어쩌면 그들은 선한 신이 악마에 비해 자신들의 운명을 좌우하는 힘이 약하다고 생각하는 것인지도 모른다.

존 스미스 장군(Capt. John Smith)은 1607년 버지니아 주를 식민지화하는 데 큰공을 세운 인물인데, 그는 오키(Okee, 인간의 힘으로 통제할 수 없다는 뜻) 숭배에 대해 다음과 같이 묘사하고 있다.

> 버지니아 미개인들이 아무리 원시적이라고는 해도 종교, 가축 그리고 활과 화살이 없는 곳은 찾을 수 없다. 그들은 자신들의 힘으로 대항할 수 없는 모든 것들, 예를 들어 불, 물, 번개, 천둥 그리고 우리의 총포와 말 등을 신성하게 섬기며 숭배한다. 그러나 그들이 누구보다도 섬기는 최고의 신은 디벨(Divell)이다. 그들은 디벨을 오키[1)]라고 부르며, 경애심보다는 두려움을 가지고 섬긴다. 그들은 오키와 상의하여 스스로를 자신들이 생각하는 디벨의 형상에 가깝게 맞춘다고 말한다. 그들의 사원에 마치 악마처럼 보이는 디벨 상에 칠을 하고, 고리, 줄, 구리, 구슬로 장식한 다음, 그런 신의 모습에 잘 어울릴 만큼 괴상하게 가죽을 덮어씌워 놓았다.
>
> 어떤 지역에서는 해마다 부족의 미성년 아이들이 제물로 바쳐진다.

이아메스(Iames) 마을에서 10마일 정도 떨어진 쿠이요코하녹(Quiyoughcohanock)에서도 이러한 인신공희가 있었다.

10살에서 15살 사이의 가장 적합하다고 생각되어 뽑힌, 15명의 어린 소년들은 온통 하얗게 분장을 한다. 부족 사람들은 그들을 앞세운 채, 아침나절 동안 방울 종을 흔들며 춤추고 노래하면서 보낸다. 그리고 오후가 되면, 한 나무를 중심으로 선택된 어린 소년들을 빙 둘러 세워놓는다. 소년들의 곁에는 모든 부족 남자들이 파수꾼이 되어 늘어서는데, 그들의 손에는 갈대 잎으로 엮은 회초리가 들려 있다. 이어 나무 둘레에 세워진 어린 소년들을 데려올 5명의 청년이 정해지면, 그 청년들은 파수꾼들에 의해 만들어진 긴 통로를 따라 소년들에게 다가간다. 이때 파수꾼들은 회초리를 들어 사정없이 이 청년들을 후려친다. 청년들은 벌거벗은 맨살 위로 떨어지는 매를 견디면서, 혹독한 매로부터 어린 소년들을 보호하여 데리고 나와야 한다. 그리고 이런 매질은 소년들이 그곳을 벗어난다 해도 계속된다.

한편, 이 제식이 행해지는 동안, 부족의 여자들은 큰 소리로 통곡하면서 희생된 아이들의 장례식에 쓸 거적과 과일, 곡식의 껍질, 이끼, 그리고 마른 나무 등을 준비한다.

소년들이 파수꾼을 그렇게 모두 통과하고 나면, 파수꾼은 어린 소년들이 에워싸고 있던 나무의 줄기와 큰 가지를 베어 잘게 부수고, 나뭇가지로 머리에 얹을 화관을 만들거나 잎으로 머리카락을 장식한다. 그 밖에 소년들에게 가해지는 다른 행위는 없지만, 소년들은 모두 한 계곡의 흙더미 위로 죽은 사람처럼 던져진다. 그리고 그곳에 모여 있는 모든 사람들을 위한 축제가 시작된다.

내가 이 인신공희의 목적이 무엇이냐고 묻자, 추장은 소년들이 모두 죽는 것은 아니며, 죽은 소년은 그가 숨을 거둘 때까지 오키, 즉 디벨이 그의 왼쪽 심장에서 피를 빨아먹기 때문이라고 대답했다. 설령 죽지는 않았다고 해도 살아남은 소년들은 아홉 달이 지날 때까지 청년들의 감시를 받으며 황량한 곳에서 지내야 한다. 또한 그 동안 누구와도 대화를 나누어서는 안 된다. 바로 이들 중에서 제사장이나 주술사가 나오게 되는 것이다.

그들이 치러야 하는 인신공희는 필수 불가결한 것이다. 만일 그들이 제물을 바치는 일을 그만둔다면, 신 오키나 다른 쿠이요코수프스(Quiyoughcosughes, 그들이 섬겼던 다른 신들)는 그들에게 사슴, 칠면조, 옥수수, 물고기 등을 주지 않을 것이기 때문이다. 게다가 신들은 그들에게 훨씬 더 혹독한 재앙을 내릴지도 모를 일이었다.

비록 그들이 섬기는 악신들을 버리도록 설득할 수는 없었지만, 그 지역에는 우리의 총포가 그들의 활과 화살을 능가하는 것처럼, 우리가 섬기는 신이 그들의 가짜 신들을 능가한다고 믿었던 자들도 있었다. 그러나 무엇보다 추장들의 신앙심, 생각, 뜻이 그 지역의 누구보다도 큰 영향력을 행사했기 때문에, 많은 이들은 그런 추장들을 이용하여 무지한 우상 숭배에서 벗어나도록 하려고 온갖 노력을 다했다. 여러 번 사람을 시켜 이아메스(Iames)의 추장에게 선물을 들려 보냈고, 그들의 신은 그들에게 아무것도 주지 않을 것이니, 비를 내리도록 하려면 하나님에게 기도해야 한다고 설득하기도 했다.

이렇게 안타까운 무지 속에서, 이 가여운 영혼들은 창조주에 대해 알지도 못한 채 디벨에게 자신들을 제물로 바쳤던 것이다.

몇 세기 전에는 이와 비슷한 풍습이 미 대륙과 섬에 거주했던 거의 모든 인디언 부족 사이에서 유행했었다. 이를 목격한 피터 마터(Peter Martyr)의 보고서에 따라 그려진 피카르트(M. Bernhard Picart)의 삽화는(그림 2-1), 지금은 보통 아이티(Haiti)로 불리는 히스파니올라(Hispaniola) 부족들이 요카나(Jocanna)라는 이름의 초월적 존재를 숭배하였다는 사실을 입증해 준다. 그 풍습으로 보아 그들이 굉장한 악마 숭배자들이었다는 것을 짐작할 수 있다.

가장 개화된 원주민이었던 멕시칸(Mexican)조차 그때까지 이러한 신앙 단계를 벗어나지 못했다. 당시의 그들에게도 백인들의 사랑과 평화의 신에 대한 관념은 그리 생소한 것이 아니었다. 하지만 무시무시한 신, 우이칠로포치틀리(Huitzilopochtli)에 대한 공포 때문에 여전히 그 사원의 제단은 인신 제물의 피로 물들었던 것이다.

인신공희는 성경에도 자주 언급된다. 〈열왕기하〉 3장 27절을 보면, 모압(Moab)왕은 이스라엘의 자손에 의해 궁지에 몰리자, "자신의 대를 이어 통치할 맏아들을 죽여 성 위에서 번제를 드렸다"고 했다. 그리고 그는 이런 끔찍한 수단으로 도시를 살리는 데 성공했던 것 같다. 성서에 "그러자 무서운 신의 진노가 이스라엘에 내려, 이스라엘 사람들은 모압을 떠나 고국으로 돌아갔다"라고 기록되어 있기 때문이다.

예언서에는 이스라엘인들이 타종교를 모방하여 그들의 아들과 딸을 악마에게 제물로 바치거나, 혹은 그들로 하여금 몰록(Moloch)의 불구덩이를 지나게 하여 죽음에 이르게 하는 것 같은 이스라엘인들의 이교도적 풍습에 반대하는 설교가 끊임없이 나온다. 그러나 보다 순전한 이스라엘의 신앙조차도 미개인의 종교적 관념과 너무 가까워서, 입다(Jephtha)는 여전히 신이 그에게 "자신의 딸로 번제를 드릴 것"을 요구한다고 믿었다.

문명화된 나라들이라고 해도 예외는 아니다. 그들의 전설 속에는 먼 옛

▶ 〈그림 2-1〉 아이티 원주민들의 마귀 숭배 의식

날 종교가 막 태동했을 당시, 분노한 신들을 달래기 위해 인간을 제물로 바쳤던 자취가 고스란히 남아 있다. 아테네의 영광이 절정에 다다랐던 시절, 에우리피데스(Euripides)는 아킬레스(Achilles)의 무덤가에서 희생된 폴릭세나(Polyxena)의 비극적인 운명을 극적으로 표현했다. 폴릭세나는 그리스 군대의 안전한 귀환을 보장받기 위해 분노한 영웅의 영혼을 달래고자 인신제물로 바쳐진 인물이었다.

문명이 진보하면서 변화가 있기는 했다. 하지만 인신공희를 직접적으로 폐지하는 데까지 이르지는 못했다. 좀 더 진보된 미개인들 사이에서, 혹은 고도의 문명이 개화하는 시기에조차 그런 풍습은 존재했다. 단지 이전과 달랐던 점은, 어린아이가 되기도 했고, 처녀 혹은 젊은이가 되기도 했던 희생자들이 학살되지 않은 채 제물로 바쳐지거나, 혹은 운 좋게 도망하거나, 어떤 용감한 인물에 의해 구원받을 수도 있었다는 점이다. 이러한 구원되는 제물에 대한 자취들은 페르세우스(Perseus)와 안드로메다(Andromeda)의 이야기나, 윌리엄 텔에 버금가는 명궁 팔나토케(Palnatoke)의 이야기에서 발견할 수 있다. 또한 매년 가난한 농부의 딸들을 하나씩 먹어치우는, 여덟 개의 머리가 달린 뱀을 죽인 일본 민속신화 속의 소잔오(素殘嗚)의 이야기, 기타 유사한 고대설화 속에서도 발견할 수 있다.

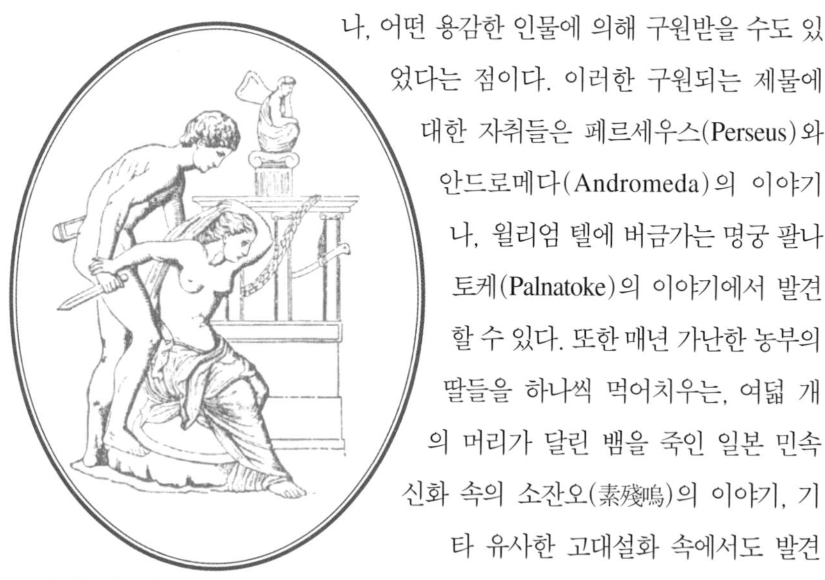

▶ 〈그림 2-2〉 그리스인의 인신제물
폴릭세나는 아킬레스의 무덤에서 네옵톨레무스(Neoptolemus)의 손에 죽임을 당한다.

이와 동시에 다양한 종교설화에서

알 수 있듯, 인신 제물은 점차 동물로 대체된다. 이렇게 해서 암사슴은 이피게네이아(Iphigenia)를 대신하고, 숫양은 이삭(Issac)을 대신하기에 이른 것이다.

식인풍습

인신공희는 악마 숭배의 주요한 특징들 중 하나일 뿐 유일한 특징은 아니다. 인신공희와 더불어, 신이 인간의 극심한 고통을 즐긴다는 생각에 근거한 또 다른 잔인한 풍습들도 있었다. 그리고 이 같은 혐오스런 행위는 한 때 인육을 먹기에까지 이르렀다.

인류학적 관점에서 볼 때, 식인행위는 식량난 때문이 아니라 늘 어떤 종교적인 미신, 특히 적의 심장이나 뇌를 나누어 먹는 사람은 죽은 자의 용기, 힘, 기타 다른 장점들을 얻게 된다는 믿음에 따른 것이다.

신의 분노를 피로 진정시켜야만 한다거나, 희생자의 살과 피를 먹고 마심으로써 영적인 힘을 얻는다는 식의 믿음의 잔재는, 특정 종교의 교리를 중세 식으로 해석할 때 오늘날에도 여전히 남아 있으며, 이는 두려움 없이 지속적으로 종교개혁을 모색하려는 노력 앞에서만 사라질 수 있을 것이다. 그러나 종교의 초기단계에 있었던 어떤 미신들은, 마치 과학과 철학이 자연스러운 진화과정 속에서 겪어왔던 다양한 오류들이 그러했듯 불가피했다는 걸 기억해야 한다.

종교는 언제나 공포로 시작된다. 그래서 미개인들의 종교를 '악에 대한 공포와 그 악으로부터 도망치고자 하는 다양한 노력'으로 정의해도 무방할 것이다. 하지만 문명화된 나라에서는 악에 대한 공포가 더 이상 중요한 역할을 담당하지 못한다.

우리는 역사 연구를 통해, 초기종교 단계에 행해졌던 거의 모든 숭배가 악의 힘에 대한 특별한 두려움과 경외감으로 비롯된 것이라는 사실을 알 수 있었다. 악마 숭배행위는 인간이 분명한 선의 힘을 인지하고, 결국 선이 항상 승리한다는 사실을 경험으로 깨닫기까지 지속되었다.

사람들이 세상을 지배하는 모든 힘 중에서 정의의 힘이 가장 강하다는 사실을 조금씩 깨닫게 되면서, 악의 힘이 더 이상 경외의 대상이 되지 못하게 된 것은 당연한 일이다. 악의 힘은 더 이상 숭배하거나 비위를 맞춰줄 대상이 아니라 오히려 투쟁의 대상이 되었다. 정의, 선, 진리가 최후의 승리자라는 강한 믿음이 보편화된 것이다.

3

고대 이집트

세트, 위대한 악마신

그리스인들이 티폰(Typhon)이라고 부르는 세트(Set) 또는 세스(Seth)는, 이집트 신화에서는 사악한 죽음의 악마로서, '모두가 그의 진노를 두려워하는 강한 신(a-pahuti)'으로 묘사된다. 또 비문에는 '테베(Thebes)에서 가장 강력한 자', '남쪽의 통치자'로 씌어져 있다. 세트는 불화살로 인간을 쏘아 죽이는 태양으로도 이해되어 살인자로 불리며, 그가 즐겨 쓰는 작살은 티폰의 뼈로 불린다.

사람들은 사냥한 동물들을 그에게 바친다. 세트의 상징은 독수리의 머리와 날개에 사자의 몸통을 가진 괴수 그리핀(akhekh, 어둠의 신)이다. 또한 하마, 악어, 돼지, 거북이 그리고 특히, 뱀 아파피(âpapi, 그리스어로 아포피스〔apophis〕로 통한다. 아파피는 서쪽 지평선 아래로 떨어지는 태양을 상징하는 신 아트무〔Atmu〕, 트무〔Tmu〕 또는 툼〔Tum〕이라고도 한다)가 다스리는 곳에서 죽은 자를 기다리는 것으로 인식되었다.

▶ 〈그림 3-1〉 세트

세트는 긴 다리, 직립보행, 끝이 네모지게 각진 귀, 짐승의 주둥이처럼 튀어나온 입으로 쉽게 알아볼 수 있는데, 이는 굉장히 멋진 영양 오릭스(Oryx)의 머리를 모방한 것으로 알려져 있다. 세트의 배우자는 타우르트(Taourt)이다. 그리스인들은 그녀를 토에리스(Theouris)라고 불렀다. 그 모습은 주로 직립의 하마로 묘사되는데, 등은 짐승의 털로 덮여 있고 악어 꼬리를 하고 있다.

세트는 종종 오시리스(Osiris)와 대조된다. 세트가 사막, 가뭄, 타는 듯한 목마름 그리고 메마른 바다의 신이라면, 오시리스는 수분, 나일 강, 비옥한 생명의 힘을 상징한다. 플루타르크(Plutarch)는 이렇게 말했다.

> 달(오시리스)은 그 풍요롭고 비옥한 빛으로 동물을 생장시키고, 식물이 자라도록 하는 것을 좋아한다. 그러나 태양(세트)은 지독한 화염으로 동물들을 태워 죽이려 하고, 대부분의 대지를 사람이 살 수 없는 불모지로 만들었으며, 자주 달까지도 손아귀에 넣었다.

세트는 생명이 있는 모든 것들의 적이며, 모든 것을 파괴하는 힘과 동일시되었다. 그는 달의 기울어짐을 의미하고, 나일 강의 강물이 줄어드는 것을, 또 태양이 지는 것을 의미했다. 그는 기울어지는 태양의 왼쪽 눈, 혹은 검은 눈이라고 불리며, 그해 여름철 하지로부터 겨울철 동지에 이르는 기간을 지배한다. 이는 생명의 생장과 동지에서 하지까지의 빛의 증가를 상징하는 떠오르는 태양, 즉 호루스(Hor)의 오른쪽 혹은 밝은 눈과 대조를 이룬다.

세트가 모든 이집트인에게 항상 사탄과 같은 신이었던 것은 아니다. 나일 강 서쪽 한 작은 지방에서는 공식적으로 그를 숭배했다. 이 지방은 지역적 특성상 북쪽의 오아시스로 가는 출발지점이었다. 이 때문에 그곳 거주자들 대부분은 사막을 여행하는 사람들을 안내하는 일을 업으로 삼았으므로, 사막의 주(主)신 세트와 좋은 관계를 유지해야 할 필요성이 있었던 것이다.

나일 강의 삼각주 동쪽 지류 사이에 놓인 늪지 근처에 위치한 타니스(Tanis)에는 세트를 전쟁의 신으로 받들었던 거대한 사원이 있다. 타니스

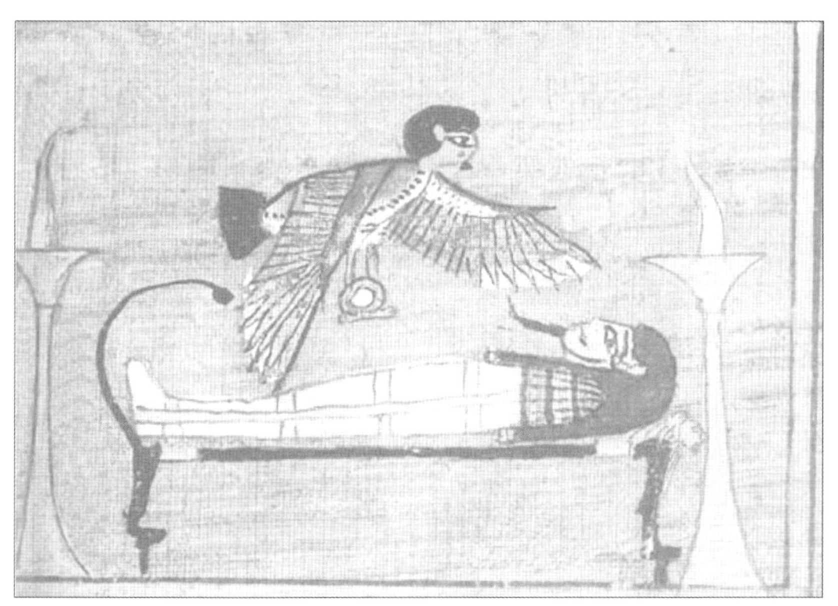

▶ 〈그림 3-2〉 미이라를 찾아온 영혼

▶ 〈그림 3-3〉 왕에게 궁술을 가르치는 세트

는 중요한 국경 지대 마을이었고, 이민족 침략기에는 힉소스(Hyksos)와 히타이트(Hyttites)가 탐낼 만한 요지였던 곳이다.

이들 이민족은 자신들의 신 수테크(Sutech)와 이집트의 신 세트를 동일시했으며, 힉소스인들 사이에서도 세트는 저항할 수 없는 힘, 난폭한 힘을 가진 무시무시한 전쟁과 파괴의 신으로서 숭배되었다.

이집트 18왕조 시대의 카르나크(Karnak)에는 오래된 벽화가 있는데, 세트 신이 토트메스(Thothmes) 3세에게 궁술을 가르치는 스승으로 등장하고 있다(그림 3-3).

세티(Sety) 1세는 힉소스 19왕조의 두 번째 왕으로서, 그 이름을 신 세트(힉소스 왕조의 영광스러운 자라는 상징적 의미)에서 따왔다. 실제로 그들은 수테크, 즉 세트만이 진정한 유일신이며, 그만이 거룩한 존경을 받을 가치가 있다고 믿었던 것이다.

만일 힉소스 왕조의 시기가 이집트에서 야곱(Jacob)의 아들들이 정착했던 시기와 동일하다면, 또 만일 힉소스 왕조의 유일신주의가 모세 종교의 뿌리라면, 여기서 우리가 생각해 봐야 할 것이 있다. 실생활에서 우리가 직면하는 두려운 힘에 대한 똑같은 경외감이 이집트인들 사이에서는 세트라는 악마 숭배로 변했고, 이스라엘인들 사이에서는 야훼(Yahveh) 숭배로 변모했다는 사실이다. 세트가 주는 공포에도 불구하고, 그는 본래 단순한 악마였을 뿐만 아니라 위대한 신들 중 하나로서, 사람들은 그를 두려워하고 분노를 달래주려고 애썼다.

하인리히 브룩슈(Heimrich Brugsch)는 다음과 같이 말한다.

> 고대 이집트인들의 《사자의 서(the book of the Dead)》나 최근 발굴된 피라미드 속의 수많은 비문들은 놀랍게도 상상 속의 세트와 그 무리들을 막으려는 부적들에 다름 아니었다. 유감스럽지만 우리에게 전해 내려온 고대문학의 태반이 바로 이런 것이다.

사후 사상과 신관-《사자의 서》를 중심으로

죽은 자는 서쪽 지평선 너머 아트무(Atmu)의 거처를 지나, 지하 세계인 아멘티(Amenti)로 내려가게 된다. 이집트인들은, 자신과 '똑같이 닮은 것(double)', 즉 '또 하나의 자신(other self)'의 보존에 자기 존재의 구원이 달려 있다고 믿었다. 이 '또 하나의 자신'은 무덤에 머물며, 미이라나 사자(死者)의 몸을 본뜬 조각상 속에서 산다고 믿었다.

'또 하나의 자신'은 마치 살아 있는 사람처럼 음식과 물을 필요로 하는데, 이 문제는 주문으로 해결된다고 믿었다. 신비의 주문은 무덤 속에 있는 또 하나의 자신이 느끼는 배고픔과 목마름을 채워주고, 선한 신들을 향한 기원문은 세트와 그 무리들의 사악한 음모를 막아준다는 것이다. 에드푸(Edfu) 신전의 한 비문에서는 다음과 같은 글을 읽을 수 있다.

> 라(Ra) 만세, 그대는 광휘 안에서 찬란히 빛납니다.
> 그러나 아포피스(Apophis, 하늘의 나일 강에 사는 거대한 구렁이)

의 두 눈에는 어둠만이 가득할 뿐!

라 만세, 선은 그대의 미덕입니다.

그러나 아포피스는 그 사악함에 추하기 이를 데 없을 뿐!

신앙심이 깊었던 이집트인들은 무덤 속에 있는 '또 하나의 자신'이 겪게 될지도 모를 배고픔, 갈증, 기타 질병들 혹은 육체의 소멸에 대한 공포로부터 벗어나기 위해 시체를 미이라로 만들고 피라미드를 축조했다. 하지만 시체를 매장하는 데 바쳐졌던 이 모든 미신적 행위와 터무니없는 겉치레에도 불구하고, 죽은 뒤에 찾아올 그와 같은 재앙으로부터 벗어날 수 있는 실로 유일한 수단은 바로 '정의로운 삶'이라고 여겼던 사려깊은 사람들도 있었다. 이런 증거들은 여러 비문들에서 발견할 수 있다. 특히, 《사자의 서》의 125장 도판에 확실하게 표현되었는데, 여기서는 〈그림 3-4〉를 통해 볼 수 있다.

투린 파피루스의 '진실의 전당(Hall of Truth)'은 머리에 아테프(atef) 관을 쓰고, 손에는 갈고리 모양의 왕홀과 도리깨를 든 오시리스를 보여준다. 지하세계 아멘티의 괴수 위쪽으로, 각각 불행과 행복을 상징하는 두 수호신 샤이(Shai)와 라넨(Ranen)을 볼 수 있다. 장례를 주관하는 네 명의 신 암세트(Amset), 하피(Hapi), 투아무테프(Tuamutef) 그리고 케브세세누프(Kebhsnauf)는 제물이 가득 쌓인 제단 위에 떠 있다.

또한 열두 마리의 코브라들, 불꽃, 띠 모양으로 장식된 진실의 깃털을 볼 수 있다. 저울의 양쪽은 토트(Thoth)의 성물(Sacred animal) 비비원숭이가 균형을 잡고 있고, 그림의 중간에는 아트무가 오른쪽과 왼쪽 눈을 향해 손을 벌리고 있는 것을 볼 수 있는데, 이들 눈은 각각 '석양과 일출', '죽음과 부활'을 상징한다.

▶ 〈그림 3-4〉 진실의 전당에서 심장의 무게를 재는 장면
맨 우측부터 망자, 무게의 주관자 아누비스, 아멘티의 괴수 암무트, 신들의 서기관 토트, 호루스, 오시리스

마트(Maât, 두 개의 진리로 불리기도 한다. 여기서 두 개의 진리란 곧 천국과 지하세계를 말한다)는 정의의 여신이자 신들의 지도자로서 자신을 상징하는 곧추세운 새의 깃털을 머리에 장식한 모습이며, 망자(亡者)를 진실의 전당으로 안내하는 역할을 한다. 망자는 무릎을 꿇은 채 42명에 달하는 신들의 이름을 암송하고 찬양한 뒤, 42가지 죄에 관한 이집트 도덕률 중 어떤 것도 어기지 않았다는 것을 맹세한다. 여기서는 신들의 이름은 생략하고, 망자의 고백 부분만 발췌해 보았다.

저는 나쁜 짓을 하지 않았습니다. 저는 폭력을 쓰지 않았습니다. 저는 아무에게도 고통을 주지 않았습니다. 저는 훔치지 않았습니다. 저는 믿음을 배반하고 누굴 죽이지 않았습니다. 저는 신에게 바치는 제물을 소홀히 여기지 않았습니다. 저는 누구에게 해를 끼친 일이 없습니다. 저는 거짓말을 하지 않았습니다. 저는 남을 울린 일이 없습니다. 저는 육신을 더럽히는 행위를 한 적이 없습니다. 저는 간음하지 않았습니다. 저는 남의 것을 내 것인양 취한 적이 없습니다. 저는 배신을 행하지 않았습니다. 저는 경작된 땅에 해를 끼친 일이 없습니다. 저는 결코 남을 고발하지 않았습니다. 저는 충분한 이유 없이 남에게 화를 낸 적이 없습니다. 저는 진리의 말을 외면하지 않았습니다. 저는 마술을 부린 일이 없습니다. 저는 신을 모독한 적이 없습니다. 저는 노예가 주인에게 학대당하도록 만든 적이 없습니다. 저는 마음속으로 신을 경멸한 적이 없습니다.

고백을 끝낸 망자는 자신의 심장을 '진실의 저울'에 얹어 놓는다. 매의 머리를 한 호루스와 재칼의 머리를 한 무게의 주관자 아누비스가 그 심장의 무게를 잰다. 저울의 추는 정의의 여신 마트의 모습으로 만들어져 있다. 토트는 따오기 머리를 한 신들의 서기관으로서, 호루스가 오시리스에게 보고하는 말을 기록한다. 만일 심장의 무게가 진실과 일치하면, 토트는 심장을 망자의 가슴속에 다시 가져다 놓기를 명령하는데, 이렇게 되면 망자는 다시 살아나게 된다. 또한 만일 망자가 지하세계 아멘티로 보내져 그에게 닥치는 모든 위험을 물리치게 되면, 그리고 그 심장의 무게가 모자라지 않으면, 그는 '태양의 배(the boat of the sun)'를 타도록 허락받아 축복의 땅 엘뤼시온(Elysian)으로 인도된다.

망자의 악행이 선행의 무게보다 많이 나가게 되면, '아멘티의 괴수'라고 불리는 암무트(멸망시키는 자)에게 잡아먹히거나, 혹은 돼지의 형상으로 이승에 보내지는 판결을 받게 된다.

'또 하나의 자신'이 무덤에 머무르는 반면, 삽화에서 인간의 머리를 한 새로 그려진 그 영혼은 모든 위대한 신들과 하나가 될 수 있는 하늘로 날아간다. 자유로워진 영혼은 이렇게 외친다.

> 나는 홀로 존재했던 신 아툼(Atum)이다.
>
> 나는 태초의 신 라(Ra)다.
>
> 나는 스스로를 창조하여 '누구도 필적할 수 없는 신들의 제왕'이라 이름 지은 위대한 신이다.
>
> 나는 어제였으나, 내일을 알고 있다. 내가 말을 했을 때, 신들의 전쟁이 일어났었다.
>
> 나는 집으로 간다, 내 고향으로 돌아온다.
>
> 나는 나의 아버지 아툼과 매일 이야기를 나눈다.
>
> 나의 불결함은 추방되었고, 내 안에 있던 죄는 정복되었다.
>
> 하늘의 여러 신들이여, 내 손을 잡으시오, 나는 당신들과 같소, 난 이제 당신들과 하나가 되었소.
>
> 나는 내 아버지 신 아툼과 매일 얘기를 나눈다오.

신들과 하나가 된 후, 망자의 영혼은 오시리스와 똑같은 운명을 겪게 된다. 오시리스와 마찬가지로 세트에 의해서 죽임을 당하고, 아버지의 원수를 갚는 호루스로 다시 태어나는 것이다. 동시에 그의 영혼은 서기관 아니(Ani)의 무덤에 묘사되어 있는 것처럼, 빈번하게 무덤 속 '또 하나의 자신'을 찾는다.

《사자의 서》의 투린 파피루스에 그려진 '천국(Abode of Bliss)'을 보면, 가족들과 함께 서 있는 망자와 그 뒤에 있는 신들의 서기관 토트의 모습을 볼 수 있다. 망자와 가족들은 진실의 깃털을 달고 있는 세 명의 신들에게

▶ 〈그림 3-5〉 천국

제물을 바친 뒤, 망자는 물을 건넌다. 그림의 왼편을 보면, 인간의 머리를 한 새의 모습으로 자신의 영혼에게 향수를 담은 작은 냄비를 바치고 있는 망자가 묘사되어 있으며, 그 앞쪽으로는 미이라 형상을 하고 있는 세 '지평선의 신들' 이 제단 앞에 매와 함께 있는 모습을 볼 수 있다. 여기서 매는 '하늘의 지배자' 라(Ra)를 상징한다.

그림의 중앙 부분을 보면, 망자는 쟁기질을 하고, 씨를 뿌리며, 농작물을 수확 · 탈곡하고, 추수한 것들을 저장하며, 나일 강의 신에게 제물을 바치면서 감사제를 지낸다. 그림의 맨 밑 부분에는 두 개의 범선이 보이는데, 하나는 라 하르마키스(Ra Harmakhis)를, 다른 하나는 운테페르(Unefru)를 위한 것이다. 그리고 세 개의 섬들이 있는데, 하나는 라의 거처이고, 다른 하나는 신들이 재생하는 곳 그리고 마지막은 슈(Shu), 테프누트(Tefnut), 게브(Geb, Seb)가 사는 곳이다.

레크마라 벽화와 이집트 신앙

레크마라(Rekhmara)는 18왕조의 토트메스 3세의 지배 아래 있던 테베의 장관이었다. 그의 무덤은 비교적 잘 보존되어 있는데, 우리는 거기서 이집트 신앙을 자세히 관찰할 수 있는 벽화를 볼 수 있다. 벽화에 새겨진 비문들은 비레이(Virey) 박사에 의해 불어로 번역, 출간되었다.

무덤을 방문하는 사람들은 동쪽 끝에 있는 문을 통해서 들어가게 되는데, 서쪽으로 향해 걷다 보면 왼쪽 벽에서, 삶에서 죽음으로 가는 레크마라를 볼 수 있다. 그림에서 레크마라는 국사를 돌보기도 하고, 파라오를 대신하여 다른 나라의 왕자들로부터 경배를 받기도 하며, 테베의 군수품 제조를 주관하기도 한다. 이어서 '아몬(Ammon)의 사원'에서 일하는 예술가들을 감독하다가 죽음을 맞고, 화려한 무덤에 묻히는 모습이 묘사되어 있다. 마침내 레크마라는 서쪽의 오시리스 모습으로 묘사되어, 신의 자격으로 제물을 받는다.

무덤 방문자들은, 이제 오시리스가 된 레크마라가 서쪽 지평선 아래로 내려갔다가, 다시 '동쪽의 오시리스'로 살아나는 그림으로 장식된 문과 만난다. 장례식의 제물과 주문을 통해 레크마라의 '또 하나의 자신'은 다시 모든 감각을 되찾게 되며, 축제 때가 되면 훌륭한 대접을 받고, 파라오(Pharaoh)에 의해서까지 정중하게 받들어진다. 한마디로 요약한다면, 사후에도 생전에 그랬던 것과 똑같이 행동하게 되는 것이다.

오른쪽 벽을 따라 출발했던 입구로 다시 돌아오면, 자신의 가족들이 바치는 제물을 받고, 자신이 주관했던 이승의 일들이 어떻게 진행되고 있는지 계속 점검하고 있는 레크마라의 모습을 볼 수 있다. 레크마라의 무덤에서는 세트도 다른 위대한 신들처럼 제물을 받는데, 망자가 된 레크마라는 세트 혹은 수티(Suti)의 후계자로 불리면서 호루스와 세트에 의해서 정죄(淨罪)된다. 오시리스가 호루스로 환생하는 것처럼 레크마라도 생전의 능력을 되찾으며서 다시 환생하게 되며, 또한 세트 역시 다시 중요한 역할을 담당하게 되고, 동서남북의 방위 신, 즉 '호루스, 세트, 토트, 게브' 중에 속하게 되는 것이다.

종교 사상의 변화와 세트의 지위 하락

전설의 원형에 따르면, 세트는 '태양의 죽음'으로 상징된다. 또한 오시리스를 죽인 살인자로 묘사되는데, 오시리스는 호루스로 부활하여 세트를 굴복시킨다.

하지만 세트는 여전히 강력한 신으로 남아, 망자들의 영혼을 위한 중요한 일을 수행한다. 세트가 거대한 뱀 아포피스를 결박하여 굴복시키는 내용을 《죽음의 서(108, 4와 5)》에서 확인할 수 있다.

> 그들은 세트로 하여금 그것(뱀)을 포위하게 한다. 또한 세트가 쇠사슬로 그것의 목을 감게 하여, 이제껏 삼켰던 모든 것들을 토하게 만든다.

하지만 오시리스 전설의 우의적인 의미가 잊혀지고, 선을 대표하는 오시리스가 악과 싸우다 죽었다가 아들 호루스로 부활하여 진정한 신으로 받아들여지는 동안, 세트는 점점 신성을 잃게 되고 사악한 악마로 간주되기 시작한다. 기제(Gizeh, 카이로 교외에 있는 도시)의 세 번째 피라미드(브룩슈에 따르면 기원전 3633년, 마리에뜨〔Mariette〕에 따르면 기원전 4100년에 건축됨)를 건축했던 멘카우라(Men-Kau-Ra)가 통치하면서, 이집트 종교의 성격에도 변화가 일어났던 것이다. 롤린슨은 이렇게 말했다.

"멘카우라의 관 뚜껑에 오시리스를 향한 기도문이 있는데, 그것은 이집트 역사에서 새로운 종교 발전에 한 획을 긋고 있는 것이다. 정죄된 영혼이 오시리스와 동화된다는, 망자의 제식에서 가장 중요한 교의가 여기서 처음 모습을 드러낸다."

고대 성전에서, 세트는 항상 위대한 신들 가운데 하나였다. 그러나 시간이 흐르면서, 세트는 더 이상 신으로 인정받지 못하고, 그의 이름은 몇몇 다른 신들의 이름으로 대체된다. 급기야 이집트의 21왕조 때는 선대의 비문에서 세트의 이름을 지워버리는가 하면, 심지어 세트-네크트(Set-nekht) 등과 같이 세트와 전대 왕들의 이름을 합성하여 고쳐 넣는 일까지 생겼다. 세트의 모습을 연상시키는 다른 신들, 즉 악어머리를 한 게브와 기타의 유사 신들 역시 비슷한 지위의 하락을 겪었다.

어째서 이런 변화가 일어났을까? 그것은 최후의 승리자는 항상 선과 미덕의 신이 된다는 믿음이 확고해지기 시작하면서 생겨난 당연한 결과로 여겨야 한다.

플루타르크(Plutarch)는 자신의 시대를 평하여 이렇게 말했다.

> 티폰(Typhon, 세트)의 위력은 희미해지고 쇠해졌으나, 여전히 마

지막 몸부림을 하는 듯하다. 이집트인들은 때때로 특정 축제에서 티폰에게 창피와 모욕을 주지만, 여전히 어느 정도의 제물을 바쳐 그를 위로하고 달래주고 있다.

선사 시대만 해도 세트는 위대하고 강한 신이었다. 하지만 사람들이 오시리스를 숭배하면서부터 세트는 사탄으로 강등되었다. 마치 밤이 태양의 빛을 삼켜버리듯, 태양신 오시리스도 없애버릴 수 있을 만큼 강한 신이었던 세트, 그는 호루스로 다시 태어난 태양신에 의해 정복되었으며 죽음을 부르는 악마에게 자신의 약탈물을 내어 주어야 했다.

이집트인들은 태양이 다시 떠오르는 것처럼 사람도 죽으면 다시 태어난다고 믿었다. 악의 힘은 몹시 위압적이지만, 정의로운 힘은 궤멸되지 않으며, 비록 죽더라도 그 삶은 영원하다고 믿었던 것이다.

4 아카드와 고대 셈족

아카드와 고대 셈족

기원전 3000년경, 메소포타미아에는 바빌로니아, 아시리아, 이스라엘 그리고 후에 아라비아라는 셈 계통의 국가들이 발생되기 훨씬 전에 그 지역 역사상 가장 막강하고 중요한 민족이었던 아카드인들이 살았다. 낯설게 들릴지도 모르겠지만 아카드인들은 흰 피부를 가진 사람들이 아니었다. 오히려 그들은 '검은 머리의 사람들' 또는 '검은 얼굴의 사람들'로 통했다. 그렇다고 그들이 이디오피아인들 만큼이나 검은 피부를 가졌다고 생각해서도 안 된다. 바빌로니아 성터에서 발견된 2가지 언어로 씌어진 서판에서는, 아카드인들을 아다마투(adamatu)[2] 혹은 붉은 피부로 말하고 있기 때문이다. 아마도 아카드인들은 검붉거나 짙은 갈색의 피부색을 가지고 있었을 것으로 짐작된다.

그렇다면 아카드인들은 셈족에게 얼마나 많은 영향을 끼쳤을까?

아카드는 기원전 1500년경까지 셈족을 지배했다. 하지만 아시리아의 사르곤(Sargon)왕(722~705년)이 통치하던 시기가 되어서야 겨우 아카드어가 사라지기 시작했던 것을 생각할 때 셈족 사이에 유행했던 종교제도, 신화, 관습의 대부분이 아카드를 기원으로 하고 있다는 것을 알 수 있다.

예컨대 시간을 정하는 방식에 있어서 이미 1주일을 7일로 정하고, 안식일을 정해 놓은 민족이 바로 아카드인들이었다. 본래 아카드어의 글자 그대로의 안식일은 '일하는 것이 불법적인 날'로 풀이된다. 또 아시리아어로 번역한 사바뚜(Sabattu)는 '마음을 위해 쉬는 날'이 된다.

더 나아가 성서의 창세기나 아시리아의 문헌에는 창조, 생명의 나무, 대홍수에 얽힌 신화가 다루어지고 있는데, 이것들은 아카드인들에게 이미 너무나도 익숙한 이야기들이었다. 대부분의 고대 그림들에서, '생명의 나무(tree of life)'를 틀에 박힌 듯 전나무 열매가 달린 형태로 그렸던 전형적인 관념은, 아카드인들이 바로 전나무로 덮여 있었던 자신들의 추운 고향, 메디아(Media) 산맥에서 살던 때부터 지녀온 하나의 습관적 · 전통적 관념에 따른 것으로 유추해 볼 수 있다.

이뿐만이 아니다. 많은 히브리어 이름에서도 아카드의 신화와 전설의 흔적을 찾아볼 수 있다. 이는 고대 아카드 문명이 장기간에 걸쳐 이들 문명에 영향을 끼쳤다는 가장 확실한 증거다. 창세기에서 언급되는 낙원의 강은 바빌로니아식 이름이다. 그래서 유프라테스(Euphrates) 혹은 푸라트(Purat)는 '구부러진 강(curving waters)'이라는 뜻이고, 티그리스 강은 티구르(Tiggur), 즉 '흐름'을 의미한다. '높은 둑이 있는 강'이라는 뜻의 힛데겔(Hid-Dekhel) 역시 티그리스 강의 다른 이름이며, 비문에는 이디클라(Idikla) 혹은 이디크나(Idikna)로 나온다. 또한 기혼(Gihon) 강은 아시리아를 연구하는 학자들에 의해 아락세스(Araxes) 또는 아락투(Arakhtu)로, 롤린슨 경(Sir H. Rawlinson)에 의해서 유카(Jukha)로 밝혀졌다.

또 사르곤왕은 엘람(Elam)을 '네 개의 강이 흐르는 도시'라고 불렀다.

에덴(Eden)에 있던 강들의 이름을 보면, 낙원에 얽힌 신화를 만들어 낸 사람들이 유프라테스와 티그리스 강 주변에 살았을 것이라는 추측을 할 수 있다. 유프라테스 강의 서쪽 사막에 있는 농토가 '에덴'과 매우 흡사하게 들리는 '에디나(Edinna)'[3]로 불렸다는 것만으로도 알 수 있다.

알렉산더대왕 때, 베로수스(Berosus)라는 이름의 바빌로니아 제사장이 바빌론의 역사와 종교에 관한 흥미로운 책을 썼다. 지금은 소실되었지만, 알렉산더 폴리히스터(Alexander Polyhistor), 아폴로도루스(Apollodorus), 아비데누스(Abydenus), 다마스키우스(Damascius), 유세비우스(Eusebius) 등 많은 그리스 작가들이 베로수스의 책을 상당 부분 인용하고 있기 때문에, 오늘날에도 바빌로니아와 관련한 정보들을 많이 접할 수가 있다. 이 모든 것이 매우 흥미롭기는 하지만, 사실 베로수스의 기록에 대한 신뢰성을 증명할 만한 근거는 아무것도 없는 실정이다.

한때는 바빌로니아 신화가 구약성서에서 유래했을 가능성도 제기되었다. 그러나 아시리아 석조유물의 발굴이 성공적으로 이루어지면서, 이들 신화가 존재하던 시대와 출처에 관한 확실한 증거를 확보하게 되었고, 이에 따라 대부분의 신화와 전설이 고대 아카드인들로부터 전해져 왔음이 확인되었던 것이다.

바빌로니아, 아시리아 신화와 전설

구약성서에 나와 있는 몇 가지 이야기들은 바빌로니아의 신화와 전설을 받아들인 것이다. 가장 인상적인 것으로는 대홍수 신화, 바벨탑 전설, 소돔과 고모라를 연상케 하는 불바다로 멸망하는 죄악의 도시에 관한 전설, 모세 이야기를 연상케 하는 사르곤왕 1세의 어린 시절 모험기, 그리고 천지창조 신화를 들 수 있다.

바벨이라는 이름은 아시리아어로 '신의 문' 이라는 뜻으로, 같은 의미의 아카드어 카－딩기라－키(Ka-dingirra-ki)를 셈어로 번역한 것이다. Ka-dingirra-ki를 글자 그대로 대입해 보면 '문－신－곳' 이 된다. 바벨탑에 얽힌 아시리아 전설과 창세기 신화 모두에서 제시하는 바벨이라는 말의 어원이 '혼란시키다' 라는 뜻의 발벨(balbel)에서 왔다는 주장이 있지만, 이는 고서들에서 흔히 발견할 수 있는 어원적 오류들 중의 하나일 뿐이다.

도시의 멸망에 관한 전설 역시, 아카드 문명에 뿌리를 두었음을 보여주는 몇 가지 이름이 등장한다. 대홍수 신화의 경우, 모든 중요한 세부사항들까지도 창세기의 노아 방주 이야기와 일치하고 있다. 이 신화는 아시리아의 헤라클레스이자 태양 영웅인 이즈두바(Izdubar)[4]를 찬양하는 서사시(길가메시 서사시를 일컬음—역주)중 11번째 부분에 나온다. 헤라클레스가 12궁에 얽힌 12가지 모험을 하는 것처럼, 이즈두바 역시 12가지 모험을 겪으며, 11번째 물병자리와 관련된 이야기는 아카드의 11번째 달 '우기(雨期)' 와 상응한다.[5)]

▶ 〈그림 4-1〉 지수드러스(Xisuthrus, 바빌로니아의 노아)의 방주 대홍수로부터 신들의 도움을 받아 살아나는 내용을 묘사했다.

아무리 현대적인 성당이라고 해도, 상징적인 네 동물과 네 명의 전도사로 장식된 그림이나 조각을 볼 수 있을 것이다. 마태(Mathew)는 천사나 날개 달린 남자를 동반한다. 마가(Mark)는 사자를,

▶ 〈그림 4-2〉 니네베 왕궁의 성벽 장식

누가(Luke)는 황소를, 성 요한(St.John)은 독수리를 동반한다. 구약성서에서 이와 같은 동물들은 천사를 상징하는데, 초기 기독교인들은 이들을 복음을 전하는 성인들의 원형이나 수호자로 생각했다. 그러나 이러한 상징은 이스라엘에서 비롯된 것이 아니다. 아시리아의 수도 니네베의 고대 왕궁의 성벽에서도 이 같은 상징물을 찾아볼 수 있다. 즉 이들이 구약성서보다 훨씬 더 오래 전에 생겨났음을 알 수 있다. 케루빔(Cherubim, 천사를 말함—역주)에 대한 관념도 매우 오래된 유물이라는 점에서는 의심의 여지가 없다.

나보니두스(Nabonidus)왕의 점토판에 따르면, 아가데(Agade)의 왕 사르곤 1세는 기원전 3754년경 생존했던 인물로 사마스(Samas)에 사원을 세웠다고 한다. 윌리스 벗지(E. A. Wallis Budge)는 《바빌로니아인의 삶과 역사(babylonian Life and History)》에서 이렇게 적고 있다.

> 이 왕과 관련된 매우 흥미로운 전설 하나가 현재까지 전해진다. 사르곤은 유프라테스 강변의 한 도시에서 태어났다. 비밀리에 임신했던 사르곤의 어머니는 허름한 곳에서 그를 낳았다. 그녀는 풀로 엮어 만든 바구니를 송진으로 물이 새지 않게 한 뒤, 아기를 넣어 강에 띄워보냈다. 바구니 속의 사르곤은 강물에 떠내려가다가 아키(Akki)라는 이름을 가진 남자에게 발견되어 길러졌는데, 훗날 여신 이스타(Istar)가 그를 왕으로 만들었다는 것이 전설의 줄거리다.

이러한 전설과 신화들이 아시리아 · 바빌로니아에서 기원했다는 사실에는 의심의 여지가 없는 것 같다. 가장 권위 있는 학자들 사이에 칼데아(Chaldea, 바빌로니아 남부의 옛 왕국－역주)는 이 같은 이야기들의 고향이었으며, 유대인들은 본래 바빌로니아인들로부터 그런 이야기들을 이어받았다는 데 의견이 일치하고 있기 때문이다.

이제까지 발견된 초기 아시리아, 바빌로니아의 인장들에서는 이 같은 신화와 전설들이 기원전 2000년 이전에 이미 널리 퍼져 있었고, 그 지역 문학의 일부로 형성되었다는 사실을 증명해 준다.

▶ 〈그림 4-3〉 신성한 나무와 뱀

모든 고대 칼데아 신화가 몇 가지 버전으로 존재했을 수도 있다. 창조 신화에서만 해도 매우 상이한 두 가지 이야기가 있으니 말이

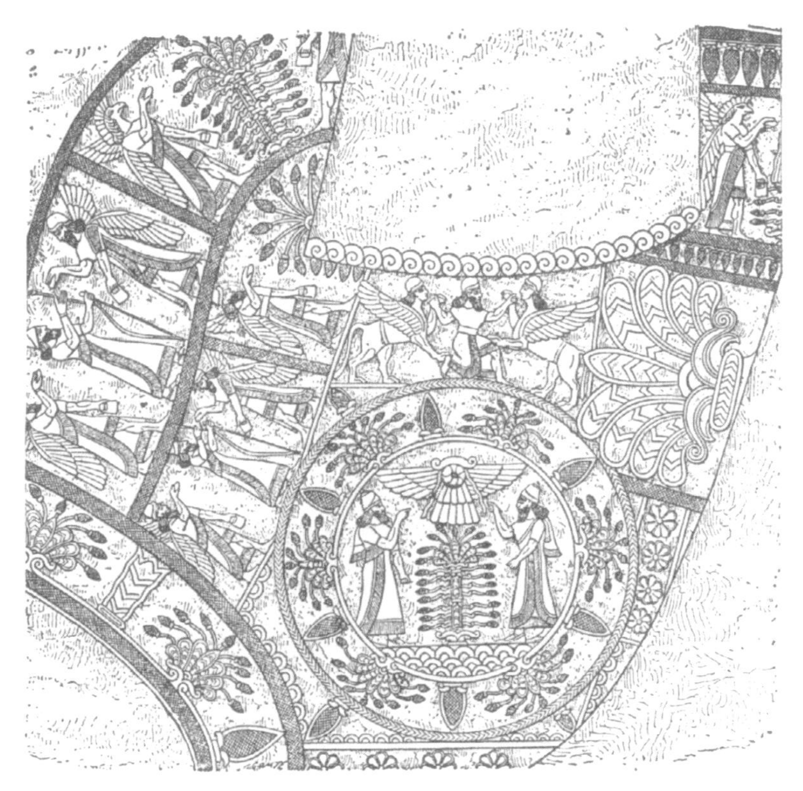

▶ 〈그림 4-4〉 생명의 나무

다. 그 중 하나는 무려 일곱 개의 점토판에서 이야기되고 있는데, 구약성서 첫 장의 주된 출전이라는 점뿐만 아니라 사악한 존재를 언급한 가장 오래된 문서라는 점에서도 특별한 관심을 불러일으킨다. 그 사악한 존재는 아시리아어로 티아므투(Tiamtu), 즉 '깊은 바다'를 말하며, 바다를 주름잡는 뱀, 암흑의 뱀, 밤의 용, 사악한 뱀, 엄청난 힘을 가진 용으로 그려진다.

성서의 창조 신화가 아시리아로부터 나왔다는 사실 역시, 다른 전설들처럼 의심의 여지가 없다. 그 까닭은, 두 창조 신화가 몇 가지 크고 작은 특징에서 일치하고 있는가 하면, 성서의 창세기에서 사용된 말들이 아시리아의 비문에서도 자주 발견되기 때문이다. 예컨대 남자의 갈비뼈에서 여자가 만들어지는 장면이나, 물이 빠졌는지 확인하기 위해 방주로부터 새들을 날려보내는 장면 등은 양쪽 모두에서 발견할 수 있다.

아시리아의 설형문자로 된 서판의 비문에 따르면, 처음에는 새들이 금방 되돌아왔고, 그 다음엔 발에 진흙을 묻힌 채 돌아왔으며, 나중에는 날아가서는 되돌아오지 않았다고 되어 있다. 또, 히브리어 메후마(Mehûmâh)는 '혼란', '혼돈'이라는 뜻으로, 이는 아시리아의 뭄무(Mummu)와 같다. 반면 히브리어 테홈(tehôm)은 '깊은 물'이고 토후(tohû)는 '어두운'의 뜻인데, 아시리아어 티아므투(Tiamtu)와 상응한다.

아담과 이브가 생명의 나무에서 열매를 맛보도록 유혹한 뱀에 관한 기록을 담은 유적 발굴은 아직까지 이루어지지 않았다. 하지만 어느 정도 유사한 전설이 존재했을 가능성은 크다. 〈그림 4-3〉과 같이 한 나무 아래 두 사람이 앉아 있고, 한 사람 가까이에 뱀 한 마리가 보이는 바빌로니아 시대 그림이 그 증거라고 할 수 있다.

당시 예술가들이 끊임없이 거의 모든 형태로 생명의 나무를 다루고 있는 것을 보면, 생명의 나무는 아시리아인과 바빌로니아인들 사이에 매우 유행했던 관념이었음에 틀림없다. 그 기원은 나무의 열매가 주요 식량의 하나로 취급되었던, 아주 먼 옛날까지 거슬러 올라갈 수도 있을 것이다.[6]

창조 신화 속의 악마와 선신, 티아마트와 벨-메로다크

티아마트(Tiamat=Tiamtu)는 하늘과 땅이 생겨날 때 생기는 '태초의 물의 혼돈' 이다. 바빌로니아의 철학자들은 이 말에서 세상의 모태, 만물의 근원을 보았다. 그러나 신화 속 티아마트는 무질서의 상징, 깊고 어두운 바다 괴물의 어머니로 등장한다.

▶ 〈그림 4-5〉 악령들로부터 달의 신을 구해내는 메로다크

우리가 창조 신화의 네 번째 점토판에서 확인할 수 있듯, 티아마트는 오랜 격투 끝에 태양신 벨루스(Belus), 즉 벨 메로다크(Bel-Merodach)에게 패한다. 그러나 사악한 악마는 여전히 살아 있었고 벨루스는 달을 어둡게 하려는 사악한 일곱 폭풍의 악마와 싸워야 했으므로, 결국 싸움은 끝난 것이 아니었다. 벨루스는 용들과 사악한 악령들을 죽이고, 이성적 피조물로 다시 태어난다. 즉 벨루스가 신들 중 하나에게 자신의 머리를 베도록 명령하여, 자신의 피를 대지와 섞어 빛을 견뎌낼 수 있는 동물들이 이 땅에 태어나도록 만들었다는 것이다.

이쯤에서 티아마트가 중요한 역할을 담당하는 바빌로니아 창조 신화를 언급한 세이스 교수의 말을 인용해 보겠다.

> 시의 상당 부분이 신 메로다크의 입을 빌어 서술되고 있는데, 이는 고대 서사시에서 따온 것 같다. 그러나 첫 점토판에서는 작가의 생존 당시 유행하던 우주론적인 교의를 담고 있다. 그것은 천지만물이 생기기 이전부터 다루고 있으며, '그 당시' 라는 표현은 창세기의 '태초에' 라는 표현과 상응한다. 하늘과 땅은 아직 창조되지 않았고, 그 이름도

아직 언명되지 않았었다. 물의 혼돈만 홀로 존재했으며, 그 이름은 뭄무 티아마트(Mummu Tiamat), 즉 '바다의 혼돈' 이었다. 이러한 혼돈의 소용돌이 속에서 세상이 창조되었고 신들도 태어난다. 먼저 그 뜻이 분명하지 않은 태고의 신 라크무(Lakhmu)와 라카무(Lakhamu)가 생겨났고, 다음에는 '높은 하늘' 과 '낮은 하늘' 이라는 뜻의 안사르(An-sar)와 키사르(Ki-sar)가 생겼났다. 맨 마지막으로 바빌로니아 최고의 세 신들이 태어났는데, 하늘 신 아누(Anu), 영의 세계를 다스리는 벨(Bel) 혹은 일릴(Illil), 강과 바다의 신 에아(Ea)이다.

그러나 젊은 신들은 자신과 창조물을 위한 적절한 거처를 찾기 전에, 우선 혼돈의 용(티아마트를 말함—역주)과 그녀의 괴물 자식들을 모두 제거해야만 했다. 그 일은 강과 바다의 신 에아의 아들인 태양신 메로다크가 맡았다. 안사르는 그에게 승리를 축원하고, 다른 신들은 그가 쓸 무기를 제공해 준다.

두 번째 점토판은 어둠을 상대로 한 빛, 무질서를 상대로 한 질서의 승리를 확실히 하기 위해 준비하는 일에 대해서 기술하고 있다.

세 번째 점토판은 티아마트 무리에 대항하는 '빛의 신' 의 출현에 대한 이야기다. 빛은 세상에 내려왔다가, 오직 티아마트를 멸망시키기 위해 남았는데, 그 전투는 네 번째 서판에 묘사되어 있다. 메로다크를 찬양하는 시가형식을 취하고 있으며, 아마도 이 서사시의 작자는 전대의 시구를 끌어다 자신의 시구에 삽입한 것으로 보인다.

티아마트는 죽임을 당하고, 일당들은 모두 감금된다. 그리고 그때까지 신들의 오랜 경합에 관한 숙명을 적은 서판은, 이제 새로운 세계의 더 젊은 신들에 관해 노래하게 된다.

티아마트의 가죽으로 하늘을 만들었으니 이는 안사르의 상징이 되고 아누, 벨, 그리고 에아의 거처가 되었으며, 혼돈의 물은 에아가 통치하는 법의 바다가 된다.

이제 다섯 번째 서판은 그 하늘에 태양, 달, 별을 배치하고, 세월을 정하며 성신의 운행에 규칙을 세워, 어떻게 천체에 질서를 확립하게 되었는지를 기술하고 있다. 여섯 번째 서판은 당연히 식물, 날짐승, 물고기뿐만 아니라 대지가 창조되는 것을 묘사하였고, 일곱 번째 서판에서는 여타의 동물과 파충류의 창조, 그리고 당연한 순서로 인간의 창조에 대해 말한다.

이것을 살펴보면, 창조에 관한 아시리아 서사시 대부분이 창세기의 첫 장에 기술되어 있는 내용과 놀랍게도 닮아 있다는 것을 알 수 있다. 두 경우 모두 창조의 역사가 연속되는 일곱 가지의 행위로 나누어져 있다. 역시 두 신화 모두 현재의 세계가 물의 혼돈으로부터 생겨났다고 말하고 있다. 사실 이러한 혼돈을 일컫는 똑같은 말이, 성경과 아시리아 서사시에서 모두 사용되고 있다. 테홈(Tehôm), 티아마트(Tiamat)가 그것이다. 차이점이 있다면 아시리아 서사시에서는 '깊은 물'이 신화적인 인물, 혼돈, 무리의 어머니로 등장하고 있다는 점이다. 더구나 창조의 순서에 관해서도 그 두 이야기가 일치되고 있다. 처음엔 빛, 다음엔 하늘, 그 다음에 별, 날, 절기, 해를 지정하여 천체에 질서를 부여하고, 그 다음 짐승과 기는 짐승을 창조한다는 점이다.

그러나 그 외 몇 가지 두드러진 차이점도 보이는데, 아시리아 서사시에서는 창세기에서처럼 천체를 지정하기 전에 대지를 만드는 것이 아니라, 그 이후에 만들어지는 것으로 되어 있다는 점이다. 또 일곱 번째 날에 휴식을 취하지 않는가 하면, 어디에도 "하나님의 신은 수면에 떠올랐다"라는 창세기의 서술에 상응하는 구절이 없다. 무엇보다 중요한 차이점은 메로다크와 악의 세력 간에 벌어지는 싸움과, 그 결과 빛이 우주로 흘러 들어오게 되고 하늘이 만들어진다는 점이다.

이러한 선악의 결투에 대한 관념이 요한계시록(12장 7-9절)과 묘하게도 유사하다는 점이 오래 전부터 주목되어 왔다.

"하늘에 전쟁이 있으니 미가엘과 그의 사자들이 용으로 더불어 싸울 때 용과 그의 사자들도 싸우나 이기지 못하여 다시 하늘에서 저희의 있을 곳을 얻지 못한지라. 큰 용이 내어쫓기니 옛 뱀 곧 마귀라고도 하고 사탄이라고도 하는 온 천하를 꾀는 자라. 땅으로 내어 쫓기니 그의 사자들도 그와 함께 내어 쫓기니라."

또 이사야(24장 21-22절) 역시 이와 유사하다.

"그날에 여호와께서 높은 데서 높은 군대를 벌하시며 땅에서 땅의 왕들을 벌하시리니 그들이 죄수가 깊은 옥에 모임같이 모음을 입고 옥에 갇혔다가 여러 날 후에 형벌을 받을 것이라."

▶ 〈그림 4-6〉 생명의 나무를 축복하는 칼데아의 삼위일체(좌)와 여신 안나(우)

바빌로니아인들은 많은 신들을 모셨는데, 그 중에서도 가장 선호했던 신은 벨이었다. 그는 티아마트와 싸운다는 점에서 종종 메로다크와 동일시된다. 또 벨-메로다크(Bel-Merodach)는 아누, 에아, 벨의 위대한 삼위일체 중의 하나이다. 한 고대 원통인장에서 왕과 왕비처럼 보이는 사람들이 생명의 나무를 사이에 두고, 그 위에 떠있는 새 모양의 벨-메로다크를 향해서 예배하는 듯한 모습을 볼 수 있다.

바빌로니아의 삼위일체는 남성과 여성으로 구성되어 있다. 아버지 신 아누의 여성 전형, 이스타르(Istar)로도 불리는 어머니 신 안나가 비둘기의 상징으로 숭배되었다. 비둘기는 기독교에서 가장 중요한 영성의 표시로서 보다 순결하고 고상한 형태로 재현되는데, 이는 주목할 만한 일이다.

벨-메로다크는 바빌로니아의 예수 그리스도이다. 왜냐하면 그는 신 에아의 아들로, 모든 지식과 지혜의 화신으로 전해지기 때문이다. 벗지(Budge) 교수는 다음과 같이 말한다.

> 어디에나 편재하며 전지전능한 마르두크(Marduk, 즉 메로다크)는 '에아를 앞섰던' 신이었고, 인류를 치유하고 중재하는 신이다. 에아의 지식을 인류에게 전한 장본인이었으며, 악과 질병에서 '구원해 줄 전지전능한' 신으로 모든 주문에서 언급되었다.

벨-메로다크와 티아마트 간의 싸움은 아시리아의 예술가들에게 매우 애호되었던 주제였다. 여러 작품들 중에 하나가 지금은 대영박물관에 보존되어 있는데, 여기서 악마는 날카로운 발톱과 뿔, 꼬리와 날개, 비늘로 덮인 피부로 묘사되어 있다(그림 4-7).

▶ 〈그림 4-7〉 벨-메로다크와 티아마트의 싸움

바빌로니아의 지옥관

한편 벗지 교수는 바빌로니아인들이 생각했던 악마와 지옥에 관련해 다음과 같이 설명한다.

> 바빌로니아의 하데스는 스올(Sheol), 성서의 '지옥'과 많이 다르지 않았다. 악마 역시 성서에서 보는 사탄과 많이 다르지 않다.
>
> 바빌로니아인의 지옥관은 이스타르(Istar)가 그녀의 사랑스런 젊은 남편 탐무즈(Tammuz)를 찾아 저승으로 내려가는 이야기를 담고 있는 서판을 통해 잘 알려져 있다. 그리고 하데스, 즉 스올이 히브리 성

서에서 씌어진 것처럼, 바빌로니아의 성전에도 씌어져 있다는 주장이 계속해서 제기되어 왔다. 그러나 현재까지 이를 명확히 증명할 방법은 없다.

바빌로니아의 하데스를 지배하는 여신은 에레쉬키갈(Ereshikigal)로 불린다. 그곳에는 영혼들이 건너야 하는 강이 흐르고, 뱃사공(그리스의 카론[Charon]을 연상시키는)과 일곱 개의 문이 있다고 한다. 위에서 언급한 서판을 통해, 지옥에 관해서 알 수 있는 사실은 다음과 같다.

1. 돌아올 수 없는 땅, 아득히 먼 곳, 타락의 땅.
2. 달 신의 딸 이스타르, 그녀의 주의를 끄는 곳.
3. 타락의 집, 신 이르칼라(Irkalla, 에레쉬키갈의 별명-역주)가 거주하는 곳.
4. 입구는 있으나 출구는 없는 집.
5. 다시는 돌아올 수 없는 길.
6. 빛을 잃은 입구.
7. 가득한 먼지만이 양식이고, 고기 부스러기인 곳.
8. 빛이라고는 볼 수 없는 암흑.
9. 새처럼 지하감옥을 맴도는 유령들이 있는 곳.
10. 문과 벽에는 두텁게 쌓인 먼지뿐.

'돌아올 수 없는 땅' 의 외부 문은 강철같이 굳게 잠겨 있다. 문지기가 여신 이스타르를 들여보내지 않자 그녀가 말한다.

"문을 열어 나를 들여보내라.

문을 열어 날 들여보내지 않으면,

내가 문을 떠밀어 빗장을 헐어버리리.

이 경계를 부수고 저 문을 넘어가,

죽은 자를 일으켜 산 자들을 먹어치우게 하리.

죽은 자는 산 자보다 우월하기에."

하데스의 다른 이름이 있는데, 그것은 '죽은 자들의 땅'이라는 의미를 담고 있으며, 주석에는 이것을 아렐리(Arali)로 발음하도록 되어 있다. 바빌로니아의 지옥이란 바로 이를 일컫는다.

그들이 어디 쯤에 자신들의 하데스가 있다고 생각했는지에 대해서는 확실히 말하기가 어렵다. 몇몇 학자들은, 바빌로니아인들이 하데스가 서쪽에 거주한다고 생각했던 것으로 추측해 왔다.

아시리아와 바빌로니아의 악마 사상

아시리아와 바빌로니아 신화에는 티아마트 외에도 비문을 통해 이름이 알려진 악마와 조각상, 돋을새김, 원통인장으로 남아 있는 그림들을 통해서 생김새가 알려진 수많은 악마들이 있다.

악마들의 영향력을 물리치기 위해서 사용된 신비의 주문은 항상 수메르-아카드어로 일곱 번 읊어졌다. 수메르-아카드어는 그 오랜 역사로 인해서 보통 사람들은 더 이상 이해할 수 없게 되었으므로 더욱 신성하게 여겨졌고, 때문에 예배의식의 목적으로만 사용되었다. 또 아시리아인들은 악마에게 악마 자신의 모습을 보여주거나, 자기들끼리 격투를 벌여 서로 죽이도록 유인함으로써, 이들을 몰아낼 수 있을 거라고 기대했다.

르노르망은 《고대 오리엔트의 역사(Histoire ancienne de l'Orient)》에서

아시리아의 악마 신앙에 대해 다음과 같이 간략하게 진술하고 있다.

▶ 〈그림 4-8〉 악마들

악의 무리뿐 아니라 선의 무리에서도, 그들의 신분과 지위에 따라 힘이 있고 없는 영들을 가르는 일종의 서열체계가 있었다. 서판에서 전사(ekim, telal), 사냥꾼(maskin), 파괴자(alal), 일종의 유령, 도깨비, 흡혈귀(labartu, labassu, ahharu) 등을 언급하고 있는 것을 볼 수 있다. 또 종종 선과 악마성을 동시에 가지고 있는 마스(mas), 이아마(iamma), 우투크(utuq) 간에도 일정한 서열이 보이며, 기타 날개 달린 황소(alapi), 날개 달린 사자(nirgalli) 등 셀 수 없이 많은 하늘의 천사들도 있다. 하늘의 영혼(zi an na)과 땅의 영혼(zi ki a)이라고 불리는 안나와 에아는 모든 학문의 신들이기도 한데, 흔히 주문에 등장하면서 인간을 공격하는 악령들로부터 사람들을 보호해 준다고 믿었다. 칼데아 기념비는 매우 복잡한 악마의 서열이 있었음을 보여주지만, 그 정확한 등급은 아직까지 충분히 밝혀지지 않고 있다.

질병을 부르는 남서풍의 악마(그림 4-9)에 대해서 르노르망은 다음과 같이 기술한다.

루브르 박물관에는 무시무시한 악마 직립 상이 하나 있다. 개의 머리, 독수리의 발, 사자의 손, 그리고 전갈의 꼬리를 하고 있으며, 머리의 절반은 살점 없는 두개골을 드러내 놓고 있는 형상이다. 이 조상은 네 개의 펼쳐진 날개를 달고 있으며, 머리 꼭대기에 있는 둥그런 고리는 이 악마 상을 지탱하기 위해서 만들어진 것이다. 등에는 수메르-아카드어로 된 비문이 있는데, 이것이 남서풍의 악마이고, 그 해로운 영향을 물리치기 위해서는 문 앞이나 창문에 두라고 씌어 있다. 칼데아의 남서풍은 아라비아 사막에서 온다. 그 뜨거운 바람은 모든 것을 태워버리고도 남아 시리아의 캄신(khamsin)이나 아프리카의 시문(simoon)과 같은 위력의 해로움을 끼치는 것으로 알려져 있다.

르노르망은 또 네르갈(Nirgalli)에 대해서도 기술하고 있다.

쿠윤지크(Kuyunjik)의 아수르바니팔(Asurbanipal) 궁 곳곳의 모퉁이에서는 인간의 몸통에 사자의 머리, 독수리의 발을 가진 다수의 괴물들을 볼 수 있다. 그들은 둘씩 짝을 지어 단검과 곤봉을 들고 서로 싸우는 모습이다. 이들 역시 악마들로, 조각가의 말을 빈다면, 주문에서 흔히 볼 수 있는 문구로 표현된다. '사악한 악마는 없어져야 한다. 그들은 서로 싸워서 죽고 죽여야 한다.'

▶ 〈그림 4-9〉 남서풍의 악마

▶ 〈그림 4-10〉 네르갈(Nirgalli, 사자의 머리와 독수리 발톱이 달린 발을 한 악마들)

칼데아인의 악마 사상

고대의 한 청동 부조물은 악마의 수중에 있는 세상을 보여준다(그림 4-11). 르노르망은 칼데아인들의 지옥관에 대해 이야기하면서, 이 주목할 만한 고대 유물에 관해서도 넌지시 언급한다.

끌레르끄 소장품 중 고대 청동판은 세계를 요약적으로 묘사하고 있으며, 그 중에는 지옥의 모습도 있다. 이 청동판에 대해서는 충분히 기술할 필요가 있다.

청동판의 한 면은 네 발 달린 괴물이 전면을 차지하고 있는데, 이 괴물은 네 개의 날개를 달고, 독수리의 발로 지탱하며 서 있다. 뒷다리를 땅에 대고 일어선 모습은, 마치 그것이 기대고 있는 청동판을 뛰어넘으려고 하는 듯 보인다. 그것의 머리는 담장 위로 고개를 내밀 듯, 청동판의 경계를 넘어서 있다. 난폭하고 포효하는 듯한 괴물의 얼굴은 청동판의 반대쪽으로 솟아 있고, 그 아래 사각형의 청동판에는 네 개의 칸을 경계로 각각 천국, 이승, 그리고 지옥을 묘사하고 있다.

맨 위 칸은 천체를 상징적으로 표현한 것이다. 바로 밑에는 각각 사자, 개, 곰, 양, 말, 독수리, 그리고 뱀의 머리를 한 7명의 사람들이 긴 옷을 입고 있고 있는데, 이들은 하늘의 수호신으로 풀이된다. 세 번째 칸에서는 지상에서 일어나는 장례식 장면으로, 두 사람이 유행하는 아누신을 흉내내어 물고기 비늘 모양의 옷을 입은 채로 미이라의 머리쪽과 발쪽에 각각 서 있다. 그 오른쪽으로 사자의 머리와 자칼의 머리를 하고 있는 두 수호신들이 단검으로 서로를 위협하고 있고, 한 남자는 이 공포의 현장으로부터 도망하는 모습이다. 마지막 칸에서 묘사되고 있는 그림은 바다가 넘쳐서 잠긴 상태를 묘사하고 있다.

칼데아인들의 전통 신화 대로, 바다는 지상의 땅 밑바닥에까지 닿아 있다. 독수리의 날개와 발톱을 하고 뱀의 머리를 꼬리로 달고 있는, 배가 한 척 떠 있는 바다에는 못생긴 반인 반수의 괴물이 서 있다. 바다에 떠 있는 배는 바로 신 엘리푸(Elippu)의 배다. 성전에 자주 등장하는 이 배는, 그리스 신화에 나오는 카론이 타는 배의 원형일 가능성이 있다. 배 안에는 말 한 마리가 등에 사자머리를 하고 있는 덩치가 커다란 신을 태우고 있다. 그 신의 양손에는 두 마리의 뱀이 들려 있고, 두 마리의 새끼 사자들이 젖을 빨기 위해 그녀의 가슴으로 달려드는 모습이다. 구석에는 온갖 종류의 깨진 조각들, 즉 인간의 팔다리, 화병 등 축제의 잔해들이 널려 있다.

요컨대 이 작은 청동판 하나에 신과 천체, 천사와 악마, 수호신 이그히그(Ighigs)와 아눈낙스(Anunnaks), 세상과 인간, 그리고 더불어 그들에게 직접적인 영향력을 행사하는 초자연적 존재들에 이르기까지, 칼데아인들이 상상했던 모든 '세계'가 담겨 있는 것이다. 죽은 자는 선과 악에 관한 철학적 관념에 따라서 어떤 악마에게 보호를 받고, 또

▶ 〈그림 4-11〉 사악한 악마의 수중에 있는 세계를 묘사한 고대 아시리아의 청동 부조물

어떤 악마들에게는 공격을 받는다. 그리고 이러한 두 원리의 상호작용은 아시리아—칼데아 종교의 바탕을 형성하고 있다. 아누는 이집트의 오시리스와 같은 방식으로 망자를 보호한다. 또 나일 강의 지하세계 아멘티나 그리스의 스틱스(Styx), 혹은 아케론(Acheron)을 연상시키는 지하의 강 또한 여기에서 볼 수 있다.

성서 속의 신화와 전설들은 생각보다 훨씬 더 오래되었다. 하지만 그 사실이 신화의 가치를 떨어뜨리지는 않는다. 오히려 한층 더 드높여 줄 뿐만 아니라 그 어떤 때보다 더 흥미롭다. 이전에는 성서의 창조 이야기가 인류 최초의 종교가 시작되었음을 의미한다고 생각했었다. 그러나 그것은 하나의 이정표에 지나지 않았다.

성서 신화는 시작도 아니고 끝도 아니다. 그것은 끊임없는 질문과 사색에 대한 오랜 역사의 요약일 뿐이다. 만약 구약성서의 집필보다 앞섰던 인간의 열망을 목격할 수 있는 아시리아 점토판을 발견하지 못했더라면, 이러한 역사는 지금껏 잊혀져 왔을 것이다.

그러나 한 가지 이상한 점이 있다. 유대문학에서는 칼데아인의 영혼불멸에 대한 믿음의 자취를 찾아볼 수 없다는 점이다. 유대인들이 칼데아의 세계관을 믿지 않았기 때문에 자신들의 세계관 속에 받아들이기를 거부한 것일까? 아니면 그 세계관이 너무나 현실적이라서, 자신들이 더 이상 고상한 환상에 빠져들지 못하게 할까 봐 그냥 모른 척 해버린 것일까?

아시리아와 바빌로니아 문명은 이스라엘 문명보다 찬란했고, 강력하며, 더 세계적이다. 그렇지만 두 문명의 종교 신화와 사상 사이에는 다음과 같은 중요한 차이점이 있다.

아시리아의 서판은 다신교적이고 신화적이지만, 히브리 성서는 일신교적이라는 점이다. 원전에 있었던 신화적 장식물은 보다 세련되고 단순화되어 왔다. 더 나중에 만들어진 히브리 성서만큼이나 고색창연하고 유서 깊은 원전의 시적 아름다움을 알아보는 안목이 있는 사람이라도, 히브리판 신화와 전설이 거기서 한 단계 발전되었다고 말할 수밖에 없을 것이다. 환상적인 세부묘사에서 탈피한 단순성과 자유로움은, 아시리아 창조 신화에서는 확실히 결여되어 있는 독특한 소박함과 숭고함을 부여하고 있다.

히브리 성서의 우수성을 명확하게 인식하고 있긴 해도, 아시리아와 바빌로니아 문명을 공평하게 평하자면, 일신교가 결코 유대교만의 전유물이 아니었다는 것을 짚고 넘어가야 한다. 이스라엘 민족이 출현하기 오래 전부터, 이집트와 바빌론에서는 매우 힘찬 종교미가 배어 나오는 유일신을 위한 찬가들이 있었다. 롤린슨 경(Sir Henry Rawlinson)이 '바빌론에 사는 일신교적인 무리(monotheistic party)' 혹은 '이집트에 사는 그들의 형제' 라고 부르는 사람들이 유대 일신교의 창시자라 해도 억측은 아닌 것이다. 아무튼 이집트와 바빌로니아의 철학자들이 이스라엘의 종교 발전에 영향을 미친 것은 확실하다.

이집트와 바빌로니아의 유일신주의자들이 종교적 진리를 상징적으로 표현했던 대중 신화를 확실히 허용했던 반면, 훗날 유대인의 종교 지도자들은 우상 숭배자를 허용하지 않았고, 다신교에 대해서도 관용적이지 못했으며, 결국 자신들의 성전에서 당시 유행하던 미신들을 전부 제거해 버렸다. 오늘날 몇 가지 흔적만이 남아 있을 뿐인데, 이 흔적들은 훗날 편집자들의 손을 거쳐 수정되기 이전에는 어떠했을지, 그 본래의 모습을 암시해주는 소중한 단서들이다.

5
페르시아의 이원론

이원론의 시작, 조로아스터교

악마 숭배에서 신 숭배로의 이행은 문명의 발달을 의미한다. 고대국가들 중에 이러한 단계를 의식적으로 신중하게 밟았던 최초의 민족이 바로 페르시아인들일 것이다. 왜냐하면 그들이야말로 가장 진지하게 선과 악 사이의 대립을 고집했고, 그 결과 오늘날까지도 이들의 종교는 가장 일관성 있는 이원론의 형태로 간주되고 있기 때문이다.

페르시아 이원론의 창시자는 짜라투스트라(Zarathustra)이다. 그리스인들은 그를 '조로아스터(Zoroaster)' 라고 불렀는데, 이것을 글자 그대로 번역하면 '황금빛 광휘' 가 된다.

마즈다이즘(Mazdaism, 전지적 존재인 마즈다를 섬기는 신앙)의 위대한 선지자 조로아스터, 확실히 추측컨대 그는 새로운 시대를 연 사람은 아니었다. 오히려 조로아스터는 그가 나타나기 이전에 높이 솟구쳐 올랐던 수많은 선지자들의 고리를 완결한 사람이라고 할 수 있다. 그가 나타났을 때

들판은 이미 추수하기에 알맞게 익어 있었고, 이전의 선지자들이 그가 나아갈 길을 닦아놓은 상태였다.

조로아스터는 훗날 모든 기록에서 반신 반인으로 묘사된다. 이러한 사실은 조로아스터가 신화적인 인물이었다는 제임스 다메스테테(J. Darmesteter)의 견해를 뒷받침해 준다. 비록 우리가 조로아스터의 삶에 대해서 아는 바는 별로 없지만, 그가 역사적 실존인물이었다는 사실은 조로아스터교의 '가타(Gathas, 찬가—역주)'를 통해 확인할 수 있다.

잭슨(A. V. Williams Jackson) 교수는 〈조로아스터의 날에〉라는 에세이에서, 조로아스터가 기원전 7세기 후반에서 6세기 중반 사이에 실존했다고 결론지었다. 웨스트(Dr. E. W. West)는 기원전 505년에 달력 개정이 도입되어, 고대 페르시아어로 지어졌던 열두 달의 이름들이 조로아스터식 이름들로 대체되었다는 점을 지적하고 있다. 이는 아케메네스 왕조 당시의 왕들이 조로아스터교도들이었다는 사실을 뒷받침해 준다.[7] 잭슨은 다음과 같이 설명한다.

> 박트리아(Bactria) 왕국은 조로아스터의 질투심 많은 사제들의 무대였던 것으로 짐작된다. 이 선지자는 메디아(Media)의 서쪽 아트로파테네(Atropatene)에서 태어나 자신이 태어난 땅에서는 별로 인정받지 못하다가, 동부 이란(Iran)에서 자신의 가르침을 퍼뜨리기에 알맞은 토양을 찾아냈다. 개혁과 보다 고결한 신앙을 부르짖는 그의 단호한 목소리는 당시 박트리아의 왕 비슈타슈파(Vishtaspa)의 가슴에 반향을 일으켰다. 그리하여 비슈타슈파왕의 군대는 서에서 동에 이르는 이란 땅 전역에 그 새로운 신앙을 퍼뜨릴 십자군에게 필요한 군사적 지원을 아끼지 않았다.

조로아스터교의 문헌에서 이러한 십자군에 대한 언급을 접하는 것은 힘든 일이 아니다. 십자군의 진군은 무척 신속했을 것임에 틀림없다. 그리고 박트리아에게는 어떤 면에서 치명적이었던 투란(Turan)과의 격렬한 종교전쟁이 뒤따라 일어났다.

투란은 승리의 왕 키루스의 죽음을 불러온, 역사상 매우 잔인한 종족이었다. 비록 투란이 발흐(Balkh)로 쳐들어왔을 때 신성한 제단의 불이 사제들의 피로 물들면서 꺼져버렸다는 슬픈 전설이 전해지지만, 그것은 일시적인 패배에 지나지 않았으며, 오히려 승리의 힘을 키울 뿐이었다. 승리는 바로 눈앞에 있었다. 부활을 꿈꾸는 숭고한 불꽃은 타고 남은 잿더미 속에 여전히 남아 있었고, 곧 페르시아의 저력의 불꽃으로 피어올라 썩어 가는 메디아를 쓸어버리고 일찍이 고대사에서 이란 땅을 빛나게 할 봉화에 불꽃을 당겼던 것이다.

가타 속의 신과 악마

가타는 찬가로서, 예수가 세상에 나기 전인 기원전 5, 6세기의 산물이다. 이 사실은 훗날 페르시아의 문학, 팔라비(Pahlavi) 성전에서뿐만 아니라 그리스 작가들에 의해서 충분히 입증되었다. 특히 기원전 4세기말 그리스 작가였던 테오폼푸스(Theopompus)에서부터 플루타르크(Plutarch), 디오게네스(Diogenes), 라에르테스(Laertes)에 이르기까지 모두 가타의 구절들을 인용하고 있다.

가타는 반신 반인이 아닌, 고뇌하고 고통을 겪는 한 인간으로서의 조로아스터가 쓴 것처럼 기술되어 있다. 그는 때로 자신의 열망의 장려함으로 고무되어 자신의 선지자적 임무를 확신하다가도, 다시 낙담하여 자신이 전력을 기울였던 활동의 최종 성과에 대해 잔뜩 회의를 품었던 인물이다. 가타를 번역한 밀(L. H. Mill)은 이렇게 말한다.

> 가타의 교의와 훈계는 그것이 만들어진 동시에 일어난 실제 종교운동과 관계가 있다. 그리고 그 운동은 예외적으로 유난히 순수하고 몹시 진지한 것이었다. 가타는 모든 허구에 대해서 말하고 있다. 벤디다드(Vendidad)나 훗날 야스나(Yasna) 성전과 같이 위대한 선지자의 이름으로 된 교의를 종교집단에 거짓으로 팔아먹을 그 어떤 욕망도 불가능하다. 가타는 그들의 미사에서 빠질 수 없는 진수다.

조로아스터 시절에는 두 개의 종파가 있었다. 데바(Daêvas), 즉 자연신을 숭배하는 종파와 주(主)신 아후라(Ahura)를 숭배하는 종파가 그것이었다. 조로아스터는 가타에서 아후라파를 이끄는 가장 높은 계급의 사제로 등장한다. 또 그는 오랫동안 섬겨져 왔던 자연신 데바를 악마로 강등시켰을 뿐만 아니라, 악령과 드루즈(Druj, 아흐리만이 남성으로 표현되는 것에 반해, 악마 드루즈는 언제나 여성으로 등장한다), 즉 거짓말이라는 뜻의 '앙그라 마이뉴(Angr Mainyush)' 혹은 '아흐리만(Ahriman)'이라고 부르면서 그를 사악한 세력의 우두머리로 취급하였다.

북동 아시아의 평원에 살면서 페르시아의 가장 위협적인 이웃이었던 스키타이인들(Scythians)이 뱀을 최고신의 상징물로 섬겼다는 것을 고려할 때, 신들의 적인 뱀 신 아프라시아브(Afrasiâb)가 마왕 아흐리만과 동일시되는 것은 당연한 일이었다.

전지전능의 신 아후라 마즈다와 악마 아흐리만

페르시아인들은 종종 '불을 숭배하는 자들' 로 오해된다. 그러나 조로아스터에 따르면 태양 자체는 신이 아니며 그 자체로 경배를 받거나 숭배될 수도 없기 때문에, 아후라 마즈다(Ahura Mazda)를 찬양하기 위해 피운 불꽃 역시 빛과 모든 덕성의 원리인 마즈다를 상징할 뿐 마즈다 자체가 될 수 없다.

조로아스터는 아흐리만이 아후라에 의해서 만들어진 것이 아니라, 독립된 존재로 만들어졌다고 가르쳤다. 확실히 악령은 위엄은 커녕 그 힘에 있어서도 주신에 미치지 못했다. 그렇지만 악령과 신 모두 창조적이며 스스로 존재한다는 점에서 원형적이다. 둘은 모순된 원리들의 전형이었다. 이러한 교의가 이원론적 페르시아 종교를 낳았고, 이러한 종교적 특색은 서른 번째 야스나 성전에서 가장 확실히 표현되고 있다.

> 서로 상관되지만 독립적인 태초의 두 정령들이 있다. 생각, 말, 행위에 대해서 하나는 선하고 다른 하나는 나쁘며, 이 둘 사이에서 현명한 정령이 바른 것을 선택한다.

전지적인 신 아후라 마즈다는 '훌륭하고 순결하며 감동적인 말씀'[8]을 통해서 그 모습을 드러낸다. 다리우스(Darius)왕의 명령으로 만들어진 엘벤드(Elvend)에 있는 석비에는 아래와 같은 시구가 있다.

> 세상에는 오직 하나의 신, 전능한 아후라 마즈다가 존재한다.
> 여기에 땅을 만들어 낸 신이고,

저곳에 하늘을 만들어 낸 신이며,

이 세상에 인간을 만들어 낸 신이다.

조로아스터교의 숭고한 정신은 주로 다음과 같은 상투적인 문구로 표현되는데, 이는 페르시아인들 사이에 자주 사용되었고, 모든 예배의식의 도입부에 쓰여졌다.

아후라여 기뻐하시기를! 신의 가장 중요한 의지를 진실로 행하는 자들로 앙그로를 멸하게 하소서.

저는 모든 선한 생각, 선한 말, 선한 행동을 포용합니다. 저는 모든 악한 생각, 악한 말, 악한 행위를 버립니다.

당신께 헌신하고 기도합니다, 오,아메샤-스펜타(Ameshâ-Spentâ)[9]여! 저의 생각, 말, 행동, 제 가슴속 충만함, 그리고 생명까지도 당신에게 바치나이다.

저는 고결함의 찬양서 아셈 보후(Ashem Vohu)[10]를 낭송합니다.

고결함은 모든 미덕 중에 최고입니다. 그것은 그 자체로 훌륭하며, 미덕의 극치라고 하기에 모자람이 없습니다!

저는 짜라투스트라(Zarathustra)의 추종자, 마즈다의 숭배자, 데바(악마)를 미워하고 아후라의 법칙에 순종하는 자임을 고백합니다.

르노르망은 조로아스터의 신 마즈다를 다음과 같이 묘사하고 있다.

아후라 마즈다는 순결함 혹은 우주의 질서로 보다 많이 알려진 아샤(Asha)를 만들었고, 도덕적인 세상과 물질적인 세상이라는 두 제도를 만들었다. 그리고 우주를 만들었으며 법칙을 세웠다. 그는 한마디로 창조자 다타르(Datar), 통치자 아후라(Ahura), 전지자 마즈다오(Mazdâo), 질서의 신 아샤반(Ashav-an)이다. 아후라 마즈다는 베다교(Vedism)에서 가장 높은 신 바루나(Varuna, 힌두교의 법신―역주)와 정확히 일치하고 있다.

경전 아베스타(Avesta)에 드러난 최고 존재에 대한 종교적 관념은 완벽하게 순수하며, 오르무즈드(Ormuzd, 아후라 마즈다의 단축형―역주)가 태양을 눈으로 삼고 하늘로 옷을 삼으며, 번개를 그의 자식으로 삼고, 물을 그의 배우자로 삼았다는 식의 표현들은 확실히 우의적이다. 만물의 창조자 오르무즈드―아후라 마즈다―는 스스로를 창조했으며 영원불변의 존재이다. 또한 그는 시작도 없고 끝도 없는 존재이다. 그는 자신의 창조작업을 '말씀', 즉 '다른 모든 것보다 먼저 존재했던 말씀'을 언명함으로써 완성했다. 이 '말씀'은 우리에게 영원불변의 말씀, 신이 전하는 복음의 말씀을 연상시킨다."

르노르망은 또 악령 아흐리만과 관련해서는 이렇게 말한다.

만물은 오르무즈드의 손으로 그 자신과 같이 순결하고 완벽한 모습으로 만들어졌다. 그러나 악령이자 파괴자 아흐리만은 악명높은 자신의 세력으로 만물을 유혹하고, 끊임없이 그것을 파괴하며 정복하려고 애썼다. 이러한 두 원리, 선과 악의 원리 간 투쟁이 세상의 역사를 형성한다.

아흐리만의 모습에서 우리는 인도―이란 종교의 노기등등한 뱀을 다시 만나게 된다. 베다교에서 아히(Ahi)라는 이름을 가진 악의 화신으로 등장하는 이 뱀은 개별적 존재로 간주되고 있다. 뱀에 관한 신화와 아베스타 성전에 담긴 전설이 아지 다하카(Aji Dahâka)라는 이름 아래 아흐리만 속에 섞였다. 아지는 아타르(Atar), 트라에타오나(Traêtaona), 이마(Yima)를 공격했지만 오히려 지위를 박탈당하고 만다. 이는 아폴론(Apollo)이 커다란 뱀 피톤(Python)을 죽이는 그리스 신화의 원형이다. 한편 인도-이란 종교는 불의 신 아타르와 뱀 모양의 악마 아프라시아브(Afrasiâb) 사이에 벌어지는 전투만을 다루고 있을 뿐이다. 다메스테터에 의하면, 인도-이란 종교는 이러한 싸움의 가르침이었고, 이것이 세상 만물에 일반화되고 적용되어 마침내 이원주의가 성립되었던 것이다.

아베스타 성전의 주역서인 젠드-아베스타(Zend-Avesta)를 번역한 다메스테터는, "인도-이란 종교의 밑바탕에는 두 개의 개념이 깔려 있었다. 첫째는 만물에 존재하는 법칙이고, 둘째는 그 만물에 벌어지는 전쟁이다"라고 밝혔다. 만물에 존재하는 법칙은 결국 현명한 자, 마즈다로 불리는 아후라의 지혜를 입증하는 것이며, 만물에 벌어지는 전쟁은 아후라의 창조물에 악마 아흐리만이 침입하기 때문에 일어나는 것이다.

페르시아의 성찬식과 사후관

번제를 치르고 나서는 신비의 영약 하오마(Haoma)즙을 나누어 마신다. 이러한 종교제의는 한편으로는 인도의 베다 시대에 있었던 소마제의(Soma Sacrifice)를, 다른 한편으로는 기독교의 성찬(the Lord's Supper)

을 연상시킨다. 페르시아 성전에 따르면, 신에게 바치는 몇 조각의 고기(Myazda)를 싼 약간의 빵(Draona)을 영적인 존재인 신 혹은 천사 혹은 세상을 하직한 어떤 위대한 인물 앞에 바친 후, 의식을 치르기 위해 자리에 모인 모든 숭배자들에게 그것을 분배하였다. 그러나 고기와 함께 낸 빵보다 훨씬 더 신성시되던 것은 가오케레나(Gaokerena)라고 하는 하얀 하오마 식물에서 조제된 즙이었다. 다메스테터는 "사람들은 부활절에 가오케레나를 마심으로써 영원히 죽지 않게 된다"고 했다.

가오케레나를 마시는 페르시아의 성찬식은 초기 기독교 당시에도 계속 행해졌던 방법이었기 때문에, 그 방식 면에서 기독교의 성찬식과 매우 유사했었을 것이다. 순교자 유스티누스가 교인들에게 성찬에 대해서 말하면서, "이러한 숭고함과 더불어 악령 역시 미트라(Mithra)의 성체에 스며들었다"고 덧붙인 것을 보면 말이다.

조로아스터교에서는 사람이 죽으면 그 영혼이 신바토 페레투시(Cinvato peretush), 즉 '보응(報應)의 다리(Accountant's Bridge)'라는 곳을 지나야만 한다고 말한다. 그 다리에서 영혼이 앞으로 겪을 운명이 결정된다. 이 다리는 '심판의 봉우리'에서 지옥의 구렁텅이를 지나, 신령한 알보르즈 산에까지 뻗어 있으며, 가장 일반적인 성전의 문구에 따르면, 악한 자에게는 날카로운 면도날과 같이 좁아지는 반면, 선한 자에게는 아홉 개의 창을 이은 것만큼 넓어진다고 한다. 악한 일을 행한 자들은 아흐리만에게 보내져 지옥으로 간다. 반면 선한 자는 지복의 삶, 가로 데마나(Garô Demâna)을 누리게 된다. 선행과 악행이 반반씩인 사람들은 위대한 심판의 날(Âka)이 올 때까지 《팔라비(Pahlavi)성전》에 나오는 하마스타칸(Hamêstakâns), 즉 중간 세계에 남게 된다.

페르시아의 구원관

조로아스터의 사후 페르시아 종교의 가장 큰 특징은, 앞으로 커다란 위기가 닥칠 것이며, 이러한 위기는 아베스타 성전에서는 프라쇼케레티(frashôkereti), 팔라비어로는 프라샤카르트(frashakart)라고 하는 '세상의 대변혁'을 가져올 것이라는 교의에 있다.

> 구세주가 올 것이다. 조로아스터의 자손으로 태어나 결국은 죽은 자를 부활시킬 가장 위대한 구세주다. 동정녀의 아들로 태어나, 모든 것을 정복할 것이다. 그 이름은 '승리를 거둔 자, 베레트라잔(Verethrajan)', '정의로움으로 화한 자, 아스트바테레타(Astvat-ereta)', '구세주, 사오시앙(Saoshyañt)'이 될 것이다. 그리고 살아 있는 것은 불멸하게 되나, 그들의 육신은 그 형태가 바뀌어 더 이상 그림자를 만들지 않게 될 것이다. 또한 죽은 자는 일어나 그들의 생명 없는 육신 안에 무형의 생명이 되살아날 것이다.

인류에게 영생을 줄 구세주의 출현에 대한 페르시아 신앙은, 천국이 가까이 왔다고 설교했던 세례 요한과 나세렛 예수가 살았던 시절에 더 강력한 형태로 재현된 것 같다. 예를 들어, 사도 바울은 예수의 재림이 자신이 살아 있는 동안에 일어날 것으로 믿었다. 주의 품에서 잠든 망자들이 부활할 것이고, 산 자들의 육신은 변하여 영생하게 된다는 것이다.

조로아스터교가 유대교와 초기 기독교에 영향을 미쳤다는 것은 의심의 여지가 없다. 구약성서 중 하나인 〈에스라(Ezra)서〉의 원문에는 "키루스 왕이 예루살렘에 주의 집을 지었고, 거기서 그들은 영원불변의 불로 그를 섬겼다"고 기록되어 있을 뿐만 아니라, 많은 유대교 의식들이 오늘날까지도 보존되어 내려오는데, 이는 고대 마즈다이즘(조로아스터교)의 의식과 매우 흡사하게 닮아 있다. 게다가 초기 〈아라비아 복음서(Arabic Gospel of the Infancy)〉 7장에는 동방에서 마기족(Magi, 조로아스터 사제계급)이 조로아스터의 예언에 따라 예루살렘으로 갔다고 기록된 증거가 있다.

페르시아 예술 속의 아후라 마즈다와 아흐리만

페르시아의 세계관은 유대교가 그러한 것처럼 너무나 추상적이어서 어떤 예술적인 발전을 촉진시키지는 못했다. 따라서 온전하게 페르시아적인 선령이나 악령에 관한 그림들을 찾아볼 수 없다. 그나마 다양한 돋을새김에서 볼 수 있는 아후라 마즈다의 그림조차도 원형적 관념에 근거하지 않고 있다. 빛과 선을 상징하는 신의 흉상도 아시리아의 문장 혹은 어쩌면 아카드의 것을 원형으로 삼고 있을 수도 있다.

예를 들어 신상 앞에 서 있는 숭배자를 묘사하고 있는 아시리아 원통인

▶ 〈그림 5-1〉 좌측부터 아시리아의 까메오 세공, 아시리아의 원통인장, 페르시아 까메오 세공

장 〈그림 5-1〉을 보자. 숭배자 뒤로 생명의 나무가 있고, 왼손에 묵주를 든 사제 하나가 보인다. 그들 위로는 신이 공중에 떠 있는데, 페르시아의 아후라 마즈다 그림과 모양이 흡사하다.

아시리아 까메오 세공에서, 아후라 마즈다는 칼데아인이 태양을 묘사할 때 그랬듯이, 머리가 없는 날개 달린 원반 모양의 형체로 그려진다. 아후라 마즈다는 두 마리의 스핑크스에 의해서 숭앙되며, 그들 사이로 성스런 하오마 식물도 볼 수 있다. 한편 오른쪽 페르시아의 까메오 세공에서, 마즈다는 날개 없는 인간의 모습을 하고 번제를 위해 지핀 불 위에 떠 있는 초승달을 타고 있다. 마즈다 위로는 태양이 보이고, 또 마즈다 맞은편으로는 사제나 왕으로 보이는 자가 숭앙하는 포즈로 서 있는 것을 볼 수 있다.

고대 페르시아의 기념비에서도 아후라 마즈다의 장엄한 모습들을 몇 가

▶ 〈그림 5-2〉 왕족 무덤의 조각들

▶ 〈그림 5-3〉 페르세폴리스의 돋을새김

지 볼 수 있는데, 이들 모두 특별한 관심을 불러일으킨다. 아후라 마즈다의 모습에 숭고함과 장엄함을 주어, 아시리아의 신들보다 높이 떠받들고 있다는 점 때문이다. 마즈다는 양손에 고리나 왕족을 상징하는 짧은 왕홀을 쥔 채 로터스 꽃(그리스 신화에 등장하는 상상 속 식물로, 그 열매를 먹으면 이 세상의 괴로움을 잊고 즐거운 꿈을 꾼다고 알려져 있다—역주)처럼 생긴 열매 위쪽으로 묘사되었다.

잭슨(A. V. Williams Jackson)은 아후라 마즈다의 손에 있는 고리를 '통치권'을 상징하는 고리로 설명하고, 그가 떠 있는 광휘와 함께 있는 고리 역시 똑같은 사상의 변주로 해석하고 있다. 어떤 그림에서는 그 고리가 일종의 화관이나 허리에 두르는 장식 화환으로 표현되고 있기 때문이다.

광휘와 함께 표현된 고리가 이집트 사원 장식 기법을 모방하여 원반모양의 태양을 표현했을 가능성은 없다. 그러나 적어도 어쨌거나 태양을 그린 것이 확실한, 똑같은 양식의 아시리아의 조각들이 많이 있기는 하다. 한 원통인장에서는 하시사트라(Hasisatra)로 하강한 신 이즈두바에 대한 신화장면을 묘사하고 있는데, 일출과 일몰을 지켜보는 지평선의 두 수호신 스콜피온들을 볼 수 있다. 여기서 태양은, 마치 깃털 같은 꼬리와 광휘 그리고 날개 모양의 원반으로 그려진 아후라 마즈다가 공중에 떠 있듯이 묘사되고 있다.

▶ 〈그림 5-4〉 외뿔의 괴물을 죽이는 왕

또 생명의 나무를 보호하는 신에게서도 이와 똑같은 그림을 발견할 수 있는데, 단순히 태양이 식물에 미치는 자비로운 영향만을 의미할 뿐이다(그림 5-2). 달의 빛을 가리려는 악령과 싸우는 메로다크를 묘사하고 있는 고대 바빌로니아 원통 인장 역시 똑같이 관습적인 모양의 깃털로 된 둥근 판을 보여준다.

페르시아의 유물 중에서 아흐리만을 묘사한 것은 아직 발견된 것이 없다. 그러나 페르세폴리스(Persepolis)에 있는 한 돋을새김에는 왕이 외뿔의 괴물을 죽이는 장면이 묘사되어 있는데(그림 5-4), 그 괴물의 생김새가 아시리아의 티아마트 〈그림 4-7〉와 매우 닮아 있는 것으로 보아 페르시아 조각가가 아시리아의 선대 조각가의 양식을 모방했음을 알 수 있다.

악마 숭배자 예지디교도

비록 조로아스터의 이원론의 기원과 관련된 정보는 거의 없지만, 적어도 대강의 윤곽만은 재구성해 볼 수 있다. 왜냐하면 고대 페르시아 종교의 과거 역사에 관한 증인들이 오늘날까지도 남아 있기 때문이다. 젠드아베스타(Zend-Avesta)에 만연한, 보다 순전한 조로아스터 숭배 사상보다 앞서 존재했던 오랜 악마 숭배의 종파, 예지디(Yezidis)교가 그것이다. 한 독일인 여행가의 견해를 따라 타일러는 다음과 같이 말하고 있다.

> 이제디(Izedis) 혹은 예지디(Yezidis)교도는 소위 악마 숭배자들로서 메소포타미아와 인접국가들에서 박해받았던 사람들이었지만 여전히 다수 남아 있다. 그들이 태양을 숭배하고, 불을 모독하는 것을 두려워한다는 사실은, 그들의 종교가 페르시아에서 기원하고 있다는 생각을 뒷받침한다. 그리고 기독교와 이슬람교적 요소들의 피상적인 혼합물에는 바로 이러한 페르시아의 기원이 깔려 있다. 이 놀라운 분파는

특별한 형태의 이원론 때문에 두드러진다. 최고신의 존재를 인지하기는 하나, 그들의 특별한 경외심은 사탄에게 주어진다. 천사 무리 중 우두머리인 이 사탄은 이제 인류에게 나쁜 짓을 일삼으며, 그가 부활하는 날에는 그를 섬겼던 숭배자들에게 보상해 줄 힘도 가지고 있다.

"그렇다면 과연 사탄은 지상에서 유일하게 그를 헐뜯지 않고, 유일하게 그를 위해 그토록 많은 괴로움을 겪어온 불쌍한 예지디교도에게 보상을 해주지 않겠는가?"

흰 수염을 한 늙은 악마 숭배자가 자신의 종교에 대한 희망을 밝히자, 독일인 여행자는 외쳤다.

"사탄의 권리를 위한 수난이라니!"

이처럼 특이한 예지디교도들의 믿음은 악마를 숭배하는 미개인들의 종교와 유사하다. 선한 신의 존재를 인식하지 못하는 것은 아니지만, 실제로 그들이 인지하고 있는 선은 단지 부정적인 면뿐이라는 점에서 그러하다. 선함의 실재적 중요성이 아직 인지되지 않았다는 얘기다.

선사 시대의 페르시아인들도 지금의 예지디교도 같은 악마 숭배자들이었을 가능성은 높다. 데바들은 불가항력의 자연의 힘을 가진 신들로서, 사람들은 산 제물을 바침으로써 그의 화를 잠재울 수 있었다. 인격화된 천사 아메샤 스펜타와 같은 도덕적 신의 존재를 인지한 것은 오랜 시간에 걸친 발전의 산물이다.

이렇게 해서 페르시아는 데바를 향한 악마 숭배에서 신을 숭배하는 단계로 접어들게 되었다. 그리고 이러한 변화는 페르시아인들에게 세계를 선도해 나가는 민족으로 발전하는 밑거름이 되었다.

6 이스라엘

아자젤, 황야의 신

이스라엘인들은 순수한 야훼 신앙을 가지고 있다고 생각한다. 그렇다면, 히브리 문명의 원시적 단계에서는 어땠을까. 이스라엘인들의 신관이 어떤 양상을 보이며 변화했는지 기술할 만큼 알려진 것은 별로 없다. 하지만 이집트의 티폰과는 다르다 해도, 분명 악마의 존재가 있었음에는 틀림없다. 황야의 악마 아자젤(Azazel)에게 제물로 염소를 바치는 풍습을 보면, 이스라엘인들이 선과 악이라는 상대적인 힘을 대등한 것으로 여겼던 종교적 이원론으로부터 막 벗어나고 있음을 알 수 있기 때문이다.

〈레위기〉 16장 8절을 보면 다음과 같은 구절이 있다.

> 두 염소를 위하여 제비 뽑되 하나는 야훼를 위하여, 다른 하나는 아자젤을 위함이며, 아론(Aaron)은 야훼를 위하여 제비 뽑은 염소를 속죄제로 드리고, 아자젤을 위하여 제비 뽑은 염소는 산 채로 야훼 앞에

두었다가 그것으로 속죄하고 아자젤을 위하여 광야로 보낼 지니라.

'아자젤' 이라는 이름은 '아지즈(aziz)' 와 '엘(El)' 에서 나왔고, 그 의미는 각각 '힘' 과 '주(主)신' 이다. 에데사(Edessa)의 전쟁신 아시소스(Asisos)는 '강한 자', 발-아지즈(Bal-aziz)는 '강한 신' 이라는 뜻을 가지고 있다. '로쉬-아지즈(Rosh-aziz)' 는 '강한 자의 우두머리' 라는 뜻으로 페니키아 해안의 한 곳의 이름이기도 하다.

아자젤이라는 이름은 그 이전까지 존재했던 이원주의적 신관의 마지막 자취라 할 수 있다. 이 황야의 신은 더 이상 강한 신의 모습이 아닌, 단순히 신의 그림자 같은 존재가 되었다. 더 이상은 그에게 속죄 염소가 제물로 바쳐지지 않았기 때문이다.

야훼에 바쳐지는 염소만이 속죄 제물이 될 뿐, 아자젤에게 바치는 염소는 사람들의 죄에 대한 재앙을 대신 지고 황야로 갈 뿐이다. 이리하여 아자젤에 대한 숭배는, 단순히 그의 존재만을 인정해 주는 정도로 미약해 진 것이다.

산 제물을 바치던 의식은 종교의식의 일부분이었기 때문에 쉽게 없어지지는 않았지만, 지금은 선신과 악신이 똑같이 숭배 받았던 오랜 이원주의적 신관은 히브리 문학에서만 그 흔적을 발견할 수 있을 뿐이다.

미신

구약성서는 많은 고결한 사상과 위대한 진리를 담고 있다. 특히 구약성서는 종교서 중에서 실로 가장 주목할 만한 작품이라고 할 수 있다. 전 세계의 문학에서 이보다 더 유서깊은 종교서는 없기 때문이다. 그러나 밀밭에는 독초들이 있기 마련인 것처럼, 성서에도 역시 한탄할 만한 오류들이 있으며, 고대 이스라엘인들의 몇몇 지도자들조차 이들 오류를 그들의 종교에서 매우 핵심적이고 필수불가결한 것으로 간주하기도 하였다.

성서의 집필자들이 자신의 종족들이 저지른 범죄, 즉 도둑질(〈출애굽기〉 11장), 살인과 강간(〈민수기〉 31장 17~18절)에 대해서 신에게 책임을 묻고 신을 그 종범자로 만들 뿐 아니라, 미개인들 사이에 흔히 유행했던 미신까지도 신봉하였던 것이다. 그리하여 주춧돌 아래 사람을 산 채로 묻는 관습이 이스라엘의 신에 의해서 용인되어 왔던 것처럼 언급하였다.

여리고(Jericho) 성이 야훼의 특별 지시에 따라 파괴되었을 때, 그곳에 살던 모든 주민들과 동물들, 즉 '남자와 여자, 젊은 사람과 늙은 사람, 황소와 양과 나귀' 들은 모두 죽임을 당했다. 오직 한 사람 라합(Rahab)이라는 평판이 좋지 않은 여인만이 예외였는데, 그녀는 이 성과 함께 적들의 손아귀에 동포를 팔아 넘겼다. 그리고 여호수아(Joshua)는 무리를 향해 다음과 같이 엄명한다.

> 이 여리고 성을 누구든지 다시 건축하는 자는 여호와 앞에서 저주를 받을 것이라. 그 기초를 쌓을 때에 맏아들을 잃을 것이요, 문을 세울 때에 막내아들을 잃으리라.

그러나 여리고 성은 조만간 재건될 수밖에 없었다. 그도 그럴 것이, 여리고 성은 팔레스타인으로 가는 열쇠에 해당되는 요충지였으며, 황야에서 한 나라로 들어가는 입구에 해당하므로 폐허로 남아 있기에는 상업적으로나 전략적으로 너무도 중요했던 것이다.

한편, 재건을 맡았던 남자는 여호수아의 저주를 마음에 둘 만큼 충분히 미신에 빠져 있었고, 개화하지 못한 상태에 있었다. 〈열왕기상〉에는 아합(Ahab)의 통치 시절을 언급한 구절이 있다.

> 그 시대에 벧엘 사람 히엘(Hiel)이 여리고를 건축하였다. 그가 그 터를 쌓을 때에 맏아들 아비람을 잃었고, 그 성문을 세울 때에 막내아들 스굽(Segub)을 잃었으니, 야훼께서 눈(Nun)의 아들 여호수아를 통하여 하신 말씀 같이 되었더라.

마술과 마법

중세 시대 기독교도를 괴롭혔던 끔찍한 마녀재판은 구약성서에서 그 뿌리를 찾아볼 수 있다. 〈출애굽기〉의 율법은 마법을 행한 자에 대해서 사형을 규정하고, 〈레위기〉 20장에서도 역시 같은 율법이 아래와 같이 반복되고 있다.

> 죽은 사람의 혼백을 불러내는 여인들과 점쟁이에게 가서 그들을 따라 음행하는 자가 있으면, 나는 그도 언짢게 여겨 겨레로부터 추방하리라.

> 너희 가운데 죽은 사람의 혼백을 불러내는 사람이나 점쟁이가 있으면, 그가 남자이든지 여자이든지 반드시 사형에 처해야 한다. 그들을 돌로 쳐라. 그들은 제 피를 흘리고 죽어야 마땅하다.

▶ 〈그림 6-1〉 사울과 엔돌의 점쟁이

마법사와 마녀에 관한 율법의 혹독함에도 불구하고, 이스라엘인들은 언제나 그들의 도움에 의지하는 경향이 있었다. 사울은 점쟁이들을 근절하기 위해서 최선을 다했던 왕이었지만, 정작 자신에게 큰 근심거리가 생기자 엔돌(Endor)의 점쟁이를 찾아간다.

악마 숭배의 흔적

이스라엘 사람들이 암흑과 황무지에서 거주하는 악령들의 존재를 믿고

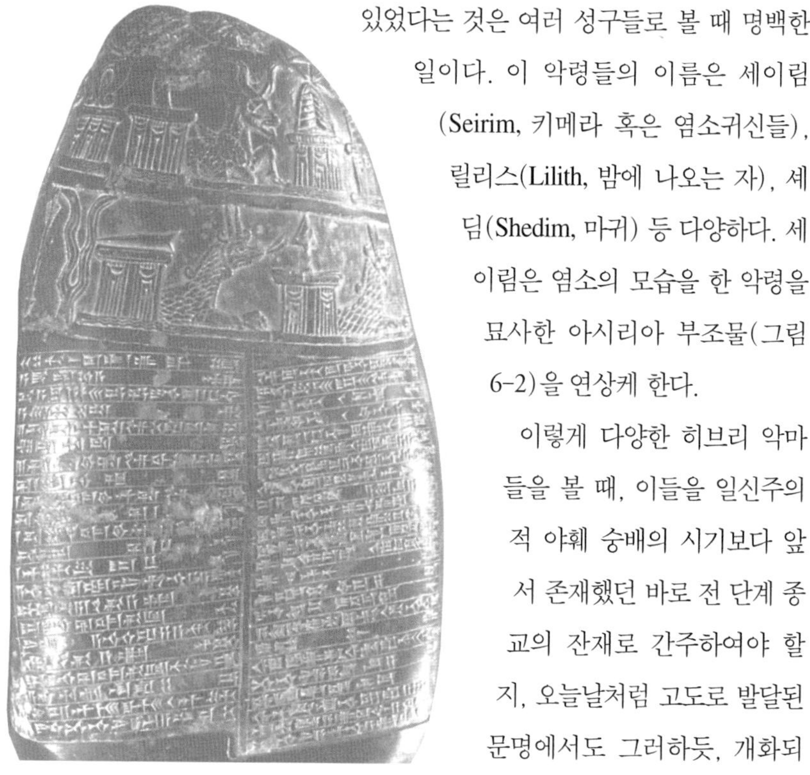
▶ 〈그림 6-2〉 아시리아 염소 악마

있었다는 것은 여러 성구들로 볼 때 명백한 일이다. 이 악령들의 이름은 세이림(Seirim, 키메라 혹은 염소귀신들), 릴리스(Lilith, 밤에 나오는 자), 셰딤(Shedim, 마귀) 등 다양하다. 세이림은 염소의 모습을 한 악령을 묘사한 아시리아 부조물(그림 6-2)을 연상케 한다.

이렇게 다양한 히브리 악마들을 볼 때, 이들을 일신주의적 야훼 숭배의 시기보다 앞서 존재했던 바로 전 단계 종교의 잔재로 간주하여야 할지, 오늘날처럼 고도로 발달된 문명에서도 그러하듯, 개화되지 않은 자들의 머릿속에 사로잡혀 있던 미신이 존재했었다는 증거로 간주해야 할지는 단언하기 어렵다.

그러나 확실히, 정화된 종교의 발흥이 이루어지기까지는 그 속도가 더뎠고, 미개 시대로부터 가지고 있던 습성이 좀처럼 사라지지 않았다. 다분히 야만적인 종교의식들 중 몇 가지와 인신제물 등, 악마 숭배의 흔적들은 좀 더 눈부신 문명의 빛이 세상에 쪼이기 시작할 때까지 계속되었다.

사탄

점차 아자젤이 경시될 즈음, 사탄이 존재를 드러냈다. 악신에 대한 믿음은 악마에 대한 믿음으로 대체되었고, 유혹자이자 모든 악의 시조인 사탄은 자연히 '들짐승 가운데 가장 간교한' 뱀과 동일시되었다.

〈구약성서〉에서, 마왕 사탄은 악마라는 의미로 쓰이지는 않는다. 사탄은 주로 '적'의 의미로 사용되고 있을 뿐, 악마라는 뜻을 내포하는 이름으로는 다섯 번 쓰였을 뿐이다. 한 가지 특기할 만한 것은, 똑같은 사건이 두 개의 성서에 나란히 일어나고 있는데, 그 사건이 역사상 더 오래된 〈사무엘서〉에서는 야훼에 의해서, 후대에 집필된 〈역대기서〉에서는 사탄에 의해서 집행된다는 사실이다.

〈사무엘서〉 하편 24장 1절은 다음과 같은 구절이다.

> 야훼께서 다시 이스라엘을 향하여 진노하사 저희를 치시려고 다윗을 감동시키사 가서 이스라엘과 유다(Judah)의 인구를 조사하라 하신지라.

똑같은 사건이 〈역대기상〉 21장 1절에 아래와 같이 언급되어 있다.

> 사탄이 일어나 이스라엘을 대적하고 다윗을 격동하여 이스라엘을 계수하게 하니라. 다윗이 요압과 백성의 두목에게 이르되 너희는 가서 브엘세바에서부터 단까지 이스라엘을 계수하고 돌아와서 내게 고하여 그 수효를 알게 하라.

그런가 하면 고대 히브리 역사문학서 중, 특히 〈모세 5경(the Peutateuch)〉에서는 사탄이 전혀 언급되지 않는다. 모든 죄에 대한 벌, 복수, 유혹의 행위가 야훼 자신이나 혹은 직속 사령관이라 할 수 있는 천사에 의해서 행해질 뿐이다. 아브라함을 유혹하고, 이집트의 장자를 죽이고, 불과 유황으로 소돔과 고모라(Sodom and Gomorrah)를 멸망시키며, 악령이 사울에게 접근하게 하고, 다윗을 벌하기 위해서 역병을 내리는 등, 이 모든 일들이 신 야훼가 시행한 일로 적혀 있다.

심지어 이집트인들이 죄를 범하게 만드는 사악한 영(이사야 19장), 그리고 아합의 예언자들의 입에 들어간 거짓말하는 영(열왕기상 22장, 역대기하 18장)이나 혹은 무지와 무관심(이사야 29장)조차도 야훼의 행위와 직접적으로 연관된다.

예언자 스가랴(Zechariah)는 사탄을 사악한 자의 죄를 들추어내고 벌을 요구하는 임무를 맡은 천사로 간주한다. 욥기에서는 몹시 시적이고 오만한 악마의 모습을 볼 수 있는데, 그는 심술궂은 야훼의 신하로 등장하여 유혹하고, 괴롭히며, 복수하는 일을 즐긴다. 그는 신의 정의와 선함에 대해서는 의심하지 않으면서도, 마치 습관적으로 기소를 일삼고 무고한 사람에게조차 죄를 선고하기를 즐기는 지방검사처럼 부당하게 죄를 추궁한다.

구약성서의 정전(正典)에 묘사된 사탄은 신의 적이 아니라 인간의 적으로 나타난다. 그곳에서 사탄은 신의 종이며, 충직한 하인의 모습이다.

사탄에 대한 유대교적 관념은 인접국가들이 섬기는 신들의 속성에서 몇 가지 특징들을 더 수용한 형태이다. 적대적인 국가들이 섬겼던 신을 악마로 둔갑시켰던 일보다 역사상 더 흔한 일은 없을 것이다.

이런 식으로 페니키아인들이 섬겼던 '바알세불(Beelzebub)'이라는 신은 사탄의 다른 이름이 되었다. 또 '힌놈(Hinnom, 즉 게헨나[Gehenna])'

은 몰록(Moloch)이 숭배되었던 도벳(Tophet)의 골짜기를 말하는데, 죽은 자들이 사는 지하세계 '스올(Sheol)' 대신 지옥을 뜻하는 히브리어가 되었다. 몰록의 신상은 놋쇠로 만들어졌고, 그 배는 용광로였다. 예언서에 따르면(이사야 57장, 에스겔 16장, 예레미아 19장), 아이들은 그 신상의 열기에 불살라지도록 제물로 던져진다. 희생자들의 울부짖음은 드럼소리에 묻혀 들리지 않았으며, 그래서 그 장소가 '도벳(Tophet, 드럼을 의미함)'으로 불려지게 되었다고 한다.

다윗왕 이후 므나쎄(Manasseh)왕도 자기 자식을 몰록의 불구덩이 속으로 지나게 하였는가 하면,[11] 요시야(Josiah)왕은 힌놈의 자손이 사는 골짜기, 도벳을 더럽힘으로써 이러한 악습을 철폐하려고 애썼다. 이렇게 하여 이 이민족 신의 이름이 이스라엘인들 사이에서는 자연스럽게 악행과 악마적 우상 숭배의 상징으로 받아들여지게 되었던 것이다.

고대 설형문자로 된 기록들의 해독이 가능해지면서 우리는 이제 아시리아와 바빌론의 신화, 이스라엘 종교 간의 역사적 관련성을 좀 더 잘 이해할 수 있게 되었다. 구약성서에는 벨 메로다크와 티아마트와의 전쟁을 연상시키는 구절들이 많이 등장하는데, 그 일부를 글자 그대로 번역하여 주석을 붙였던 헤르만 군켈(Hermann Gunkel)은 이렇게 말한다.

▶ 〈그림 6-3〉 대해의 괴물(monsters of the deep)을 부조한 7개의 대가 있는 촛대

현존하는 문헌 어디에도 야훼가 큰 용(마왕 사탄)과 싸웠던 이야기를 실제로 다룬 것은 없다. 유대교는 정전(正典)을 정리하는 뛰어난 업적을 이뤘지만 이교도의 흔적이 보이는 신화를 인정하지 않았다. 그럼에도 불구하고 큰 용을 언급하는 모든 성구들에서 그와 같은 신화가 글로 묘사되지 않고 단순히 전제되어 있다는 사실은, 그것이 사람들에게 이미 잘 알려져 있었고 대중적이었다는 것을 말해 준다. 정전에서 그러한 신화가 빠져 있다는 것—기독교도 독자를 고려할 때 이를 비난할 필요는 없다—은 구약성서가 고대 종교문학의 파편만을 담고 있을 뿐이라는 주장의 분명하고 결정적인 근거이다.

이스라엘에서의 신화는 애초부터 야훼를 향한 찬가였다. 그러므로 야훼 찬가는 큰 용에 관한 신화를 참고할 때 가장 애용된다. 이 중 성서의 〈시편(Psalm)〉 89장에 가장 잘 들어맞는 예를 볼 수 있다. 인류를 향한 야훼의 압제를 묘사하는 시인(욥기 9장, 16장, 40장, 시편 104장), 죄를 짓는 사람들에게 야훼의 전능함을 묘사하여 공포에 떨게 하는 예언자(아모스 9장), 이민족의 통치 아래 괴로워하는 무리들을 분기시키는 자(이사야 51장), 이 모두가 사탄을 제압하는 야훼의 권능에 대한 직접적인 언급인 것이다.[12]

티투스의 문(the arch of Titus)의 일곱 개의 대가 있는 촛대는 리바이어던(Leviathan), 베헤모스(Behemoth), 라합(Rahab) 등 이스라엘의 신화적인 괴물들로 추정될 만한 악마(dragons)들의 기본 형상들을 담고 있다는 점이 주목된다.

7 브라만교와 힌두교

인도의 일원론적 종교관

원시 종교와 철학의 발상지 인도는, 페르시아 민족이 종교와 철학의 이원론적 경향을 보여주었던 것만큼이나 강한 일원론적 경향을 보여준다. 그러나 고대 인도의 일원주의는 '판티즘(pantism)—이 이론에 따르면 '전체(the All)' 혹은 '전체로서의 절대자(the absolute as the All)'가 현실을 지배하는 반면, 모든 구체적인 존재들은 단순한 속임수, 환영, 꿈으로 간주된다—에 묻혀 잘 드러나지 않는 경향이 있다.

대중적인 힌두교[13]의 다신론은 사실상 선과 악 사이의 구별이 전혀 보이지 않고, 다양한 신들이 '하나이자 전체(the One and All)'의 양상으로 전개되는 범신론이다. 그러므로 선과 악 사이의 투쟁은 끊임없이 다른 모습으로 화하는 신들이 만들어내는 필수적인 한 과정으로 전개된다. 브라만적 관념에 따르면, 이 화신들이 필요해진 것은 현실 세계에서 대두되는 전제정치와 부정부패, 승려계급(브라만)에 대한 경외심 결여, 무사계급(크

▶ 〈그림 7-1〉 브라만의 트리무르티

아래 서른 여섯 칸은 각각 비슈누(1~12), 시바(13~30), 두르가(31~32), 삼신(33~35), 그리고 라마(36)를 나타내는 기호들이다.

샤트리아)의 브라만 권위에의 도전 등의 무질서 때문이다.

한편 신들의 적들(거인, 악마, 기타 악령들)은 철저하게 악하지도 않고, 기독교적 사탄과는 다르다. 브라만 신들 역시 결코 완전한 선을 대표하지 않는다. 이들 신들은 서구인들의 미적 관념으로 볼 때 매우 추하고 악해 보이는 모습으로 빈번히 묘사되고 있을 뿐만 아니라, 어떤 때는 생명을 생장시키는 신들이 또 다른 때는 바로 파괴의 악마들이 되기도 한다.

창조주 브라흐마

브라흠(Brahm)은 브라만교 최고의 신으로, 전체 혹은 존재의 추상적 개념을 나타내며, 비슈누(Vishnu), 시바(Siva)와 함께 트리무르티(Trimurti, 삼신관), 즉 삼위일체를 형성한다. 브라흐마(Brahma)는 모든 존재의 시원이며, 만물의 창조주, 전 우주의 아버지며, 만물의 시작인 신의 정신(divine mind)이다. 그는 '아자(Aja)', 즉 태어나지 않은 자(not-born)라고 불리는데, 생겨나긴 했으나 모태로부터 비롯된 것이 아니기 때문이다.

브라흐마는 태(胎)의 상태인 영원의 세계로부터 생겨난 미분화된 존재, '탓(tat)'에서 유래되었다. 브라흐마의 배우자 사라스바티(saraswati)는 시, 학문, 음악의 여신이다. 브라흐미(Brahmi),

▶ 〈그림 7-2〉 브라흐마

▶ 〈그림 7-3〉 브라흐마와 사라스와티

브라흐미니(Brahmini)라고도 불린다.

인간을 창조한 신은 브라흐마다. 〈야주르베다(Yajurveda)경〉에는 브라흐마가 자신의 일부인 정기(soul)를 떼어내, 육신를 부여했다는 이야기가 들어 있는데, 엘로힘(Elohim, 구약성서의 하나님의 다른 지칭)이 먼저 육신을 만든 다음 거기에 생명을 불어넣어 인간을 만든다는 히브리 창세기와는 정반대의 순서를 밟고 있다.

브라흐마는 네 개의 머리와 네 개의 팔을 가졌으며, 손에는 수저처럼 생긴 봉과 호로병, 염주, 그리고 〈베다 경전〉이 들려 있다. 네 손 중 하나는 종종 빈손으로 그려지며, 그림에서는 비슈누의 배꼽에서 자란 연꽃 위에 앉아 있는 모습인데, 이는 대양을 덮은 초자연적 존재를 상징한다.

브라흐마는 세상에 생명을 불어넣은 자로서, 철학자들에게는 첫 번째 고찰의 대상이다. 그는 인간의 영혼에 '아트만(Atman)', 즉 자아로 나타나지만, 사람들에게 많은 영향력을 행사하지는 않는 사람들의 신이란 무릇 너무 추상적이어서는 안 되며, 보다 구체적이고 인간적이어야 하는 법이다. 그래서 실제적으로 사람들에게는 브라흐마보다 여러 모습으로 화하는 삼위일체의 두 번째 계급인 비슈누가 훨씬 더 중요했다.

비슈누

비슈누의 화신은 총 10가지가 있다. 첫 번째 화신(avatar, incarnation)은 마츠야(Matsya)다.

비슈누는 악마가 훔쳐가서 육지를 몽땅 뒤덮어 버린 대홍수 속에 숨겨놓은 베다 경전을 되찾기 위해서 물고기의 형태로 화한다(그림 7-5). 이 화신이 흥미로운 것은, 〈피스티스 소피아(the Pistis Sophia, 가장 중요한

▶ 〈그림 7-4〉 비슈누, 락슈미, 브라흐마
비슈누는 거대한 뱀 아난타(Ananta, 영원, 무량[無量]의 상징에 의해서 지탱되는 꽃 위에 몸을 의지하고 있다. 아난타는 미분화된 세상을 상징하는 태고의 대양 위에 떠 있다.

그노시스파의 복음서 중 하나)〉에도 하나님이 천국의 에녹(Enoch)에게 불러주어 받아쓰게 했던 이에오우(Ieou)의 복음서가 대홍수 때 소실되지 않고 칼라파타우로스(Kalapatauroth)에 의해서 보존되었다는 내용이 있기 때문이다.

신들로 하여금 불사의 음료 아므리타(amrita)를 구할 수 있게 하기 위해서, 비슈누는 매우 큰 거북이 모양의 두 번째 화신 쿠름(kurm)으로 화한다(그림 7-6). 그는 등으로 거대한 만다라(Mandaras)산을 들어올리고, 그 기둥을 거대한 뱀 아난타로 밧줄처럼 감는다. 신들이 뱀의 꼬리를 잡고, 악마들(daityas) 머리를 잡은 채 대양을 휘저어, 비슈누의 보석 카우스투바(Kaustubha)를 꺼낸다.

바다의 여신 바루나니(Varunani), 그리스의 님프(Nymphs)에 해당하는 사랑스런 요정 아프사라스(Apsaras), 일곱 개의 머리가 달려 있는 인드라의 말, 풍요의 암소 카마디누(Kamadhenu), 인드라의 코끼리 아이라바타(Airavata), 풍요의 나무, 달의 신 찬드라(Chandra), 포도주의 여신 수라(Sura), 바다생명을 관장하는 인도의 에스쿨라피우스(Aesculapius, 그리스 신화에 등장하는 치료의 신-역주) 단반타리(dhanvantari)가 모두 이런 식으로 물에서 나왔다고 한다.

바루나니가 미의 여신으로 간주될 때는 보통 락슈미(Lakshmi) 또는 슈리(Shri)라고 한다. 그녀가 그리스 신화의 아프로디테처럼 바다의 거품에서 생겨난다는 점 역시 주목할 만하다.

비슈누의 세 번째 화신은 멧돼지의 모습을 하고 있는 바라하(Varaha)이다. 바하라는 세상을 파멸시키고자 하는 악마 히라니야크샤(Hiranyaksha)를 두 개의 어금니로 처치한다(그림 7-7).

히라니야크샤의 남자 형제 히라니야-카시푸(Hiranya-Kasipu)에게는

▶ 〈그림 7-5〉 물고기로 화한 마트스야 화신

▶ 〈그림 7-6〉 거북이로 화한 쿠름 화신

▶ 〈그림 7-7〉 멧돼지로 화한 바라하 화신

▶ 〈그림 7-8〉 인간-사자로 화한 나라시나 화신

프라흘라다(Prahlada)라는 이름의 아들이 있었는데, 신심이 깊어 비슈누를 극진히 모셨다. 극악무도한 아버지 히라니야-카시푸가 그 아들 프라흘라다를 죽이려고 했지만, 프라흘라다는 비슈누에게 끊임없이 기도함으로써 모든 위험에서 벗어난다. 비슈누가 존재하지 않는 곳은 없다는 사실을 의심했던 히라니야-카시푸는, 한 기둥을 가리키며 "그가 그곳에 있을리가 있겠느냐"고 조롱하듯 말한다. 몹시 노한 비슈누는 카시푸에게 벌을 내리기로 결심한다. 비슈누는 반은 인간이고 반은 사자의 모습으로 기둥을 둘로 쪼개고 나와 히라니야-카시푸를 토막내 버린다. 이 네 번째 화신이 나라시나(Narasinha)이다(그림 7-8). 이 이야기는 비슈누를 믿지 않는 사람들의 비참한 운명을 각인시키기 위한 것으로 보인다.

프라흘라다(Prahlada)의 손자 발리(Balis)는 신앙심이 깊은 왕이었는데, 바로 그런 이유로 해서 신들에게는 위험한 존재였다. 100번째로 신에게 드리는 제물을 채우게 되면, 발리는 인드라의 자리를 찬탈하고도 남을 힘을 얻게 되는데, 100번째의 제물을 막 채울 참이었기 때문이다.

비슈누는 천상의 신에게 도움을 구한 뒤, 브라만의 탁발승으로 위장한 난쟁이의 모습으로 발리 앞에 나타난다. 발리는 탁발승에게 선물을 주면서 그의 소원을 들어주겠노라고 약속했고, 이

▶ 〈그림 7-9〉 락슈미, 미의 여신

에 난쟁이 탁발승은 자신이 명상할 만한 세 걸음 어치의 땅을 요구한다. 탁발승의 요구는 신과 인간 모두를 구속하는 엄격한 맹세 하에 기꺼이 수락된다. 그러자 난쟁이 탁발승은 갑자기 거인의 모습으로 화하여 첫 번째 발걸음은 땅 전체를 내딛고, 두 번째 발걸음은 창공에, 세 번째는 무한한 하늘로 내딛는다. 이 때문에 비슈누는 세 걸음의 신으로도 불리게 된다. 결국 발리는 100번째의 제물을 올릴 수 없었고, 인드라는 계속 제위를 유지하게 되었다고 한다. 이 난쟁이 화신이 바마나(Vamana)이다(그림 7-12).

▶ 〈그림 7-10〉 비슈누 나라시나

여섯 번째 화신은 파라슈라마(Parasrama)이다. 이 화신은 크샤트리아와 브라만들 사이의 권력다툼을 반영하기 때문에 역사적 사실을 반영한다고 볼 수 있다.

자마드아그니(Jamadagni)는 신앙심 깊은 브라만으로, 신들로부터 성스런 암소 수라비(Surabhi)를 받는다. 이 암소는 자마드아그니와 그 부인 레누카(Renuka), 그리고 그들의 아들 라마(Rama)가 모든 안락함을 누릴 수 있도록 해준다. 어느 날 크샤트리아 계급의 왕 카르타비르야(Kartta-virya)가 찾아와 자마드아그니에게 부와 행복을 주었던 암소를 빼앗으려고 한다. 하지만, 암소는 접근하는 사람들을 모조리 죽이고 하늘나라로 올라가고 만다.

격노한 카르타비르야는 그만 신앙심 깊은 자마드아그니를 죽인다. 살해

▶ 〈그림 7-11〉 인도와 랑카 사이의 해협에 다리를 놓는 원숭이 신 하누만

당한 브라만 자마드아그니의 아들 라마는 사악한 왕에게 벌을 내려줄 것을 비슈누에게 간절히 애원하고, 비슈누는 그에게 활과 도끼를 주고 스스로는 라마로 화한다. 카르타비르야는 천 개의 팔로 천 개의 무기를 휘두르지만, 비슈누의 신성한 힘을 부여받은 라마는 결정적 싸움에서 그를 굴복시킨다.

라마 찬드라(Rama Chandra)는 인도인들의 마음속 깊이 뿌리내린 화신이다. 힌두의 오디세이라 할 수 있는 라마야나(Ramayana) 서사시에는 라마 전설과 너무나 유사한 이야기가 들어 있다. 그 전설의 대강의 줄거리는 이렇다.

라마 찬드라는 그의 아내 시타(Sita, 주로 락슈미의 화신으로 간주함),

▶ 〈그림 7-12〉 난쟁이 화신 바마나

▶ 〈그림 7-13〉 전부의 화신 파라슈라마

▶ 〈그림 7-14〉 라마 찬드라
비슈누와 라마 찬드라 화신, 원숭이 신 하누만의 도움으로 라바나를 정복한다.

▶ 〈그림 7-15〉 크리슈나
크리슈나로 태어난 비슈누는 폭군 마투라의 만행으로부터 기적적으로 살아난다.

그리고 서쪽의 황야에서 살던 그의 이복동생 락슈마나(Lakshmana)와 함께 살았다. 라마 찬드라는 한때 아버지의 부당한 명령에 따라 어쩔 수 없이 락슈마나를 황야로 추방해야 했는데, 동생이 추방되고 나자 아버지는 또 다른 아들, 바라타(Bharata)를 후계자로 정한다.

그 뒤, 마왕 라바나(Ravana)는 라마와 락슈마나가 함께 사냥을 나간 틈에 시타를 납치하고 라마를 상대로 전쟁을 일으킨다.

어떻게 라마가 거인들이나 악마와 싸웠는지, 원숭이 왕들인 수그리바(Sugriva)와 하누만(Hanuman)이 어떻게 그와 연합하게 되었는지, 또 어떻게 하누만이 실론(Ceylon)의 섬 랑카(Lanka)에 올라 적국을 정찰하게 되었는지, 어떻게 원숭이들이 돌들을 물에 던져 그 넓은 해협에 다리를 놓았는지, 라마가 랑카까지 어떻게 라바나를 쫓아갔는지, 그리고 마침내 어떻게 그가 라바나를 이기고 충실한 아내 시타를 되찾았는지 하는 라마의 모험에 대해서는 생략하기로 한다(그림 7-12~15).

여섯 번째 화신 파라슈라마처럼, 라마 찬드라 역시 실제 벌어진 역사의 흔적을 간직하고 있을 법하다. 라마 찬드라의 이야기는 납치된 아내와 관련된 서구 세계의 서사시, '트로이 전쟁'이나 '구드룬 사가(Gudrun Saga, 중세 독일의 영웅 서사시-역주)'의 이야기를 닮아 있다. 이 모든 이야기가 상징하는 것은 자신의 반려자 달의 신을 찾으려는 태양신의 방랑을 표현한 것에 다름 아니다.

▶ 〈그림 7-16〉 전투하는 원숭이왕 수그리바

비슈누의 여덟 번째 화신은 크리슈나(Krishna)로, 여기서 비슈누는 힌두교

▶ 〈그림 7-17〉 라마 찬드라와 시타로 화한 비슈누와 슈리-락슈미

인들의 이상적인 신인(man-god)에 이르게 된다.

▶ 〈그림 7-18〉 자신의 모험담을 라마 찬드라와 시타에게 자세히 고하는 하누만

카란쿠라(Kalankura, 학)로 불리는 칸사(Kansa)는 마투라(Mathura)의 폭군이었다. 그는 누이 데바키(Devaki)의 여덟 번째 아들이 자신의 왕위를 빼앗을 것이라는 예언을 듣자, 곧 누이의 모든 자식들을 죽이려고 작정한다. 그러나 비슈누의 화신인 그녀의 여덟 번째 아들 크리슈나는 태어나자마자 말로 어머니를 위로하면서, 아버지 바수데바(Vasudeva)에게 자기의 생명을 구할 방법을 알려준다.

뱀의 보호를 받으며 어린 크리슈나를 데리고 자무나(Jamuna) 강을 건너 고쿨라(Gokula)로 간 바수데바는 소를 기르는 사람인 난다(Nanda)의 딸과 바꿔치기를 한다. 이것을 모르는 칸사는 즉시 바꿔치기 된 그 여자 아기를 붙잡아 죽이려 하지만, 여자아기는 스스로 공중으로 몸을 솟구쳐 오른 뒤, 크리슈나가 살아 있다고 말하고는 번개가 되어 사라진다.

몹시 노한 칸사가 다시 온 나라의 아기들을 죽이려고 했지만, 크리슈나는 또다시 위기를 모면한다. 유모로 가장한 악마를 보내 독 젖을 먹여 죽이려 했을 때도, 오히려 악마는 어린 크리슈나에게 물려 죽는다.

한편 크리슈나의 아버지 바수데바는 계속되는 왕의 적개심을 피해 먼 나라로 떠나기로 결심한다. 그 과정에서 크리슈나는 거대한 뱀 칼리-나가(Kali-naga)를 죽이고, 거인 쉬슈-폴루(Shishoo-polu)와 싸워 이겼으며, 또 자신의 두 눈을 쪼아먹으려 하는 괴물 새와 사악한 야생 나귀를 없애버리는가 하면, 자신을 삼킨 악어처럼 생긴 팩-아수르트(Peck-Assoort)의 창자를 태워버린다. 그를 삼키려고 했던 용 아그히-아수르(Aghi-Assoor) 역시 질식시킨다.

청년으로 자란 크리슈나는 고쿨라의 처녀들에게 매우 인기가 높았다. 그가 피리를 연주하면, 처녀들은 피리소리에 맞추어 춤을 추면서 크리슈나를 향한 사랑에 빠졌다. 크리슈나가 시골처녀 라다(Radha)와 사랑에 빠진 이야기는 자야데바(Jayadeva, 12세기의 인도 서정시인)의 시 기타고빈다(Gitagovin-da, 목동의 노래)에서 노래되기도 했다. 크리슈나는 소치는 사람들을 폭풍과 화재로부터 보호하였으며, 마침내 칸사를 찾아가 죽이고 왕위를 빼앗는다.

▶ 〈그림 7-19〉 크리슈나
피리 부는 소치는 소년(피리는 소실됨).

〈마하바라타(Mahabarata)〉는 바라타(Bharata)의 자손이며 브야사(Vyasa)의 손자들인 쿠루(Kurus)와 판두(Pandus) 형제들 사이의 전쟁을 그린 '힌두의 일리어드(Iliad)'에 비견되는 서사시다. 여기서 크리슈나는 매우 중요한 역할을 담당하고 있다.

쿠루 형제의 아버지 드리타라슈트라(Dhritarashtra)는 하스티나푸르(Hastinapur)의 왕이었다. 하지만 그는 눈이 멀어서 삼촌인 비슈마(Bhishma)가 대신 나라를 통치하였다. 왕의 형제인 판두에게는 다섯 명의 아들이 있었는데, 그 중에서도 아르주나(Pandu Arjunark)는 힌두의 윌리엄 텔이라 할 만큼 솜씨가 좋았다. 하지만 그후 법에 따라 판두 형제의 맏이인

▶ 〈그림 7-20〉 크리슈나의 모험

유디슈티라(Yudhishthira)가 황태자로 임명된다.

그러자 간신히 권력을 유지하고 있던 쿠루 형제는 판두 왕자들을 모두 불태워 죽이려 했다. 판두 형제들은 몸을 피해 브라만 탁발승으로 위장하여 숨어 지내다가, 당시 막강한 군주였던 판찰라(Panchala)의 왕 드루파다(Drupada)의 딸 드라우파디(Draupadi)[14]와 판두 형제들이 결혼함으로써 동맹을 맺게 된다. 강력한 동맹세력을 갖게 된 판두 형제들은 고국으로 다시 돌아가 드리타라슈트라(Dhritarashtra)와 협상하였고, 쿠루 형제와 판두 형제들이 왕국을 나누어 다스리게 되었다.

하지만 맏이인 유디슈티라가 하스티나푸르에서 축제가 벌어졌을 때, 도박판에서 자신의 왕국과 소유물은 물론 아내인 드라우파디까지도 잃는 일이 생긴다. 그러자 쿠루 형제들은 사촌인 판두 형제들에게 드라우파디와 함께 숲 속에서 12년 동안 지낸 뒤, 다시 1년 동안 유배생활을 한다면 판두 형제들의 왕국을 돌려주겠다는 제안을 한다.

그러나 약속은 지켜지지 않는다. 약속했던 시간이 지났어도 쿠루 형제들이 왕국을 내놓지 않았던 것이다. 이제 전쟁은 피할 수 없게 되었다.

쿠루의 맏이인 두루요다나(Duryodhana)와 판두 형제의 영웅 아루주나는 원조와 지원을 구하기 위해 크리슈나를 찾아간다. 하지만 크리슈나는 싸움에 적극적으로 나서지 않기로 마음을 먹었고, 쿠루의 큰아들보다 먼저 찾아온 아루주나에게 선택권을 준다. 즉 크리슈나 자신을 택하여 조언을 받을 것인지, 아니면 1억 명의 전사들로 구성된 군대를 가질 것인지를 선택하도록 한 것이다. 아르쥬나는 크리슈나를 선택한다. 이에 따라 1억 명의 전사들은 쿠루 형제들의 몫이 되었다.

양편의 군대는 델리 근처의 쿠룩쉐트라(Kurukshetra)의 들판에서 대치했다. 바가바드기타(Bhagavadgita) 서사시에 의하면, 전쟁 중에 크리슈나

▶ 〈그림 7-21〉 쿠룩쉐트라의 들판에서 벌어진 쿠루 형제와 판두 형제 간의 전투

는 아르주나에게 자신의 전차를 몰게 하는데, 힌두 종교 철학의 깊이와 넓이에 대해서 보여준다. 결국 판두 형제들은 쿠루 형제를 격파하고, 유디슈티라는 하스티나푸르의 왕이 된다. 판두 형제들은 기이한 모험을 더 겪은 후에, 죽은 뒤 천계에서 지상에서는 맛볼 수 없는 평온과 행복을 찾는다.

마하바라타(Mahabharata) 서사시는 마치 장미전쟁처럼 어떤 쪽에도 호의적인 견해를 드러내고 있지는 않지만, 판두 형제들의 관점으로 씌어져 있기 때문에 판두 형제들의 행실은 늘 찬양되는 반면, 쿠루 형제들에 대해서는 전반적으로 극도로 하찮고 비열하게 그려지고 있다.

크리슈나는 힌두의 아폴론, 오르페우스, 헤라클레스를 한 인물에 담은 듯한 특성을 가지고 있다. 힌두교 신전의 어떤 신도 그보다 더 브라만의 정신에 가까울 수 없을 것이다. 또한 그의 모험들 중 많은 부분이, 예를 들어 힌두의 헤롯왕의 손아귀에서 탈출하는 것이나, 갓난아기들의 학살, 그의 변신 등이 불교 전설에서도 약간 수정된 형태로 재현되고 있을 뿐만 아니라, 신약성서에 기록된 예수에 관한 사건들과도 어느 정도 닮아 있다.

비슈누의 아홉 번째 화신은 깨달은 자, 붓다이다. 그는 윤리, 순수, 자비의 스승이자 모든 존재를 향한 자비로운 사랑의 스승이었다. 브라만교의 붓다 화신과 불교의 붓다 간의 차이점을 기술하기란 쉽지 않다. 불교의 붓다는 크샤트리아의 슈도다나왕의 아들로, 고타마라는 실명을 가진 역사적인 실존 인물이다. 반면 브라만의 붓다 화신은 단순히 도덕적으로 완벽한 자의 이상적 인물상일 뿐이다.

번아우프(Eugene Burnouf)는 양자를 전혀 다른 것으로 간주하고 있으며, 이런 그의 의견은 틀리지 않다. 그러나 한편으로는 붓다 화신이 가지는 완전무결한 이미지가 불교 형성 과정에서 중요한 요소였다는 점과, 다

▶ 〈그림 7-22〉 두 동료와 함께 한 자가나스

▶ 〈그림 7-23〉 시바-삼위일체
창조 기능을 상징하는 남근상 링가에 기대 있다.

른 한편으로는 불교의 발흥 이래로 고타마의 가르침이 브라만의 이상적인 붓다상에 막강한 영향을 미쳤을 뿐 아니라 상당 부분 변화를 가져왔다는 점 역시 사실이다. 힌두의 붓다와 불교의 붓다 사이에 역사적인 관련성이야 어떻든지 간에, 이것만은 확실하다. 붓다가 브라만교도들에게 힌두 신전의 신들 중 하나로 받아들여졌다는 사실이다.

붓다 아바타와 그 기질에서 가장 가까운 힌두의 신은, 사랑과 자비의 신 자가나스(Jagannath)이다(그림 7-22).

열 번째 비슈누의 화신은 아직까지 그 임무를 완성하지 못한 채 남아 있는 미래의 화신이다. 비슈누는 날개 달린 흰말을 타고 나타나 덕성이 있는 자들에게는 상을 주고 죄 지은 자들을 회개시키며, 모든 악을 제거하는 임무를 맡고 있다. 말은 한 발을 들고 있는데, 화신이 임무를 완성했을 때에야 비로소 그 발을 땅에 내려놓는다고 한다.

시바

인도의 삼위일체 중 세 번째 계급의 신은 상서로운 자, 시바(Siva)이다. 시바는 세상의 종말과 동시에 재생성을 상징한다. 그는 주로 창조 기능을 상징하는 '링가(Linga)' 라는 남근상이나 모든 것을 삼켜버리는 불로 묘사되는데, 그 불의 혀는 꼭지점이 위로 향한 삼각형 형태로 되어 있다.

▶ 〈그림 7-24〉 불꽃의 후광에 둘러싸여 춤추는 시바

모니에 윌리암스 경은 "시바가 육신을 가진 모습으로 화한 비슈누보다 더 신비주의적이고 덜 인간적이다. 그를 상징하는 링가는 사이바(Saiva), 즉 시바 숭배자의 눈으로 볼 때 외설적 관념이나 성애와는 결코 무관하다"고 했다.

남성의 생식기를 표현한 로마인들의 팔루스(phallus)나 인도의 링가는, 문명이 막 시작되었을 무렵 전 세계 거의 모든 민족들 사이에서 엄청난 경외감과 숭배의 대상이었다. 그것은 창조원리의 상징으로서 창조주 신과 그 신의 이름으로 권력을 행사했던 모든 존재들이 가지는 가장 핵심적인 속성으로 간주되었던 것이다. 그리하여 링가는 주술사의 수중에서는 요술지팡이가 되고, 사제의 손에서는 그 지위를 표시하는 권표가 되며, 왕의 손에서는 왕의 상징인 홀이 된다.

▶ 〈그림 7-25〉 시바와 파르바티

한편 여음 상 요니(yoni)는 시바의

배우자 파르바티(Parvati)를 상징하는 것으로 알려져 있다. 섹티스(Sactis)종파는 이를 링가와 함께 숭배했다. 구멍난 바위들은 요니의 상징으로 생각되어 순례자들이 회개할 목적으로 그 사이를 통과한다. 이는 일종의 면죄의식으로 힌두교 신자들 사이에서 매우 중요하게 간주되었다.

칼리

시바의 배우자 칼리(Kali)는 인도의 가장 위대한 신들 중 하나다. 그녀는 백 가지의 이름을 가지고 있고, 자연의 불가사의한 힘뿐만 아니라 동시에 자연법칙의 잔혹성까지도 상징한다. 축복받은 어머니 파르바티(Parvati), 또는 통과하기 어렵다는 뜻의 두르가(Durga) 역시 그녀의 다른 이름이다. 전쟁 등 온갖 종류의 위험을 상징하는 두르가는 오늘날 힌두교 신전의 중심 인물이다. 그래서 가장 보편적인 철학적 고찰의 대상인 브라흐마의 존재에도 불구하고, 고대 신화와 전설에 담긴 비슈누의 편재성과 그의 끊임없는 환생에도 불구하고, 또 시바의 전능함과 힌두교 교의가 그에게 부여한 높은 지위에도 불구하고, 칼리는 인도 전역의 힌두교도들에게 가장 널리 숭배되고 있는 것이다.

칼리는 모든 것을 삼켜버리는(all-devourer) 시간과 동일시-칼리는 시간의 신이기도 하다-되는 만큼 어떤 식으로든 파괴, 파멸, 살인을 즐기는 것으로 묘사된다. 심지어 자신의 남편까지도 발로 짓뭉갠다(그림 7-26). 그녀를 모신 사원이 없는 마을을 찾아보기란 쉽지 않으며, 곳곳마다 확인할 수 있는 그녀의 모습은 수천 가지나 된다. 그 외모는 오직 파바르티일 때만 상냥하다. 그 외 다른 모습의 그녀는 너무나 무섭게 보인다. 티베트

▶ 〈그림 7-26〉 칼리

의 불교도 사이에서는 흉악한 악마로 변모한 가장 악마적인 신을 힌두교 인들이 신봉했다는 것을 이해하기란 쉽지 않은 일이다.

▶ 〈그림 7-27〉 힌두 신전에 있는 칼리-두르가

하리하라

전체 힌두 신화의 바탕에 깔려 있는 범신론은 비슈누와 시바의 조합물인 하리하라(HariHara)를 숭배하는 데서 나타난다. 마하트미아(Mahatmya)에서나 마이소르(Mysore) 지방의 한 마을에 있는 하리하라 성전의 전설집에서, 이스바라(Isvara, 크리슈나를 말함)는 다음과 같이 말하고 있다.

> 베다 경전과 학술경전을 배척하는 사람들 중에는 이교도들이 있다. 그들은 정화 의식(purificatory ceremonies)을 행하지 않고 일정한 행동강령들을 세우지 않은 채로 살며, 비슈누에 대한 증오로 가득 차 있다. 마찬가지로 이단적인 비슈누의 추종자들도 있는데, 이들은 또 시바에 대한 증오로 가득 차 있다. 이 모든 사악한 자들은 이러한 세태가 지속되는 한 지옥으로 갈 것이다. 나는 바수데바(Vasudeva)와 나 사이에 구별을 두는 어떤 사람에게도 섬김을 받지 않을 것이다. 그런 사람이 있다면, 나는 톱으로 그들을 두 동강을 낼 것이다. 나는 그와 나 사이에 차별을 두는 가르침을 파괴하고자 하리하라의 모습

▶ 〈그림 7-28〉 하리하라

▶ 〈그림 7-29〉 가네사

▶ 〈그림 7-30〉 아그니

▶ 〈그림 7-31〉 카마

▶ 〈그림 7-32〉 악마를 죽이는 시바

으로 화했기 때문이다. 또한 마음속으로 하리하라가 신들 중의 으뜸이
라는 것을 알고 있는 자는 최상의 낙원을 물려받으리라.

하리하라는 절반은 남자이고 절반은 여자인 모습으로, 마치 두 신을 합성해 놓은 것처럼 그려진다. 이는 남부 인도에서 기원한 비슈누의 전설 때문인데, 이 전설에 따르면 시바가 아름다운 여성으로 화한 비슈누를 강렬하게 끌어안는 바람에 결국 둘이 하나가 되었다고 한다.

힌두 신화에는 이 외에도 셀 수 없이 많은 다른 신들이 있다. 제2등급 신들 중에 가장 능력이 뛰어난 영웅적인 신은 천둥 신 인드라인데, 이 신은 북유럽 신화에 등장하는 천둥 신 토르(Thor)를 떠올리게 한다. 또 힌두의 크로노스라 할 만한 바루나(Varuna), 불의 신 아그니(Agni) 역시 때때로 매우 뛰어난 활약을 펼친다.

제3등급 신들은, 힌두의 아모르(Amor), 카마(Kama), 코끼리의 머리를 하고 있는 지혜의 신 가네사(Ganesa)[15], 공작새 위에 타고 있는 착한 사신들의 우두머리인 카르티키야(Karttikeya)[16] 등이다. 거기다 천신들, 요정들, 그리고 도깨비들도 상당수 있다. 그들 중 어떤 것은 간다르바(Gandharvas)처럼 선하고, 나머지들은 적어도 힌두 꼬마요정 아프사라스(Apsaras)처럼 근본적으로 나쁜 의도를 가지고 있지는 않아도 대부분은 위험하고 흉포한 족속들이다. 힘이나 중요성에서 덜한 그 외의 악마와 마귀들은 말할 것도 없고, 재앙을 부르는 영들, 아수라(Asura), 아귀(Pretas), 도깨비 부타(Bhutas), 어린 아이를 죽인다는 그라하(Grahas), 거인이거나 흡혈귀인 라크샤사(Rakshasas)들 역시 그러하다.

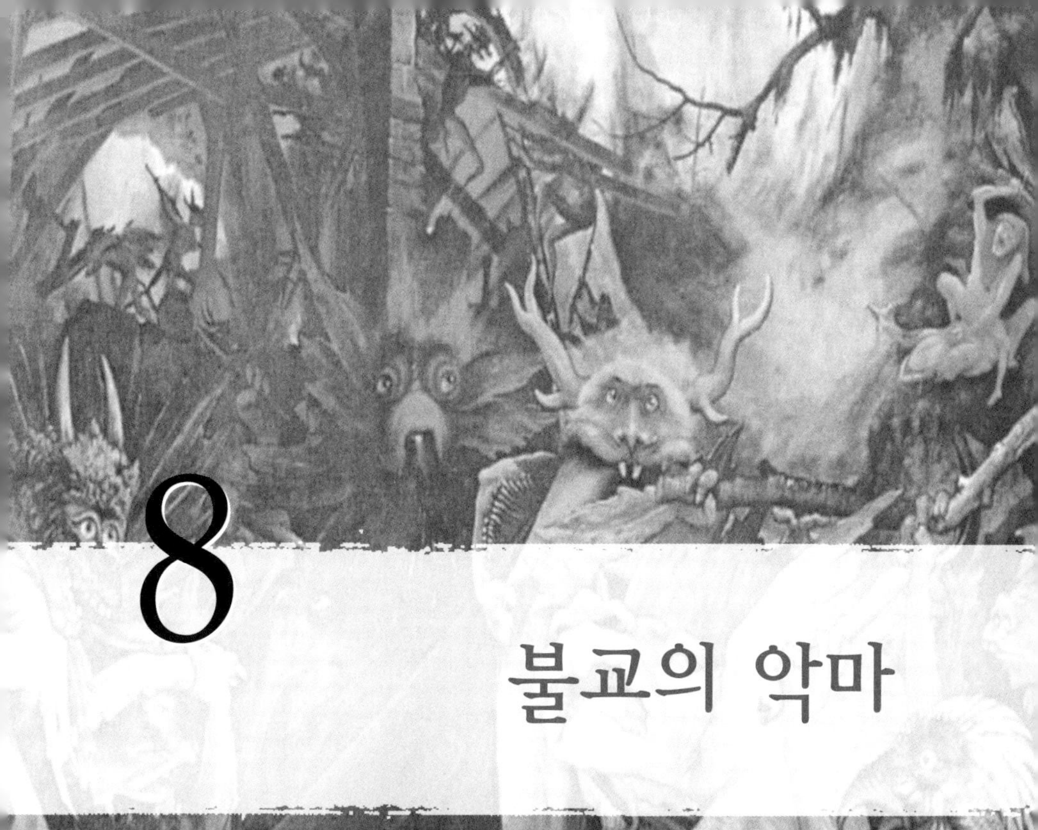

8

불교의 악마

불교는 브라만교의 지배적이었던 악폐에 반기를 든 하나의 종교혁명이었다. 석가모니는 깨달은 자, 즉 붓다(Buddha)로, 브라만교의 잔혹한 희생제와 베다 경전의 권위, 오랜 관습과 카스트제도를 거부하고, 깨달음 즉 보리(bodhi, 菩提)에 의해 얻어질 수 있는 '도덕적 노력에 관한 종교'를 가르쳤다. 그는 또한 악의 존재를 인정하고, 모든 생명체를 향한 포괄적인 사랑의 확장을 통해서 모든 이기심을 철저하게 없애버림으로써 구원을 찾았다.

불교의 다양한 측면은 악과 그 악으로부터 궁극적으로 벗어나는 것에 관한 불교관에서 잘 드러나 있다. 사상가는 이러한 불교관을 철학의 형식으로 배우고, 무지한 대중들은 시적인 신화의 형식으로 배우며, 또 예술가는 그 신화를 통해 우의적인 형식으로 깊이 있는 사상을 드러낼 기회를 갖게 되는 것이다.

악마 마라

유혹, 죄 그리고 죽음이 인격화된 불교의 악마는 마라(Mara)다. 그는 인도 신화에서 인드라(Indra)와 싸우는 사악한 마귀들의 하나인 나무치(Namuche)와 동일한 악귀다. '물을 놓아주지 않는 자'라는 뜻을 가진 나무치는 비를 내리지 못하게 하여 가뭄을 일으키는 해로운 신이고, 인드라는 그런 나무치로 하여금 비옥한 물을 빼앗아 대지에 되돌려 주며, 생명을 생장시키는 뇌우(雷雨)의 신이다.

마라의 다른 이름으로는 '사악한 자 혹은 악마, 살인자, 유혹자'라는 뜻의 파피얀(Papiyan)[17], '욕망을 채워주는 자'라는 의미의 바사바르티(Varsavarti)[18]가 있다. 특히 후자는 가장 많이 쓰이는 이름으로, 이때 마라는 존재욕, 쾌락욕, 권력욕의 세 욕망을 채워주는 자로서, 감각적 쾌락의 왕국을 지배하는 왕으로 인격화된다.

바사바르티로서의 마라에서 드러나는 악마관은 인간의 이기심이 바로 사탄이고, 그 이기심의 실제적인 만족은 지옥과 같다는 것이다. 이러한 사실은 독일의 작가 레안더(Richard Leander)의 메르헨 동화를 상기시킨다.

그 동화에는 한 남자가 등장한다. 그는 한 번 죽었다가 이승이 아닌 다른 세계에서 눈을 뜨는데, 그런 그에게 성 베드로가 나타나서는 원하는 것이 무엇이냐고 묻는다. 남자는 아침식사와 신문 등 생전에 익숙했었던 모든 안락함들을 주문한다. 이러한 삶이 몇 백 년 동안이나 계속되자, 그는 마침내 일상이 지겨워졌고, 성 베드로를 향해 욕설을 해대며 천국이란 곳이 얼마나 단조로운지를 불평하기 시작한다. 그러자 성 베드로는 이곳은 천국이 아니라 지옥이었노라고 알려주면서, 지옥은 모두가 자기 자신의 뜻대로 사는 곳이고 천국은 모든 사람이 신의 뜻만을 섬기는 곳이기 때문이라고 설명한다. 이와 마찬가지로 불교관에 따르면, 감각적인 쾌락의 왕국이란 곧 악마 마라가 사는 지옥에 다름 아닌 것이다.

담마파다(Dhammapada, 불경의 하나인 법구경－역주)에서 마라는 사람처럼 인격화되어 있지는 않다. 단지 마라의 이름이 등장하는 모든 구절에서, 다음과 같은 악마의 우의적(allegorical) 성질이 느껴질 뿐이다.

> 쾌락만을 좇아 사는 자, 자신의 오감을 통제하지 못하고 음식을 절제하지 못하며 게으르고 나약한 자, 마라는 반드시 그를 쓰러뜨릴 것이다. 마치 바람이 나약한 나무를 쓰러뜨리듯.

본래 전통 불교는 자기 중심적인 쾌락, 관능성, 죄 그리고 죽음을 상징하는 마라 이외의 다른 악마들에 대해서는 전혀 언급하고 있지 않다. 그러나 붓다의 전생에 관한 설화가 있는 고대 〈자타카(Jatakas, 본생경－역주)경〉에서부터 훗날 중국과 일본의 가장 현대적인 민간설화에 이르는 이들 불교 신화에는, 자연에 잠재해 있는 위험과 다양한 생명의 재난을 인격화하기 위해, 천둥이나 번개의 악마 같은 온갖 종류의 악령들이 등장한다.

죄를 짓는 사람은 죽어서 기독교적 관념과 유사한 지옥에서 고통받고, 선한 불자들은 모두 서방의 극락정토에서 환생할 것이며 그럼으로써 악덕으로부터 궁극적으로 벗어날 수 있다고 믿었던 것이다.

마라, 붓다의 적

붓다의 생애에서 마라는 매우 중요한 역할을 담당하고 있다. 그는 붓다가 깨달음의 경지에 도달하지 못하도록 집요하게 방해하는 마귀다. 고타마 싯달타(붓다의 세속 이름)가 출가를 결심하던 날 밤에, 문지기 신은 미래의 붓다가 나갈 수 있도록 문을 활짝 열어주었다. 그 다음 이야기는 〈자타카경〉에서 이렇게 이어진다.

> 바로 그 순간 마라가 석가모니를 저지할 목적으로 그곳으로 갔다. 그가 공중에 서서 외쳤다.
>
> "떠나지 마시오, 왕자여! 지금부터 칠 일이 지나면 왕국을 다스릴 수 있는 기회가 올 것이고, 당신은 네 개의 대륙과 이천 개의 인근 섬들의 군주가 될 것이오. 가지 마시오, 왕자여!"

싯달타 왕자는 마라의 유혹을 뿌리쳤다. 그리고 깨달음을 구하기 위해 7년 동안 스스로 금욕과 고행을 하면서 올바른 길을 찾기 위해 애쓰는 동안, 그의 몸은 몹시 허약해져 마치 말라비틀어진 나뭇가지 같은 모습이었다. 이때 다시 한 번 마라가 다가와 깨달음을 위한 고행을 그만두라며 은근히 권한다. 이러한 내용은 붓다의 깨달음 직전에 있었던 악마의 유혹에 대하여 생생하게 묘사한 〈파다나수타(the Padhana Sutta)〉에 나와 있다.

> 마라가 동정 어린 말을 건네며 다가왔다.
>
> "그대는 너무 마르고, 안색이 좋지 않아 죽음이 바로 코앞에 온 것 같구려. 귀한 분이여, 죽는 것보다는 사는 것이 낫지 않겠소! 살아야만 청정한 일들을 할 수 있을 것이오. 애써 정진하는 길은 어렵소. 지나기도 어렵고, 도달하기도 어려운 길이라오."
>
> 이렇게 말하는 마라에게 바가바트(Bhagavat, 세존, 여기서는 고타

마 싯달타를 일컬음—역주)는 이렇게 응수한다.

"오 게으름뱅이의 친구, 사악한 자여, 대체 여기에 무슨 일로 왔는가? 최소한의 선행도 나에게는 구할 필요가 없다. 이러할진대 마라여, 너는 무슨 선행이 필요하다고 말하는가? 내게는 믿음이 있고, 노력이 있고, 지혜가 있다. 내가 이렇게 정진할진대 너는 어찌하여 생명의 보전을 묻는가? 육체는 쇠약해지지만 정신은 그만큼 더 고요해지고, 주의력과 지혜, 그리고 명상 역시 더 단호해진다. 이렇게 살기 때문에 나의 마음은 감각적인 쾌락을 찾지 않는다. 보라, 이 몸과 마음의 청정함을! 욕망은 네 첫 번째 군대요, 불평불만이 두 번째 군대, 세 번째는 배고픔과 목마름, 네 번째는 갈망, 다섯 번째 군대는 나태와 게으름, 여섯 번째 군대는 비겁함, 일곱 번째 군대는 의심이요, 여덟 번째 군대는 위선과 무감각, 이익, 명성, 명예, 그리고 자신을 높이고 남을 깎아내림으로써 얻어지는 거짓된 명망이다. 마라여, 이것이 바로 너의 군대요, 악마의 군대인 것이다. 오직 영웅만이 너의 대군을 정복할 수 있고, 그것을 정복하는 자라면 기쁨을 얻을 것이다. 이 세상의 삶의 재앙이여! 싸워서 죽는 편이 패배한 채 살아가는 것보다는 더 나으리라. 사방에 군대가 깔려 있고 마라는 코끼리 위에 올라타고 있구나. 내 나가 싸워 마라로 하여금 이곳에서 나를 몰아내지 못하게 하리라. 비록 세상의 많은 사람들과 신들도 너의 대군을 쓰러뜨리지 못했으나, 마치 돌멩이 하나로 마르지 않은 진흙 단지를 깨뜨리듯, 나의 지혜로 너의 군대를 정복하리라. 스스로 사유(思惟)를 자제하고, 내 주의력은 확고하니, 나는 나라와 나라를 돌아다니며 제자들을 양성할 것이다. 욕망에서 자유롭게 할 내 가르침을 위해 그들은 열심히 노력하고 복종할 것이다. 그래서 슬픔이라곤 없는 곳에 도달하게 될 것이다."

▶ 〈그림 8-1〉 마라의 군대

이에 마라가 말한다.

"7년 동안 바가바트가 가는 곳마다 따라다녔으나, 이제 그가 완전히 깨달아 정각자(正覺者)가 되어 빈틈이라곤 찾아볼 수가 없구나."

붓다가 보리수 아래로 돌아가자, 마라는 그의 결심을 흔들기 위해서 자신의 딸들을 이용해 그를 유혹해 보기도 하고, 무력을 사용하기도 한다.

마라는 전투를 시작하는 함성소리를 내며 군대를 내보냈다. 마라가 코끼리 위에 올라탄 채 붓다에게 다가가자 대지가 흔들렸다. 신들 중에는 신들의 왕 사카(Sakka, 제석천—역주)와 브라흐마가 있었는데, 마라의 군대를 저지시키려고 했지만 아무도 마라를 땅에 붙들어둘 수가 없었다. 결국 사카와 브라흐마는 붓다의 앞으로 물러났다. 붓다가 말했다.

"나 하나를 상대로 하여 모든 힘과 능력을 쓰는 대군들이 저기 있구나. 내 곁엔 지금 어머니와 아버지도 없고, 형도 없으며, 또한 친척도 없다. 그러나 나에게는 오랫동안 소중히 길러왔던 가신과도 같은 열 가지 바라밀(붓다의 경지에 이르기 위해서 보살들이 닦는 수행—역주)이 있다. 그러니 내 이 열 가지 바라밀로 저 앞의 대군을 굴복시키고 말겠다."

그리고 붓다는 가만히 자리에 앉아 열 가지 바라밀을 조용히 생각하였다.

마라가 회오리바람을 일으켰으나 소용이 없었다. 다시 폭풍우를 일으켜 붓다를 물에 휩쓸려가게 하려 했으나, 단 한 방울의 빗방울도 그의 옷을 적시지 못했다. 이번에는 하늘에서 돌무더기가 떨어지도록 만들었으나, 돌은 모두 꽃송이로 변해버렸다. 또 마라가 칼, 창, 화살 같은 무기들을 한꺼번에 붓다에게 날렸으나, 그것들 역시 모두 하늘나라의 꽃이 되어 떨어졌다. 다시 마라가 불을 피운 숯을 하늘에서 떨어지게 하였으나, 그것들 또한 붓다에게 해를 끼치지 못하고 떨어져 버렸다. 마라는 뜨거운 잿더미,

모래바람, 흙바람을 차례로 일으켜 보았지만, 역시 하늘나라의 약재가 되어 떨어졌다. 그는 마지막으로 암흑을 불러왔으나, 암흑은 마치 태양 앞에서 밤이 사라지듯, 붓다 앞에서 쓰러졌다.

마라가 소리쳤다.

"싯달타여, 자리에서 일어나라. 그 자리는 나의 것이다."

이에 붓다가 대답했다.

"마라여, 너는 열 가지 바라밀을 다 행하지 못했다. 이 자리는 너의 것이 아니라 열 가지 바라밀을 모두 행한 나의 것이다."

그러자 마라는 자신의 군대를 증인으로 불러냈다.

"나에게 살아 있는 증인은 없다."

붓다는 이렇게 말하고는, 오른손으로 드넓은 땅을 가리키며 물었다.

"나의 증인이 되어주겠느냐?"

대지가 우레와 같은 소리로 대답했다.

"내가 그대의 증인이 되어주겠소."

그러자 마라의 코끼리는 쓰러지고, 마라의 모든 졸개들이 사방으로 흩어져 날아났다. 신들이 마라의 군대가 달아나는 광경을 보고 외쳤다.

"마라가 졌다! 싯달타 왕자가 이겼다! 승리를 축하하자!"

붓다가 깨달음의 경지에 이르렀을 때 마라는 다시 한 번 유혹한다.

"지금 열반에 드시오, 붓다여! 천국의 성인은 지금 이 세상을 떠나야 하오! 지금이 바로 당신이 세상을 떠나야 할 때요!"

이에 붓다는 이렇게 대답한다.

"나는 지금 열반에 들지 않을 것이다, 마라여! 이 나라의 형제자매뿐 아니라 남녀 신도들이 모두 진정으로 법문에 귀를 기울이고 지혜로워져서 잘 정진하며 경전을 기꺼이 공부하여 정통하게 될 때까지, 그리하여 그들이 크고 작은 의무를 행하고 바르게 살며 계율에 따라 정진할 때까지, 그들 모두가 그 교의를 깨달아 다른 사람들한테도 그것을 알려주고 가르쳐 알게 하고 교의를 잘 자리잡게 하여, 끊임없이 설법하고 납득시킬 수 있을 때까지, 그리고 어떤 자들이 사교를 행할 때에도 진리로써 그 잘못을 밝혀 상대를 이기며 그 경이로운 진리를 사방에 퍼뜨릴 수 있을 때까지, 그런 때가 올 때까지 나는 열반에 들지 않겠노라! 나는 이 청정한 믿음이 비로소 명성을 얻고 번영하고 널리 퍼져 완전히 보급될 때까지, 한마디로 인류가 이를 올바르게 찬양할 때까지, 나는 이 세상을 뜨지 않을 것이다!"

또 붓다가 열반에 들기 직전에도 마라는 위에서 했던 말을 반복한다.

"지금 열반에 드시오, 붓다여!"

이에 붓다가 대답한다.

"기뻐하라, 마라여. 타타가타(Tathagata, 여래, 즉 붓다)의 입멸이 오래지 않아 일어날 것이니."

불교미술 속에서의 마라

붓다의 일생을 묘사하는 다양한 조각물을 보면, 손에 두 개의 뾰족한 침이 있는 일종의 창을 쥐고 있는 형상을 볼 수 있다. 이 창처럼 생긴 물체를 흔히 바즈라(vajra), 즉 벼락이라고 한다. 벼락을 단호히 쥐고 있는 이 형상의 표정에는 적의가 드러나 있다. 그 표정으로 판단해 보면, 그 주인공이 붓다의 제자들 중에서 붓다의 가르침에 대적했던 사람이라는 것을 알 수 있다. 이 인물은 일반적으로 데바다타(Devadatta)라는, 불교의 가롯 유다(Judas Iscariot)로 해석되고 있다.

데바다타는 자신이 이끄는 교단을 만들려고 했던 인물로, 불교 전설에서는 붓다를 살해하려고 했던 음모자로 등장한다. 그러나 이 인물이 언제나 붓다의 단호하고 엄격한 가르침을 능가하려고 애썼던 제자의 모습으로만 묘사되었던 것은 아니었다. 자주 로마 신화의 파우니(Faun, 반인 반양의 모습을 한 숲, 들, 목축의 신－역주)나, 더 가깝게는 늘 흥청거리면서 가능한 쾌락만을 좇았던 바쿠스(Bacchus)의 양부 실레노스(Silenus)의 성격과 비슷하게 묘사되기도 한다.

더욱이 벼락을 들고 있는 이 인물은 붓다가 열반에 드는 모습을 묘사할 때도 나타나는데, 사실 그 당시라면 데바다타는 이미 오래 전에 죽고 없을 때이다. 이러한 이유로, 그륀베델(Alfred Grünwedel)은 데바다타를 '벼락을 가진 자'로 해석하던 전통적인 방식을 버리고, 새로운 해석을 시도했다.

> 붓다가 자신의 궁을 떠나는 순간부터 열반에 들기까지 그를 따라 다닌 자, 붓다가 욕망이나 증오 혹은 질투심을 일으키기를 바라며 은근히 숨어 기다리는 자, 붓다를 그림자처럼 따라 다니는 자, 그는 바로 다름 아닌 마라 파피얀, 사악한 자, 욕망의 제왕이다. 마라의 손에 들려 있는 우레는 단지 고대의 모든 인도 신들이 지녔던 가장 오래된 부속물에 다름 아니며, 마라 역시 쾌락의 신으로서, 당연히 힌두 신들의 이러한 부속물을 부여받을 자격이 있다. 마라 바사바르티(Vasavartti, 쾌락의 신)는 무녀들과 악사들에 둘러싸여, 최상의 영지인 쾌락의 나라를 통치하는 신이기 때문이다.

마라, 즉 바사바르티와 붓다와의 대립은 차츰 잘못 이해되기 시작했다. 우레를 가진 바주라파니(Vajrapani)가 점차 붓다의 평범한 수행원으로 변

▶ 〈그림 8-2〉 마라의 딸들에게 유혹을 받는 붓다

했는가 하면, 우레 바주라는 이제 붓다 자신의 한 부속물로 풀이되고 있기 때문이다. 이렇게 해서 바주라는 북방 불교도 사이에서 라마승들의 필수 불가결한 부속물이 되었다. 티베트에서는 바주라를 도르헤(Dorje)라 하고, 몽골에서는 오지르(Ojir)라 한다.

마라가 보리수 밑에서 수행하는 붓다를 유혹하고 공격하는 장면은, 불교미술가들이 가장 다루기 좋아하는 주제다. 각양각색의 아름답고도 무시무시한 형상들을 창조해 내면서, 자신들의 독창성을 보여줄 좋은 기회로 삼을 수 있기 때문이다. 이들은 아름다운 여성들을 그려 마라의 딸들이 붓다를 유혹하는 장면을 표현하고, 무시무시한 괴물들을 그려 마라의 군대에 대한 공포스러움을 묘사하기도 했다.

12연기

불교 신화에서 마라는 세상을 지배하는 악마로 묘사되면서, 붓다의 가르침과 조화를 이룬다. 이러한 마라의 모습은 생사의 수레바퀴 차바차크라(Chavachakra, 윤회도를 말함)를 손으로 쥐고 있는 〈그림 8-3〉에서 찾아볼 수 있는데, 모든 살아 있는 생물은 죽음의 영역에 귀속되어 있다는 뜻이기도 하다. 죽음의 손길은 태어나는 모든 것에 뻗쳐 있다. 마라는 열두 개의 인과관계의 고리들의 맞물림, 즉 12연기(緣起) 니다나(nidanas) 영역을 지배한다.

12연기는 매우 유서 깊은 교의로서, 붓다 당시 어쩌면 그보다 더 오래된 원리들을 담고 있다. 연기의 일반적인 의미는 각각의 인과관계의 고리들로 알 수 있는데, 무명(ignorance), 무지 혹은 미혹(infatuation)이 모든 악의 근원이라는 것을 암시해 준다. 이를 세세하게 다 풀이하는 데에는 많은 어려움이 따른다. 워렌은 12연기가 유사한 사상을 가지는 두 가지 인과관계를 조합한 것이라고 생각하고 있다.

> 불경에는 붓다가 처음 '연기설' 을 발견한 것으로 비치고 있다. 사실 연기설의 처음부터 끝까지 붓다가 창안한 것처럼 생각할 수도 있을 것 같다. 아무튼 연기는 계속 되풀이되어 일어난다는 것, 그리고 인간이라는 존재가 두 번 태어난다는 것을 말하고 있다.
>
> 한 번은 무명(ignorance)과 업(Karma)에 의해서 의식, 이름, 모습으로, 그리고 또 한 번은 욕망(네 가지의 애욕)과 다시 업(Karma)에 의해서 출생하는 것이다. 두 번째 태어났을 때의 업을 존재(existence)라고 한다. 그러므로 비록 붓다고사(Buddhaghosa, 5세기 남인도에서

활동한 불교경전의 주석가-역주)가 실용적 목적을 위해서 의도적으로 사용되었던 이 연기설을 설명하는 데 무척 힘이 들었다고 하더라도, 현재의 모습을 갖추게 된 12연기는 붓다 당시의 시대에도 있었던 둘 혹은 그 이상의 요소들의 조합물이라고 생각할 수밖에 없다.

그것들이 붓다에 의해서 아마 늘려지기도 하고 줄여지기도 해서, 어찌되었든 하나로 만들어졌을 것으로 추측된다. 만일 붓다가 기존에 있던 연기의 공식에 무엇을 덧붙였다면, 그것은 첫 두 명제에 있을 법하다. 그 까닭은 누구나 알고 있듯 무명은 지혜와 상반되는 말이고, 지혜는 무명을 제거하기 위한 방법이기 때문이다.

본래의 용어야 무엇이었든지 간에, 악순환의 고리를 보여주는 전통적 연기설은 지금까지 변함없이 존재해 왔고, 인도에서 일본에 이르기까지 불교가 성공적으로 뻗어나가는 과정 속에서도 충실히 반영되었다. 12연기설이 열거된 가장 오래된 경구 중 하나를 〈밀린다판하(Milindapanha, 밀린다왕문경)〉에서 볼 수 있다.

무명으로 말미암아 행(formation)이 생기고, 행으로 말미암아 의식이 생기고, 의식으로 말미암아 이름과 모습이 생기고, 이름과 모습으로 말미암아 여섯 가지 감각기관이 생기고, 여섯 가지 감각기관으로 말미암아 접촉이 생기고, 접촉으로 말미암아 감정이 생기고, 감정으로 말미암아 욕망이 생기고, 욕망으로 말미암아 집착이 생기고, 집착으로 말미암아 존재가 생기고, 존재로 말미암아 생명이 생기고, 생명으로 말미암아 생로병사와 희노애락, 고통과 절망이 생긴다. 이 모든 시간의 최초의 시작은 분명히 인식되지 않는다.

〈사뮤타 니카야(the Samyutta Nikaya, 〈아함경〉의 '상응부' 경전)〉에서는 두 번째 연기인 '업(karma)', 즉 행(sankhara)을 열거하고 있다.

무명에 연(緣)하여 업(행)이 있고,
업에 연하여 의식이 있고,
의식에 연하여 이름과 모습이 있고,
이름과 모습에 연하여 여섯 가지 감각기관이 있고,
여섯 가지 감각기관에 연하여 접촉이 있고,
접촉에 연하여 감정이 있고,
감정에 연하여 욕망이 있고,
욕망에 연하여 집착이 있고,
집착에 연하여 존재가 있고,
존재에 연하여 생명이 있고,
생명에 연하여 늙음과 죽음, 슬픔, 비탄, 고통, 고난, 절망이 있다.
그리하여 이 모든 고통 일체가 생긴다.
그러나 무명이 멸하면 업이 멸하고,
업이 멸하면 의식이 멸하고,
의식이 멸하면 이름과 모습이 멸하고,
이름과 모습이 멸하면 여섯 가지 감각기관이 멸하고,
여섯 가지 감각 기관이 멸하면 접촉이 멸하고,
접촉이 멸하면 욕망이 멸하고,
욕망이 멸하면 집착이 멸하고,
집착이 멸하면 존재가 멸하고,
존재가 멸하면 생명이 멸하고,

생명이 멸하면 늙음도, 죽음도, 슬픔도, 비탄도, 고통도, 고난도, 그리고 절망도 멸한다. 그리하여 이 모든 고통 일체가 사라지게 된다.

12연기를 팔리어로 하면, ① 아비자(avijja, 무명), ② 상카라(sankhara, 행) 혹은 캄마(kamma, Karma, 업), ③ 비냐나(vinnyana, 감정), ④ 나마-루파(nama-rupa, 이름과 모습, 즉 개성), ⑤ 살라야타나(salayatana, 여섯 가지 감각, 즉 오감과 마음), ⑥ 파소(phasso, 접촉), ⑦ 베다나(vedana, 감정), ⑧ 탕하(tanha, 욕망), ⑨ 우파다나(upadana, 집착), ⑩ 브하바(bhava, 존재), ⑪ 자티(jati, 출생), ⑫ 자라마라나(Jaramarana, 늙음, 죽음, 슬픔 등)이다.

여기서 세 개의 인과관계의 고리들을 묶어 하나로 만들어 볼 수 있다. 첫 번째 묶음은 업(karma) 혹은 행(sankhara)이 차례로 감정(vinnyana)을 일으키고, 이름과 모습(nama-rupa), 즉 개성을 생기게 하는 것이다. 그리고 두 번째 묶음은 여섯 가지 감각기관(salayatana)으로 시작해서 접촉(phasso)에 의해서 의식(vedana)과 욕망(tanha)을 일으킨다는 것이다. 세 번째 묶음은, 기존에 있던 두 개의 고대 연기설에 불교 특유의 관점으로 추가한 고리들로 묶을 수 있다.

즉 12연기설의 첫 번째 혹은 첫 번째와 두 번째, 그리고 전통적 인과고리의 마지막 네 가지를 함께 묶을 수 있다. 그래서 무명(avijja)으로 인해 무분별하게 행(sankhara)이 일어나고, 이 행 혹은 기본적 조직체가 집착(upadana)에 사로잡혀, 수태(bhava)와 출생(jati)을 불러오며, 결국은 늙고, 슬퍼하고 고통스러워하며 죽게 된다는 것이다.

생의 수레바퀴, 윤회

악마가 손으로 쥐고 있는 수레바퀴의 모습은, 불교 신화에서 영원한 생사의 윤회를 하는 생명을 묘사할 때 볼 수 있다.

캐롤라인 폴리의 학회발표 논문으로 미루어 볼 때, 우주와 생명의 윤회에 대한 알레고리는 일반적으로 생각했던 것보다 훨씬 더 오래되었음이 틀림없어 보인다. 〈디브이야바다나(the Divyavadana, 팔리어 경전 중 '소부'의 불교 설화문학—역주)〉에 이미 언급되어 있기 때문이다. 캐롤라인 폴리는 다음과 같이 쓰고 있다.

> 이 윤회도는 붓다가 아난다(Ananda)에게 수레바퀴를 만들도록 했던 것과 관련이 있다. 그것은 제자 마우갈리아야나(Maudgalyayana, 목건련, 붓다의 10대 제자 중 한 사람—역주)가 당시 버릇처럼 다른 차원의 세계를 찾아가 목격했던 것을 설명해 줄 요량으로 만든 것이다.
>
> 본래 바퀴에는 다섯 개의 살 판카간다캄(pancagandakam)이 있는데, 그 살과 살 사이는 각각 지옥계, 축생계, 아귀계, 아수라계, 인간계를 나타낸다. 바퀴의 중앙 원 안에는 비둘기, 뱀, 멧돼지가 있으며, 이들은 탐욕, 노여움, 어리석음(무명)을 상징한다. 바퀴 쇠 부분을 빙 둘러 12연기의 순환을 순차적, 혹은 역순으로 그리는 것이 보편적이었다. 또 존재들은 '한 곳에서 사라지고 다른 곳에서 생하는 물레바퀴의 원리처럼, 초자연적인 방식으로 태어나는 것'으로 그려졌다.

태어나고, 죽고, 또다시 태어나는 영원한 생명의 순환을 말하는 삼사라(samsara, 윤회)는 12연기에도 요약적으로 표현되어 있지만, 윤회도에서

▶ 〈그림 8-3〉 인도의 윤회도

는 바퀴 쇠를 따라 그려져 있다.

윤회도를 쥐고 있는 악마 마라를 세상의 통치자로 보는 불교적 관념이 얼마나 조심스럽게 보존되어 왔는가 하는 것은, 중앙인도 아잔타(Ajanta)의 외딴 석굴에 있는 오랜 벽화와, 같은 주제를 다룬 티베트와 일본의 그림들을 비교해 보면 금방 알 수 있다. 이 세 그림에서 수레바퀴의 중앙을 보면, 자기본위의 생각으로 일어나는 마음상태, 즉 노여움, 악의, 나태함을 뱀, 닭, 돼지로 상징화한 것을 볼 수 있다. 이 세 가지 마음 상태를 삼화(三火, three fires), 즉 삼독(三毒, three roots of evil)이라고도 하며, 이것은 탐욕(raga), 성냄(doso), 어리석음(moho)을 일컫는다.

인도의 윤회도는 여섯 개의 세계를 보여준다. 신의 세계인 아수라계, 인간계, 나가(naga)계,[19] 천계, 아귀계, 그리고 지옥계가 그것이다. 티베트의 윤회도(그림 8-4)에도 역시 여섯 세계들이 보이나, 그 세계마다 경계가 뚜렷이 구분되어 있지는 않다.

반면에 일본의 윤회도(그림 8-5)에서는 다섯 세계로만 나누고 있는 것을 볼 수 있다. 또 붓다가 모든 생명을 지탱하는 원리로서 어디에나 존재한다는 것을 표현하기 위해서, 일본에서는 바퀴살이 모인 중심에 붓다를 그렸고, 인도에서는 각각의 세계마다 붓다를 그려 넣었다.

여기서 붓다는 화신불(化身佛, 생신〔生身〕의 부처님. 중생을 구제하기 위해, 부처님이 중생의 모습을 나타내시는 것. 중생의 괴로움에 응해서 여러 가지 모습을 나타내기 때문에 응신〔應身〕이라고도 부른다—역주) 니르마나-카야(Nirmana-Kaya)로서, 무릇 생명이란 깨달음을 향해 나아가는 경향이 있음을 표현하였다. 바퀴의 바깥쪽으로는 두 개의 각기 다른 붓다의 형상이 있다. 오른편 상단에는 바른 선법을 설하는 모습의 붓다를 볼 수 있는데, 이 붓다가 다르마(Dharma), 즉 법, 종교, 혹은 진리를 몸으로

▶ 〈그림 8-4〉 티베트의 윤회도

구체화시킨 다르마-카야(Dharma-Kaya, 법신불)이다. 그리고 반대편에 앉아 있는 붓다는 평정의 상태에 든 모습으로, 이는 붓다가 열반에 들어 가장 높은 경지에 도달한 상태인 삼보가-카야(Sambhoga-Kaya, 보신불)를 표현하고 있는 것이다.

12연기는 불교의 윤회도에서도 핵심적인 요소로서, 주로 바퀴쇠나 그 주변에 12가지의 그림들로 그려져 있다.

일본의 윤회도에서는 이보다 오래된 인도나 티베트의 것에 비해 더 명확하게 12연기설을 보여준다. 여기서 12연기설은 바퀴의 맨 밑에서부터 시작해서 왼쪽으로 올라가서 다시 오른쪽으로 내려오는 순서를 밟고 있다.

첫 번째 연기 무명(Avijja)은 짐승 같은 모습의 성을 잘 내는 사람으로 그려졌다.

두 번째 연기는 행(sankhara, samskara)으로, 생명의 일차적 성질 혹은 생물체의 기본형태를 의미하며, 한 번 수행한 기능을 계속 반복하는 경향을 지닌 체계의 기질을 말한다. 이 두 번째 연기는 도자기를 만들 때 흙을 올려놓는 도공용 물레판으로 묘사되어 있다. 상카라(sankhara) 또는 삼스카라(samskara)라는 난어를 생사 윤회의 수레바퀴, 즉 영원한 윤회를 의미하는 삼사라(Samsara)와 혼동해서는 안 된다.

세 번째 연기는 식(vinnyana), 즉 의식인데, 이전에 이미 형성되어 버린 기질이나 유기적 체계 속에서 어떤 기능이 계속해서 반복되기 때문에 일어나는 감각과 지각이다. 이것은 동물적 감각인식작용이므로, 그림에서는 원숭이로 표현된다.

네 번째 연기는 이름과 모습(nama-rupa)이다. 이 말은 우리가 흔히 개성이라고 표현하는 말로, 그 사람의 이름과 특유의 외양을 말한다. 이를 배를 젓는 사공으로 그리고 있다.

▶ 〈그림 8-5〉 일본의 윤회도

다섯 번째 연기는 사다야타나(sadayatana), 즉 육처(六處, six fields)라고 하는데, 우리가 흔히 오감이라고 하는 것과, 불교에서 제 육감이라고 하는 마음 혹은 사고를 통틀어 말한다. 이는 인체로 표현되어 있다.

여섯 번째 연기는 접촉(phasso, sparsa)으로, 위의 여섯 가지 감각기관이 대상과 접촉하는 것을 의미하며, 그림에서는 연인의 포옹으로 묘사되고 있다.

그 위로는 접촉에 필연적으로 따르는 일곱 번째 연기 감정(vedana)을 표현하고 있으며, 한숨짓는 한 연인으로 그리고 있다. 만일 여섯 번째 연기가 괴테의 《파우스트》의 정원 장면에서 상연된다면, 일곱 번째 연기는 마가렛의 노래, "나의 평온은 사라지고, 마음은 슬픔에 잠기네"로 표현될 수 있을 것이다.

이번에는 감정으로 말미암아, 여덟 번째 연기 탕하(tanha), 즉 갈망과 욕망이 일어나는 것이다. 그림은 이를 헤어진 두 연인의 연애유희로 표현하고 있다.

아홉 번째 연기는 존재에의 집착(upadana)이다. 그림에서는 한 남자가 자신이 사랑하는 사람의 자취를 따라 다니는 것으로 표현되고 있다.

열 번째 연기는 브하바(bhava), 즉 집착에 연하여 존재하는 것이다. 윤회도에서는 두 연인이 부부가 되어 코끼리 등에 올라탄 채, 그들의 결혼 피로연을 축하하는 장면으로 표현되었다.

열한 번째 연기는 출생(jati)이며, 아이를 낳느라 고통스러워하는 여인의 모습을 볼 수 있다.

그리고 나머지 그림들은 열두 번째 연기와 함께, 살면서 느끼는 다양한 고통들을 표현했다. 즉 늙음, 병듦, 죽음, 한탄, 불만, 형벌, 기타 인생의 번뇌가 그것이다.

인도의 윤회도에서 담고 있는 열두 개의 그림들 역시 일본 윤회도보다는 덜 명확하기는 하지만, 그 의미에 있어서는 다를 것이 없다. 오른 쪽 맨 위에서부터 보면, 먼저 화난 남자를 보게 되는데, 이는 무명을 나타낸다. 그리고 도공처럼 보이는 남자가 흙으로 도자기를 빚고 있는 모습으로 이어지는데, 이는 기질(습성)의 형성 혹은 개체의 기본적 성질을 의미하고 있다.

세 번째 그림에서는 나무에 오르는 원숭이를 그려, 동물적 인식 혹은 유기체의 개성을 표현하였다. 네 번째 그림에서는 물결에 떠내려가는 배가 보이는데, 사공이라는 알레고리 하에 마음의 기원을 설명하려 하였다. 다섯 번째 그림은 다섯 개의 주춧돌 위에 세워진 집을 묘사하는 듯 한데, 이때 다섯 개의 돌은 인간의 오감으로, 그 위의 구조물은 마음, 즉 제 육감을 상징하는 것으로 해석할 수 있다.

여섯 번째 그림으로 넘어가면, 접촉에 대한 욕망에 사로잡힌 여인의 모습을 볼 수 있다. 또 일곱 번째는 두 연인의 한숨짓는 모양으로 감정을 묘사하고 있고, 여덟 번째 그림은 떨어져 있는 두 연인의 욕망을 표현하고 있다. 아홉 번째 그림은 마치 낙원에 살던 아담과 이브를 연상케 하는데, 어떤 사람이 한 나무에서 꽃이나 열매 같은 것을 따고 있는 모습이다. 이는 성적 사랑이라는 금단의 열매를 맛보는 장면을 묘사한 것이다.

열 번째 그림은 여인의 임신을, 열 한 번째는 출생을, 그리고 열 두 번째 그림에서는 죽음의 악마가 죽은 사람의 새하얀 시신을 지고 가는 모습을 볼 수 있다.

윤회도 속의 악마 사상

인도에서부터 시작해서 티베트과 중국을 거쳐, 지금은 일본의 불교사원에서도 흔히 볼 수 있는 윤회도는 까마득히 먼 고대의 유물일지도 모른다. 세상과 악마와의 관계에 대한 이 같은 사상이, 불교가 여전히 인도에서 꽃피웠던 무렵인 약 2000년 전에도 존재했었다는 것은 확실하다. 어쩌면 붓다가 세상에 나기 전대에도 있었을지 모르는 일이기 때문이다.

붓다 당시의 삶 속에서 악이 의미하는 바를 보여주는 미술품들이 있었고, 그가 자신의 가르침을 퍼뜨릴 의도로 기존의 그림을 이용하여 거기에 붓다 자신의 해석을 덧붙였다고 생각해 볼 수도 있는 문제다. 비유컨대, 오래된 술병에 새 와인이 채워진 격인지도 모르는 것이다. 또 어쩌면 이 윤회도는 '악마 숭배 시대'에 생긴 것일 수도 있다. 그 당시엔, 사람에게 해를 끼치는 신은 선신이 아니라 악신이었기 때문에 악신을 모셔야 한다는 생각이 지배적이었으니 말이다.

불교의 윤회도에서 표현된 것과 똑같은 사상을, 우리가 알고 있는 인류 최초의 문명이 남긴 유물에서도 확인할 수 있다. 칼데아인의 청동 부조물에도 신들의 세계, 인간의 세계, 죽은 자들의 세계로 구성된 세 개의 세계들이 묘사되어 있으며, 이들도 무시무시한 악마의 손에 쥐어져 있는 것을 볼 수 있다. 이 청동판과 불교의 윤회도와의 유사점은 너무나 확연해서 우연이라고 보기가 어렵다.

종교적 상징물, 교의, 의식들은 대체로 거기에 구현된 기본 사상들이 근본적으로 바뀌고 난 뒤에도 세심하게 유지되었다. 여타 민족들의 종교 발전과정으로 유추하여 판단컨대, 아카드인들의 숭배의 원형 역시 문명의 일정 단계에 살던 모든 미개 부족 사이에 팽배했던 '악마 숭배'라는 사실을 짐작할 수 있다. 또한 이 청동판은 유사 이전의 세계관이 어떠했는지, 그 흔적들을 고스란히 담고 있다. 이 그림에 대한 가장 명쾌한 해석은, 세계도를 쥐고 있는 괴물을 악신으로 보는 것이다. 종교가 단순히 악에 대한 공포심에 근거했던 시기에, 잔혹한 희생제를 통해서만이 그 진노를 가라앉힐 수 있었던 실제적인 세상의 통치자로서, 이 괴물은 사람들 사이에 널리 숭배되었던 신이었을지도 모른다.

이러한 견해가 정확한 것으로 증명되면, 세상을 앞발로 쥐고 있는 이 괴물 청동판은 종교 관념이 막 눈뜬 시기와, 악신에 대한 숭배가 완전히 사라져 버린 불교의 성립 시기를 이어주는 하나의 연결고리가 될 것이다. 비록 여기서는 보이지 않지만, 이러한 오랜 표현 양식은 기독교 사상의 원류에까지 영향을 미쳤다. 신약성서에서도 불교적인 용어로 윤회를 말하는 '생의 수레바퀴(wheel of life)'가 사용되지만, 그것은 단순히 먼 과거의 메아리에 지나지 않으므로 그 본래의 의미는 더 이상 알 수가 없다. 세 치의 혀가 세상에 미치는 커다란 해악에 대해서, 야보고는 이렇게 말했다.

> 우리 사지와 몸 중에서 혀는 온 몸을 더럽히고 생의 바퀴를 불사르나니 그 사르는 것이 지옥 불에서 나느니라.

티베트, 중국, 일본의 불교 속 악마 사상

티베트의 불교는 아직 충분한 답사가 이루어지지 못했지만, 그렇다 해도 악마 숭배 사상이 매우 잘 발달되어 있으며, 힌두교의 영향을 강하게 받았다고 보아도 무방할 것이다.

중국에는 도교, 유교, 불교가 서로 대립하지 않고 나란히 공존하며, 노자와 공자도 붓다처럼 관습적으로 숭상하는 가정이 대부분이다. 실제로 이 세 위대한 스승들이 함께 중국의 윤리생활을 지배하는 사실을 보여주는 그림들은 너무나 많다.

일본에서도 비슷하다. 한 가지 다른 점은 도교 대신 신도(Shintoism)라는 토속적인 자연 숭배 신앙이 유행한다는 점이며, 신도는 현재 범국민적 축제 속에 유지되고 되고 있고 최근까지도 공식적인 국교로 받아들여져 왔다.

중국 도교와 일본 신도의 신화는 자연히 불교의 신화 속에 구현되었다. 따라서 그들의 사원에서는 지옥에 대한 묘사들과 함께, 토속종교의 요소들도 셀 수 없이 많이 접할 수 있다. 황소의 머리를 한 고주(Gozu)와 말의

▶ 〈그림 8-6〉 지옥의 법정 메이푸

머리를 한 메주(Mezu)가 늘 등장하는 가운데, 지옥의 법정 메이푸(Meifu)의 엄한 재판관 엠마(Emma), 수행원 콩고(Kongo), 기타 무시무시한 집행관들, 고문관들, 형벌집행인들이 바로 그들이다(그림 8-6).

판관의 책상 옆에는 세상에서 가장 완벽한 거울이 세워져 있는데, 신기하게도 그 앞에 선 모든 사람의 성격을 비춰준다고 한다. 불교의 영혼관에 따르면 사람의 인간됨됨이란 그가 살아가면서 행했던 행동에 의해서 형성되는 것이기 때문에, 거울은 자기 앞으로 인도된 사람이 생전에 저지른 모든 말, 생각, 행동을 빠짐없이 보여준다. 그 결과에 따라서 후에 어떤 응보를 받을지가 정해진다.

만일 그가 생전에 선행을 많이 쌓았다면, 이전보다 더 높은 경지의 존재로 환생하는 상을 받아 이승, 서방정토, 천상계 중 하나에서 태어나게 된다. 그러나 만일 악행을 더 많이 저질렀다면, 그는 전보다 더 낮은 차원, 즉 그가 살아 생전에 가장 두드러졌던 인격에 맞는 동물로 환생하게 된다. 또 그가 매우 사악했다면, 그는 지옥계의 운송 수단인 불 수레에 실려 지옥까지 가게 된다. 그 판결문은 다음과 같다.

> 네 악행은 네 어미나 아비, 혹은 친척이나 친구, 조언자들이 저지른 일이 아니라, 모두 너 홀로 한 일이다. 그러므로 홀로 그 열매를 거두어야 하느니.

고통의 장소로 끌려간 그는, 빨갛게 달은 족쇄에 묶여 핏빛 불바다로 던져져 불타는 숲을 헤쳐야만 한다. 또 그는 남은 죄 값을 몽땅 치르기 전까지 결코 죽지도 못한다.

그러나 악마가 항상 엄숙하게만 그려지는 것은 아니다. 특히 일본이나

▶ 〈그림 8-7〉 승려의 모습을 한 악마

중국에서는 악마를 매우 익살스럽게 묘사한 그림이나 조각상도 볼 수 있다. 그 중에서 승려의 모습을 한 악마의 모습(그림 8-7)은 아마도 가장 그로테스크한 형상일 것이다.

훗날 북방불교가 발전하는 과정에서, 이 세계의 모든 죄악들이 상징화된 다양한 악마의 모습은 다름 아닌 붓다 자신의 화신들로 생각되어졌는데, 이때 붓다는 다양한 악마로 화하여 죄에 대한 좋지 못한 결과들을 보여줌으로써, 인류에게 고결함과 미덕을 깨우쳐주려고 한다는 것이다.

붓다의 이름을 암송하는 이 악마는 탐욕과 위선을 상징한다. 그는 돈을 모으려고 사발을 하나 든 작은 수행악마와 함께 기부금 명부를 들고 돌아다닌다.

중국과 일본의 불교사원을 답사하다 보면, 우주 전체를 대상으로 하는 불교직 세계관을 드러내는 일명 '만다라(Mandala)'를 볼 수 있다. 만다라는 '완전한 전체'를 의미하며, 체계적으로 배열된 일군의 붓다 화신들의 그림으로 표현된다. 해탈한 상태의 붓다는 가장 높은 단계에 있기 때문에 항상 중앙에 위치한다. 만다라는 '보리', 즉 깨달음, 혹은 '삼보리' 즉 최고의 깨달음을 말한다. 한마디로 진리, 언제나 옳은 것, 더 정확히 말하자면 참(verity), 진리 안에 드러나는 언제나 변하지 않는 객관적인 사실이다.

여기서 붓다는 무한한 광명을 뜻하는 아미타불(Amitabha)이라는 이름으로 인격화되어, 극락정토에서 깨달음의 경지로 이끌어주는 역할을 한다. 그는 기독교의 아버지 하나님과 같아서, 어디에나 편재하고 영원하며,

세상의 빛 · 생명과 같은 존재이며, 도덕적 행위의 궁극적 권위다. 붓다의 또 다른 주요 화신은 기독교의 성령인 미래불, 즉 미륵불(Maitreya)이다. 미륵불은 붓다가 그 제자들과 이승에서 헤어지기 직전에 다시 나타날 것을 약속했던 바로 그 성령이다.

파리에 있는 기메박물관은 세계에서 가장 훌륭한 종교박물관이다. 이 박물관의 소장품 목록을 보면 만다라를 묘사하고 있는 부분이 있는데, 가장 경지가 높은 붓다가 다양한 경지와 지위에 있는 수많은 붓다의 화신들에 둘러싸인 채 무리의 중앙에 위치한 모습을 볼 수 있다. 이 무리들을 보살(Bodhisattvas)이라고 하는데, 인류에게 가르침을 주거나 스스로 덕성 있는 삶을 살아감으로써 훌륭한 본보기를 보여주는 선지자, 혹은 현자들이다.

그 오른편에는 신앙심, 자비, 과학, 종교, 진보에 대한 염원 등을 인격화한 일군을 볼 수 있다. 왼쪽에는 추한 괴물의 모습을 한 제3서열의 신들이 있다. 이들은 사람들에게 두려움을 주어 육욕, 이기심, 추한 욕망들을 버

▶ 〈그림 8-8〉 지옥의 수레

리게 하는 역할을 한다.

불교의 악마들은 붓다의 적이 아닐 뿐 아니라, 그의 적대자나 경쟁자도 아니다. 오히려 그들은 붓다의 대리인들이자 동료들인 것이다. 그들 역시 인류의 스승이기에, 그들 모두 붓다의 성질을 공유한다. 불교의 악마들은 죄에 대한 천벌을 의미하는 형벌의 회초리라고 할 수 있으며, 또 그렇게 깨달음을 위한 화신으로써 간주해 왔다. 이 점에서 불교의 악마는, 더 이상 고통을 주는 신이 아니라, 인간의 궁극적 구원을 위한 전 체계에 한 몫을 담당하는 교육의 매개자인 것이다.

기독교적 구원은 순결한 구세주의 잔혹한 희생을 통해서 인간의 죄를 속죄받는 것에 있다. 그러나 불교의 구원은 깨달음을 통해서 얻어진다. 예수는 자신의 목숨을 내놓음으로써 사람들이 지은 죄를 대신 갚은 순결한 순교자다. 이에 비해 붓다는 사람들에게 본보기를 보이고, 구원으로 가는 길을 보여주는 스승이라 할 수 있다.

9
새 시대의 개막

그노시스 사회와 교구

구약에서 신약성서로의 이행기는 불안의 시기였다. 유대인들은 아시리아 · 바빌로니아 문명과 이미 친숙해진 상태였고, 페르시아인들과도 친밀한 관계를 유지하고 있었다. 그러나 알렉산더대왕 이후로 서아시아 국가들 간에 사상의 교류와 일반교역이 더 많이 확장되면서 활기를 띠어갔고, 그리하여 이들 사상에 인도뿐 아니라 그리스적인 관점이 혼합되어 일반대중의 종교적 신념에도 강한 변화가 일어나게 되었다.

힌두교 교의는 모호하고, 또 자주 모순적인 형태로 시리아에 소개되었지만, 어쨌든 그들에겐 매우 신선하고 매력적인 것이었기에 기존의 전통윤리에도 급격한 변화를 가져다 주었으리라 추측해 볼 수 있다. 예를 들어, 이전에는 자식을 낳는 일이 하나의 신성한 의무였고, 부를 이루는 것을 하나의 축복으로 간주했다. 그러나 이제는 완전한 금욕과 가난에서 구원을 찾는 사람들도 생겨나게 되었다. 인도의 승려가 쌓을 수 있는 최상의 덕행이란, 더 이상 생존을 위한 몸부림으로 자신을 보존하려는 의지가 아니라, 오히려 모든 투쟁을 버리고 자아를 완전히 포기하는 것이었다.

마치 빵 반죽 속의 효모와 같이 이러한 움직임을 주도했던 세 가지 사상이 있었다. 영혼의 영성(靈性), 영혼이 육체적 존재로부터 벗어날 수 있다는 믿음, 그리고 이 같은 영혼의 해방은 지혜 혹은 깨달음이라는 수단을 통해 얻어질 수 있다는 믿음이 그것이다.

그노시스의 이상이 실현되는 것을 성취(fulfilment)라고 하는데, 이는 불교의 니르바나(Nirvâna, 해탈, 열반)처럼 영혼이 구원에 도달하거나, 혹은 세상을 구원할 구세주 메시아(Messiah)의 출현을 통해서 가능한 상태라고 보았다.

이러한 시대정신은 근대 신지학적(theosophical)운동의 사조 이후에 생긴 다양한 종교 집단의 토대 속에서 드러난다. 이런 새로운 문제들에 대해 탐구하던 일단의 학자들은 거의 모든 대도시에서 찾아볼 수 있었는데, 모두 구원과 영생에 관한 교의를 깊이 연구하였을 뿐만 아니라, 심지어 이 새로운 원리들을 실제 생활에까지 적용하려고 애썼던 열정가들도 있었다. 전자의 연구생들은 스스로를 학생(learners) 혹은 문하생으로 부르고, 후자의 열정가들은 성자 또는 치료사(therapeutae)로 불렸다.

악마 숭배자 오파이트

악의 문제와 관련해서 주목할 만한 것은 교부들이 소위 뱀 숭배자들, 혹은 오파이트(Ophites)라 불렀던 시리아의 그노시스파들이다. 성경에 정통했던 그들은, 이 가시적이고 물질적인 세계의 조물주, 즉 창조자 야훼를 하나의 악신으로 간주해 버린 반면, 인간에게 지식, 즉 그노시스를 주고자 했던 뱀을 진실되고 선한 신의 사자로 생각했다.

그노시스파의 주장에 따르면, 그들의 선신은 야훼와는 달리 정념을 떠나 사랑과 자비로움으로 가득 차 있다. 이레나이우스(Irenaeus)가 주장한 것처럼, 그노시스파의 신은 성부, 성자, 성령을 동시에 만족시키는 삼위일체였다. 여기서 성부는 〈카발라(the Cabala, 헤브라이어의 성서를 신비주의와 수비술에 근거하여 해석한 비의〔秘儀〕의 책－역주)〉에서 아담 카드몬(Adam Kadmon, 천지창조시 신이 창조한 인간의 원형－역주)으로 말해지는 인간의 원형이고, 성자는 영원불변의 이성 혹은 이해하여 얻은 지식을 의미하며, 성령은 영적인 생성의 여성적 원리이다.

이 세 위격(違格)과 악으로부터의 구원에 대한 비슷한 사상들이 다른 종파들에서도 발견된다. 특히 〈사도행전〉에는 시몬 마구스(Simon Magus)가 성 베드로에게 세례를 받고, 성령을 돈으로 살 수 있다고 보았다가 비난받는 장면이 나온다.

유대교의 여러 분파들, 즉 나사렛파, 사비교도(세례자 요한이 사비교도였다－역주) 혹은 세례자들, 에세네파(Essenes), 에비온파(Ebionites) 등

▶ 〈그림 9-1〉 기독교의 삼위일체(성부, 성자, 성령)

이 모두 같은 시대의 탐구정신에서 나왔다. 그러나 이러한 종교집단의 구성원들은 오직 힘없고 가난한 계층에 속했으며, 정통 바리새파(Pharisees)와 자유분방한 사두개파(Saducees)와는 확실히 구별되는 제3당을 형성하고 있었다는 점을 기억해야 한다. 그래도 그들이 매우 중요한 이유가 있다. 이 제3당에서 새로운 신앙의 기준을 부여할 자, 새로운 종교를 대표할 성육신이 될 한 남자, 바로 나사렛 예수가 탄생하였기 때문이다.

구약 외경 속의 악마

이 시기의 문학은 더 이상 구약성서의 정전(canon)으로 받아들여지지 않게 되었기 때문에, 많은 유익한 면에도 불구하고 오늘날까지도 외경으로 간주되고 있다.

육신과 영혼 사이의 대비를 강조하는 새로운 세계관으로 인해, 새로운 도덕적 이상이 전개되었고, 이에 따라 악에 대한 관념도 선의 관념과 같이 미묘한 변화를 겪게 되었다. 이제 빈민층이 그들의 영향력을 펼치기 시작하면서, 구약 외경에서는 자연스럽게 사탄이 점점 더 신화적으로 변함과 동시에 전보다 더 이원적 경향을 띠게 된 것이다. 사탄은 이제 독립적인 악마로 발전하였고, 아마도 페르시아적인 관점의 영향을 받아 '인간의 적'에서 '신의 적'으로 변모하게 되었을 것이다.

〈토비아서(the book of Tobit)〉에서는 아스모디라는 악령이 매우 중요한 역할을 한다. 아스모디의 원형은 아쉬마 데바(Aeshma Daeva)이다. 그 이름으로 보아 페르시아에서 기원했다는 것을 알 수 있다. 그는 사라라는 처녀에게 마음을 빼앗겨 그녀의 결혼을 막으려고 애쓴다. 그런가 하면 또 아

▶ 〈그림 9-2〉 아스모디
악령 아스모디가 기도의 힘으로 내쫓기고 있다.

스모디는 탈무드에서 욕정의 악마로 등장한다.

의미 있는 외경으로는 〈다니엘서(the book of Daniel)〉와 두 개의 〈에스드라스서(the books of Esdras)〉를 들 수 있다. 그러나 이들 외경의 많은 숭고한 사상들은 유대교적 우월주의(Judaistic chauvinism)와 이교도에 대한 냉혹한 증오심이 혼재되어 있는 것도 볼 수 있다.

〈에스드라스서〉는 그 시기의 다른 어떤 저작물보다 더 명확한 형태로 기독교 교의의 많은 세부 사항뿐만 아니라 일반적인 종말론도 예견하고 있다. 심지어 주 하나님이 "나의 아들 예수(〈에스드라스〉 2서 7장 28절)"라고 부르는 대목을 넣어 구세주의 이름을 공포하고 있기까지 하다.

또한 〈에스드라스서〉는 에녹과 리바이어던이라는 심연의 두 존재를 언급하고는 있으나, 그들은 악한 소동을 전혀 일으키지 않는 것으로 나와 있다. 어쩌면 그들에 대해 아예 언급하지 않는 편이 나았을지도 모른다. 천사 하나가 하나님을 대신하여 예언자 에스드라스에게 악의 기원에 대해 아래와 같이 설명해 주는데, 니르바나 성에 얽힌 불교의 우화와 예수의 산상수훈(Sermon on the Mount)을 연상케 한다.

"한 도시가 넓은 평야 위에 세워져, 선한 것들로 가득 차 있느니라. 그 입구로 들어가는 길은 좁고 추락할 위험이 큰 곳에 있어, 마치 오른쪽에는 불바다가 있고 왼쪽에는 깊이를 헤아릴 수 없는 물이 있는 것 같도다. 그리하여 그 둘, 불과 물 사이의 단 하나의 유일한 길은 너무나 좁아서 한 번에 한 사람만이 지날 수 있노라. 이 도시가 지금 인간에게 유산으로 주어진다면, 그리고 그가 이 도시 앞에 놓인 위험을 지나지 못한다면, 그는 대체 이 유산을 어떻게 받을 수 있겠느냐?"

그리고 내가 대답했다.

"과연 그러하나이다, 주여."

그러자 하나님이 천사를 통해 나에게 말했다.

"이스라엘의 운명도 이와 같으니라. 너희들을 위해서 내가 세상을 만들었고, 아담이 내 율법을 어겼을 때 지금과 같은 운명이 정해졌느니. 다음부터 이 세상으로 가는 출입문은 좁아지고 슬픔과 고뇌로 가득하게 되었다. 그 문들은 얼마 없고 불길하며, 건너는 길은 위험으로 가득 차 있으며 매우 고통스러우니라. 그 이전의 세상에 있던 문들은 넓고 안전했으며 불로불사의 열매가 있었다. 이렇게 좁고 고통스러운 문으로 들어가고자 애쓰지 않고 사는 자들은 자신들 앞에 펼쳐진 것을 결코 얻지 못할 것이라."

특히 흥미로운 외경 중 하나가 바로 〈에녹서〉이다. 〈에녹서〉는 세상의 역사에 대한 하나님의 계획을 우의적인 형식으로 설명하고 있다. 이 외경은 아직은 기독교적이지 않지만, 기독교 시대가 열릴 무렵에 그 경쟁적 상대로 나타난 여러 종파들이 받아들였던 교의의 흔적들을 다수 볼 수 있다.
에녹의 악마론은 기독교의 종교 신화와 충돌하고, 악마로부터의 구원관은 그노시스적 경향을 드러낸다. 예를 들면 42장에서 다음과 같은 구절을 볼 수 있다.

지혜가 사람에게 찾아왔으나 거할 곳을 찾지 못해 집으로 되돌아와 천사들 사이에 자리를 잡았느니라.

또 구세주 메시아를 주로 "여자의 아들"로 부르고, 때때로 "인간의 아들"로도 부르며, 한 번은 태초부터 존재했던 "하나님의 아들"로도 부른다.

태양과 12궁이 창조되기 전, 하늘의 별들이 만들어지기 전에 성령의 하나님이 그의 이름을 말씀하셨느니라. 천지가 창조되기 전에 이미 그가 선택되어 하나님 앞에 숨겨졌으며, 또 하나님 앞에서 그는 불멸의 존재가 될 것이다.
모든 지혜의 비밀이 그의 입을 통해 사상으로 흘러나올 것이니. 성령의 하나님이 그에게 지혜를 주셨으며 그를 영광되게 하였기 때문이니라. 그 안에는 지혜의 성령, 지식을 주시는 성령, 교의의 성령과 권능의 성령, 그리고 죄를 용서받고 이제 영원히 잠든 모든 사람들의 성

▶ 〈그림 9-3〉 천당과 지옥

성부, 성모, 성자의 그노시스적 삼위일체를 보여준다.

령이 살고 있느니라. 그는 숨겨진 모든 것들을 심판할 것이고, 아무도 그 앞에서 경박한 말을 하지 못할 것인데, 그가 성령의 하나님 앞에 선택된 자이기에 그러하니라. 그는 모든 정의로움의 비밀을 잘 알고 있으므로 정의롭지 못한 것은 그 앞에 설 곳이 없느니라.

그리고 하나님은 이 땅의 자손들에 대해서 다음과 같이 말한다.

나와 나의 아들이 그들의 생명을 위해서 정의로움의 길로 가며 영원히 그들과 일체가 될 것이니라.

〈에녹서〉에서 보이는 심령론적 관점, 특히 메시아의 초인적인 성격은 기독교적일 뿐만 아니라 에세네파 혹은 그노시스파적이며, 메시아가 육신을 가지고 사람들과 함께 살아간다는 사상과 모순된 입장에 있다.

〈에녹서〉의 원본은 없고, 지대한 관심을 보였던 역사가 딜만(Dr. A. Dillmann)이 독일어로 번역한 에디오피아 판만이 남아 있어 안타깝다.〈에디오피아 판 에녹서〉는 유대교적 그노시스주의 정신을 보여주고 있으며, 그 원본은 바리새파의 한 유대인에 의해서 기원전 110년경에 씌어졌을 것으로 추정된다.

《지혜서》와 그노시스 삼위일체관

《지혜서(The book of wisdom)》는 알렉산드리아 유대교의 산물로, 그리스와 동양으로부터 영향을 받은 흔적이 보인다. 이 책은 시기심 때문에 죽

▶ 〈그림 9-4〉 바티칸 성당의 성 삼위일체

음을 세상으로 내보낸 자를 악마로 보고 있다.

> 그러나 하나님은 인간을 불멸한 것으로 만드셨고, 당신의 영원한 본성을 본떠서 인간을 만드셨다. 죽음이 이 세상에 들어 온 것은 악마의 시기 때문이니, 악마에게 편드는 자들이 죽음을 맛볼 것이다.

한편 지혜문학(the Wisdom literature)은 인도의 영향을 받은 흔적이 많이 보인다. 지혜, 즉 소피아(Sophia)라는 말은 보리를 번역한 말인 듯 하다. 이와 동시에 아버지, 어머니, 자식으로 구성된 가족의 형태를 본떠 만들어진 초기의 삼위일체 사상이 유대인들의 마음에 뿌리를 내리기 시작한다. 〈지혜서〉는 하나님을 중심으로 소피아를 배우자로, 그리고 메시아를 그들의 아들로 묘사하고 있다. 많은 그노시스주의자들은 삼위일체의 두 번째 위격인 그리스도의 모성적 신을 지칭할 때, 소피아(Sophia), 프뉴마(Pneuma), 로고스(Logos)라 했다.

그러나 기독교 교회가 발전하기 시작할 무렵, 어머니 신이라는 사상은 버려지고, 로고스가 신의 아들과 동일시되어 성 삼위일체의 제2위격이 되었다. 그리고 프뉴마, 즉 성령만은 존속하여 세 번째 위격으로 남았다. 그노시스적 삼

▶ 〈그림 9-5〉 삼위일체와 성모 마리아

위일체 관념은 기독교의 외경 〈히브리인들에게 보낸 편지(the Gospel according to the Hebrews)〉에 여전히 그 자취가 남아 있는데, 그리스도가 성령을 지칭하여 어머니라고 부르고 있는 부분이 그것이다.

삼위일체 사상은 그 역사가 매우 깊다. 우리는 이미 바빌론의 종교에서 그것을 만난 바 있으며, 브라만교와 불교에서도 보았던 바 있다. 불교에서는 삼보(三寶, three jewels)라 부르는 붓다(Buddha), 다르마(Dharma, 법), 상하(Sangha, 승僧)를 의지처로 삼으며, 이는 각각 인류의 스승 붓다, 붓다가 깨달은 진리, 불교에 귀의한 집단 혹은 교단을 의미한다. 의심스러운 부분은 모두 제외시켜버린 신약성서에는 들어 있지 않지만, 이러한 삼위일체적 교의는 거의 모든 그노시스적 체계의 필수적인 부분을 형성하면서, 추상적 세 원리들로 표현되거나 혹은 아버지, 어머니, 자식이라는 가족 관계로 표현하게 되었다.

▶ 〈그림 9-6〉 기독교 삼위일체
남부 이탈리아의 비잔틴 양식으로 13세기의 것으로 추정된다. 그 당시 한 영국인에게 팔린 원화를 살레르노의 한 여관에서 〈디 가르텐라우베〉의 화가가 스케치함.

아버지, 어머니, 아들 그리스도라는 하나의 신적 통일체로서, 삼위일체관은 이슬람교가 발생할 때까지 동방의 기독교인들 사이에 존속되었다. 이슬람의 경전 〈코란〉을 보면, 이들이 서방교회의 성령화된 삼위일체관에 대해서는 잘 몰라도, 기독교의 삼위일체를 하나님, 그리스도, 그리고 성모 마리아로 이해하고 있음을 짐작할 수 있다. 이러한 그노시스적 삼위일체관은, 기독교가 더 발전하면서 로마 카톨릭 교회에 영향을 줄만큼 강한 원리였고, 성모 마리아는 때로는 삼위일체에 덧붙여지기도 하고, 때로는 성령을 대신하기도 하면서 로마 카톨릭 교단의 지극한 섬김을 받았다.

삼위성(triunity)을 강조하는 삼위일체의 보다 관념적인 형태는, 세 얼굴을 가진 하나님을 그린 그림들에서 그 예술적 표현을 찾아볼 수 있다. 가장 인상적인 것으로는 살레르노(Salerno)의 한 독일 화가에 의해서 발견되어 디 가르텐라우베 〈Die Gartenlaube, 19세기 독일의 대표적 가족 잡지 ―역주〉에서 처음 출판된 오래된 유화를 들 수 있다. 명상에 잠긴 듯한 네 개의 눈은 보는 사람으로 하여금 기묘한 감동을 느끼게 하고, 세 개의 기다란 코는 관능성에서 자유로움을 보여주며, 갈색의 머리와 수염은 강인함을, 또 넓은 이마는 지혜로움을 말해 주고 있는 듯 하다.

근대 그노시스주의자, 야콥 뵈메의 신과 악의 관념

이와 관련하여 야콥 뵈메(Jacob Böhme)의 철학은 그노시스주의 정신을 가장 전형적인 형태로 잘 재생시켜 대단히 흥미롭다. 그의 철학은 전형적인 예를 통해, 고대 그노시스의 체계에 대한 사상적 경향과, 당시 그들이 악마의 문제를 어떻게 이해했는지를 보여주는 단서로 쓰일 수 있다.

야콥 뵈메는 독일 신비주의자들 중 하나다. 그는 1575년 실레지아(Silesia)의 괴를리츠(Görlitz) 근처 알트사이덴베르크(Alt-Seidenberg)에서 태어났다. 성경의 다윗처럼, 그도 어린 시절에는 양치기였다. 14살 때부터 제화업자의 견습생으로 보낸 후 제화상인 조합에 가입하였고, 1599년에 괴를리츠에서 제화주인으로서 자리를 잡았다. 훗날 그는 직업을 장

▶ 〈그림 9-7〉 야콥 뵈메

갑제조원으로 바꾸기도 하였다. 그의 저서들은 평생 동안 사본 형태로 유포되었지만, 그럼에도 불구하고 자신이 살고 있는 지역적 한계를 넘어서, 널리 명성을 떨치기에 충분했다.

뵈메는 괴를리츠에 있는 자신의 집에서 1624년 11월 17일 일요일에 세상을 떠났다. 지지자들은 그를 몹시 숭배했으나, 몇몇 편협한 마음의 소유자들은 비난을 서슴지 않아, 이미 망자가 된 그의 비석을 훼손하는 등 적의를 드러내기도 했다. 그러나 뵈메의 천재성과 그의 정직한 포부가 시민들 사이에서 인정받았다는 증거를 엿볼 수 있는데, 바로 괴를리츠의 목사 회장이자 야콥 뵈메의 숙적이었던 그레고리우스 리히터(the Rev. Gregorius Richter)의 아들이 그의 저서 초본 전집을 편집하여 훗날 1682년에 암스테르담에서 완간될 수 있었다는 사실이다.

그노시스주의와 야콥 뵈메의 철학 간 유사성은 확연하지만, 그 우연의 일치는 자연발생적인 것이라고 볼 수 있다. 그는 약간의 교육밖에 받지 못했고, 파라셀수스(Paracelsus), 카스파 슈벵크펠트(Kaspar Schewenkfeld), 발렌틴 바이겔(Valentin Weigel)의 이론에 대해서는 오직 피상적으로만 알고 있었을 따름이다. 즉 야콥 뵈메의 체계는 그만의 창작품이었던 셈이다. 이 창작품은 그가 깊은 신앙심을 가지고 있으면서도, 동시에 사상면에서 매우 독립적인 상태를 견지하면서 성경을 고찰했기에 가능했다.

야콥 뵈메는 하나님을 이해할 수 없는 존재의 근거, 즉 무근저성(the Ungrund)으로 보았다. 브리태니커 백과사전에서 뵈메의 전기작가는 그의 철학에 대해서 다음과 같이 말하고 있다.

> 인간 본연의 모습이 그에게서 나오고, 우리는 그에게 빠져든다. … 스피노자의 차가운 이성에서도 볼 수 있는 똑같은 견해는, 때때로 무신론으로 치부되기도 한다. 구체적인 상징이 주는 투박함으로부터 뵈메의 사상을 옮기면서(때때로 그가 제시한 상징들이 구체적인 예인지, 그림으로 된 삽화인지, 아니면 단순한 기억술을 말하는지가 확실치 않다), 뵈메가 한 쌍의 삼자 세력들의 상관관계를 이해하고 있다는 것을 알 수 있다. 각각의 세 요소는 정, 반, 합으로 이루어져 있고, 이 한 쌍은 다른 하나의 중요한 고리에 의해서 결합되어 있다.
>
> 무(nichts)이자 모든 것(alles)인 하나님의 드러나지 않은 삶에는 근본적인 세 요소, 즉 인력(attraction), 척력(diffusion), 그리고 현시되지 않는 신격의 고뇌(the agony of the unmanifested Godhead)인 합력(resultant)이 존재한다. 그리고 변화가 이루어진다. 즉 의지작용으로 인해서 성령이 모습을 드러내고, 그 즉시 현시된 삶이 사랑, 표현식 그리고 그들의 합으로 다양한 가시적 유형들 속에서 드러난다.
>
> 한편 상반되는 것들 간의 작용과 그 합은 영혼, 육신, 성령의 관계, 선과 악, 자유의지와의 관계, 또 천사계, 악마계, 인간계와의 관계성으로 설명하고 있다. 악을 설명하기 위해서 이 철학에 의존하는 것은 더 어려운 문제이다. … 악은 신이 모습을 드러내는 기본 원리의 직접적 결과다. 그것은 다름 아닌 신의 비정한 모습인 것이다.

▶ 〈그림 9-8〉 인간의 삼합의 삶(threefold life)을 그린 야콥 뵈메의 책 속표지
선과 악의 원리들이 시간의 흐름에 따라 전개되는 등, 인생에 두루 미치는 세 가지 원리들을 그리고 있다.

악의 관념에 대한 문제는 뵈메의 철학에서 매우 두드러진다. 그 해결책은 일원론적으로 귀결되고 있다. 즉 선과 악을 구별하지 않고, 악의 존재는 본래 내재적으로 필요하며 피할 수 없는 것이라는 결론에 도달하고 있는데, 다시 말하면 악은 궁극적으로 하나님 자체의 본질에 근거한다는 것이다. 자아실현에 대한 갈망은 하나님에게 고뇌를 주며, 자신의 존재를 드러내는 과정에서 신의 의지는 삶의 밝은 면과 어두운 면 모두를 명백히 보여주게 된다.

야콥 뵈메는 쇼펜하우어를 앞지르고 있다. 이는 그의 저서 《인간 삼합의 삶》에서 다음과 같이 말하는 것으로 보면 알 수 있다.

모든 것은 의지로 흘러들고, 의지에서 처리된다. 만일 내가 걸으려는 의지가 없다면, 내 몸은 정지 상태에 있다. 그러므로 내 의지가 나를 움직이는 것이다. 만일 내가 어떤 곳으로 움직이고자 하는 욕구가 없다면, 나에게는 의지가 없는 것이다. 그러나 내가 다른 어떤 것을 원한다면, 그것은 없어서는 안 될 가장 중요한 의지인 것이다. 영원불멸의 말씀은 곧 영원불멸의 의지다.

물질성과 관능성은 곧 죄고, 죄는 실제적인 타락으로부터 시작하는 것이 아니라 갈망, 죄의 징후인 잠으로부터 시작하는 것이다.

> 아담이 잠들기 전에는 천사의 모습이었으나, 잠에서 깨어난 후엔 살과 피를 지니고 있었고, 그 살에는 흙덩이가 묻어 있었다.

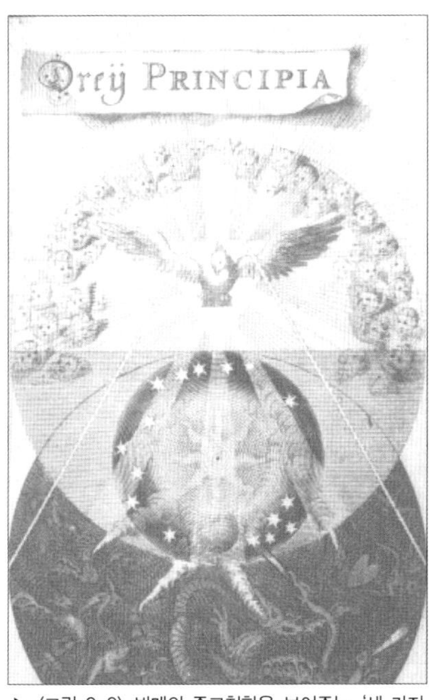

▶ 〈그림 9-9〉 뵈메의 종교철학을 보여주는 '세 가지 원리'

이러한 그노시스적 경향에도 불구하고, 야콥 뵈메는 이원론자가 아닌 일원론자이다. 좀 더 높은 통합의 측면에서 내려다본 삶의 이원성이 삼위일체를 형성하는데, 삼위일체의 세 가지 원리는 그 주제에 관한 야콥 뵈메의 저서 표지에서 볼 수 있듯 두 영역과 이들이 만나 제3의 영역이 생기는 것으로 표현되었다. 영원한 선이 있고, 영원한 악이 있으며 그리고 영원한 선과 악 양자의 합이 있다. 영원한 선은 물론 성령과 천사들이다. 악의 영역 역시 영원하며, 그 구성면에서 세계의 물질적 존재다. 본래의 아담(일종의 순 정신적인 인간의 원형)은 영적이었다. 아담의 타락은 잠에 곯아떨어지는 데서 시작된 것이고, 잠이란 결국 그의 본성을 바꾸어 자신을 유혹할 여성을 창조하게 만든 육욕의 결과인 것이다.

그러나 위에도 말했듯, 야콥 뵈메는 이원론자가 아니다. 왜냐하면 그는 세 가지 영역을 하나로 생각하고 있기 때문이다. 다음은《인간의 삼합의 삶》의 내용이다.

> 신을 사랑하고 추구하는 독자에게 신의 다음과 같은 측면을 알도록 일깨우고자 한다. 독자는 별들 너머 저 높은 곳, 천국에 홀로 동떨어져 살고 있는 완전한 신격을 찾는 데 마음과 감정을 쏟아서는 안 된다. … 그것은 옳지 않다, 진정한 하나님은 어디에나 있다. 모든 장소, 모든 막다른 골목에도 분명히 존재한다. 어디에라도 일개 존재 안에 삼위일체가 거하며, 천사들의 세계는 당신이 생각하는 곳이면 어느 곳에서라도 구석구석에까지 이르는 것이다. 그곳이 심지어 흙, 돌멩이, 바위 속이라고 할지라도 말이다. 지옥도 예외가 아니다. 간단히 말하자면, 신의 어두운 측면의 세계 역시 어디에나 존재한다.

뵈메는 성경의 자구를 글자 그대로 믿은 것이 아니라, 그 정신을 믿은 것이었다. 그는 신비주의자의 범주에 포함되긴 했지만, 그가 추구하던 계시는 교양 있는 사람에게 기대할 수 있는 만큼 분별력 있는 것이었다. 뵈메는 성서를 자유롭게 이용하고는 있지만, 한편으로는 선량한 기독교인들에게 존재의 문제에 대한 해답을 더 깊이 찾도록 촉구하고 있다. "성령을 통하지 않고서는 아무도 하나님 앞에 다가갈 수 없으며, 바로 그 '성령'으로 마음과 정신의 영적인 계시를 깨달을 수 있다"고 그는 말한다.

> 자연의 근원을 찾으라. 그럼으로써 만물을 이해하게 된다. 역사를 글자 그대로 단순히 쫓아가지 말고, 당신들만의 상상으로 맹목적인 법칙을 세워 서로를 비난하지도 말라. 만일 그렇다면 당신들은 이교도들

보다 더 눈이 먼 것이다. 성서의 정신과 마음을 찾으라. 그 정신이 당신 안에 싹트고, 성스런 사랑의 중심이 당신 안에 열릴지도 모른다. 그리하여 당신은 하나님을 알게 되고, 그에 대해서 올바르게 말할 수가 있게 될지도 모른다. 단순한 역사로는 그 누구도 그를 주인, 인식자, 신성한 영적 존재를 아는 자로 부르지 못할 것이다. 그러나 인간 삶의 중심에 또 다른 원리로 나타나는 성령으로, 그리고 진지하고 올바르게 탐구하는 사람이라면 그를 그렇게 부를 수 있다.

뵈메는《인간의 삼합의 삶》의 속표지에, 자신의 철학을 다음과 같이 간략하게 요약하였다.

모든 일은 형태, 본질, 특성, 그 일을 하는 자의 지혜와 덕성을 나타내기 마련이다. 이제 이 세상 하늘과 땅의 너무나도 신비스러운 체계를 곰곰이 생각하고, 그것들의 움직임을 주시하며, 그 능력과 힘을 탐구해 보고 또한 신이 창조한 피조물들의 차이점을 파헤쳐 그들이 얼마나 단단하고 약한지, 얼마나 짙고 묽은지, 얼마나 어둡고 광채가 나는지, 또 얼마나 불투명하고 투명한지를 알고 나면, 우리는 그 즉시 하나님의 계시에 관한 두 어머니, 다시 말하면 빛과 어둠을 발견할 수 있다. 그 두 요소는 온 힘으로 스스로 호흡하고, 기적을 정해 왔으며, 하늘, 별, 자연력, 기타 눈으로 볼 수 있는 피조물과 함께 형체를 드러낸다.

또 각각의 피조물에는 삶과 죽음, 선과 악이 동시에 깃들어 있다. 그것이 숨겨진 두 생명의 세 번째 요소이며, 덧없음과 싸우는 시간이라고 부르는 것이다. … 이렇게 해서 빛과 어둠을 참되게 반영하는 세계는 이 두 요소 사이 시간의 혼합된 생명 속에 괴어 있다. 영원불멸의 경이로움은 세례자 요한의 말처럼 하느님의 말씀을 통해서 시간의 형태로 드러난다. 만물은 그것으로 만들어졌고, 그것이 없다면 만들어진 어떤 것도 만들어진 것이 아니다.

그노시스파의 운동과, 특히 그 유대교적 측면은, 교파적 삶과 후 정전 문학에 모습을 드러내면서 기독교를 위한 길을 닦아놓았다는 점에서, 일반적으로 생각했던 것보다 훨씬 더 중요하다. 죽은 자의 부활, 인간의 아들로서의 구세주, 심판의 날의 도래 등, 많은 기독교 교의들이 구약의 외경에는 다소 모호하게 표명되어 있다.

그러므로 새로운 종교 사상을 이해하기 쉽게 공식화할 필요성이 제기되었고, 사람들은 마침내 나사렛 예수를 지도자로 발굴하게 된다. 그의 설득력 있는 인격을 중추로, 그 주변에 촉진제 역할을 할 새 제도들을 하나의 조직화된 기관인 기독교 교회라는 신제도로 구체화하였으며, 그리하여 기독교 교회는 세계 역사에서 신선하고 가장 영향력 있는 요소로 변모하게 되었던 것이다.

10

초기 기독교

신약성서 속의 악마관

악마는 예수 그리스도 시대에 살던 사람들의 상상 속에서 중요한 역할을 담당하였다. 공관 복음서(마태, 마가, 누가의 3복음서—역주)의 필경자들과 이스라엘 사람들, 그리고 사도들, 특히 사도 바울이 사탄을 자주 언급하고 있으며, 〈요한계시록〉에서도 반복적으로 등장한다. 정신적 질병을 마귀가 씌어서 일어나는 것으로 생각하던 시기에, 예수 역시 그 일반적인 신앙을 따랐다. 아마도 당시의 대중적인 관점과 견해를 따랐을 것이라 짐작된다. 그렇지만 동시대 사람들에 비해 악마에 대해 그는 그다지 언급하지 않았다.

성경은 예수도 붓다가 악마 마라에게 유혹 당했던 것과 매우 유사하게 악마에게 유혹을 받았다고 전하고 있다. 심지어 유혹에 관한 두 이야기의 세부사항도 여러 가지 면에서 닮은 점이 있다.

그리스도는 죄로 인한 끔찍한 결과들을 매우 인상적으로 묘사하였다.

예를 들어 '최후의 심판'을 좋은 물고기를 배에 들이고, 나쁜 것은 내버리는 어부의 선별작업에 비유한다(〈마태복음〉 13장 47, 48절). 또 "선하고 충실한 신도들은 천국으로 가며, 반면 무익한 종은 저 암흑세계로 던져져 그곳에서 울며 이를 갊이 있으리라"고 말하기도 한다. 지옥을 묘사할 때는 '결코 꺼지지 않는 불', '죽지 않는 벌레' 등의 표현을 쓴다. 그런가 하면, 이 사람의 아들(the son of man), 즉 예수는 사악한 사람들에 대해서는 염소로 비유하면서, "저주받은 자들아, 나를 떠나서 악마와 그 사자들을 위해 준비된 영원한 불 속에 들어가라"고 말한다.

▶ 〈그림 10-1〉 악마를 물리치는 예수

▶ 〈그림 10-2〉 밀밭에 독초를 뿌리는 악마

예수는 악마를 밀밭에 독초를 심는 적으로 묘사하기도 하고, 한 번은 자신을 시험에 들게 하는 말을 했던, 그가 가장 아끼는 제자들 중 하나를 사탄으로 부르기도 했다. 〈마가복음〉 8장 33절과 〈마태복음〉 16장 23절을 보자.

> 예수께서 돌이키사 제자들을 보시며 베드로를 꾸짖어 가라사대 사탄아, 내 뒤로 물러가라. 네가 하나님의 일을 생각하지 아니하고 도리어 사람의 일을 생각하는 도다.

그리스도가 설교의 재료로 쓰기 위해 악의 힘을 인격화했던 전통적 사탄관을 이용했던 것은 당연하지만, 위의 복음서 사실 하나만 보더라도, 그리스도에게 있어 사탄은 주로 악한 일, 혹은 도덕적으로 부도덕한 것의 상징이었다는 것을 충분히 알 수 있다.

복음서의 이야기들이 역사적으로 실존했던 예수의 실제 견해를 반영하고 있다면, 그가 생각했던 정의는, 내세에는 모든 것이 현세와 정확히 반대가 될 것이라는 관념에 근거하는 것 같다. 예컨대 그가 설한 비유의 의미를 글자 그대로 해석하면, 부자는 자신이 저지른 죄 값 때문에 벌을 받는 것이 아니고, 나사로(Nazarus) 역시 자신의 선행 때문에 보상받는 것이 아니다. 부자는 지옥, 나사로는 천국으로 가게 된다는 이들 내세의 운

▶ 〈그림 10-3〉 인생을 즐기는 부자와 고난을 받는 나사로

▶ 〈그림 10-4〉 지옥에서 고통받는 부자

명이란, 일종의 평등화의 결과인 것이다. 〈누가복음〉 16장 25절을 보자.

아브라함이 가로되, 너는 살았을 때에 좋은 것을 받았고 나사로는 고난을 받았으니, 이것을 기억하라. 이제 나사로는 여기서 위로를 받고 너는 고민을 받느니라.

그리고 이승에서 부자가 나사로의 고난을 눈으로 지켜보았던 것처럼, 이제는 나사로가 아브라함의 품에서 부자의 고통을 만족스럽게 지켜본다.

예수 재림 사상

사도 시대(the apostolic age)의 기독교 정서의 기조는 〈데살로니가후서〉에서 성 바울이 다음과 같이 말하는 대목에 잘 표현되어 있다.

> 형제들아, 우리 주 예수 그리스도의 오심과 그 앞에 우리가 함께 모이는 일에 관하여 이제 너희에게 간구하노니, 영으로나, 말로나, 또는 우리에게서 받았다고 하는 편지로나, 그리스도의 날이 가까웠다고 마음이 쉽게 흔들리거나 두려워해서는 안 될 것이라.

사도 바울이 그리스도의 날이 가까웠다고 믿었던 것은 그리스도의 입으로 언명했던 사실에 근거한 것이었다. 〈마가복음〉 9장 1절을 보자.

> 또 주께서 저희에게 이르시기를 내가 진실로 너희에게 이르노니, 여기 서 있는 사람 중에 죽기 전에 하느님의 나라가 권능으로 임하는 것을 볼 자들도 있느니라 히시니라.

여기서 그리스도의 재림이 확실히 이루어질 것이라 언급되고 있고, 특히 같은 식의 비슷한 절들도 보인다. 〈마태복음〉 10장 23절에서, 그리스도는 팔레스타인에서 복음을 설하고, 자신의 이름으로 인하여 박해받아 한 도시에서 다른 도시로 피신하는 제자들에게, "이스라엘의 모든 동네를 다 다니지 못하여서 인자(Son of Man)가 오리라"고 말하고 있다.

사도 바울은 생전에 주 그리스도의 날을 보게 될 것이라고 확신했었고, 재림의 날이 가까웠기 때문에 말을 조심할 필요가 없다고 여겼다. 〈고린

▶ 〈그림 10-5〉 주 그리스도의 날

도인에게 보내는 편지〉에 유대 역사에서 일어난 중요사건들과 죄지은 자들의 형벌에 대해 설명하면서, 그는 다음과 같이 덧붙이고 있다.

> 그들에게 일어난 이런 일은 본보기가 되고, 또한 말세를 만난 우리를 깨우치기 위하여 기록되었느니라.

데살로니가의 교인들 몇 명이 죽었을 때, 사도 바울은 그들을 위로하면서 지금 영원한 잠에 빠진 자들은 모두 부활하여 살아 있는 사람들과 함께 천국으로 올라갈 것이라고 말한다. 그리고 바울의 말은 그가 데살로니가 사람들과 함께 남아 있을 거라는 걸 확실히 암시하고 있고, 이런 사실에서 바울이 자신의 의견을 주님의 말씀이라고 선언할 만큼 확신에 차 있다는 것을 알 수 있다. 〈데살로기니전서〉 4장 13절을 보자.

> 형제들아, 자는 자들에 관하여는 너희가 알지 못함을 우리가 원치 아니하노니, 이는 소망 없는 다른 이와 같이 슬퍼하지 않게 하려 함이라. 우리가 예수께서 죽었다가 다시 사심을 믿을진대, 이와 같이 예수 안에서 자는 자들도 하나님이 저와 함께 데리고 오시리라. 우리가 주의 말씀으로 너희에게 이것을 말하노니, 주께서 강림하실 때까지 우리 살아 남아 있는 자도 잠들어 있는 자보다 결단코 앞서지 못하리라. 주께서 호령과 천사장의 소리와 하나님의 나팔로 친히 하늘로 좇아 강림하시리니, 그리스도 안에서 죽은 자들이 먼저 일어나고, 그후에 우리 살아 남은 자도 저희와 함께 구름 속으로 끌어 올려 공중에서 주를 영접하게 하시리니, 그리하여 우리가 항상 주와 함께 있으리라. 그러므로 여러 말로 서로 위로하라.

▶ 〈그림 10-6〉 최후의 심판. 이탈리아 피사의 공동묘지 벽화
사도 바울의 예언 "주께서 호령과 천사장의 소리와 하나님의 나팔로 친히 하늘로 좇아 강림하시리니, 그리스도 안에서 죽은 자들이 먼저 일어나고"부분을 묘사하고 있다.

그리스도의 12사도들이 하늘의 구름 속에서 주가 나타나지 않는 것에 점점 더 실망하게 되었을 때, 기독교도 무리를 이끌던 유명한 지도자 베드로는 그들의 신념을 소생시키려고 사도서간을 썼다. 그러나 이 서간은 예수의 강림을 믿지 않는 사람들에게 조롱당하는 경향이 있었다. 〈베드로후서〉를 보자.

사랑하는 자들아, 이제 내가 이 두 번째 편지를 너희에게 쓰는 것은 이 편지들로 말미암아 너희로 기억나게 하여 너희의 순수한 생각을 일깨워 주려 함이니, 그리하여 거룩한 선지자들이 미리 전한 말씀과 주 되신 구주께서 너희의 사도들로 말미암아 명하신 것을 기억하게 하려 하노라. 먼저 이것을 알지니, 말세에 조롱하는 자들이 와서 자기의 정욕을 따라 행하며 말하기를, "주께서 강림하신다는 약속이 어디 있느냐? 조상들이 잠든 이래로 만물이 처음 창조할 때와 같이 그대로 있다" 하니, … 주의 약속은 어떤 이들이 더디다고 생각하는 것같이 더딘 것이 아니라, 오직 너희를 대하여 오래 참으사 아무도 멸망치 않고 다 회개하기에 이르기를 원하시느니라. 그러나 주의 날이 도적 같이 오리니, 그날에는 하늘이 큰 소리로 떠나가고, 물질이 뜨거운 불에 풀어지며 땅과 그 중에 있는 모든 일이 드러나리로다. 이 모든 것이 이렇게 풀어지리니 너희가 어떠한 사람이 되어야 마땅하냐, 거룩한 행실과 경건함으로 하나님의 날이 임하기를 바라보고 간절히 사모하라. 그날에 하늘이 불에 타서 풀어지고, 물질이 뜨거운 불에 녹아지려니와, 우리는 그의 약속대로 의가 거하는 바, 새 하늘과 새 땅을 바라보도다.

그리스도의 재림에 대한 예언이 실현될 때까지 현세는 사탄의 세력에 머물러 있고, 우리는 예수 그리스도의 심판의 날을 대비해 둘 필요가 있다는 것이다. 〈베드로전서〉에서 베드로는 이렇게 말한다.

근신하라, 깨어리, 너희 대적 마귀가 울부짖는 사자 같이 두루 다니며 삼킬 자를 찾나니.

사탄, 바알세불(Beelzebub), 마귀(devil이라는 말은 〈예수 시락서〉에서 처음 쓰기 시작했음)라는 옛 이름 외에도, 악마는 신약성서에서 세상에 군림하는 자, 거대한 용, 옛 뱀, 악마의 제왕, 마왕, 불신의 자손들에 거하는 영, 적그리스도라고도 불린다. 사탄은 지상에서의 하나님 왕국에 맞서 싸우고 훼방을 놓으려는 또 다른 왕국의 창시자로서 묘사되고 있다. 그는 강력한 힘을 가지고 있지만, 그리스도나 천사들의 힘에는 미치지 못한다.

그래서 사탄은 그리스도에게 정복되고 심판받지만, 그럼에도 여전히 구속받지 않는다.

〈다니엘서〉에는 초대 기독교도가 예수의 재림을 얼마나 믿고 기대했는지를 보여주는 이야기가 하나 있다. 시리아의 한 기독교 교구장을 맡은 한 남자에 관한 이야기다.

> 그는 많은 형제들을 설득하여 그들의 아내들과 자녀들을 데리고 그리스도를 맞이하러 황야로 나가게 하였다. 그들은 산맥과 황무지를 떠돌다가 길을 잃었고, 결국에는 몇 명을 제외한 모두가 도적 떼로 체포되었다. 그 지역 시장의 부인은 신자가 아니었지만, 그녀가 처형을 막기 위해 소송을 멈추도록 남편에게 탄원하지 않았다면, 그들 모두 처형되었을 것이다.

이와 비슷한 사건들은 그 당시 매우 빈번히 일어났다. 다음은 폰투스의 또 다른 기독교 교구장에 관한 이야기로, 그 역시 심판의 날이 다가왔음을 설교했다.

> 그는 형제들에게 무시무시한 공포와 전율을 초래하여 그들이 자신의 땅과 들을 버리게 하였고, 결국 대부분이 모든 재산을 버리거나 팔아버렸다.

심판의 날이 임박하였다는 믿음은 3세기에 와서 쇠퇴하긴 했으나, 서기 1000년에 다시 일시적으로 되살아났다. 이는 세례 요한이 계시록에서 예언한 천년왕국이 도래할 것이라는 믿음이 기독교 대중에게 지배적이었기 때문이었다. 전 기독교도에 심판의 날이 온다는 생각으로 사람들이 저지른 어리석은 행위의 결과는 무질서와 비극이었고, 이는 실로 형용하기 어려운 것이었다. 어떤 자들은 얼마 남지 않은 마지막 날들을 즐기기 위해 자신의 재산을 탕진했고, 어떤 자들은 재산을 모두 팔거나 가난한 자에게 줘버렸다. 또 어떤 사람들은 미사나 교회에 기부금으로 바치기도 했다. 이렇게 해서 주 예수가 강림한다는 믿음으로 가득 차 있던 거의 모든 사람들이 최악의 가난과 빈곤 속으로 전락하게 되었던 것이다.

초대 기독교의 종말론, 〈요한계시록〉

〈요한계시록〉은 네로 황제가 죽고 난 후, 예루살렘이 파괴되기 전인 서기 68년에서 70년 사이에 씌어졌다. 이 계시록은 초대 기독교의 종말론을 제시하였으며, 구약외경의 계시록들에도 간직된 유대인의 전통을 충실히 따르고 있다.

저자 요한은 유대인 기독교인으로, 그리스도의 이름으로 소아시아의 일곱 교회에게 하나님이 니콜라파를 싫어하신다고 말했다. 이레니우스(Irenaeus)에 따르면, 니콜라파는 그노시스파 중에서 모세의 율법 노모스(nomos)를 구원에 꼭 필요한 요소가 아니라고 보았던 무율법주의파였다. '저들이 사도이고, 사도가 아니라고 말하는 자들'에게 보낸 경고는 바로 사도 바울을 향한 것으로 보이는데, 바울은 니콜라파처럼 강한 무율법주의 원칙들을 세웠던 것으로 유명하다. 그는 이교도와 음식을 나누어 먹거나, 심지어 그 음식이 우상에게 바쳐졌던 제사에 쓰인 고기라도 죄가 되지 않는다고 보았던 것으로 알려져 있다.

〈요한계시록〉 2장 20절에서는 두아디라(Thyatira)성에서 무율법주의를 추구하던 바울 신앙을 불쾌하게 깎아 내리는 대목을 볼 수 있다. 이 구절은 바울에게 세례를 받은 옷감 장수 루디아(Lydia)와 관련 있는 듯하다. 성 요한을 통해 신앙심 깊은 자들에게 주었던 주 그리스도의 위대한 약속은 유대인 기독교도로만 엄격하게 한정되었고, 요한에게는 그리스도의 재림이 이루어질 날까지 율법을 지키고 단단히 고수하는 자들만이 자격이 있다고 여겨졌던 것이다. 또한 그는 그리스도가 그 보답으로, 자신에게 이교도를 파괴하는 즐거움을 허락한다고 믿었다.

▶ 〈그림 10-7〉 〈요한계시록〉에서 묘사하는 기독교의 세계 통치

이기는 자와 끝까지 내 일(율법)을 지키는 그에게 만국을 다스리는 권세를 주리니, 그가 철장을 가지고 그들을 다스려 질그릇 깨뜨리는 것과 같이 하리라. 나도 내 아버지께 받은 것이 그러하니라.

사도 요한은 심판의 날이 가까웠다고 믿었다. 어린양이 일곱 개의 봉인을 열고, 네 사람이 말을 탄 채 풀려 나오는데, 한 사람은 왕관을 쓰고, 한 사람은 검을 쥐고, 또 다른 사람은 한 쌍의 천칭을 들고, 네 번째 사람은 지옥으로 데려가는 죽음을 몰고 온다. 순교자들은 흰 옷을 받고, 태양은 상복처럼 검어지며, 달은 피처럼 붉어진다.

그 다음엔 한 천사가 큰 소리로 이 땅에 사는 모든 사람과 동물에게 외

▶ 〈그림 10-8〉 〈요한계시록〉의 네 기수

쳐 알린다. 구덩이가 열리고, 봉인되었던 네 천사들이 풀려 나와 인간의 삼분의 일을 죽인다. 출산하던 여인과 용 사이에 싸움이 이어지지만, 결국 용은 내쫓기게 된다. 일곱 개의 머리와 열 개의 뿔을 단 짐승이 나타나고, 또 다른 짐승이 뒤이어 나타나는데, 인간에게 숭배받았을 짐승의 모양이다. 그 짐승의 수는 666인데, 헤브라이 신비철학적 해석에 따르면 그 의미는 네로다. 그리하여 로마의 황제 네로는 사탄의 화신으로 간주되고, 짧은 기간 동안 세상을 통치할 권세가 이교도 정부에 주어졌던 거라고 생각되었다.

어린 양은 시온 산(Mount Zion)에 서고, 복음이 설해지며, 포도송이를 거둘 낫이 준비된다. 그리고 7개의 진노의 잔이 인류에게 퍼부어진다. 그 땅의 왕들을 다스리는 성(즉 로마), 옛 바빌론, 가증한 것들의 어미가 무너질 것이고, 공중의 새들을 불러 죽은 자들의 살로 배를 채우게 한다. 사탄은 일천 년 동안 봉인되지만, 다시 잠깐 풀려난다. 마지막 싸움에서 곡과 마곡(Gog and Magog)이 패하고, 거기서 새로운 천국과 새로운 땅이 생겨나게 된다. 천국의 예루살렘이 지상으로 내려와 열두 족속이 그 성에 거주한다. 그곳에서는 신이 곧 빛이므로 태양은 필요가 없다. 이교도는 성 밖에 남게 되고, 만국이 그 빛 가운데로 다니고, 땅의 왕들이 자기 영광을 가지고 그리로 들어간다.

이것이 〈요한계시록〉의 대략적 줄거리다. 〈요한계시록〉은 '세계 역사 속에 하나님의 계획이 어떻게 이루어지는지'와 관련한 초기 유대 기독교관을 구현하고, 악의 세력 역시 매우 중요하게 다뤄지고 있는 의미심장한 책이다.

요한의 주 예언은 아직 실현되지 않은 채 남았다. 알 수 없는 운명의 아이러니로, 유대인 기독교는 지상에서 사라져 버린 반면 로마는 비유대인

▶ 〈그림 10-9〉 가증한 여인

기독교의 중심이 되었다. 그리고 비기독교였던 로마가 그 정치적 우세함 덕에 이제까지 누릴 수 있었던 것보다 더 영광스러운 위치를 차지하기에 이르렀다. 기독교는 완전히 로마화가 되고 로마의 통치 하에 유지되다가, 훗날 종교개혁으로 교회가 둘로 쪼개지면서 기독교의 진보적 발전을 위한 새로운 가능성을 열게 되었고, 그래서 더 이상 이탈리아의 추기경과 로마 교황의 지시에 복종하지 않게 되었다.

지옥에 내려간 그리스도

사탄이나 지옥에 대한 믿음은 초대 기독교에서 필수적인 부분이다. 그리스도는 십자가에서 죽음을 맞이한 직후 지옥의 마왕과 싸워 이겼다고 믿어졌다. 가장 오래되었다는 〈사도신경〉에는 7세기경 덧붙여진 "지옥으로 내려가셨다"라는 구절이 없지만, 확실히 2세기쯤에는 그런 관념에 대한 믿음이 널리 퍼져 있었던 것으로 생각된다.

주로 3세기의 산물로 간주되고 있는 〈니고데모 복음서〉는, 이 부분에 관한 기독교적 믿음을 역설하고 그리스도가 지옥으로 내려갔던 일을 15장에서 16장에 걸쳐 다음과 같이 자세하게 기술하고 있다.

> 죽음의 마왕 사탄이 지옥의 마왕 바알세불에게 다음과 같이 말하였도다. "하나님의 아들이라고 자랑하나 죽음을 두려워하는 한 인간일 따름인 자, 내 혼이 심히 슬퍼 죽을 지경이라"(마태복음 26장 38절)고 말하는 나사렛 예수를 맞을 준비를 하라. 게다가 그는 나와 많은 이들에게 크게 해를 미쳤으니, 내가 눈멀게 하고 절름발이를 만든 자들, 또

▶ 〈그림 10-10〉그리스도가 지옥으로 내려가심

내가 다른 악귀들과 고통을 준 자들을 예수가 복음으로 고쳤기 때문이라. 뿐만 아니라 내 그대에게 데려온 자들까지도 권능으로 그대로부터 빼앗아 가는 자라.

이에 지옥의 마왕이 사탄에게 답하여 묻되, "그처럼 강력하면서도 죽음을 두려워하는 사람은 과연 누구인가? 그대가 권세로 정복한 이 땅의 모든 군주들이 나의 힘에 지배를 받거늘. 그러나 만일 그 자가 본래 그처럼 강력하다면 내 그대에게 진실로 말하건대, 그 자는 전지전능한 신성이며 아무도 그 힘에 저항할 수 없을 것이 확실하도다. 그러므로 그 자가 죽음이 두렵다고 했다면, 아마 그대를 함정에 빠뜨리려고 덫을 놓은 것일 게고, 그대는 영겁의 시간 동안 불행하게 될 것이로다." 하더라.

그러자 사탄이 지옥의 마왕에게 대답하기를, "어찌하여 의심하는 것이오? 나의 적이자 그대의 적인 나사렛 예수를 받아들이는 것이 두렵단 말이오? 나로 말할 것 같으면, 그를 유혹한 적 있으며 내 옛 족속 유대인을 동요시켜 그를 향한 적개심을 일으켰다오. 나는 그에게 고통을 줄 창을 갈았고, 쓸개에 탄 식초(신 포도주)를 주어 그가 마시도록 하였으며, 그를 매달 십자가와 두 손과 발을 꿰뚫을 못을 준비하였소. 이제 그의 죽음이 임박하였으니 내 그를 이리로 데려와 그대와 나에게 복종케 하리다." 하니, 지옥의 마왕이 이르되, "그대 입으로 말했듯, 그 자는 죽은 자를 나에게서 빼앗아갔소. 지상에서 다시 살게 될 날이 올 때까지 이곳에 가두어졌던 자들이, 그들 스스로의 힘으로가 아니라 신을 향한 기도의 힘으로 그들의 전지전능한 신이 데려간 것이라오. 그런데 나사렛 예수라는 자는 하나님에게 기도하지 않고도 자신의 복음으로 나에게서 죽은 자를 데려가니 대체 어떤 자란 말인가? 필시 내게서 나사로를 데려간 자와 같은 자일 것이로다. 죽은 지 사흘 되어 썩어 냄새났던 자를, 내가 소유했던 그 자를 권능으로 다시 살게 했던 자일 것이라."

사탄이 대답하여 지옥의 마왕에게 이르되, "그가 바로 나사렛 예수요." 하니, 그 말을 들은 지옥의 마왕이 또 이르기를, "내 그대와 나에게 속한 권능으로 간청하노니, 부디 그를 나에게 데려오지 말 것이로다. 그의 복음의 위력을 들었을 때, 내 몸은 공포로 떨렸고, 나의 무리들 역시 심히 불안해 하였도다. 나사로는 도망쳤고, 우리는 그를 못 가도록 붙들 수도 없었도다. 적의를 표한 채 곧 여기서 벗어나, 이윽고 자신의 시체가 묻혔던 바로 그 땅에서 되살아나 일어났도다. 이제 나는 그러한 기적을 행할 수 있고, 자신의 영토에서도 제일이요, 인간세계에서도 제일이며, 인류의 구세주인 그 자가 바로 전지전능한 하나님이라는 것을 알겠다. 그러니 그를 따르는 자도 여기로 데려오지 말 것이다. 그 자는 내가 불신앙 하에 가두어 두고, 죄의 대가로 족쇄에 묶어놓은 자들 모두를 마음대로 풀어주고 영생을 줄 것이기 때문이라."

사탄과 지옥의 마왕이 이렇게 서로에게 이야기하고 있을 때, 갑자기 우레와 같은 목소리가 들려오고 돌풍이 불어닥쳤더라. 목소리가 말하기를, "문을 열어라, 너희 마왕들아, 저 영겁의 문을 열어라, 영광의 주가 들어갈 것이니." 하니, 지옥의 마왕이 이 소리를 듣고 사탄에게 이르되, "나를 떠나 내 땅에서 썩 물러가거라. 그대가 힘 있는 전사라면 영광의 주와 싸울지니. 그러나 그대가 그 자와 무슨 상관이란 말인가?" 하며 사탄을 지옥에서 쫓아내 버리고 자신의 사악한 부하들에게 이르기를, "잔혹의 쇠문을 닫고 철장으로 잠궈버리라. 그리고 포로가 되지 않도록 용감히 싸우라." 하였다.

그때 성인들이 이 말을 듣고 격노하여 큰소리로 마왕에게 가로되, "영광의 주가 들어갈 수 있도록 네 문을 열라" 하였고, 또 예언자 다윗이 외쳐 가로되, "내가 세상에 있을 때 확실히 예언하여 말하지 않았느냐, 사람들이 하나님의 선량함과 인간의 자손들에게 행한 위대한 업적을 찬양할 것임을. 그 분은 이미 쇠문을 부수고 철장을 산산이 끊어놓으셨느니라. 또 그 분은 그들이 저지른 죄악 때문에 그들을 데려갔던 것이며, 또한 그들이 시달렸던 부정함 때문에 그들을 데리고 갔던 것이니." 하였다.

이후에 또 다른 예언자, 성 이사야가 모든 성자들에게 대하듯 가로되, "내가 살아 있을 때 너희에게 예언을 바로 하지 않았더냐? 죽은 자가 살아날 것이고, 그들의 무덤에서 되살아나 지상에서 다시 삶을 향유할 것이라고. 하나님으로부터 온 눈물이 그들에게 생명을 줄 것이기 때문에 그러하리라고. 내가 다른 세계에서도 역시 일렀도다, 오 죽음이여, 네 승리는 어디에 있느냐? 오 죽음이여, 너의 독침은 어디 있느냐?" 하니, 모든 성인들이 이사야가 이처럼 말하는 것을 듣고 지옥의 마왕에게 함께 외치기를, "지금 네 문을 열고 철장을 치워버리라, 너는 이제 꼼짝할 수 없게 되고 힘도 사라지리니." 하더라.

그리고 이어 우레와 같은 위대한 목소리가 가로되, "문을 열어라, 마왕들이여. 지옥의 문을 열어라, 영광된 주가 들어갈 것이니." 같은 목소리임을 알아챈 지옥의 마왕이 마치 알아듣지 못한 듯 꾸며 외치기를, "영광된 주란 누구인가?" 하니, 다윗이 마왕에게 대답하여 이르기를, "저 목소리의 말씀을 나는 알고 있다. 그의 성령이 나를 통해 말한 것이기 때문이니라. 그리고 내가 전에도 말했던 것처럼 다시 네게 이르노니, 하나님께서는 강하고 권능이 있으며 싸움터에서도 당할 자가 없는 분이라. 그는 아래를 굽어보고 잡혀 있는 자들의 신음소리를 들었으며 죽은 자들을 풀어주었도다. 그러니 이제 문을 열어라, 불결하고 악취 나는 지옥의 마왕이여. 영광의 주께서 안으로 들어가시리니. 그가 하늘과 땅의 주인인 까닭이라." 하였다.

다윗이 이 말을 할 때, 전지전능한 하나님이 한 인간의 모습으로 나타나, 이제껏 암흑만이 존재했던 지옥 곳곳을 밝히고, 이제껏 한 번도 깨뜨려진 적 없는 족쇄를 두 동강 내었도다. 또한 무적의 힘으로, 부정으로 인해서 깊은 암흑 속에 갇히고 죄를 지어 죽음의 그림자가 드리워진 자들을 찾아갔더니라.

이 모든 것을 들은 사악한 죽음의 마왕과 그 잔인한 부하 마귀들이, 주 그리스도께서 밝은 빛과 함께 그들의 영토에 갑자기 모습을 드러내는 것을 보고는 각처에서 두려움에 사로잡혀 울부짖으며 이르길, "그대에게 꼼짝못하게 되었도다. 이는 틀림없이 하나님 앞에 우리를 무너뜨리려는 의도로다. 그대는 누구인가? 타락의 자취라고는 찾아볼 수가 없구나. 그대의 위대함을 증명하기에 충분하게도 빛나는 모습을 그대 스스로는 알고 있지 못하는 것 같다. 그대는 누구인가, 이처럼 강력하면서도 이처럼 연약하며, 이처럼 거대하면서도 보잘것없는, 평범하지만 제일의 용사와도 같은 그대, 그 누가 보잘것없는 노예의 모습으로 전사처럼 명령을 할 수가 있단 말인가? 영광된 자여, 십자가에서 죽음을 당했으면서도 살아 있단 말인가? 무덤에 죽어 누웠다가 살아서 이곳으로 내려온 자는 과연 어떤 자인가? 그대의 죽음으로 모든 피조물이 두려움에 떨고, 모든 별이 떠났더니, 이제 죽은 자 가운데 자유로운 그대가 이곳을 흔들어놓는구나. 그대는 누구인가, 어떤 자이기에 원죄로 인해 사슬에 묶인 죄수들을 풀어준단 말인가? 그대는 누구인가, 누구이길래 암흑의 죄로 눈 먼 자들에게 성스럽고 영광스러운 빛을 퍼뜨린단 말인가?"

또 이와 같은 공포와 그보다 더한 두려움에 사로잡힌 모든 영역의 마귀들이 외쳐 말하기를, "어디로부터 온 것인가, 예수 그리스도여? 그대는 위엄에 있어 강력하고 영광되며, 지나치게 밝아 한 치의 오점도 없고, 너무나 순결하여 아무런 죄도 보이지 않는 인간이로구나. 그러자 죽음을 짓밟고 선 영광의 주께서, 지옥의 마왕을 붙잡아 그에게서 모든 권능을 앗아가 버렸으며, 자신의 영광을 위해 우리들 지상의 아버지 아담을 데려갔더니라."

그러자 마왕 바알세불이 사탄을 붙잡고 몹시 분개하여 이르기를, "그대, 파괴의 악마, 바알세불의 패배와 추방을 불러온 장본인, 하나님의 천사들이 경멸하는 대상이자 정의로운 자들에게 미움을 사는 자여! 무엇이 그대로 하여금 이처럼 행하게 만들었는가? 왜 그대는 아무런 이유도 타당성도 없이 그를 십자가에 죽게 하는 모험을 하여, 그처럼 순결하고 정의로운 자가 우리 영토에 내려와 이 세상에 모든 죄지은 자들, 사악하고 부정의한 자들을 놓아주게 만든단 말인가?"

마왕이 이렇게 사탄에게 말할 때, 영광의 주가 지옥의 마왕 바알세불에게 일러 가로되, "사탄은 나의 아담과 그 정의로운 아들들 대신 그대의 통치에 영원히 지배받을 것이다." 하고, 이어 그리스도께서 손을 뻗쳐 말하기를, "나에게 오라, 죽은 자들이여. 그대들은 나의 이미지로 창조되어 금단의 열매를 따먹고 마귀와 마왕에 의해 저주를 받았도다. 이제 너희들은 내 나무 십자가로 인해 살아나리라. 이 세계의 통치자 마왕이여, 너는 패배하였고, 죽음 역시 정복되었도다." 하였다.

지옥관

초대 기독교도 사이에 팽배했던 지옥에 대한 관념은 〈베드로계시록〉에 상세하게 기술되어 있다. 〈베드로계시록〉은 무라토리 단편(Muratorian Fragment, 현존하는 가장 오래된 신약성서의 목록표—역주)에서 신약성서들 중 하나로 기재되어 있는 한편, 요한 등의 공동서한(the Catholic Epistles)과 함께 주석을 달았던 알렉산드리아의 클레멘트(Clement of Alexandria)는 이를 정전의 범주에 포함시켜 놓고 있다. 소조메노스(Sozomenos)에 따르면, 〈베드로계시록〉은 서기 440여 년경 매년 팔레스타인의 몇몇 교회에서 부활절 전야에 낭송되었다. 또한 〈베드로계시록〉은 2세기말에 알렉산드리아와 로마에서 〈요한계시록〉과 함께 사용되었고, 유세비우스(Eusebius)에 따르면 두 저서는 이견이 있는 정전에 속했다. 다

▶ 〈그림 10-11〉 프랑스 부르주에 있는 성당 정문에 놓은 〈최후의 심판〉

시 말해서 두 계시록 모두 정전으로 받아들여졌지만, 몇 가지 면에서 반론이 있었다는 얘기다.

어쨌든 베드로의 계시록에 따르면, 천국과 지옥은 존재하며, 먼저 천국은 다음과 같이 묘사되고 있다.

> 그리고 내가 주 그리스도에게 여쭙기를, "정의는 어디 있나이까, 이와 같은 영광된 자들이 사는 영겁이란 무엇입니까?" 그러자 주께서 나에게 이 세상 넘어 빛으로 출렁이고 대기는 태양 빛으로 온통 밝은, 매우 드넓은 땅을 보여주셨느니라. 대지는 시들지 않는 꽃들로 만발하고, 아름다운 향기로 가득 찼으며, 화려하게 피어 죽지 않으며 축복 받은 과수들로 가득하였도다. 그곳은 온통 꽃 천지였으며, 그 향내가 우리한테까지 스며들었더니라.
>
> 그곳에 거하는 자들은 눈부신 천사들의 옷을 입고 있었고, 그 옷들은 주변 환경과 어울렸으며, 천사들은 사람들의 위로 날아 맴돌고 있었더니라. 그곳에 사는 자들의 눈부신 아름다움은 모두 똑같았고, 그들은 한 목소리로 즐겁게 노래를 부르며 그곳에 사는 주 하나님을 찬양하는 찬가를 불렀도다. 주께서 우리에게 말씀하시기를, "저곳이 바로 너희들의 고결한 사제들이 거할 곳이고 정의로운 자들이 거할 곳이니라." 하시더라.

한편 지옥은 다음과 같은 말로 기술되어 있다.

> 나는 또 바로 반대편에 있는 다른 세계도 보았도다. 그곳은 황량한 형벌의 장소였느니라. 그곳에서 형벌받는 자들과 벌을 주는 천사들은

모두 검은 옷을 입고 있었으며, 그곳의 대기 또한 검었다. 어떤 자들은 혀로 매달려 있으며 그들 밑으로는 유황불이 타올랐는데, 그들은 생전에 정의로움의 길을 모욕하고 중상했던 자들이라. 또 불타는 채석이 가득 차 있는 몹시 커다란 구덩이가 있어, 정의를 그르친 자들이 그 속에 갇힌 채 벌주는 천사들의 매질을 당하였노라. 또 다른 무리들은 펄펄 끓는 불구덩이 위에서 땋은 머리로 가까스로 매달려 있는 여자들로서, 그들은 생전에 부정을 위해 아름답게 꾸미고 다녔던 자들이라. 또한 그런 여자들이 뿜어낸 부정의 독기로 스스로를 더럽혔던 자들 역시 거꾸로 매달려 머리를 유황불에 대고 있는 것을 보고 내 말하기를, "내가 이곳에 들어가야 한다는 것을 믿지 않았더니." 하였다.

또 살인한 자들과 그들의 공모자들이 더러운 해충들로 가득한 좁디좁은 곳으로 던져져 그들에게 괴롭힘을 당하고, 형벌에 못 견뎌 몸부

▶ 〈그림 10-12〉 프랑스 부르주에 있는 성당 정문에 놓은 〈지옥〉

림치는 것을 보았도다. 검은 구름 같이 떼를 지은 벌레들이 그들을 공격하였고, 한편 살해당한 자들의 영혼이 그들을 죽인 자들이 벌받는 것을 지켜보고 서서 말하기를, "하나님이시여, 정의로움이 곧 당신의 심판이시나이다." 하더라. 내 또 그 가까이에 보니 또 다른 형벌의 장소가 있어, 벌받는 자들의 피와 악취가 흘러내려 못을 이루고, 그 피가 여자들의 목 높이에까지 괴어 있더라. 그리고 그 반대편으로는 세상에 태어나지도 못한 채 지옥으로 데려와졌던 많은 어린아이들이 흐느끼고 있었는데, 아이들로부터 불같은 광선이 나와 여인들의 눈을 물어뜯더라. 이들은 수태당한 어린아이들과, 이들을 유산시켰던 가증스러운 여인네들이었노라.

또 몸의 절반까지 덮인 불꽃 속에 서 있는 남녀들이 있었는데, 그들은 암흑 속에 던져져 마귀들에 의해서 채찍질을 당하고 있었느니라. 그리고 나서도 죽지 않는 벌레들에게 내장을 물어 뜯기는데, 그들은 생전에 정의로운 자들을 박해하고 팔아먹은 자들이라. 또 그들 가까이에 입술을 깨문 채 뜨거운 쇳물을 눈에 붓는 벌을 받는 남자들과 여자들이 있었는데, 그들은 정의로움의 길을 모독하고 배반했던 자들이라.

그들의 맞은 편에는 혀를 물고 입안에 타들어 가는 불을 삼키는 남자들과 여자들이 있었는데, 그들은 생전에 거짓으로 증언했던 자들이라. 또 다른 곳에는 칼과 창보다도 더 날카로운 돌들이 타는 불에 펄펄 끓으며, 더러운 넝마를 걸친 남자와 여자가 그 위에서 고통에 몸부림치고 있었느니라. 그들은 살았을 때 부자였으나 자신들의 부에 의존하여 고아들과 과부들을 측은히 여기지 않았고, 하나님의 계명을 경멸했던 자들이라.

또 어떤 곳은 피와 고름, 끓어오르는 흙으로 가득 차 있는데, 그곳에

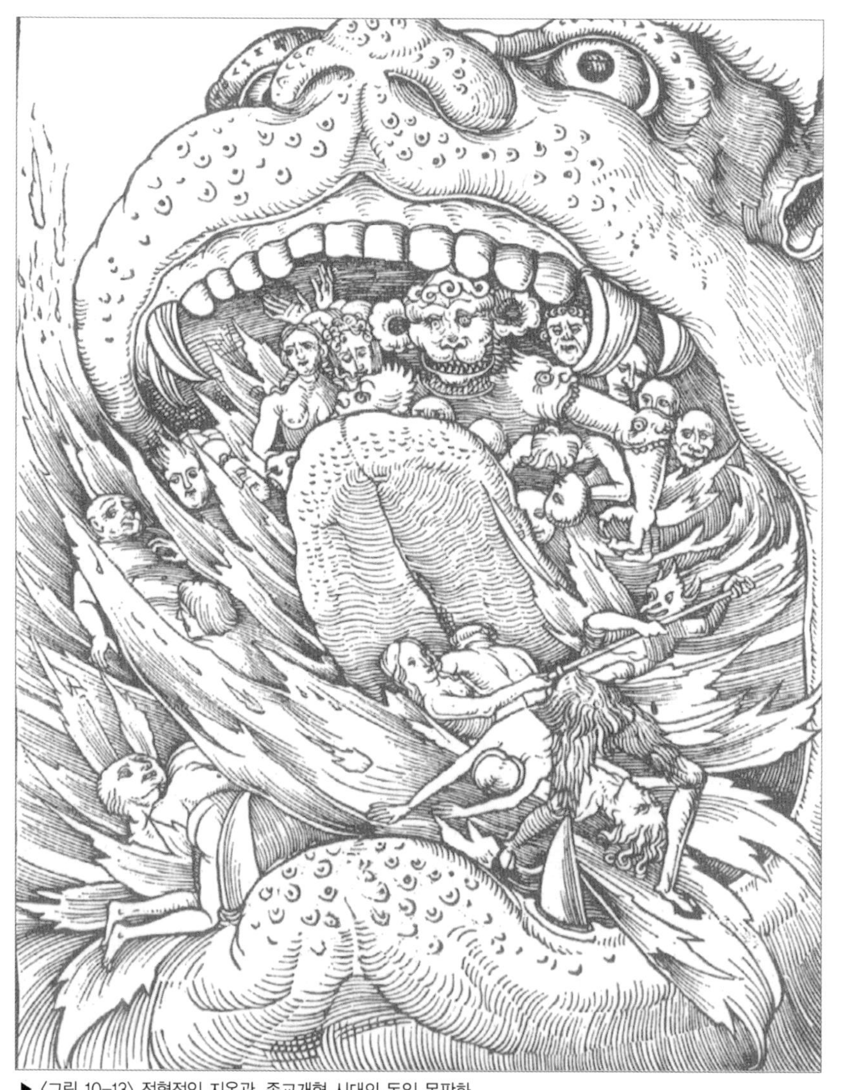

▶ 〈그림 10-13〉 전형적인 지옥관. 종교개혁 시대의 독일 목판화

> 는 약삭빠르게 자신의 이익에만 골몰했던 자들이 있었느니라. 또 다른 남자와 여자들이 높은 낭떠러지에서 내던져져 그 바닥까지 떨어졌다가, 다시 고문하는 자들에게 쫓겨 절벽으로 올라가고, 그리고는 또 다시 아래로 던져지기를 반복하는 모습도 볼 수 있었도다. 이런 고문에서 잠시도 놓여나지 못했던 그 자들은, 모두 스스로의 몸을 더럽혔던 자들이라. … 또 이 절벽 옆에는 온통 불바다로 덮여 있는 곳이 있는데, 그곳에는 생전에 하나님 대신 다른 우상을 직접 만들어 숭배했던 자들이 서 있고, 회초리를 든 남자와 여자들이 옆에서 체벌을 가하기를 멈추지 않았느니라. 그 옆에는 또 다른 남자들과 여자들이 불에 타고 뒹굴며 고문을 당하였는데, 그들은 모두 하나님의 길을 따르지 않았던 자들이라.

기독교 그노시스주의의 관점에 따라 지옥을 묘사한 또 다른 저서로는 3세기 《신앙의 지혜(the Pistis Sophia)》가 있다. 이 책에서는 형벌을 받는 모든 장소들이 세세한 부분까지 어마어마한 길이로 묘사되어 있다. 하르낙은, "《신앙의 지혜》가 다른 여러 가지 점에서 카톨릭 교회의 발전뿐만 아니라 이러한 문제에 대해서도 예견하고 있다는 것은 놀라운 일이다. 이 책은 성사, 신비적 교의, 고해성사, 그리고 금욕적 생활이 가지는 구원력을 역설하고 있으며, 동시에 교황의 권위를 인정하면서, 모든 면에서 구 · 신약성서 정전에 근거한 교의에 힘쓰고 있다"라고 말하고 있다. 그 연대도 3세기의 후반으로 매우 정확하게 보았다.

이 신비의 복음서는 그리스도가 부활한 후 감람 산(mount of olives)에서 마리아 막달레나와 몇 명의 사도들의 질문과 그 대답을 적고 있다. 어쩌면 〈마리아의 소질문(the Minor Questions of Mary)〉이라는 제목으로

에피파니우스(Epiphanius)가 언급했던 〈그노시스서〉와 동일한 것일지도 모른다. 하르낙은 후기 그노시스주의와 카톨릭이 놀랍게도 일치하고 있는 증거가 바로 이 책이라는 사실을 환기시켜 주고 있다. 저자는 확실히 시리아 그노시스주의 혹은 오피티즘(Ophitism)의 정신에 흠뻑 고취되어 있는데, 실제로 그는 시리아의 그노시스주의가 매우 강한 영향력을 행사했던 이집트에서 책을 집필하였다.

신비적 교의는 그리스도와 그 제자들을 동일하게 보는 데에서 절정에 이르러, 계속적으로 반복되고 강조되었다. 특히 《신앙의 지혜》에서 드러나는 그노시스적인 특징들은 바로 환생(reincarnation)에 대한 아이디어에 있다. 예를 들어 직접적으로 성 요한은 엘리야의 환생으로 말하고 있고, 사도들 역시 그리스도처럼 초자연적으로 선재(pre-existence)하고 있는 것으로 보고 있다.

《신앙의 지혜》는 지상에 존재하는 모든 신비적인 교의를 드러내고 있는데, 그 중에서 이집트인들이 아멘티(amenti)라고 불렀던 지옥을 다음과 같이 묘사하고 있다.

> 또 마리아가 계속하여 예수께 여쭙기를, "다시 한 번 여쭙겠나이다. 주여, 저 암흑세상은 어떤 모습을 하고 있나이까? 얼마나 많은 형벌의 장이 그곳에 있나이까?" 예수 그리스도가 마리아에게 대답하여 가로되, "저 암흑세상은 하나의 거대한 용이 자신의 꼬리를 입에 물고 있는 형상이라. 그것은 세상의 바깥에 있으면서 그 세상을 완전히 싸고 있는 것이다.[20] 그 안에는 많은 형벌의 장이 있어서 끔찍한 고통을 주는 열두 개의 지하감옥이 들어 있느니라. 각각의 지하감옥을 다스리는 용이 정해져 있으며 그들의 얼굴 생김새는 제각기 다른 모양이라. 첫

번째 지하감옥을 다스리는 용은 꼬리를 입에 문 악어의 얼굴을 했으며, 그 입으로 온갖 종류의 질병과 추위, 그리고 얼음을 내뿜느니라. 그곳에서 부르는 그것의 이름은 엔크토닌(Enchthonin)이니라. 두 번째 지하감옥을 다스리는 용은 그 얼굴이 마치 고양이의 것과 같으며, 그곳에서는 카라카르(Charachar)라고 불리니라. 세 번째 지하감옥을 다스리는 용은 그 얼굴이 개와 같은데, 그곳에서는 아카로크(Acharôch)라 한다. 네 번째 지하감옥을 다스리는 용은 그 얼굴이 뱀과 같으며, 그곳에서는 아카로카르(Acharôchar)로 부르니라. 또, 다섯 번째 지하감옥을 다스리는 용은 그 얼굴이 흑 황소와 같으며 그곳에서는 마카우르(Marchour)라 하니라. 여섯 번째 지하감옥을 다스리는 용은 그 얼굴이 멧돼지와 같으며 그곳에서는 라카모르(Lamchamôr)라 부르니라. 일곱 번째 지하감옥을 다스리는 용은 그 얼굴이 곰의 것과 같으며 그곳에서는 라우카르(Louchar)라 하며, 여덟 번째 지하감옥을 다스리는 용은 그 얼굴이 독수리의 모양과 같으며 그곳에서는 라라오크(Laraôch)라 부르니라. 아홉 번째 지하감옥을 다스리는 용은 그 얼굴이 마치 도마뱀의 것과 같으며 그곳에서는 아르케오크(Archeôch)라 불리고, 열 번째 지하감옥에는 다스리는 용이 많은데, 그들 각자는 일곱 개의 용의 머리를 달고 있으며 그들 중 으뜸인 자는 자르마로크(Xarmarôch)라고 불리는 자라. 열한 번째 지하감옥 역시 다스리는 자가 많으며, 각각은 일곱 개의 고양이 머리를 하고 있고, 그들 중 우두머리는 로카르(Rhôchar)라 불리니라. 열두 번째 지하감옥 역시 다스리는 자가 많은데, 각각의 얼굴은 일곱 개 개의 머리를 하고 있고, 그 중 우두머리는 크레마오르(Chrêmaôr)라고 부르니라. 그리고 이 열두 감옥의 통치자들은 바깥의 암흑의 용 속에 있으면서 매 시간마다 다른 이름이 있고, 매 시간마다 그 얼굴을 바꾸니라. 또 각각의 지하감옥은 하늘에 열리는 문이 있어서, 즉 저 바깥 암흑의 용이 12개의 지하감옥을 품고 각각의 지하감옥이 하늘까지 열리는 문이 있으므로 하늘의 천사가 지하감옥의 문들마다 감시할 수 있게 되어 있느니라. 이 '최초의 인간', '빛의 감독자', '최초 율법의 기수'인 이에오우(Ieou)로 하여금 용을 지켜보도록 하여, 용과 열두 감옥의 통치자들이 지하감옥들을 혼란스럽게 하지 않도록 늘 조심하느니라."

주께서 이렇게 말씀하시자, 마리아 막달레나가 다시 여쭙기를, "주여, 그렇다면 그곳으로 끌려간 영혼들은 그들이 받은 심판에 따라서 이 열두 개의 문으로 이끌어지는 것이나이까?" 하니, 주께서 마리아에게 대답하여 가로되, "어떤 영혼도 열두 개의 문을 통해 용에게 데려가지는 것이 아니니라. 불경한 자와 잘못된 교의를 가진 자의 영혼, 그리고 이러한 잘못된 교의를 가르친 자, 이러한 남자들과 교제한 자, 불결하고 불경스러운 자, 무신론자, 살인자, 간통한 자, 마술사, 기타 모든 이러한 부류의 영혼들이 살아 있는 동안에 회개하지 않고 끝까지 죄를 지었다면, 빛의 세계 밖에 남아 있던 다른 영혼들, 즉 그곳에서 그들에게 할당된 시간을 다 써버릴 때까지 회개하지 않은 자들이라면, 이들과 내가 지금껏 너희에게 열거했던 모든 영혼들은 그들의 마지막 시간이 끝나고 나면 용의 꼬리에 난 통로를 통해 암흑의 지하감옥 속으로 끌려가느니라. 그리하여 그들을 저 암흑 속으로 데려가는 일이 끝나고 나면, 용은 그 꼬리를 다시 자신의 입으로 물어 영혼들을 그곳에 가두어 놓는 것이니라. 이것이 바로 영혼들이 저 암흑 속으로 끌려가는 방식이라.[21] 또 저 암흑세계의 용, 각각의 지하감옥 문에는 열두 개의 이름을 적어놓았는데, 이 열두 개의 이름들은 서로 다르긴 해도 서로서로 연결되어 있어서 누군가 한 이름을 말하면 모든 이름을 말하게 되는 것과 같으니라. 이것은 내가 플레로마(영적 세계)가 나오는 것을 설명할 때 내 너에게 말할 것이다. 위와 같은 과정이 저 암흑세계 용 안으로 들어가게 되는 방식이라."

주께서 말씀을 마치자, 마리아가 또 여쭙되, "주여, 용이 주는 고통이 모든 심판의 징벌보다도 그토록 잔인하나이까?" 하니, 주께서 대답하여 말씀하시기를, "그것은 심판의 모든 형벌들보다 더 고통스러울 뿐만 아니라, 그곳으로 끌려가는 모든 영혼은 아주 찬 얼음 속에, 또 빗발치는 맹렬한 불 속에 갇히게 되느니라. 또한 이 세계가 멸할 때, 다시 말해서 플레로마의 승천이 있을 때 위의 영혼들은 찬 얼음과 뜨거운 불길 속에서 사멸하게 되고 영원히 존재하지 않게 될 것이리니."

마리아가 대답하며 다시 여쭙기를, "오, 죄인의 영혼들이여! 그렇다면 주여, 인간의 세계의 불과 아멘티의 불 중 어느 것이 더 뜨겁사옵나이까?" 하니, 주께서 대답하여 가로되, "그렇도다, 내 너에게 이르노니 아멘티의 불꽃은 인간세계의 불꽃보다 훨씬 더 뜨거워 그 정도가 아홉 배나 되느니라. 그리고 엄청난 혼돈의 형벌장에서 타는 불은 아멘티에서의 불길보다 아홉 배나 더 거세니라. 또 한가운데 자리한 통치자들의 형벌장에 있는 불길은

▶ 〈그림 10-14〉 영혼이 생전에 지은 선과 악의 무게 재기
고대 이집트에서 유행하던 사후 영혼에 대한 관념과 유사함을 알 수 있다.

▶ 〈그림 10-15〉 지옥의 망령들을 심판함

혼돈의 형벌장에서 타는 불보다 아홉 배나 더 거세니라. 그리고 저 암흑의 용과 그것이 담고 있는 고문의 불길은 형벌장이나 한가운데 통치자들의 형벌의 불길보다 훨씬 더 거세어서, 그 세기가 70배나 되느니라."

주 그리스도께서 이렇게 말씀하시자, 마리아가 가슴을 치며 소리내어 울고 제자들과 함께 탄식하기를, "가엾도다, 죄수들이여. 그들의 고통이 너무도 크구나." 하더라.

최후의 심판과 지옥에 관한 그노시스적 기독교의 관점은, 여러 가지 면에서 고대 이집트, 인도, 페르시아 신화의 양식을 구현하고 있다. 동시에 중세 예술작품에서 볼 수 있듯 훗날 로마 카톨릭이 보는 관점이 어떠할지를 미리 예견하고 있다. 이러한 최후의 심판과 지옥관을 시적인 극치로 보여준 것이 바로 단테의 《신곡》이다.

초대 기독교에서 보는 사탄은 이 세상에 군림하는 악마였다. 이런 믿음은 이교도 정권이 유지되는 동안 교회에서 지배적이었다. 그러나 기독교 통치자들이 정권을 잡고, 기독교가 로마제국의 국교로 확립되자, 곧 사탄은 점차 세상에 군림하던 통치자의 권좌에서 물러나는 대신, 이번에는 하나님이 다시 인간세상을 지배하는 권좌에 오르게 된다.

케사르 제국이 반달족, 훈족, 고트족들의 반복되는 침입으로 무너진 뒤, 샤를마뉴대제가 그 폐허 위에 세력을 확장해 가던 튜튼족, 프랑코족과 게르만족에 근거한 새 왕조 '게르만족의 신성로마제국'을 세웠고, 이 제국은 800년부터 1806년까지 약 천 년 동안 지속되었다. 이 기간(슈탈〔Stahl〕은 실제로 〈요한계시록〉의 천년왕국이 실현되었던 때로 보았다)은 기독교가 공식적으로 인정되고, 사람들의 사적이고 공적인 일들에 반드시 그 종교적 도덕률을 적용하려 했던 때였다. 이 때문에 삼위일체론이 그 시대의 제정(Imperial Government)적 양식을 담아내고 있는 것은 당연한 일이다. 하나님을 황제로, 그리스도를 하나님의 대리인이자 후계자인 왕으로 묘사하는 한편, 그림에서 그들 위에 맴도는 성령은 '질서와 권위의 정신'을 의미한다.

초대 기독교의 가장 핵심적이고, 적어도 실제적으로도 가장 중요했던 교의는 심판의 날이 임박하였다는 부분이었으나, 그 교의는 교회가 세력을 얻게 되자 이내 시들어 버렸다. 그러나 그것은 이후에도 때때로, 다가

▶ 〈그림 10-16〉 중세 기독교의 삼위일체관
하나님을 황제로, 그리스도를 왕으로, 성령을 빛, 질서, 선한 통치의 원리로 묘사하고 있다.

올 심판의 날에 온갖 끔찍한 일들을 겪지 않기 위해서는 현실의 의무에 충실해야 한다는 사실을 곧잘 잊어버리기도 하는 사람들의 마음을 급습하기도 하였다. 최후의 심판 장면들은 기독교 예술가와 시인들이 가장 즐겨하는 주제로 남아, 다음과 같은 오랜 기독교 찬가를 통해서 울려 퍼지기도 했다.

> 진노의 날, 그날이 오리라, 온 천지가 잿더미가 되는 그날, 다윗과 시빌의 예언처럼.

11 그리스와 이탈리아의 구원관

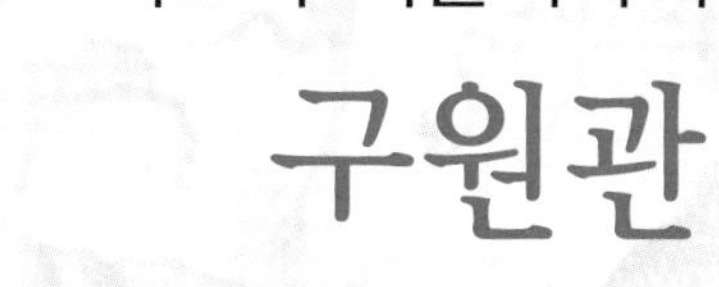

그리스도 후 첫 세기에는, 악에 대한 두려움으로 인해 영혼을 속죄와 지옥의 공포로부터 구원해 줄 종교제도가 생겨났다. 악, 죄, 지옥, 구원, 영생이라는 개념은 플라톤 시절 이전부터 그리스인에게 익숙한 것이었지만, 여전히 전통 신화가 혼재된 상태였다. 철학자들이 그리스의 거대한 다신교적 우상 숭배를 겨냥하여 전쟁을 시작했을 때, 그리스 국가에는 기독교를 맞아들일 환경이 무르익어 가고 있었다. 아니, 어쩌면 기독교 교회가 인류를 악으로부터 구원할 제도로 형성되었다고 말하는 편이 옳을 것이다.

한때는 내세에 받을 형벌에 대한 공포가 너무 커서, 대속(Vicarious Atonement)의 의미로 인신제물을 바치던 시대도 있었다. 이러한 야만적 풍습은 문명이 발달하면서 제물의 대상이 인간이 아닌 동물로 대체되었다. 그러나 대속의 관념은 여전히 사람들 마음속에 남아 기독교에 존속되다가, 십자가에 못 박힌 구세주를 역설하던 바울 서신의 영향으로 다시 제기되면서 새롭게 부각되었다. 그리하여 그리스도의 죽음은 이제, 후세 사람들 모두를 구원하고도 남을 만한 헌신적 희생으로 선언되기에 이른다.[22]

▶ 〈그림 11-1〉 하데스

위 그림은 이탈리아 알타무라(Altamura)에서 발굴된 화병에 새겨진 그림이다. 지옥에 대한 공포가 많이 누그러지고, 그 공포에 대한 믿음 역시 사자의 세계에서 부활한다는 전설과 죽음을 정복한다는 전설로 인해 많이 상쇄된 시기라는 것을 알 수 있다.

윗줄 중앙은 하계의 통치자인 플루토와 페르세포네(Pluto and Persephone)가 자신들의 궁전에 있는 모습인데, 하계의 왕 플루토는 왕권의 상징인 왕홀과 칸타로스(Kantharos), 즉 신의 잔을 들고 있고, 여왕 페르세포네는 십자형태의 횃불과, 과일과 꽃으로 채운 쟁반을 들고 있다. 칸타로스는 두 가지 의미를 가지고 있다. 하나는 이집트의 영혼불멸의 상징이었던 왕쇠똥구리를, 또 다른 하나는 성만찬에 사용되던 잔으로 그 이름은 왕쇠똥구리와 관련된 어떤 미지의 것에서 따왔을 것으로 보인다.

두 통치자의 밑으로는 헤라클레스가 코키투스(Cocytus, 탄식의 강이라는 뜻의 아케론 강 지류—역주)와 피리플레게톤(Pyriphlegethon, 불의 강이라는 뜻의 아케론 강의 다른 지류—역주)이 만나는 아케론 강을 건너려는 케르베로스(Cerberus, 지옥을 지키는 개—역주)를 길들이고 있는 모습이 묘사되어 있다.

신들의 사자인 헤르메스는 지상으로 돌아가는 길을 손으로 가리키고 있다. 오른편에 물항아리를 들고 있는 다나이데스(Danaides, 그리스 신화에 나오는 다나오스의 50명의 딸들로, 죽은 뒤 생전의 살인죄에 대한 벌로 구멍이 뚫린 항아리에 계속 물을 채워야 했다—역주)는 그다지 무겁지 않은 벌을 받았으나, 왼편에 보이는 시지푸스(Sisyphos)는 가혹한 벌을 받고 있다. 디레 네세티(Dire Necessity, 무서운 필연의 여신)는 오른손에 채찍을 들고, 왼손에는 시지푸스를 향해 월계수 가지를 뻗치고 있다. 이 월계수 가지는 다른 많은 유사한 그림에서는 보이지 않는다. 그것은 확실히 몇몇 고고학자들이 주장하는 것처럼 네메시스(Nemesis, 인과응보, 복수의 여신—역주)를 상징하는 사과나무 가지는 아니다.

오른쪽 위에 보이는 장면을 보면 히포다메이아(Hippodameia, 피사의 왕 오이노마오스의 딸—역주)와 제우스의 손자 펠롭스(Pelops)인데, 프리지아 모자를 쓰고 있는 펠롭스는 미르틸로스(Myrtilos, 오이노마오스의 마부)와 대화를 나누고 있다. 미르틸로스는 펠롭스가 히포다메이아를 얻기 위해서, 전차 경주에서 오이노마오스(Oenomaus, 피사의 왕으로 딸 히포다메이아의 구혼자를 두고 늘 전차경주 내기를 걸었다—역주)의 전차바퀴가 빠지도록 못을 제거하기로 약속하며, 결국 속임수로 승리한 펠롭스는 그녀를 부인으로 맞이한다.

그 아래쪽에는 저승에서 사자를 심판하는 3대 심판관인 트립톨레모스

(Triptolemos), 아야코스(Aeacus), 라다만티스(Rhadamanthys)가 보인다. 열심히 변호하는 듯한 태도를 보이는 맨 오른쪽 사람이 라다만티스다.

그림의 왼쪽 위를 보면 메가라(Megara, 헤라클레스의 첫 번째 아내—역주)와 그녀의 아들들인 헤라클리데스(the Hraclides)를 볼 수 있다. 여기서는 평안해 보이지만 생전에는 잔인한 운명의 무고한 희생자들이었다. 그 밑으로는 손에 리라를 든 오르페우스(Orpheus, 무생물까지도 감동시켰다는 최고의 시인이자 악인〔樂人〕—역주)가 페르세포네에게 자신의 아내 에우리디케를 석방해 줄 것을 요청하려고 궁으로 접근하는 모습이다. 그림에서 복수의 여신들인 에리니에(Erinyes)는 무시무시한 외모가 아니며, 오르페우스가 별 탈 없이 지나가게 내버려 두고 있음을 볼 수 있다.

지옥 하데스, 낙원 엘리시온

사후에 악행에 대한 벌을 받는 것을 두려워 하기는 그리스인들도 다른 민족들과 마찬가지였고, 지옥에 대한 이러한 그들의 믿음은 그리스 역사의 초창기로 거슬러 올라갈 수 있다.

사자의 세계에 관한 그리스인들의 관념을 보여주는 것으로 가장 오래된 것은 호메로스의 작품이다. 선한 자든 악한 자든 죽은 뒤에 가게 되는 저승세계라는 점에서 하데스는 유대교의 스올(Sheol)과 닮았다. 그곳은 버드나무와 백양나무 숲이 있고, 아스포델꽃(낙원에 핀다는 지지 않는 꽃—역주)으로 덮인 커다란 풀밭이 있는 음울한 장소이다. 아킬레스의 망령은 사자의 세계에서 통치자로 군림하기보다는, 이승에서 일개 가난한 자의 날품팔이로 사는 편이 더 낫다고 말한다.

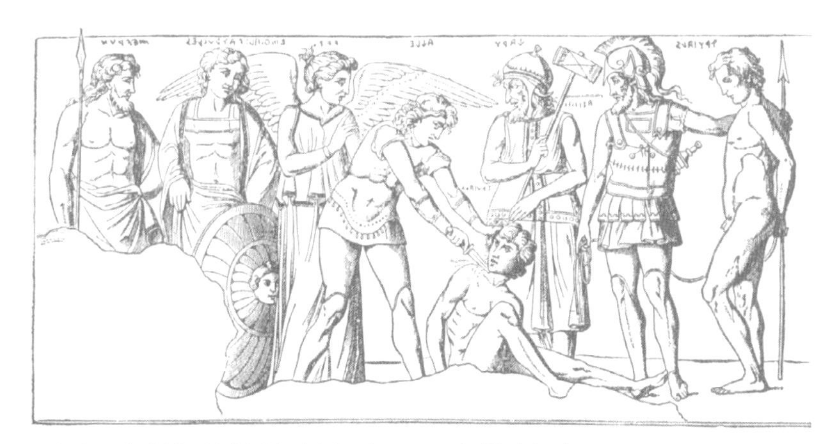

▶ 〈그림 11-2〉 화장용 장작더미에서 벌어지는 파트로클로스에 대한 인신공희

비록 가장 오래된 문헌에서도 선한 자가 어떤 보상을 받는지에 대해서 언급하고 있지는 않지만(심지어 반신인 아킬레스도 모든 인간들이 겪는 슬픈 운명을 공유하고 있다), 악한 자들이 받는 대가에 대해서라면 탄탈루스(Tantalus, 제우스의 아들로 지옥의 물에 턱까지 잠겨 목이 말라 물을 마시려 하면 물이 빠졌다고 함—역주), 다나이데스, 시지포스, 익시온(Ixion, 제우스의 아내 헤라를 범하려다가 그 벌로 타르타르스에 유폐된 헤르메스는 불바퀴에 매달려 쉴 새 없이 하늘을 굴러다녔다고 함—역주), 오크노스(Oknos)가 받은 형벌들로 충분히 알 수 있다.

호메로스는 죽은 자를 실체가 없는 형태, 즉 꿈의 영상 같은 형태로 표현하고 있다. 그러나 한 가지 예외를 보이는 경우가 있는데, 바로 하데스에서의 헤라클레스의 망령을 묘사할 때이다. 헤라클레스는 불멸의 존재로 올림푸스 산에서 신들과 함께 산다. 다른 평범한 사람들에 비해 죽은 뒤의 운명이 더 좋았던 또 다른 영웅은 메넬라우스(Menelaos)다. 제우스의 사위이자 달의 여신이었던 헬렌의 남편으로서, 그는 라다만투스가 다스리는

▶ 〈그림 11-3〉 〈문맹자의 성서(Biblia Paulperum)〉에 있는 십자가에서의 그리스도의 죽음과 그 원형들
이삭을 제물로 바치는 장면은 인신공희와 관련된 그리스도의 죽음을 보여주는 것이고, 황야에 솟아오른 뱀은 신앙의 치유력을 말한다.

엘리시온에 산다. 그곳은 매우 안락한 삶, 즉 눈도 없고, 겨울도 없으며, 폭풍도 없고, 그저 바다로부터 불어오는 상쾌한 서풍만이 있는 곳이다.

아래쪽에 복수의 여신 에리니에가 있고, 대장장이 일을 하는 헤파이토스(Hephaestos) 신이 자신이 만든 바퀴를 아주 만족스럽게 바라보고 있다. 헤르메스는 지상으로 떨어질 것 같은 모습이다. 익시온의 양쪽으로 보이는 천사와 같은 모습의 형체가 의미하는 바는 아직 알려지지 않았다.

익시온은 테살리아의 왕으로 살인을 저질렀으나, 그를 식사에 손님으로 초대한 제우스에 의해서 죄를 용서받았다. 그러나 익시온은 신들의 여왕이자 제우스의 아내 헤라에게 연정을 품고, 그녀 대신 구름 네펠레와의 사이에서 제멋대로인 켄타우루스(Centaurs)를 낳았으므로 제우스는 벌로 익시온을 하데스에서 불 바퀴에 매달아 놓았다고 한다.

▶ 〈그림 11-4〉 불의 바퀴에 매달린 익시온

고통받는 익시온은 일반적으로 전자에 하늘 신의 신화적 맞수이자 제우스의 라이벌로 간주되었다. 그러나 초반의 그러한 신성적 특징들은 그의 행위에 더 이상 신화적인 의미를 부여

▶ 〈그림 11-5〉 거인족과의 전쟁, 천계로 쳐들어오는 거인족들

하지 않았던 후세의 인간관 속에서 희미해지고 말았다.

엘뤼시온이 존재한다는 믿음이 이집트 사상에 기원하고 있다는 증거는 라다만티스라는 이름이다. 이집트 신화에서 보이지 않는 세계, 아멘티의 주신이 바로 라 아멘티스(Ra Amenthes)인 것을 기억해 보라.

신화 속 괴물, 성서 속 악마

그노시스적 관점이 퍼져 나가면서 그리스 민족이 기독교를 받아들일 준비가 되었을 때, 이전의 비기독교적 신화는 그대로 사라져 버린 것이 아니라, 단지 그 형태를 바꾸었을 뿐이다.

헤시오도스(Hesiod, 기원전 8세기의 그리스 시인-역주)는, 천지창조에서 신들의 탄생 및 계보 그리고 인간의 탄생에 이르는 과정을 계통적으로 서술한 그의 서사시 〈신통기(the Theogony)〉에서 제우스와 티탄족들과의 무시무시한 전쟁을 그렸고, 사도 베드로는 그의 두 번째 서간에서 죄를 지은 천사들이 반란을 일으켰던 일을 언급하며 말하기를, “하나님이 그들을 타르타로스로 내던져 버리셨도다”라 하였다.

그러면 〈신통기〉에서 제우스와 괴수 티폰(티포에우스라고도 함) 사이의 전쟁 부분을 먼저 보도록 하자.

> 제우스가 티탄족들을 천계에서 쫓아내었을 때, 거대한 땅은 막내아들 티포에우스를 낳았고, … 물론 두 손은 그들의 힘센 행위에 잘 맞도록 크며 … 그 어깨 위로는 백 개나 되는 뱀, 사나운 용의 머리가 거뭇거뭇한 혀들을 날름거리고 있다. 그 백 개나 되는 머리에 달린 눈들은 이마 아래에서 불빛이 반짝이고, 무시무시한 입에서는 말로 표현할 수 없는 온갖 종류의 목소리를 발산하는데, 황소의 울음소리인가 하면, 사자의 으르렁거리는 소리도 나고, 또 날짐승의 짖는 소리인가 하면, 뱀의 쉭쉭 소리를 내기도 하였다.
>
> 신과 인간의 조상(제우스)이 거대한 괴물을 재빨리 알아보지 않았더라면 그는 인간들을 지배했을 것이다. 그가 거세게 천둥을 내리치

▶ 〈그림 11-6〉 거인족과의 전쟁, 천계로 쳐들어오는 거인족들

자, 그것은 육중하고 무섭게 땅에서 다시 메아리쳤다. 제우스의 불멸의 두 발 아래로는 거대한 올림푸스 산이 진동하고 땅은 신음했다. 대기와 바다는 부글부글 끓어올랐고, 하계의 왕 플루토도 벌벌 떨었으며, 타르타로스에 있는 티탄족들 역시 두려워 벌벌 떨었다. 그러나 제우스는 티포에우스를 죽이고 그 무시무시한 괴물의 놀랄 만한 머리들을 태워버렸다. 마침내 괴물이 진압되고 싸움에서 패배하자 제우스 앞에 무릎을 꿇었고, 제우스는 그를 광막한 타르타로스로 처넣어 버렸다.

이러한 묘사는 사도 베드로의 두 번째 서간뿐 아니라 〈요한계시록〉 12장 7절을 떠올리게 한다.

하늘에 전쟁이 있으니 미카엘과 그의 천사들이 용을 대항하여 싸우고 용과 그의 천사들도 싸우나, 그들이 이기지 못하여 하늘에서 더 이상 있을 곳을 찾지 못하더라. 그리하여 그 큰 용이 쫓겨나니, 그는 마귀라고도 하고 사탄이라고도 하는 옛 뱀, 곧 온 세상을 미혹하던 자라. 그가 땅으로 쫓겨나고, 그의 천사들도 그와 함께 쫓겨나더라.

▶ 〈그림 11-7〉 벨레로폰(Bellerophon)에 의해서 죽임을 당한 괴수 키메라(Chinaera)

그리하여 고대 그리스의 괴물들은 단순히 이름이 바뀐 채 새로운 인물로 다시 나타났던 것이다. 이런 식으로 그들은 신약성서의 정전 속에서

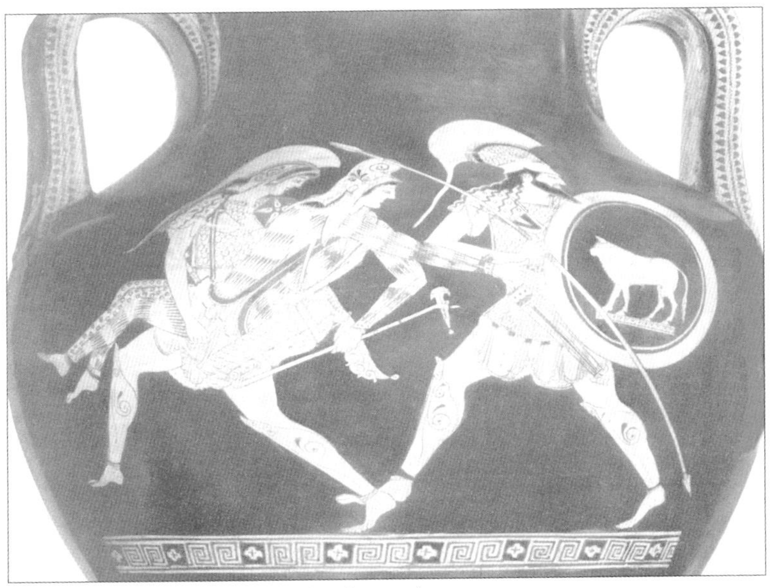

▶ 〈그림 11-8〉 테세우스(Theseus)와 피리투스(Pirithous)
케레스의 딸 페르세포네를 납치하려는 목적으로 하데스로 내려가는 모험을 하다가 복수의 여신 에리니에에게 붙잡혀 꼼짝 못하게 된다. 테세우스는 결국 헤라클레스에게 구출되었다.

구현되었고, 그 당시에 세계를 정복하기 시작했던 신 종교의 절대적인 구성요소가 되었던 것이다.

구세주 헤라클레스, 페르세우스, 그리고 프로메테우스

구원에 관한 그리스적 관념은 헤라클레스, 벨레로폰, 테세우스, 디오니소스 전설이나 기타 신화에 반영되어 있는데, 시인들의 서사시나 예술가들의 작품을 통해서 그리스인들의 마음에 더 소중하게 자리잡았다.

헤라클레스가 물리친 악의 세력들은 사자, 용, 멧돼지, 하피(Harpy, 여

▶ 〈그림 11-9〉 페르세우스와 안드로메다

트렌델렌부르크(Trendelenburg)는 아킬레스 타티우스(Achilles Tatius)에서 이에 관해 언급하는 구절 즉 유사한 그림을 발견하였고, 이를 다음과 같이 설명하고 있다. 사신의 신부로서 벨트, 왕관, 면사포로 치장된 안드로메다는 두 개의 기둥에 묶여 있다. 그녀 위로는 큐피드가 결혼식을 준비하고 있는 여자들에 둘러싸여 서 있다. 안드로메다의 늙은 유모가 그녀에게 작은 나뭇가지를 건네주고 있다. 노파의 뒤와 위쪽으로는 프리지아식 모자와 무기로 무장한 호위병들이 보인다. 왼쪽으로는 허영심이 많았던 안드로메다의 어머니 카시오페이아(Cassiopeia)가 자리에 앉아 시녀들과 대화를 나누고 있는 것을 볼 수 있다. 그 밑으로 페르세우스가 괴물과 싸우고 있는데, 이 장면을 세 명의 네레이스(Nereids, 바다의 요정)가 바라보고 있다. 네레이스 중 하나는 해마를, 다른 하나는 돌고래를 타고 있고, 또 다른 하나는 전형적인 스킬라(Scylla, 큰 바위에 사는 머리 여섯, 발 열두 개의 여자 괴물)의 모습을 닮았다.

자의 얼굴과 새의 몸을 가진 탐욕스러운 괴물—역주)와 같은 새들, 혹은 황소의 모습으로 묘사되었다. 또 그는 아르카디아(Arcadia, 고대 그리스 펠로폰네소스 반도 내륙의 경치 좋은 이상향—역주)의 재빠른 암사슴을 잡고, 아우게이아스의 마굿간을 청소했으며, 디오메데스(Diomedes)의 사람 잡아먹는 암말을 길들이며, 아마존의 왕녀인 히폴리테(Hippolite)를 정복하였다. 그리고저 먼 서방에서 몸과 머리가 각각 세 개씩 달린 괴물, 게

▶ 〈그림 11-10〉 아테네 여신의 방패에 새겨진 고르곤
메두사의 머리가 아마존들과의 전투 장면으로 둘러싸여 있다. 전투에 임하는 자들 중 하나(대머리의 남자)는 조각가 페이디아스 자신을 모델로 한 것으로 추정된다.

▶ 〈그림 11-11〉 메두사

리온(Geryon)의 황소를 훔치고, 케르베로스(Cerberus, 지옥을 지키는 개—역주)를 지상으로 데리고 가기도 한다.

기원전 650년경 살았던 시인 페이샌더(Peisander)는 헤라클레이(Heracley)라고 하는 헤라클레스를 숭배하는 책을 써, 이 영웅을 이상화하는 데 많은 공헌을 하였다. 훗날 크세노폰(Xenophon)이나 소피스트인 프로디쿠스(Prodicus) 같은 그리스 철학자들은 헤라클레스를 신성의 극치를 실현한 자로 간주하였고, 그후 고대 전설을 볼 때보다 깊이 있는 종교적 진실을 왜곡한 것으로 여기는 것이 관례가 되었다. 에픽테토스(Epictetus)는 헤라클레스를 구세주, 제우스의 아들로 간주하며, "호메로스의 이야기를 전부 믿는가?"라고 묻는다.

헤라클레스는 '악의 격퇴자'로 불리며, 전장의 지휘자, 찬란한 승리자, 천인, 곤충, 해충, 황충의 파괴자 등으로도 불린다. 그리고 태양 영웅으로서 태양신 아폴로와 동일시되기도 하고, 또 선지자로, 뮤즈의 지도자와 동일시되기도 한다.

페르세우스의 전설은 여러 가지 면에서 헤라클레스의 이야기와 흡사하다. 페르세우스 역시 기독교 성 조지(St. George)의 그리스적 원형으로 구세주다. 그는 여신 아테네의 도움을 받아 살인적 공포의 상징이었던 무시무시한 메두사의 포로로 잡혀 있던 사신의 신부, 안드로메다를 구출한다.

악의 세력을 물리치는 하나의 상징으로서, 메두사의 머리는 방패나 주화에 자주 사용되었다.

벨레로폰은 역시 태양영웅이다. 그는 뇌운(thundercloud)[23]의 신화적 표현인 페가수스를 타고, 절반은 사자요, 절반은 염소의 모습을 하고 잔인하고 흉포하기 이를 데 없는 괴수 키메라를 물리친다.

비범한 구세주에 관한 몇 가지 신화들은 궁극적으로 그리스 고유의 전통 신화 위에서 세워진 것이지만, 이러한 종교적 신화들의 많은 특징들로 미루어 볼 때 이들이 당시 서구 국가 문명의 개화기에 영향을 미치기 시작했던 동방에서 도입되었다는 사실을 알 수 있다. 그렇다면 헤라클레스는 티레(Tyre, 고대 페니키아의 가장 큰 항구도시—역주)의 바알 멜카스(Baal Melkarth)가 되고, 또 아마도 티아메트를 정복했던 바빌로니아의

▶ 〈그림 11-12〉 키메라를 죽이는 벨레로폰

▶ 〈그림 11-13〉 코르사바드(Khorsabad, 아시리아의 한 지역)의 사자를 죽이는 영웅

벨과 동일한 인물일 것이나. 또한 헤라클레스가 행한 열두 가지 과업은, 일 년 열두 달 동안에 태양신이 행하는 일들을 상징하는 것이다. 불사조처럼, 헤라클레스도 자기발화로 죽고, 그 타버린 잿더미 속에서 변형된 모습으로 다시 부활하여 날아오른다. 유대인들 역시 이 태양 영웅을, 마치 태양의 저력이 바로 그 빛에 있는 것처럼, 영웅의 힘이 머리칼에 의해서 좌우되는 삼손의 모습으로 그렸던 것이다.

이민족의 신화가 강하게 혼합되었음에도 불구하고, 헤라클레스는 그리스의 국가적인 영웅이 되었다. 그리고 구원에 관한 그리스적 관념은 그의 모습에서 가장 전형적인 형태로 드러났다. 이런 전형적인 그리스적 관념은 아이스킬로스(Aeschylus, 그리스의 시인)에 의해서 장대하고 비극적인 서사시를 통해 가장 아름답게 실현되었는데, '먼저 생각하는 사람' 이라는 뜻의 프로메테우스(Prometheus)는 여기서 고군분투하는 인간으로 그려지고 있다. 그는 인류에게 문명의 축복과 불을 가져다 준 죄에 대한 대가로, 주신 제우스가 고통의 기둥에 묶는다. 그러나 결국 구세주 헤라클레스가 나타나, 프로메테우스의 간을 파먹는 거대한 독수리를 죽이고 만다.

프로메테우스와 헤라클레스는 기독교의 구세주, 즉 예수 그리스도라는 하나의 인물로 결합되었다. 골고다(Golgotha) 이야기와 프로메테우스 신화가 유사한 것은 완전한 우연이라고 볼 수 없다. 몇 가지 고대 그림들을 살펴보면, 예를 들어 이탈리아 키우시에서 발견한 화병(그림 11-14)을 보

▶ 〈그림 11-14〉 제우스에 의해 말뚝(혹은 십자가)에 묶인 채 독수리에게 내맡겨진 프로메테우스를 구출하는 헤라클레스

면, 프로메테우스는 바위에 사슬로 묶인 것이 아니라 하나의 기둥, 혹은 십자가에 묶여 있으며, 그리스 작가들은 자주 "십자가에 못박히다"라는 의미의 동사를 사용했다.[24]

그런가 하면 세네카(Seneca)는 헤라클레스를 인류의 번영을 위해서만 사는 선인의 이상형으로 말한다. 그는 헤라클레스를 아시아의 정복자 알렉산더대왕과 대비시키면서, 다음과 같이 말하고 있다.

> 헤라클레스는 결코 자기 자신을 위해서 승리하지 않았다. 그는 세상 곳곳을 돌아다녔지만, 그 역할은 정복자로서가 아니라 보호자로서였다. 사악한 자의 적, 선한 자의 보호자, 평화를 가져오는 자로서 그는

▶ 〈그림 11-15〉 석관에 그려진 프로메테우스 신화
벌거벗은 채 불의 사용을 낯설어 하는 데우칼리온과 피라(Pyrrha)의 모습(좌상), 바위에 묶인 프로메테우스와 그를 풀어주는 헤라클레스(우상), 배경에는 산신인 카프카스, 진흙으로 사람을 빚고, 신들의 도움으로 운명을 개척하는 프로메테우스(하).

혼자 힘으로 땅과 바다를 정복한다!

또한 에픽테토스는 자주 헤라클레스를 칭송하면서, 그가 맞서 싸웠던 악마들은 모두 그의 덕성을 드러내기 위해 소용되었으며, 또한 그들이 헤라클레스를 시험하기 위해서 의도된 것이었다고 말했다. 하나님과 동일시되는 제우스는 헤라클레스의 아버지이고, 헤라클레스는 그의 아들이다. 헤라클레스가 어쩔 수 없이 자식들을 떠나게 되었을 때, 그들을 하나님이 돌보아 줄 것이라고 말했다.

> 그는 누구도 고아는 없으며, 그들 모두에게는 언제나 아버지란 존재가 있다는 것을 알고 있었다. 그는 제우스가 인간의 아버지였다는 말을 들어서만 알고 있는 것이 아니었는데, 왜냐면 그는 제우스를 아버지라고 생각하고 실제로 아버지라고 불렀기 때문이다. 헤라클레스는 제우스를 우러르면서 그가 했던 일을 했다. 그렇게 함으로써 그는 어디서나 행복하게 살 수 있었던 것이다.

한편, 기독교에서는 구세주의 고난이 이원론적인 것으로 해석되고, 육신의 유혹과 세속적 고난을 극복하는 것으로 영성화(spiritualised)된다.

플라톤의 이원론과 기독교

지옥으로 나타나는 악에 대한 관념은 과감하게 가장 세세한 것까지 나열했던 플라톤의 이원론에서 그 철학적 근거를 취했다. 또한 플라톤이 가

▶ 〈그림 11-16〉 그리스도가 받은 사탄의 유혹

지고 있었던 영혼의 내세관은 윤회에 관한 교의를 제외하고는, 그 응보로 천국과 지옥을 설정하고 있다는 점에서, 또 그 세부적인 면에서도 기독교 교의와 매우 흡사하다.

플라톤은 《공화국》에서 아르메니우스(Armenius)의 아들, 에르(Er)의 이야기로 끝을 맺고 있다. 죽었다가 다시 부활한 에르가 사람들에게 자신이 갔던 다른 세상에 관한 이야기를 해줌으로써 그들이 미리 경각심을 느끼도록 할 목적으로 다시 이승으로 돌아온나는 이야기다. 플라톤에 따르면, 이 에르라는 자는 팜필리아 사람으로 태어나서 전쟁터에서 죽임을 당했으나, 시체를 수습할 때 보니 하나도 썩지 않았고, 죽은 지 12일 째에 화장터에 눕혔을 때 되살아났다고 한다.

> 그(에르)가 말하기를, 자신의 영혼이 육신을 떠나 다른 영혼들과 여행을 하다가, 땅에 두 개의 구멍이 벌어져 있는 신비스러운 장소에 도달하였다고 했네. 두 구멍은 서로 가까이 있었는데, 그 위로는 하늘 쪽으로 두 개의 다른 구멍들이 벌어져 있었다네. 위 아래의 구멍 가운

데로는 심판관들이 앉아 있었는데, 그들은 정의로운 자들에게 적당한 판결을 내리고, 그 판결을 나타내는 표시를 앞에다 붙여주어 오른쪽에 있는 하늘로 통하는 문으로 올려보내도록 하고, 또 부정한 자들에게는 그들이 저질렀던 모든 소행들을 나타내는 표시를 뒤에다 붙여서 왼쪽에 있는 낮은 문으로 내려가라고 명령했다네. … 에르는 그들이 누군가에게 했던 모든 악행들에 대해서는 열 배로 고통을 당한다고 하였네.

한편 지옥은 다음과 같이 묘사되어 있다.

에르가 또 말하였네.

"이것이야말로 우리가 두 눈으로 직접 목격한 무시무시한 장면들 중 하나였다네. 우리는 동굴의 입 속에 있었고, 모든 괴로움을 겪은 다음, 다시 막 올라가려고 하였네. 그런데 그때 갑자기 아르디아이오스(Ardiaeus, 독재자)가 다른 사람들과 함께 나타났네. 그들 대부분은 독재자들이었는데, 독재자들 외에도 커다란 죄를 지은 일반 사람들도 있었네. 그들은 자신들이 위로 되돌아 갈거라 생각했으나, 동굴의 입은 이들을 도무지 받아주려 하지 않았다네. 오히려 이 불치의 죄인들 중 어느 하나라도 충분히 죄 값을 다하지 못했으면서 올라가려는 자들이 있을 때마다 포효하였네. 또 성미가 몹시 사나워 보이는 남자들이 옆에 대기하고 서서는, 그 포효 소리를 듣고 그들을 붙잡아 데려가 버렸다네. 아르디아오스와 그밖에 다른 사람들이 머리, 손과 발이 묶인 채 내던져지더니, 채찍으로 세차게 맞은 뒤, 길 곁으로 질질 끌려가 양털을 삼듯 가시에 빗겨졌으며, 지나는 사람에게 그들의 죄를 낱낱이 고하고 자신들이 지옥으로 떨어질 거라는 것을 알려주었네."

> 그리고 또 그들이 이제까지 맛보았던 모든 공포 중에서도, 또 한 번 동굴의 입이 내는 소리를 듣지나 않을까 하고 조바심하던 그 순간이 가장 컸다고 에르는 말했네. 그리고 그 소리가 들리지 않을 때, 그들은 한 사람씩 차례로 엄청나게 기뻐하며 위로 올라갔다고 하네. 이것들은 모두 죄에 대한 형벌과 천벌들이지만, 축복 역시 그만큼 크다고 에르가 말하였네.

지옥에 있는 사악한 자들이 내려가고 다시 올라간다는 관념은 5세기 〈붓다고사(Buddhagosha)〉의 비유에 나타난 그의 불교관과 유사하다. 이 책에서는 유죄판결을 받은 자들이 끓는 가마솥의 쌀알들처럼 어떻게 오르락내리락 하는지를 보여준다. 무시무시한 형리와 다양한 형벌들이 있는 '지옥의 입'이라는 개념은 플라톤이 말하기 전부터 존재했던 것으로 보인다. 이 개념들은 그노시스적 교의에서 다시 나타나서, 기독교에까지 그대로 보존되어 종교개혁 시대까지 전수되었다.

지옥의 존재에 대한 믿음과 그 공포로부터 벗어나려는 바람은, 플라톤에 의해서 그 필요조건들이 기술되었다. 플라톤은 죄지은 자들은 그들이 응당 받아야 할 형벌을 받고 나서야 영혼이 해방된다고 말하고 있다.

> 탁발 수도승들은 부자들의 집으로 가서, 자신들이 그들을 인도해 줄 힘이 있으며 산 제물과 부적을 쓰고 축하와 향연을 하여 그들과 그 선조들의 죄를 맹세코 속죄해 줄 것이라고 설득한다. … 또 그들이 행하는 종교적 관습에 따라, 자칭 달과 뮤즈의 자손들인 무사이오스(Musaeus)와 오르페우스(Orpheus)가 쓴 다수의 책들을 꺼내든다.
>
> 그리고는 개개인에게 뿐 아니라 전체 도시를 상대로, 속죄는 한가한

시간을 채우는 산 제물과 위락으로 이루어지며, 산 자와 죽은 자가 똑같이 신을 섬기는 예식을 치르는 것이라고 설득한다. 후자를 그들은 신비적 교의라고 부르며, 이것이 우리가 받을 지옥의 고통을 감하여 주지만, 만일 우리가 이 교의를 무시하면 무엇이 앞으로 우리를 기다리고 있을지는 아무도 모른다.

플라톤의 견해에 깔려 있는 이원주의는 신 플라톤주의자들이라고 하는 그의 제자들에 의해서 더 진지하게 받아들여지기 시작했으며, 그리스도 초기에는 놀랄 만한 정도에까지 이르게 되었다. 철학자는 죽음을 애타게 바랐고, 보통 사람들은 내세에 있을 응보를 두려워했다.

죽음에 대한 철학적인 갈망은 칼리마쿠스(Callimachus)의 풍자시 중 하나에 묘사되어 있다.

암브라시아(Ambracia)인, 클레옴브로터스(Cleombrot)는 천국의 태양에 작별을 고했어라. 희망을 가지고 벽을 뛰어 넘었으니 이제 곧 저승에 닿으리. 혐오스러운 삶을 만들었던 악과 조우했기 때문이 아니라, 단순히 그가 읽었기 때문이라. 영혼에 관한 플라톤의 그 장엄한 책을.

지옥에 대한 공포와 기독교

영혼불멸 사상은 점점 더 많은 사람들에게 받아들여졌다. 그러나 다른 한편으론 영혼불멸 사상이, 단지 인간의 사후 운명에 대한 공포심만을 강화시키는 것이라고 생각하여 환영하지 않는 사람들도 많았다. 다른 종교들을 알게 되면서 사방에서 새로운 공포도 생겨났다. 이집트인들은 지하 세계에서의 심판을 두려워했고, 유대인들은 게헨나(Gehenna)를 무서워했으며, 힌두교도는 미래에 겪을 고난에서 벗어나길 갈망했는데, 이제 여기에 그리스인들의 하데스라는 개념이 덧붙여져, 지옥에 대한 공포가 전보다 더 끔찍해진 것이다. 그리하여 기독교의 지옥관은, 내세에 받는 형벌에 관한 오래된 믿음들 중 그 어느 것보다도 더 끔직하고 두려운 것이 되었다.

2세기의 수사학자 루키아누스는 다양한 모험을 겪은 후에 그리스도교에 귀의했던 프로테우스 페레그리누스(Proteus Peregrinus, 부모를 죽이고 간음까지 한 후 예수를 믿고 성직자까지 되었다고 한다—역주)에 관한 이야기를 다루고 있다. 페레그리누스가 올림피아 대회 때 그 많은 대중이 보는 앞에서 불붙은 장작더미 속에 투신자살하지 않았다면, 그의 존재는 까맣게 잊혀졌을 것이고, 그의 이름 역시 역사에 언급되지 않았을지도 모를 일이다.

이 모든 해괴한 사건들은 대중의 종교적 열정과 그 시대의 불안한 상태를 보여주는 징후들이었다. 더 나아가서 플루타르크는 그의 〈윤리서〉에서, 미신에 사로잡힌 사람들은 "결코 멈추지 않는 고뇌에 대한 자신만의 상상력"에 의해서 벌을 받는다고 말하고 있다.

> 그들이 꾸며내는 하데스의 두터운 문들이 활짝 열린 채 있고, 불의 강과 지옥 절벽의 경치가 뻗어 있으며, 어디에나 끔찍한 얼굴로 우리를 위협하고 딱한 통곡소리를 내는 어두운 허깨비들과 망령들로 가득 차 있다.

코니베어(F. C. Conybeare)는 그의 저서 《초대 기독교의 유물(Monuments of Early Christianity)》에서 지옥과 관련하여 다음과 같이 열거하고 있다.

> 기독교가 생기기 훨씬 오래 전에는 이토록 끔찍한 환영이 인간의 마음속에 드리워져 있지 않았다고 생각한다면 오산이다. 오히려 반대로, 그것은 우리의 지적 · 도덕적 발전의 가장 원시적인 단계에서부터 살아남은 유일한 유물이다. 고대 그리스 로마 세계의 신비적 교의는 속죄의 형태로 행해졌으며, 이 속죄를 통해서 늘 붙어 다니는 공포로부터 벗어날 수 있었던 것이다.
>
> 구세주 예수는 모든 신들 중 마지막이자 최선의 존재이다. 몇몇 철학자들을 제외한 인간의 마음을 지배했던 영원한 지옥 불에 대한 믿음과 죽음에 대한 공포로, 기독교는 하나의 토대를 마련했는데, 이 토대를 이용하지 않았다면 인간 마음을 정복하는 데 단 한 걸음도 옮기지 못했을 것이다.

인간적인 구세주, 예수 그리스도

그렇다면 왜 그리스도는 그리스의 신들이나 영웅들보다 더 우월한 구세주가 되었을까? 그것은 그가 신화적이고 상징적인 존재가 아니라, 인간적이고 현실적이었기 때문이다. 그는 고뇌하는 자였고 한 인간이었다. 즉 그는 죽이는 자나 정복자가 아니었고, 혹은 무자비하고 피를 보는 것을 즐기는 잔인한 영웅도 아닌, 그저 인간의 아들이었다.

그는 플라톤에 의해서 세워졌던 도덕적 이상을 실현했고, 아마도 아이스킬로스가 보았던 프로메테우스의 비극적 운명관으로 생각해 볼 때, 그는 단순히 '완벽해 보이기' 만 하는 사람이 아니라 '완벽한' 사람인 것이다.

> 그들이 너희에게 이르기를, 정의롭지 못하다고 생각되는 정의로운 사람이 매질을 당하고, 고통당하며, 손발이 묶일 것이며, 두 눈이 타들어 갈 것이다. 마침내 그가 이 모든 고통을 남김없이 겪고 나서야 마지막으로 말뚝에 매달리게 될 것이라 말하리라.

이 구절에서 이상한 점은 "말뚝에 매달릴 것이다" 혹은 "말뚝에 묶이다" 라는 말인데, 이는 신약성서 중 주로 "십자가에 못 박히다" 로 번역된다. 플라톤을 언급하면서 순교자 아폴로니우스는 다음과 같이 단언한다.

> 그리스 철학자들 중 한 사람이 말했다.
> "정의로운 자가 고문을 당하고, 침을 뱉는 모욕을 당한 끝에, 끝내 십자가에 못이 박힐 것이다. 아테네인들이 폭도들에게 무릎을 꿇고 부당한 사형선고를 통과시켜 그를 부당하게 고발하였던 것처럼, 그런 식으로 우리의 구세주 역시 결국은 무법자들에게 사형선고를 받았도다."

아우구스투스와 그 후계자들의 시대에, 대중은 황제로부터의 구원, 정의의 실현, 보호, 평화와 번영을 기대하도록 배웠다. 마치 훗날의 군주국에서 왕 스스로 신의 은총에 의해 선택받은 자로, 또 이 땅에서 신을 대신하는 자로 간주했던 것처럼, 로마 황제는 스스로 신의 영광을 사칭했으며, 세네카 등의 철학자들조차도 이러한 주장을 인정하는 데 주저하지 않았다. 이 같은 견해가 실용적이었던 이유는, 대중이 정부를 볼 때 종교적 위압감을 가지며, 따라서 정부 관리들 역시 신성하게 여겨졌다는 점이다. 따라서 그런 시대를 살아가는 로마인들의 눈에는, 황제의 상 앞에 경배하기를 거부하는 기독교인들이 무정부주의자들이자 반역자들로 보였을 것임이 틀림없다.

그러나 네로 황제가 모친을 살해하고, 잔인 무도한 범죄들을 저지르자, 황제의 신성성에 대한 믿음은 차츰 사라졌고, 십자가에서 죽었던 고뇌하는 신에 대한 사상이 대중 사이에 파고들게 되었던 것이다.

신을 모방하는 사탄

기독교만 대속을 통해서, 또 희생에 따른 구원력을 통해서 죄악으로부터 구원되는 것을 약속했던 유일 무이한 종교는 아니었다. 영생을 약속하는 신비적 교의가 있었는가 하면, 특히 미트라(Mithras) 숭배 신앙은 기독교와 일치하는 많은 사상과 의식을 구현했었다.

▶ 〈그림 11-17〉 미트라의 상징들
꼿꼿이 선 뱀 두 마리가 양쪽에 호위하듯 있다. 쌍둥이 남자들(카스토르[Castor]와 폴리데우케스[Polydeouces]는 제우스의 아들들이다. 이들은 말을 잘 타고 격투에 능해서, 용맹함과 기민한 전투술의 상징으로 받아들여 졌으며, 흔히 말을 탄 한 쌍의 남자로 표현되었다) 사이에 있는 미트라는 각각 삶과 죽음을 상징하는 떠오르는 해와 지는 해, 즉 두 말을 잡고 있는 모습이다. 미트라의 머리에는 갈까마귀가 있고, 하늘에는 해와 달의 상징물과 아래 탁자 위에는 신성한 빵과 성찬용 컵이 있다.

초기 기독교는 하층민의 것이었고, 초대 교회 권위자들은 거의 예외 없이 교양이 없고, 고등교육을 받지 못한 자들이었다. 몇몇 기독교 작가들 중에는 꽤 재능 있는 사람들이 있었으나, 교회 신부들 중에는 평균 정도의 교육을 받았다고 말할 수 있는 사람들도

▶ 〈그림 11-18〉 미트라 기념비
미트라가 동굴에서 속죄를 위해 황소를 제물로 바치고 있다. 개 한 마리가 떨어지는 피를 핥는 모습을 볼 수 있는데, 이 피는 '성액(the sacred fluid)'이라고 불린다. 뱀 한 마리가 바닥을 기어다니고, 전갈은 황소의 고환을 물어뜯는다. 왼편의 젊은이 하나는 횃불을 치켜들고 있는 반면, 오른편의 젊은이는 횃불을 거꾸로 들었다. 여기서 올빼미 같아 보이는 갈까마귀가 이 장면을 목격하고 있다. 동굴 밖에는 태양신 헬리오스와 달의 여신 셀레네가 2륜마차를 타고 지나가고 있다. 황소로 희생제를 진짜 진행한 것인지, 단지 기념의식 정도였는지는 알려진 바 없다. 미트라 교의가 의미하는 바가 무엇이었는지에 대해서도, 일종의 입단식으로 고해성사, 단식, 고행, 정결의식, 물과 불의 시련을 거행했다는 것 외에는 별로 알려진 것이 없다. 세례식이 행해졌고, 미트라는 정죄를 해주는 중개자로 불리었다. 미트라교의 신자는 대부분 북쪽 지방에 주둔한 로마군들이었다.

거의 없었다.

플라톤 학파의 철학은 기독교인들의 마음에 직접 파고든 것이 아니라, 단지 철학서라는 경로를 통해서만이 가능했다. 그러고 보면 기독교인들이 그들의 종교의식의 많은 부분에서, 그 기원에 관한 지식과 비평이 결여되었던 것은 당연한 일이다. 비기독교인들 사이에 행해지던 종교의식과 관념이 자신들의 것과 똑같다는 것을 알았을 때, 그들은 그저 놀랄 수밖에 없었고, 이 놀라운 우연의 일치를 그저 사탄의 음험한 잔꾀라는 것 말고는 다른 설명을 할 수가 없었다.

순교자 저스틴(Justin Martyr)에 따르면, 특히 가장 독특한 기독교 성찬, 즉 '주의 만찬' 조차도, 기독교인들과 똑같은 방식으로 페르시아인들에 의해서 행해졌다고 한다. 또한 저스틴은 이러한 놀라운 일치성에 대해 조금도 주저하지 않고 악령들이 작용했음을 주장할 만큼 순진한 사람이었다. 아프리카인 교부 터툴리안(Tertullian) 역시 교회 제도와 이교도적 제도인 미트라 숭배 사이에 많은 유사성이 있다는 것을 깨닫고, "사탄이 하나님의 성사를 모방한다"고 선언하였다.

악마는 그 당시에 매우 노련하기 이를 데 없다고 생각되었을 것이다. 만일 그가 하늘나라에서 감히 스파이 노릇을 하지 않았더라면, 주의 계획을 미리 예견했음에 틀림없었기 때문이었다. 즉 사탄의 모방물로 치부되던 페르시아의 하오마 성찬식, 영생을 얻기 위해서 죽은 사람을 기념하는 성찬을 먹는 것 등 이교도의 의식들이 기독교보다 더 오래된 것이었기 때문이었다.

그리스-이탈리아 기독교에 영향을 미친 이교도의 신들

그 즈음 종교적 이상을 구현하려고 애썼던 기독교의 경쟁자들은 여러 가지 이유로 해서 결과가 신통치 않았고, 결국 이 영역을 기독교에 넘겨주고 말았다. 기독교의 주요 교의는 단순하고, 도덕체계에 있어서는 단도직

입적이며 실제적이었기 때문이다. 그러나 안타까운 점은, 기독교의 성직자들이 보여준 광신이 다른 종교적 열망의 자취들을 거의 모두 쓸어버려, 오직 깨진 파편만을 군데군데 남겨주었다는 점이다. 그러나 부분적으로는 기독교와의 유사함 때문에, 또 일부는 둘 사이의 차이점 때문에, 역사가들에게는 이 파편들조차 몹시 흥미롭게 느껴질 따름이다.

로마에서 유행하였던 동방의 몇몇 신들을 보면, 그 중에서도 미트라, 이집트의 세라피스(Serapis, 이집트의 명계의 신－역주), 이아오－아브락사스(Iao-Abraxas)가 가장 유명하였다.

미트라 숭배는 기독교에 깊은 영향을 끼쳤다.[25] 특히 세례성사, 성만찬, 예배시 동쪽을 향하는 것, 해의 날을 성화하며, 동짓날을 구세주가 태어난 날로 찬양하는 것 등은 미트라 숭배의 영향에 따른 것이다.

구세주가 태어난 날과 관련해서 윌리엄 스미스(Willam Smith)의 저서 《기독교 유물 사전(Dictionary of Christian Antiquities)》에는 로버트 싱커 신부(Rev. Robert Sinker)의 다음과 같은 말이 들어 있다.

> 미트라 숭배 사상은 점차 기독교와 혼합되어 그 명칭이 바뀌었다. 하지만 그 본질은 변하지 않아서 본래의 관념과 의식 중 많은 부분 역시 그대로 전해졌다. 예를 들어 태양신의 탄생일, 즉 미트라의 현시는 그리스도의 탄생 기념일로 바뀌게 되었다.
>
> 위의 견해에 대한 수많은 실례들을 고대 비문에서도 볼 수 있다. 예를 들어 "이것은 P.와 H., 그리고 C.V.G.의 두 자손이 정복할 수 없는 태양과 영원한 달에게 바치는 것이니"라는 문장과 "헬리오스(태양신) 미트라 천하무적"이라는 문구가 그것이다. 또한 콘스탄티누스 대제가 구리 동전 뒷면에 "수호신, 정복할 수 없는 태양신께(SOLI

INVICTO COMIT)"라는 문구를 새겼고, 훗날 그가 기독교로 개종한 뒤에도 오랫동안 간직하고 있었다는 이야기에는, 고대의 태양신관과 새로운 '정의의 태양신' 관이 동시에 존재한다.

위와 같은 설을 지지하는 사람들은, 그것을 인정하는 듯한 초대 기독교 작가들로부터 다양한 구절들을 인용한다. 자블론스키(Jablonsky)가 인용했던 암브로즈(Ambrose)의 설교는 비논리적인 것이 확실한데도, 그의 걸작선 중 가장 주목받고 있다. 아무튼 그것은 초기의 흥미로운 삽화를 담고 있으며, 다음과 같은 구절도 볼 수 있다.

> 어떻게든지 대중이 이 신성한 주의 탄생의 날을 '새로운 태양' 으로 부르도록 하고, 그것을 근거로 하여 유대인과 기독교도가 이 수사적 표현에서 일치를 보도록 하라. 또한 우리도 이를 기꺼이 받아들여야 할 것이니, 그 까닭은 구세주의 탄생이 있음으로써 인류의 구원이 있을 뿐 아니라, 태양 자체의 빛 역시 부활되기 때문이다.

크리소스톰(Chrysostom)의 라틴어 판에는 그가 한 것으로 잘못 알려진 설교가 있는데, 아마도 그가 죽고 오래 지나지 않아 씌어진 것이라 짐작된다.

> 그들은 그것을 '정복할 수 없는 자(즉 미트라)' 의 탄생일이라 부른다. 그러나 죽음을 정복한 우리 주 그리스도가 아니라면, 과연 누가 정복할 수 없는 자란 말인가? 게다가 그들이 만일 "태양신의 탄생일이다"라고 말한다면, 그는 바로 정의의 태양(예수 그리스도)을 말하는 것이며, 예언자 말라기(Malachi)는 그에 대해 "내 이름을 경외하는 너

희에게 의로운 해가 떠올라서 치료하는 광선을 발하리니"라고 말하고 있다.

이 구절을 보건대, 예언자 말라기는 바빌로니아와 이집트적인 관념을 좇아 치료할 수 있는 건강한 능력을 가지고 있는 존재를 태양신으로 생각하고 있다.

크리소스톰에서 인용한 다음의 구절은 그리스도의 탄생일이 미트라의 탄생일에 맞춰져 왔다는 것을 명백하게 드러낸다.

> 그리스도의 탄생일이기도 한 이날(미트라의 탄생일)은 최근 로마에 자리를 잡아, 이교도가 그들의 불경스런 의식으로 분주했을 때, 기독교도들은 자신들의 신성한 의식을 차분히 치렀을 것이다.

레오 대제는 "우리의 이 축제일이 그리스도의 탄생 때문이라기보다, 태양신의 부활을 위해서 영광스러울 만한 사람들"이라는 구절에서 유해한 신조를 찾아내었고, 또한 "그러나 오늘 이외의 어떤 날도 하늘과 땅에서 그리스도의 탄생일을 섬기기에 적당해 보이지 않으며, 물질세계에서 새로운 빛이 비추는 동안 그는 자신의 눈부신 신성을 우리에게 드러낸다"고 진술하였다.

고대 기독교 시인들에게서 한두 가지 예들을 더 인용해 보도록 하겠다. 프루덴티우스(Prudentius)는 찬가 《주의 성찬(Ad Natalem Domini)》에서 이와 같이 말하고 있다.

> 왜 태양은 벌써 북극권을 떠나는 것인가?

빛의 길을 늘려준 사람은 땅에서 태어난 그리스도가 아니던가?

다음은 성 파울리노(Paulinus of Nola)의 말이다.

진실로, 극점이 지나고서야 그리스도가 몸을 입어 세상에 났으니,
이 새 태양으로, 그는 북풍의 추운 날들을 변화시킬 것이다.
인류에게 구원을 가져다 줄 것을 약속하면서,
그리스도는 해를 길게 하여 밤을 줄어들게 하는 명을 내리는구나.

아미다의 주교 디오누시오 바살리비(Dionysius Bar-Salibi)를 인용한 아세마니(Assemani)의 글도 참고로 할 만한데, 동방의 그것과 유사한 정서의 흔적들을 보여준다. 또한 작자불명의 시리아인이 쓴 구절에서도 기념일을 정하는 근거가 같다는 것을 알 수 있다.

그러나 우리는 이 마지막 구절에 많은 비중을 두어서는 안 된다. 오히려 이보다 더 중요한 것은 로마 평의회가 내린 "아무도 1월 1일이나 동지제(Brumalia, 태양빛이 다시 돌아오는 것을 축하하는 것-역주)를 기념하지 말라"는 명령이다. 이는 어찌됐든 우상 숭배가 쇠퇴한 뒤에도 한참 동안, 많은 이교도 종교의식의 흔적이 남아 있었다는 사실을 보여주고 있기 때문이다.

미트라 신앙에서 열쇠와 횃불용 막대 그리고 측량 자를 손에 들고, 사자의 얼굴을 하고 있는 이온(Aeon)은 매우 중요한 신이다(그림 11-19). 그는 조로아스터의 경전 《젠드아베스타(Zendavesta)》의 즈르반 아카라나(Zrvan Akarana, 무한의 시간)를 의미한다. 그는 인격화된 관념이 아니라 아후라 마즈다가 태어난 '존재의 태초 상태'를 나타낸다. 그의 몸을 감싸

고 있는 뱀은 시간의 순환을 말하고, 네 개의 날개는 사계절을 상징한다. 이온이 들고 있거나 몸에 둘러싸인 상징들을 보면, 헤파이스토스, 아스클레피우스, 헤르메스와 디오니시오스 등 그리스 신전의 신들과의 연관성을 알 수 있다.

킹(W. C. King)은 플라미니우스 바카(Flaminius Vacca)가 이온의 조상 발견과 관계가 있음을 기록했다.

성 비타레 성당(St. Vitale) 맞은 편 오라지오 무티(Orazio Muti) 경의 포도원에는 벽으로 문이 봉해진 빈방이 있었는데, 그 안에서 대리석 조상이 발견되었다. 받침대 위에 입상으로 서 있었던 이 조상은 약 110cm 정도의 높이였다. 그 주변에는 테라코타로 된 많은 작은 횃불들이 있었으며, 횃불들은 모두 조각상을 향하게 놓여 있었다. 머리는 사자, 나머지 몸은 사람의 형상을 한 이 조상 발 밑으로 구체가 하나 있었고, 거기서부터 뱀이 그 조각상의 몸을 휘감아 올라가서는 조각상의 입 속으로 머리가 들어가 있었다.

그는 가슴께에 팔을 엇갈려 모은 채로 양손에 열쇠를 쥐고 있었고, 등에 붙어 있는 네 날개 중 두 개는 위를, 나머지 두 개는

▶ 〈그림 11-19〉 이온 또는 즈르반 아카라나
여기에 재현된 조상은 발레리우스 헤라클레스(C. Valerius Heracles)와 그 아들들이 서기 190년에 헌사했던 오스티아의 미트라 신전에서 발견된 것이다. 레이야드(Layard)의 〈미트라에 관한 연구(Recherches sur Mithra)〉에 처음 실렸으며, 미트라를 모신 다양한 동굴에서 이와 비슷한 조상이 발굴되었다.

아래를 향해 있었다. 나는 조야하게 만들어진 이것을 아주 오래된 작품이라고 생각하지 않았다. 어쩌면 너무 오래되어서 아직 알려지지 않은 것일지도 모르는 이것이, 그 당시엔 훌륭하게 만들어진 것일지도 모를 일이다. 오라지오 경은 신화학자인 한 예수회 수도사가 그 조각상을 가리켜, 우상 숭배의 시기에 세상을 지배했던 악마를 상징하는 것으로 해석했다고 했다. 그래서 그의 발 밑에 구체가 있다는 것이다. 그리고 뱀이 그를 감아 올라 입으로 들어가는 것은 미래에 대해서 불분명하게 예언하고 있는 것이라고 하였다. 양손에 쥐고 있는 열쇠들은 세상에 대한 통치권을, 사자의 머리는 모든 짐승들의 통치자임을, 네 개의 날개는 그의 편재성을 의미한다는 것이 바로 그 예수회 신부의 의견이었다.

나는 이 설명을 만족시켜 줄 우상 신을 찾아보려고 최선을 다했다. 그러나 오라지오 경은 죽었고, 그의 후계자들은 그 상이 어찌되었는지에 대해서 아는 바가 없다. 오라지오 경이 그 신화학자의 충고를 따라 그 조상에 밴 축축한 습기를 없애려고 어떤 석회가마로 보냈을 리는 없다. 왜냐하면 그것은 엄청나게 오랜 세월 동안 묻혀 있었기 때문이다.

매력적인 이름의 신 이아오(Iao), 즉 아브락사스[26]는 아스클레피우스(Aesculapius)라는 치유의 신의 상징물과 똑같은 수탉의 머리를 하고 있다. 소크라테스는 죽을 때, 자신의 영혼이 육체가 존재함으로써 앓았던 질병에서 회복되었다고 하면서, 친구들에게 수탉 한 마리를 아스클레피우스 신에게 제물로 바쳐줄 것을 부탁하였다고 한다. 뱀(신비, 영원, 지혜의 상징물. 그노시스의 선지자)은 다리가 없이 기어다니므로, 이아오 신도 뱀의 다리를 가지고 있다.

▶ 〈그림 11-20〉 아브락사스, 아가토데몬, 이아오
아브락사스 : 새겨진 글자는 '가브리엘 사바오스(Gabriel Sabaoth)', 아브락사스의 사제는 고리형태로 감긴 뱀을 지니고 있고, 또 다른 뱀이 휘감고 있는 창을 하나 들고 있다. 그는 머리에 네 깃털이 달린 괴상한 머리장식을 쓰고 있고 세 개의 별들에 둘러싸여 있다.
아가토데몬 : 첫 줄 X자 모양 사이의 글은 '나는 선한 영, 영원한 태양신이라' 라고 풀이한다.

덕성의 신 아가토데몬(Agathodaemon)은 사람들의 마음을 몹시 매혹시켰다. 그는 머리가 태양 빛에 둘러싸인 뱀의 모습으로 보석에 등장하는가 하면, 성찬식에서 신부가 등장하는 원통모양의 신성한 상자 위에 떠 있는 모습을 볼 수 있다.

아가토데몬의 무늬는 이아오의 것만큼이나 흔하다. 갈레노스(Galen, 그리스의 의사, 해부학자)의 다음과 같은 말로 미루어 보아, 일종의 부적으로 사용되었던 것으로 생각된다.

> 어떤 사람들은 이러한 힘이 특정한 돌들, 즉 벽옥(green jasper)에 내재해 있다고 주장한다. 이 돌을 가슴과 위장이 있는 배 부위에 감아 두면 효험이 있다고 한다. 어떤 사람들은 이 돌로 반지를 만들어, 거기에 머리가 빛으로 둘러싸인 관을 쓴 뱀을 새겨 넣는데, 이는 네켑소스(Nechepsos)왕이 그의 13번째 책에서 적은 처방을 따른 것이었다.

갈레노스와 같은 분별력이 있는 사람이 이런 부적의 효력을 믿었다는 신기한 사실은, 당시 그노시스적 미신들이 얼마나 설득력을 가지고 있었는지를 짐작할 수 있게 한다.

갈레노스는 또 이렇게 쓰고 있다.

> 이것으로 나는 충분한 경험을 했고, 그 돌들로 환자의 명치쯤에 닿도록 충분히 길게 늘어뜨려 목걸이를 했더니, 그것만으로도 효력이 있었다.

기독교적 영향 속에서 자란 사람이라면 선한 신을 뱀이라는 알레고리로 표현하는 것을 생소하게 느끼겠지만, 자신과 다른 시대의 어떤 사람들은 뱀과 관련하여 매우 다른 생각을 가지고 있었다는 사실을 잊지 말아야 할 것이다. 동방의 사람들에게 사지가 없는 뱀은 신비의 상징이었고, 건강과 불멸의 상징이었다. 유세비우스는 다음과 같이 말하고 있다.

> 뱀은 결코 자연사하지 않고, 폭력에 의해 다쳤을 때만 죽는다. 그래서 페니키아 사람들은 뱀을 '선한 신(아가토데몬)'이라고 불렀다. 이와 유사하게 이집트인들은 그를 크네프(Cneph)로 부르며, 매가 가진 민첩성을 표현하기 위해 매의 머리로 묘사하였다.

오시리스-아피스의 그리스적 형태라고 할 수 있는 세라피스(Serapis)는 여러 가지 점에서 기독교와 닮아 있다. 우리가 이미 기독교 저자들을 통해 알고 있는 사실대로 그들의 성스런 상징물은 십자가였고, 아드리안 황제는 비록 이 문제에 권위자는 아니었지만, 세라피스 숭배자들을 기독교도로 간주하여 세라피스에게 봉헌하는 자들을 '그리스도의 주교들'이라 불렀다. 비록 기독교와 이집트에서 행해지던 세라피스 숭배가 서로 섞이지 않았다 하더라도, 이집트에서 기원하여 다른 어떤 곳보다 번영했던 기독교 수도회의 원형이 바로 세라피스 성전의 수도회라는 사실은 알아둘 필요가 있다.

세라피스 숭배는 고대 이집트 오시리스 숭배를 개선한 것으로, 프톨레미 소테르(Ptolemy Soter)가 이집트의 오랜 전통을 알렉산드리아의 그리스 문화에 조화시킬 목적으로 도입하였다고 한다.

그 정신에 있어서는 유사하지만 서로 독립적으로 발전한 사상이 있다. 따오기 머리를 하고 있는 이집트 신들의 서기관 토트(Tot) 숭배이다. 원래는 달의 화신인 토트, 즉 테후티(Tehuti)는 모든 척도의 왕이었고, 그래서 신성한 우주 질서를 의미할 정도로 그 중요성이 커졌다. 그는 '영광의 따오기', '프타(Ptah)'[27]로부터 유래한 따오기 신이라고 불린다.

▶ 〈그림 11-21〉 세라피스

죽은 뒤 다시 부활한 신 오시리스는 '축복받은 자, 따오기 신 오시리스'의 그와 동일시되었다. 또한 '다시 태어난 사람(child ever being born again)'으로서의 그는 달의 여신 순수(Xunsu), 마우트(Máut)와 함께, 순수(Xunsu)-마우트(Máut)-테후티(Tehuti)라는 삼위일체 속에서 숭배되었다.

그리스인들 사이에서 토트는 헤르메스 신과 동일시되어 나중에는 '세 번 위대한 헤르메스', '영혼의 구세주' 라는 뜻의 '헤르메스 트리 스메기스토스(Hermes Tri smegistos)' 라고 불리면서 매우 중요한 역할을 담당하기 시작하였다. 헤르메스는 이제 제우스의 장남으로 추앙받고, 심지어 그의 대표성과 절대성으로 인해 신들의 아버지로서 취급되기까지 하였다.

그리스-이탈리아의 철학 사조

철학자들을 통하면 당시의 사조가 어떠했는지를 알아볼 수 있다. 세네카, 에픽테토스, 마르쿠스 아우렐리우스 등의 철학자들은, 그 정신에 있어서 기독교와 마음이 맞았다. 그들은 모두 플라톤 철학의 영향을 받아, 다신론적 우상 숭배에 반기를 들고 순수한 일신교를 주장하였으며, 신의 부권을 얘기하였다. 또 그들은 도덕을 역설하고, 육체를 영혼의 임시적 거처이자 모든 악의 소재지로 간주하여 이들 둘을 명확히 구분하였고, 영혼을 월등한 것으로 생각하였다.

그러나 그들은 철학자들이었을 뿐, 사제들이 아니었다. 그들은 너무나 거만한 나머지, 기독교와 그들 철학의 유사성을 인정하지 않았다. 심지어 대중의 종교에 대해서는 경멸감을 감추지 않았고, 노동자나 일반대중도 아니고 마음이 가난한 사람도 아닌, 오로지 사상가들에게만 자신들의 주장을 호소할 따름이었다.

그리스-이집트인들은 고대 이집트 전통양식의 토대 위에 종교 철학을 발전시켰고, 이를 《성스런 파이만더(Divine Pymander)》[28] 라는 책으로 엮어냈는데, 이 책에는 기독교적 관점을 떠오르게 하는 아름다운 격언들이 많이 들어 있다. 그러나 다른 철학서들처럼 《성스런 파이만더》도 다수가

▶ 〈그림 11-22〉 영혼의 구세주 헤르메스(좌), 헤르메스의 지팡이(중), 쥬피터로서의 헤르메스(우)

아닌 소수의 독자만을 겨냥한 것이었고, 그 신비주의적 교의도 인류의 종교로 발전하기에는 무리가 있었다.

티아나의 아폴로니우스(Apollonius of Tyana)는 여러 가지 점에서 예수 그리스도와 유사하지만 결코 그보다 뛰어난 인물은 아니다. 왜냐하면 그에게는 그 시대의 철학이 하나의 종교에 다름 아니었지만, 그 추종자들은 초대 기독교인들에 비해서 결코 뛰어나거나 지혜롭지 못했기 때문이다. 또 그들은 서로 같은 미신을 공유하고, 기적에 대해서도 똑같은 신념을 신봉했지만, 우리가 이미 알고 있듯 결점을 보완할 만한 장점들을 거의 가지고 있지 못했다.

기독교 저술가들이 배교자로 부르는 율리아누스(Julian, 로마 황제)는 미래의 신앙을 대표할 가장 영향력 있을 신앙이라 믿을 만한 종교를 접한 후, 자신의 유심론에도 불구하고 기독교을 버렸던 보수적인 인물이다. 이 마지막 이교도 황제는 기독교의 결점, 유대교 당파, 신봉자들의 편협함 때문에 그것에 반대했던 고결한 성품과 생각이 깊은 사람이었다. 그러나 그는 과거에 마음을 빼앗긴 나머지, 이교도 제도가 품었던 야만성을 부활시킬 뜻을 품고 있었고, 그 결과는 주로 무자비한 희생제를 유지하고, 신탁을 믿으며, 신 플라톤 철학의 신비적 교의에 빠지는 경향으로 나타났다.

그노시스주의와 기독교의 구원관

그리스 역시 후기 그노시스주의의 여러 학교들은 십중팔구 기독교에게 가장 위험한 적수였다. 교부들은 그노시스적 교의를 헐뜯는 것으로 그 비통함을 표현하였다. 그러나 그노시스주의자들은 결국 기독교도들과 비슷한 점이 많아서, 어떤 교부들은 그노시스파를 기독교도와 동의어로 사용하기도 하였다. 그노시스주의를 가르치는 사람들은 이방인들이라기보다 이교도로 간주되었고, 그들의 사색은 기독교의 도그마를 발전시키는 데 중요한 요소가 되었다.

그노시스주의자들은 대체로 유대교에서 야훼로 부르는 '세상을 창조한 자', 즉 '조물주'를 모든 악의 아버지로 간주한다. 그들은 야훼를 일컬어 화를 잘 내고, 질투가 많으며, 복수심에 불타는 신이라 하면서, 천지창조와는 아무런 상관없는 최고 신과 대비시킨다. 조물주는 세상을 창조했기 때문에 그 세상에 대한 권리를 가진다. 그러나 그는 예수의 죽음으로 무력해졌다. 조물주는 예수를 십자가에서 죽도록 내버려 두어 그를 정복할 생각이었는데도, 예수의 열정과 무고한 죽음으로 인해서 하나님의 승리가 이루어지고 인류의 구원이 성립되었기 때문에, 그런 조물주의 승리란 터무니없이 불합리하다는 것이었다.

그노시스교도 중에서 단연 흥미로운 분파는 오파이트(Ophites), 즉 뱀 숭배자들이다. 그들이 생각하는 조물주란, 인간이 그노시스(지식 또는 깨달음)를 통해서 해방될 수도 있는 위험을 감지하여, 그로 하여금 선악과를 먹는 것을 미리 금하였던 존재이다. 그러나 전적으로 선하고 전적으로 지혜로운 최고신께서 인간을 측은히 여기고, 조물주 야훼가 무지의 굴레로 붙들어 두려고 했던 인간을 해방시켜 주기 위해 뱀을 보내어 그가 선악

▶ 〈그림 11-23〉 교회를 상징하는 배(좌), 뱀이 있는 기독교 보석(중), 그노시스 보석(우)

과를 먹도록 부추기게 하였다는 것이다.

뱀은 많은 그노시스 보석들에 나타나며, 특히 미트라 신의 기념물에서는 결코 빠지지 않는다. 또 기독교 문장에서도 자주 볼 수 있는데, 종종 뱀을 악의 상징으로 해석하기 어려울 때가 있다.

이레나이우스(Irenaeus)는 조물주를 악마의 자리에 놓았던 그노시스적 관점에 반기를 들었던 초대 교회의 교부이다. 그는 악마를 가리켜 오만 방자해져서 신의 창조물을 시기하던 반역 천사라고 하였다. 그러나 그에게도 그노시스파의 견해와 일치하는 점이 있었다. 즉 악마가 인간의 죄로 인해 인간에 대한 권리를 주장해 왔다는 것이다. 하지만 그는 예수가 인류의 빚을 대신 갚아 원죄에서 벗어났기 때문에, 인간을 죄인 취급하면서 자신을 인류에 대한 채무자로 자청했던 악마의 손아귀에서 인류의 영혼을 속죄시켜 줄 힘이 있다는 것이다.

신의 도구로서의 악마

예수의 죽음과 악마와의 관련성에 대한 법적 이론은 오리겐(Origen)에 의해서 더 정교해졌다. 오리겐에 따르면 예수의 희생은 하나님에 대한 속죄를 위해서나, 혹은 그 자신의 정의감을 만족시키기 위해서(프로테스탄트교도들의 관념)가 아니었으며, 단지 악마에게 빚을 갚기 위해서였다. 예수는 그야말로 악마를 위한 미끼였던 것이다. 사탄은 자신이 예수를 파괴해야만 한다고 생각하고 그를 죽이는 데 성공했지만, 결국 하나님에게 속았다는 것을 알고 말할 수 없이 후회한다. 하나님이 덫을 놓았고, 악마는 어리석게도 스스로 덫에 뛰어 들었다는 것이다.

마네스(Manes)는 조로아스터교에 따른 교육을 받은 사람이었다. 그는 자신이 알고 있는 모든 종교들을 종합함으로써 보편적인 하나의 종교를 알아내려고 애썼다. 마니교로 불리는 이 종교는, 기독교적 요소를 많이 담고 있으며, 흔히 기독교나 그노시스 분파로 간주된다.

그러나 성 아우구스티누스는 강경하게 마니교를 이단으로 깎아 내렸다. 마네스는 페르시아적 이원주의를 가르쳤지만, 성 아우구스티누스는 악마의 독립적인 존재를 부인하는 정통 기독교 교의를 체계화하였고, 세상에

▶ 〈그림 11-24〉 카타콤(Catacombs, 초기 기독교도의 피난처가 된 공동묘지)의 기독교 상징들

죄가 출현한 것을 아담이 창조될 때 부여받았던 자유의지 때문으로 설명하면서, 악이란 신의 가르침에 대한 계획 중에서 하나의 목적을 위한 수단으로 간주하였다.

종교의식과 상징

기독교는 이교도주의를 상대로 승리를 거두었다. 그 승리는 당시 진실되고 선하며 고무적인 것으로 생각되던 모든 것을 짜임새 있게 구현함으로써 가능했다. 처음에 기독교도들이 이단이라며 맹렬히 공격하였던 우상숭배행위는 곧 향 피우기, 성지순례, 성수 뿌리기 등 모든 이교도의 숭배방식들과 함께 재도입되었다. 라바룸(labarum)의 오랜 상징은 그리스도의 합성어로 풀이되었으며, 매우 오래된 종교적 상징물이었던 신성한 표식, 즉 '교차하는 두 개의 줄'은 결국 골고다의 십자가와 동일시된다.

▶ 〈그림 11-25〉 아람의 전사들. 전쟁터에서 몸을 보호하기 위한 부적으로 십자가를 걸고 있는 모습
이집트 18번째 왕조의 유물에서 따옴. 게르하르트(Gerhard)가 출간한 고대의 그림들에서 볼 수 있듯이 그리스에서도 십자가를 목에 매달아 부적처럼 사용했다.

두 개의 교차하는 선들의 형상은 시리아인들과 기타 민족들 사이에서 구원의 표식이었고, 그것이 동서남북의 네 방향을 나타냈을 가능성도 있다.[29] 어쨌든 이것을 십자가로 부르게 된 이래로, 강력한 마술이나 부적의 기능을 함으로써 전통적 명성을 되찾았고, 주로 귀신을 쫓아내는 데 널리 사용된다. 그러나 모든 기독교 교부들이 악마가 십자가를 두려워한다는 믿음을 가지고 있었던 것은 아니었다.

그리스 신화의 신들과 기독교

그리스 신들은 초기 기독교도들에 의해서 악마로 간주되었지만, 그리스 신화와 그리스 신, 영웅들에 관한 전설에 묻어 있던 사상들은 그대로 유지된 채 기독교화 되었다. 고대 그리스의 구세주들은 단순히 그 이름을 바꾼 채 기독교의 성인들이 되거나, 혹은 적어도 그 성인들의 삶에 얽힌 전설을 이루는 중요한 특징들에 기여하였던 것이다.

기독교는 평화의 종교지만, 서방 국가들은 호전적이다. 초대 기독교 시기에 전쟁 정신은 종교적 정서로 신성화되고, 맞서 싸우는 성인들과 천사들 속에서 묘사되었다.

기독교의 수호 성인이면서 자주 용사로 등장하는 사람은 성 조지다. 기독교 국가들 중에서 전혀 독실한 믿음을 유지하지도 않으면서, 동시에 전혀 호전적이지 않은 영국인들이 그들의 슬로건으로 성 조지라는 성인을 택했던 것은 당연한 일이다.

성 조지의 전설과 그림들은 페르세우스 신화를 많이 닮아 있다. 기독교 모양을 갖춘 이 이야기는 처음에 야고보 데 보라지네(Jacobus de Voragine)의 〈성인이야기(Legenda Sanctorum)〉에서 등장했다. 이웃의 한 이교도의 성에서 인신공희로써만 분노를 달랠 수 있는 용 한 마리가 극성을 부리는 이야기다.

▶ 〈그림 11-26〉 십자가로 악마와 싸우는 성 안토니우스(좌)와 성 조지, 공주 그리고 용(우)

성 조지라는 매우 용기 있는 기독교 기사가 왕의 딸이 제물로 바쳐지는 아슬아슬한 순간에 도착하여 이 괴물을 처치한다. 성 조지의 말에 따라 공주가 자신의 허리띠를 용의 목에 묶자, 죽었던 용이 다시 일어나 순한 양처럼 이들을 성까지 수행한다. 사람들은 이 광경을 보면서 두려움에 떨었는데, 성 조지가 괴물을 다시 한 번 죽임으로써 괴물은 영원한 죽음을 맞게 된다. 이에 가난한 사람들에게 보상금을 모두 나누어준 조지는 왕을 비롯한 모든 사람들을 기독교도로 개종시켰으며, 다른 나라로 선교를 떠나 순교자로서 생을 마감하였다는 것이 줄거리다.

성 조지는 역사상 실존인물로서 알렉산드리아의 대주교이자 아리우스(Arius)의 추종자이다. 하지만 실제의 조지는 전설 속에서 용을 죽인 영웅적인 면모와는 거리가 먼 인물이었다. 기독교와 이교도 역사가들의 기록을 보면, 그는 비굴한 아첨꾼이었으며, 잔인하고 탐욕스러운 폭군으로서 서민들로부터 몹시 미움을 받았던 사람으로서, 세속 군주들에게 자리를 빼앗기고, 361년 크리스마스 전날 감옥에 갇혔다.

그의 관할 하에 있던 적들은 대부분이 가난한 사람들이었다. 이들은 소송이 지연되는 것에 인내심을 잃고 폭도로 돌변하여, 362년 1월 17일 감옥 문을 부수고 이 파면된 대주교에게 테러를 가했다. 결국 '폭력에 의한 죽음' 때문에 그는 훗날 순교자의 관을 쓰는 영광을 안는 충분한 자격을 얻게 된 셈이었다. 하지만 그가 교회에 가장 크게 봉헌한 점도 있다. 그것은 한 아리우스파 성인을 공식적으로 인정함으로써 아리우스 추종자들을 교회로 복귀시키는 데 일조했다는 사실이다.

젤라시우스(Gelasius)는 아마도 성 조지를 언급한 최초의 로마 카톨릭 교황이었을 것이다. 그는 비록 성 조지의 생애에 대해서는 아는 바가 없었지만, 성인들 가운데서 그를 "인류에게보다는 하나님께 더 잘 알려진 성인"으로 평가한 바 있다. 물론 이러한 표현에 대해, 젤라시우스 교황이 반어법을 사용했던 것인지는 선불리 판단하기 어렵다.

성 조지가 어떻게 고대 이교도의 신화 속에서 용을 죽인 신들과 동일시될 수 있었는지는 풀리지 않은 수수께끼다. 이에 대한 단서가 될 연결고리들은 빠져 있지만, 이름이 비슷한 것말고 더 그럴듯한 이유는 없는 것 같다. 전설에서 농경문명이 용의 미개한 야만성을 무찔렀다는 점에서, 아마도 태양신이 땅의 경작자라는 이름으로 어딘가에서 숭배되었을지도 모르는 일이다.

그러나 용의 최종 정복자는 성 조지가 아니라 천사장 미가엘로서, 그는 심판의 날에 거인들과 티파에우스를 패배시키는 제우스의 역할을 하거나,

▶ 〈그림 11-27〉 사탄을 정복하는 천사장 미가엘(좌)과 영혼의 무게를 달아보기 위해 저울을 들고 있는 천사장 미가엘(우)

혹은 인간계의 뱀을 처치하는 튜턴족의 신 토르(Thor, 북유럽 신화에서 천둥, 전쟁, 농업을 주관하는 신—역주) 역할을 한다. 또 승리를 얻으면 미가엘은 그 영혼들의 무게를 달아볼 저울을 든다.

호전적인 성령은 미가엘과 성 조지에만 국한되는 것은 아니었다. 다른 성인들에게도 악마와 조우했을 때 다양한 방식으로 훌륭한 싸움 솜씨를 증명하는 기회가 부여되었기 때문이다.

이집트의 성 안토니우스는 기독교 수도원의 체계를 세운 사람으로, 테베 근처 사막에서 세상을 등지고 속죄를 위한 혹독한 고행을 하며 악령들과 싸웠다고 알려져 있다. 그는 그곳에서 상상 속의 악마들과 무시무시한 싸움을 치렀다고 하는데, 그의 영웅적 행위들은 주교 아타나시오스(Athanasius)가 쓴 책에 기록되어 있다. 이 책은 특히 악령들과 싸우면서 발휘했던 지혜와 경험의 진수를 적은 성 안토니우스 자신의 에세이가 들어 있기 때문에 더 흥미진진하다.[30)]

천재 예술가였던 살바토르 로자(Salvator Rosa)가 그린 매우 드라마틱한 그림은, 성 안토니우스 이야기에 구체적인 개연성을 부여한다. 그림은 무시무시한 모습으로 맹렬하게 공격하는 악마를 십자가 하나로 물리치는 용감한 성인의 모습을 묘사하고 있다.

나사렛 예수의 본래 교의가 평화의 윤리학이었다는 사실은 의심의 여지가 없다. 여기서 '평화'라고 할 때는, 단지 일반적인 마음의 평화와 온화함만을 의미하는 것이 아니라, 악마에게조차 저항하지 않는 절대평화를 의미한다. 후기 기독교에서 보이는 호전성과 호전적인 천사장이나 성인들에 대한 숭배는, 모두 이교도의 것을 원형으로 하여 초대 교회의 책 속에 도입되었고, 이러한 기독교의 주된 양상은 북구의 활기찬 민족들 사이에 확산되어 나갔다.

튜턴 민족들, 즉 스칸디나비아, 독일, 앵글로색슨족과 그 혈통을 지닌 족속의 개종은, 과연 기독교가 이룬 가장 위대한 승리라 부를 만했다. 이 들 민족들은 그리스나 로마인들만큼이나 호전적이면서도 그 힘, 적을 대하는 관대함과 공정성, 도덕의 순수함에 있어서는 그들보다 우세했다.

12 북유럽의 악마 사상

투사의 종교

튜턴족의 종교는 대체로 투사들의 종교였고, 지상의 다른 어떤 민족에 비해 강한 투쟁의 윤리학을 발전시켰다고 말하는 데 주저할 사람은 없다. 전쟁과 투쟁, 그리고 경쟁은 그 자체로 혐오할 만하고 부도덕적인 것으로 자주 간주되었지만, 튜턴족들은 그들의 삶 자체가 투쟁이며 그렇기 때문에 용기를 모든 미덕의 핵심이라고 생각했다. 그들의 가장 숭고한 이상이란, 피할 수 없는 어떤 것으로부터 숨는 것이 아니라 단호하게 그것과 정면으로 맞서는 것이었다. 따라서 그들의 최고신은 전쟁의 신이며, 그들이 생각하는 가장 숭고한 삶의 경지는 전장에서 죽음을 맞이하는 것이었다.

그들은 상처나 죽음을 두려워하는 겁쟁이를 경멸한 반면, 적이라 해도 용감하기만 하면 그들을 존중하고 예우하였다. 또 사기와 거짓말을 경멸하고, 속임수로 승리를 얻는 것보다는 정직하게 패배를 맞이하는 편을 택하였다. 이러한 생각은 단순히 이론으로 그치지 않고 실생활에서도 늘 실

▶ 〈그림 12-1〉 저승의 신 헬

천되었다.

튜턴족은 마리우스(Marius), 카이사르(Caesar), 혹은 싸우는 방법에 있어서 덜 용의주도했던 다른 로마군에게 계속적으로 패하다가, 결국 승리하여 로마의 잔해에 튜턴 제국을 세우기에 이른다.

악마 로키

악에 대한 사상은 튜턴족 종교에서 중요한 역할을 하였다.

로키(Loki)는 불의 신으로, 아사신족(the Asas)의 교활한 말썽꾼이며, 사람들은 그가 죄와 악을 인간 세상으로 가져왔다고 믿는다. 신 에다(the younger Edda, 1230년경 만들어진 고대 시작 안내서-역주)에서 로키는 감각과 열정, 부도덕한 욕망을 부여하여 인간을 창조하는 것으로 나온다. 로키의 자손들은 펜리스 늑대, 인간계의 뱀 요르문간드(Jormungander), 죽은 자의 세계 니펠하임(Nifelheim)의 여왕, 헬(Hel)이다.

로키는 신들의 적인 거인족 건축가에게 제한된 시간 안에 성을 지으면 그 보상으로 미와 사랑의 여신 프로이야(Freyja)를 얻을 수 있도록, 해주겠다고 유인한다. 하지만 성벽이 막 완성될 무렵이 되자, 로키는 자신의 천성대로 변심해 버리고, 신들을 도와 건축가를 속인다. 그는 또 거인 티앗시(Thiassi)를 꼬여 봄의 여신 이둔(Idun)과 영생을 준다는 그녀의 황금사과들을 훔치게도 하였다. 로키는 신들이 벌을 내리겠다고 위협했을 때에야 비로소 이둔을 다시 돌려주었다.

로키가 행했던 가장 나쁜 일은 빛과 순수의 신 발두르(Baldur)를 죽인 일이었다. 그후로 그는 아스가르드(Asgard, 신들의 천상의 거처)에서 추

▶ 〈그림 12-2〉 튜턴족의 최후의 심판일

방되어 그곳에서 영영 살 수 없게 되었다. 그러나 그는 신들이 아에기르(AEgir, 항해와 고기잡이를 방해하는 바다의 신—역주)의 연회에 모인 틈을 타, 다시 돌아와 신들을 조롱하였고, 결국 신들에게 붙잡혀 뱀의 입 바로 밑, 삼각형 모양의 바위에 묶이는 벌을 받게 되었다.

로키의 아내 시귄(Sigyn)은 그의 곁을 지키면서 흘러내리는 뱀의 독을 잔에 받아 비워낸다. 하지만 그녀가 가득 찬 잔을 비우기 위해 자리를 떠나 있는 동안은 뱀의 독이 로키의 얼굴로 떨어졌기 때문에 그는 고통을 당해야 했다. 로키는 참을 수 없는 고통으로 인해 몸부림을 쳤는데, 그로 인하여 세상이 진동하였다. 지진은 로키의 몸부림 때문에 생긴다는 것이다.

최후의 심판

튜턴 신화에서 가장 주목할 만한 특징은 바로 라그나록(Ragnarok, 신들의 황혼이라는 뜻), 즉 최후의 심판에 대한 관념이다. 그날은 전 세계는 물론 모든 신들도 멸망해 버린다. 악마의 힘에 족쇄가 채워져 약해졌지만, 그 족쇄에서 풀려날 날이 언제든 도래하게 되는 것이다. 그리하여 로키, 펜리스 늑대, 인간계 뱀, 그리고 헬은 서리 거인들, 기타 악마의 군사들이 함께 쳐들어 온다는 것이다.

신들의 파수꾼인 헤임달(Heimdall)이 뿔피리를 불면, 아사신족은 전쟁을 준비한다. 비그리드(Vigrid) 평원에서의 전투는 가히 살인적이라 할 만하다. 아사신족이 사악한 괴물들과 싸워 죽이는 동안에 그들 역시 죽을 것이며, 무스펠(Muspell)의 화염은 우주의 잔해를 삼켜버릴 것이기 때문이다.

세상에는 시작이 있었기에 당연히 종말도 있는 것이다. 그러나 세상이 파괴된 후, 새로운 하늘과 땅이 그 폐허 위에 생겨나고, 이렇게 만들어진 새로운 세계는 이전보다 더 아름답고 풍요로워진다. 리프트라시르(Leifthraser)와 그 아내 리프(Lif, 리프는 '생명'을, 리프트라시르는 '생명에 대한 갈망'을 뜻한다—역주)는 세상이 멸망하는 동안 호드미니르(Hodmimer)의 숲에서 숨어 지냄으로써 화염으로부터 아무런 해도 입지 않는다. 그들은 기멜(Gimel, 독일어로 힘멜[Himmel])이라는 새로운 장소에서 거주할 새로운 종의 어버이가 되며, 그들 중에는 오딘과 그 자손들, 토르, 발드르, 프로, 그리고 기타 아사족 신들도 있다.

튜턴화된 기독교

기독교가 북유럽 전역에 퍼지면서, 튜턴과 켈트족 역시 영향을 받았다. 이들은 기독교 세계관의 몇 가지 특징들을 변형시키고, 그 체계에 새로운 사상을 첨가하기도 하였다. 실제로 오늘날의 기독교는 본질적으로 튜턴식 종교라고 할 수 있다.

이전의 기독교 윤리학은 "악에 저항하지 말라"라는 문장으로 표현될 수 있었는데, 이제는 튜턴족의 전투적인 정신과 일치하여 점점 더 투쟁의 필요성을 강조하게 되었다. 그리스도의 제자들은 충직한 신하들로 변모된 반면, 그리스도의 모습은 튜턴의 전쟁왕, 황제의 아들과 닮게 만들어졌다. 그 뿐만이 아니라, 대천사들은 아사신족, 즉 위대한 북구 신들인 보단(Wodan, 오딘에 해당하는 신-역주)과 도나(Donar, 천둥 신에 해당-역주) 그리고 프로(Fro)의 특징을 갖게 되었다.

고대 이교도의 축제들 역시 기독교화 되었는데, 율타이드(Yuletide)는 크리스마스가 되고, 봄철에 새벽과 봄의 여신을 섬기던 오스타라(Ostara) 축제는 그리스도의 부활절이 된다. 또한 북구의 악마 세력이 가졌던 개별적 특성들 역시 사탄과 그 무리로 변모하였던 것이다.

튜턴의 전설과 동화에는 악마가 자주 언급된다. 이러한 악마는 로키를 연상시키는 여러 특성들을 가지고 있다. 게다가, 고대 스칸디나비아인들의 얼음 거인들, 색슨족의 니플하임(Niflheim, 지하세계로 안개의 나라-역주), 아일랜드인의 지하세계, 이 모든 것이 중세 기독교에 유행하던 악마관에 어느 정도씩 기여했던 것이다.

지옥을 일컫는 '헬(Hell)'이라는 말 자체가 본래 움푹 패인 곳, 또는 지하동굴이라는 뜻의 튜턴 말이며, 로키의 딸 헬(Hel)의 왕국을 상징한다.

낯설고 무시무시한 신들의 생김새 역시 악마에 얽힌 전설을 꾸미는 데 쓰였다. 그리하여 폭풍 신 오딘(Odhin)은 '거친 사냥꾼'이 되었던 것이다.

카루스 스턴(Carus Stern)이라는 필명으로 더 잘 알려져 있는 에른스트 크라우제(Dr.Ernst Krause)는, 남반구의 우화와 전설에 미친 북구의 영향을 밝혀내기 위한 연구를 해왔다. 그에 따르면, 태양의 죽음과 부활을 상징하는 모든 신화들이 영혼불멸, 최후의 심판, 세상의 최종 부활 등에 관한 사상을 발생시켰으며, 또한 이러한 신화들은 사라진 듯 했던 태양이 크리스마스에 돌아와 빛과 생명을 다시 퍼뜨린다는 북구 신화에 기원하고 있다는 것이다.

문헌학자들은《니벨룽겐의 노래(Nibelungenlied, 13세기 전반 남독일의 대서사시－역주)》가 호머의 서사시들이 가지는 특징들을 그대로 반영한다고 본다. 그러나 크라우제에 따르면,《니벨룽겐의 노래》는 호머의 것보다 오래되었으며, 하늘과 땅의 멸망과 타락을 묘사하는 장면을 그린 에다 시편의 첫 시가,〈시빌의 예언(Völuspa)〉은 최후의 심판의 날에 대한 그리스도의 예언을 앞서고 있다. 기독교는 동방에서 온 것이지만, 신이 죽었다가 다시 부활한다는 사상은 북구에서 기원한 것이다.

크라우제는 더 나아가서, 단테의《신곡》에 묘사된 지옥의 관념 역시 로마 카톨릭 기독교의 전통적 관념으로 여겨질 수도 있지만, 그 모든 핵심 요소들로 볼 때 북유럽의 상상력의 산물임을 증명하려 하였다. 단테는 튜턴족의 전통양식을 다수 따랐다. 그가 살던 시대에 튜턴족의 전통은《삭소 그라마티쿠스(Saxo Grammaticus)》,《베다 베네라빌리스(Beda Venerabilis)》,《알베리쿠스(Albericus)》,《캐드몬(Caedmon)》,《체사리우스 폰 하이스터바흐(Caesarius von Heisterbach)》등의 저서를 통해 기독교 세계들의 공통 속성이 되었다. 단테의〈지옥편〉에서 묘사된 가장 깊은 지옥은, 남반구 사람들에게 익숙한 '고문의 장소', '끓는 유황 바다'로 묘사되지 않고, 얼음 궁전으로 만들어진 춥고 황폐한 곳이다. 이 얼음 지옥에 관한 사상이 그노시스주의 시절로 거슬러 올라갈 수 있다는 사실은, 곧 가장 두드러진 여러 특징들로 볼 때 북구의 영향 역시 역사 이전으로까지 거슬러 올라갈 수 있다는 사실을 증명해 준다.

단테의 상상력은 결코 그 자신의 산물이 아니다. 그것은 방대한 양의 고대 전설들을 구현한 것에 다름 아니다. 단테는 단지 사탄과 지옥을 묘사하면서, 그 당시 너무나 대중적이었던 북구의 신화적 관점을 재현해 내었을 뿐이다. 그의 서사시는 사자의 세계를 여행했던 율리시즈와 베르길리우스를 연상시킬 뿐만 아니라, 아일랜드의 성 패트릭(St.Patrick)의 연옥으로 내려간 기사 오웨인(Knight Owain)을, 또 베다(Beda), 알베리쿠스(Albericus), 슈발리에 툰달루스(Shevalier Tundalus)가 묘사한 지옥도 떠오르게 한다.

〈지옥편〉의 마지막 시편은 지옥의 군주가 거주하는 곳이 묘사되었는데, 그곳은 너무나 짙은 안개로 둘러싸인 나머지, 단테가 안내자의 손을 잡고 다녀야 할 정도이다. 감히 누구도 접근할 수 없을 듯한 얼음 궁전은 마치 모든 것을 날려버릴 듯한 차가운 눈보라 속에서 서 있고, 투명한 얼음 속에는 지옥의 통치자와 고약한 성격의 패거리들이 몸의 일부가 얼어버린 채로 서 있다.

단테가 '디스(Dis)'라는 악마를 묘사한 것을 보면, 켈트족, 튜턴족, 그리고 슬라브족 사이에 흔히 숭배되었던 북유럽의 최고 악마 신의 모습과 정확히 일치하고 있음을 알 수 있다.

디스는 세 얼굴을 가지고 있다. 하나는 앞에, 그리고 둘은 양 옆에 있다. 정면을 향하고 있는 가운데 얼굴은 빨갛고, 오른편의 얼굴은 희끄무레한

누런 색이며, 왼편에 있는 얼굴은 검은색이다. 이처럼 북구 문명의 거친 예술 작품에서 볼 수 있는 못생긴 신상들로 인해서, 그들의 삼위일체관은 사탄에게 옮겨졌다. 단테가 그린 디스는 〈구 에다(The Edda)〉에서 죽음의 신이 사는 집의 문을 지키는 머리 셋 달린 거인 흐림-그림니르(Hrim-Grimnir)뿐만 아니라, 다양한 이교도 신들의 삼위일체, 특히 슬라브족의 삼위일체 신 트리글라프(Triglaf)를 연상케 한다.

밤베르크의 오토 주교(Bishop Otto of Bamberg)는 포메라니아인(Pomeranians)들을 기독교로 개종시키고 난 1124년에, 스테틴 사원(temple of Stettin)의 머리가 셋 달린 트리글라프 상을 깨부수어, 그 머리를 로마에 있는 호노리우스 교황(Pope Honorius)에게 보낸 적이 있다.

크라우제는 1301년에 플로렌스 대사가 로마를 방문했을 당시, 포메라니아의 트리글라프의 머리를 단테가 직접 목격했었음에 틀림없다고 말하면서, 단테가 삼위일체 사탄을 묘사하기 위한 모델로 사용했을 수도 있다는 추측은 결코 터무니없는 가정이 아니라고 했다.

거인족

자연의 거친 힘을 단순히 의인화했던 고대 튜턴족 거인들이 기독교에서 악마로 변모된 것을 보면 재미있다. 북구 신화에는 다양한 거인족들이 등장한다. 산 거인, 폭풍 거인, 서리 거인, 안개 거인, 그 밖의 여러 가지 거인들이 어리석게 묘사되어, 흔히 지혜로운 신들에게 정복당하거나 인간의 잔꾀와 거짓말에 속아 넘어간다. 전통사상을 그대로 유지한 채 단순히 거인들의 이름을 악마의 것으로 바꿔버린 전설들이 헤아릴 수 없이 많다. 또 자연에 대한 인간의 모든 정복은, 튜턴 신화의 고대관념 속에서 거인 혹은 악마가 이러저러하게 속아 넘어가는 예들로 표현되었다.

거인들은 산, 숲, 강, 호수, 흙의 대표자들로서, 항상 임대료를 걷으러 다니는 데 열심이다. 왜냐하면 사람들은 거인들이 소유한 땅에 단순히 세를 들어 사는 존재에 불과하기 때문이다. 거인들은 그런 인간의 안락함을 시기하고, 그들의 일을 파괴하려고 애쓰는 존재들이다. 그래서 안개 거인 그렌델(Grendel)은 밤이 되면 흐로트가르(Hrothgar)왕의 전당에 나타나, 한 번에 서른 명씩 되는 신하들을 잡아먹는다. 태양 영웅 베어울프(Beowulf)는 바로 이 거인과 싸워 팔을 잘라버리고, 안개가 피어오르는 늪지에 사는 여자 거인, 그렌델의 어미를 만나 마침내 그렌델과 그 어미를 모두 죽이는 데 성공한다.

네덜란드와 플란더스의 사육제에서 빠지지 않는 거인족들의 행렬은, 임대료를 거두러 다니는 지주들의 방문을 상징하는 고대 조세 풍습의 유물일 것이다. 또한 사육제에서는 사람들이 다음과 같은 거인노래의 후렴구를 부르면서 임대료 대신 다과를 준다.

> 다시 돌아 오라 작은 거인이여, 작은 거인이여.

제물을 산채로 묻다

자연의 힘, 즉 신, 괴물, 거인, 그리고 훗날 그들 대신 악마가 임대료를 수집할 특권을 가지고 있다는 생각은, 시간이 흐르면서 땅을 소유한 막강하고 심술궂은 땅 주인에게 줄 빚을 갚기 위해 산 제물을 제공하는 사상으로까지 발전하였다. 그리고 이러한 관념의 결과는 인간이나 동물을 산채로 묻는 미신적 행위로 드러났다. 이 풍습은 문명의 특정한 단계에서 거의 보편화된 형태였고, 이스라엘의 야훼 하나님까지 인정하였던 것이기도 했다. 그림(Grimm)은 다음과 같이 말한다.

> 건물의 토대를 쌓을 때, 산 짐승이나 인간까지도 매장할 필요가 있다고 생각했다. 이 같은 행위는 건물의 무게를 지탱할 땅에게 산 제물을 바쳐야 한다고 믿었기 때문이었다. 이러한 잔인한 풍습을 통해서, 사람들은 그들의 훌륭한 건물이 영구성과 안정성을 갖길 바랐다.

이러한 야만적인 풍습을 기록하고 있는 수많은 이야기들이 있는데, 상당 부분이 역사적 사건을 기록한 것이며, 비교적 최근까지도 그러한 풍습이 지속되었다. 예를 들어 아무리 다시 지어도 자꾸만 무너지는 코펜하겐의 성벽에 대한 이야기를 틸레(Thiele)의 《덴마크의 민간설화(Dänische Volkssagén)》에서 볼 수 있다. 일이 이렇게 되자 사람들은 마침내 무고한 어린 소녀를 데려다가 탁자 앞 의자에 앉히고, 장난감과 사탕을 주어 소녀가 즐겁게 놀게 만든 뒤, 그 동안 12명의 석공들이 그곳을 덮어버리고 벽을 쌓았다는 것이다. 그리고 그후로는 성벽이 무너지지 않았다고 한다.

스쿠타리(Scutari) 역시 같은 방식으로 지어졌다고 한다. 이 도시가 지어지는 과정에 유령이 나타나 요구하기를, 다음날 세 왕들 중 한 명의 부인이 석공들에게 줄 음식을 가지고 와야 하며, 그녀를 건물의 주춧돌에 산채로 묻으라고 하였다. 선택된 여인은 젊은 어머니였기 때문에, 그녀는 자신의 어린 아기에게 젖을 먹일 수 있도록 허락 받았고, 사람들은 벽에 작은 구멍 하나를 남겨주었다. 그리고 물론 아기가 젖을 떼자마자 그 구멍을 막았다고 한다.

녹(F. Nork)의 《관습과 풍속(Sitten und Gebräuche)》에서는 1813년에 엘베(Elbe) 강의 제방이 얼음으로 인해 무너진 후 기사들이 그것을 고치는 데 굉장한 애를 먹자, 한 노인이 제방 감독자에게 "제방 속에 어린아이를 묻기 전까지는 그 제방을 고칠 수 없을 것이네"라고 말하였다는 이야기가 나온다. 그런가 하면 그림은 보다 더 최근인 1843년경의 예를 보여준다. 할레(Halle, 독일 작센안할린 주의 도시―역주)에 새 다리가 건축되었을 때, 사람들은 주춧돌 속에 아이를 묻어야 한다고 수군거렸다는 것이다.

이 잔인한 의식이 행해지지 않게 된 후에도, 그 미신은 사람들의 마음속에서 오랫동안 지속되었으며, 기독교가 가르쳤던 고상한 도덕체계에도 불구하고 수용되었을 뿐만 아니라, 오히려 기독교의 이름으로 유지되기까지 하였다. 토마서(Tommaseo)의 《통속가요(Canti Populari)》에서도 일례로 성벽의 인부들에게 건축가의 아내를 주춧돌에 묻어버리라고 명하는 한 천사장의 목소리가 하늘에서 들렸다는 이야기가 실려 있다. 여기서는 미신적 관행이 기독교적인 것으로 간주되고 있고, 교회를 세울 때조차도 이 같은 잔인한 인신제물을 요구하였던 것으로 볼 때, 기독교 권위자들도 이를 인정할 만큼 무지했던 많은 사건들이 있었을 것이란 점은 자명해진다.

또한 장소의 신성함 때문에, 다른 사람도 아닌 성직자를 묻어야 하는 경우도 여럿 있었는데, 당시 아이들이나 여자들은 제물의 조건에 부족하다고 생각했기 때문이었다. 군터(Günther)의 《독일민족 설화(Sagenbuch des Deutschen Volkes)》에는 슈트라스부르크 성당을 지을 때 살아 있는 두 사람의 제물을 필요로 했고, 결국 그 주춧돌 속에 두 형제가 나란히 묻혔다는 이야기도 있다.

어리석은 악마

지면이 낮은 독일 땅에 커다란 옥석들이 흩어져 있는 이유는 거인들이나 악마들 때문이라고 한다. 종종 거인들이 그들의 신발을 벗어 모래알을 털어 내거나, 사람들의 기지로 속은걸 알고 분노하여 내던져진 것들이라는 것이다.

지금까지 개간되지 않은 땅을 돌보던 한 농부에 관한 독일의 동화가 있다.

> 악마—즉, 땅을 소유하긴 했지만 그 동안 불모의 돌들과 황량한 불모지 외에는 보지 못했던 거인을 말함—는 놀라움에 차서 땅에서 솟아난 초록의 식물들을 뚫어져라 쳐다보았다. 악마는 수확물의 절반을 요구하였다. 농부는 그로 하여금 수확물의 위쪽 절반을 가질 것인지 아래쪽 절반을 가질 것인지를 선택하라고 제안했다. 악마가 아래 반쪽을 택하자 농부는 밀을 심었고, 위쪽 반을 택하자 순무를 심어 그에게 쓸모 없는 밀의 밑동이나 순무의 윗 부분을 주었다. 결국 악마는 어느 쪽을 택하든지 농부의 속임수에 속아 넘어갔다.

이런 이야기는 남쪽 아라비아로 건너가기도 했다. 그것을 프리드리히 뤼케르트(Friedrich Rückert)가 발견하여 그의 시 〈속아 넘어간 악마(Der Poetrogene Teufel)〉에 썼으며, 시카고의 가우스(E.F.L.Gauss)가 이를 인용할 목적으로 번역했다.

> 아랍인들은 그들의 들판을 일렬로 경작하였네.
> 그런데 악마가 불꽃 속에서 나타나

"세상의 절반은 나의 것, 네 농작물 역시 그러하니, 내 몫을 달라"고 주장하네.

아랍인들이 꾀를 내어 말하네.

"아래 절반을 그대에게 드리리니"

그러나 언제나 높은 것을 좋아하는 악마,

"위쪽에 해당하는 절반을 달라" 하네.

아랍인들은 순무를 땅에 심어,

악마가 수확물을 거두러 오자,

아랍인들은 흙 밑을 거두고,

악마는 땅에 드러난 순무의 쓸모 없는 부분만 거두네.

또 새 해가 돌아오니

악마가 노기등등하게 말하네.

"이제 아래 부분에 해당하는 절반을 갖겠다!"

아랍인들이 이번엔 밀과 옥수수를 심었네.

다시 추수할 때가 왔을 때,

아랍인들은 허둥지둥 다발을 취하고,

악마는 쓸모 없는 그루터기를 취하여,

그것들로 지옥의 불길만을 돋우었네.

어리석은 악마에 관한 전설들은 이 외에도 셀 수 없을 만큼 많다. 클라인바우첸(Kleinbautzen)의 악마 방앗간의 주인이 악마를 물을 흘리는 바퀴에 매달아 놓는다는 얘기가 있는가 하면, 자신이 베푼 환대 덕에 그리스도가 소원을 들어준 한 대장장이가, 악마의 우두머리 루시퍼(Lucifer)에게 요술을 걸어 받침대에 올려놓고는 그에게 너무나 겁을 주는 바람에,

악마는 대장장이가 죽어서 지옥에 들어오지 못하도록 했다는 이야기도 있다. 또한 한 재단사의 익살스러운 독일 민요도 전해진다.

> 월요일 아침,
> 한 재단사가 길을 잃었네.
> 그러다 그는
> 옷과 신발이 모두 너덜거리는 악마를 만났네.
> 이보게, 재단사여, 나를 따라오게!
> 지옥에 있는 자들이 자네를 필요로 한다네.
> 왜냐하면 어떤 대가를 치르더라도
> 자네가 악마들에게 옷을 만들어야만 하니까.

지옥에 도착한 재단사는 악마들에게 옷을 입힐 때마다 자신의 재단용

▶ 〈그림 12-3〉 성 던스턴과 악마

도구로 마구 괴롭힌다. 그러자 악마들은 어떤 재단사도, 비록 그가 옷감을 엄청나게 훔친 도적일지라도, 자신들의 곁에 다시는 얼씬도 하지 못하도록 할 것이라고 맹세하였다는 것이다.

우스꽝스러운 또 다른 이야기로, 글래스턴(Glaston)의 대수도원장이었다가 훗날 캔터베리(Canterbury)의 대주교가 되었던 던스턴(Dunstan)에 얽힌 전설도 있다.

그가 성찬용 잔을 만드는 일에 한참 열중해 있는데, 악마가 갑자기 앞에 나타났다. 그러나 던스턴은 두려워하지 않고, 불 속에 들어 있던 집게를 꺼내 악마의 코를 집었고, 고통에 울부짖으며 달아난 악마는 다시는 감히 그를 괴롭히지 못했다는 것이다. 이 장면은 한 고대 시에 담겨져 있다.

> 이런 이야기가 있지,
> 한 번은 성 던스턴, 빨갛게 달아 오른 부젓가락으로
> 악마의 코를 집었다네.
> 악마가 울부짖어
> 3마일 밖에 있던 사람들도 그 소리를 들었다네.

성 커스버트(St.Cuthbert)에 관한 용감한 행동도 전해진다. 가이 르 스쿠페(Guy Le Scoope) 경은 손님을 기다렸으나, 약속된 시간이 되었어도 연회장은 비어 있었다. 손님들은 모두 초청장을 쓴 심부름꾼의 고약한 장난 때문에 도망을 쳤던 것인데, 즉 심부름꾼은 악마와 만 명의 마귀들에게 초청장을 써서, 저녁을 먹고 나면 거기에 있던 모든 것을 그들이 사는 지옥으로 가져가라고 요청했었던 것이다. 악마가 그 패거리들을 몰고 나타나자, 겁에 질린 사람들은 어린 후계자만을 남겨두고 모두 달아났고, 악마

패거리들의 우두머리 블랙 짐(Black Jim)이 곧장 그를 잡아갔던 것이다.

가이 경이 불안에 떨며 볼튼의 성 커스버트에게 도움을 청하였다. 그러자 커스버트는 나이든 순례자의 모습으로 나타나서는, 악의 무리들에게 아이를 내어주도록 으름짱을 놓는 한편, 관대하게도 가이 경의 손님으로 남아도 좋다고 말하였다.

> "부디 진정하고 이것만큼은 기억하라. 너희들이 신사처럼 대접을 받았으니, 너희 역시 신사같이 행동할 것이다. 늑장부리지 말고, 다 먹었으면 행동을 조심할 것이며, 곧장 집으로 가서 자거라. 그리고 절대 접시를 훔쳐가지 말 것이다! 또 문에서 문고리나 초인종도 떼어가서는 안 될 것이다. 존경받을 만한 악마처럼, 조용히 물러가거라. 또한 파수꾼에게 장난치거나 경비를 성가시게 굴지도 말 것이다!"
>
> 이와 같이 그가 말하자, 악마들은 일제히 만세 삼창을 부르기 시작하고, 그 동안 그 노년의 순례자는 어린 르 스쿠페를 데리고 침착하게 가버렸다.
>
> 그들은 음식물 위에 이빨과 손톱을 떨어뜨리고, 시장의 날에는 시청에 손님으로 초청되었고, 앞에 놓여진 것을 서로 빼앗으며 계급도, 예의도 아랑곳하지 않았다.

또 다른 이야기는 성 미다드(St.Medard)에 관한 것이다.

한 번은 그가 이집트의 홍해(red sea) 해변가를 거닐다가, 악마 올드 닉(Old Nick)이 죽은 죄인들의 영혼을 자루에 가득 담아 지고 가는 것을 보았다. 성 미다드는 불쌍한 영혼들을 가엾게 여겨 사탄의 자루를 살짝 찢었고, 그래서 올드 닉이 잡아들인 죄인들은 도망갈 수 있었다.

▶ 〈그림 12-4〉 성 커스버트의 전설

퀘이커교도여 도망하라, 빵 굽는 자도 도망하라,

탁발 수도사도, 그 기름진 영혼도 달아나라.

누구의 뼈다귀인가 올드 닉이여, 먹이를 먹으려 멧도요처럼 차려입고 축배를 들었네!

훌륭하신 추기경의 어여쁜 조카(여기서는 성직자의 사생아를 일컬음)도 가라.

예쁜 매춘부들도, 스페인의 신사들도,
해적선의 해적들도, 돈을 긁어모으는 유대인들도 도망하라.
램프 등처럼 평야를 가로질러 질겁하며 달아나는구나!
아, 그가 기뻐할 때조차
올드 닉은 기껏해야 시꺼멓게 보일 뿐이네.
그러나 전엔 그처럼 시꺼먼 적이 한 번도 없었다네.
그의 자루를 보자마자
그렇게 홍해의 해변가에서 자루는 찢겨져 버렸네.
올드 닉은 돌멩이 하나를 집어들어 성자에게 던졌지.
그러나 성자 미다드, 두개골이 엄청나게 단단하고 견고했다네.
돌멩이는 튀어나갔지.
이 커다란 돌멩이, 그만 빗겨 날아가,
방향을 바꾸어 공중에서 빙글빙글 돌아가네.
이제 막 닉의 머리를 지나, 마침내 내려와
닉의 신발에 털썩하고 떨어졌네!
비록 튼튼한 발굽을 가졌으나,
돌멩이는 닉의 정강이를 세게 내려치고서는 다시 발을 내리쳤네.
이렇게 하여 올드 닉은 그 하루 동안,
프랑스인들이 브와뚜(Boiteux, 절름발이—역주)라 하는 자가 되었네!

다리를 놓는 데 있어 인간 기술의 승리를 표현한 가장 오래된 얘기 중 하나가, 레우스 강을 사이에 둔 골이 넓은 골짜기를 대담하게 연결한 '악마의 다리'에 얽힌 메르헨 동화다. 그곳은 산길이 성 고타르(St. Gotthard)

고개의 갈라진 길로 지나는 곳이다. 오래된 다리 바로 위로 19세기의 기사들이 건축한 새로운 다리가 지어졌다. 그렇지만 그 오래된 다리는 철거되지 않고 그 자리에 오랫동안 남았다가, 최근에야 무너졌다. 전설에 따르면 한 양치기 소년이 악마와 계약을 하여 다리를 짓고, 악마는 그 조건으로 그 다리를 지나는 첫 번째 산 동물이나 사람의 영혼을 가지고 가겠다고 하였다. 일이 끝나자 소년은 영양 한 마리를 다리 위로 몰고 갔는데, 악마는 자신이 기대했던 사람이 아닌 것을 알고, 자신이 속은 것에 화가 나 영양을 갈기갈기 찢어버렸다는 것이다.

▶ 〈그림 12-5〉 성 미다드 전설

이 모든 이야기들은 신의 도움, 혹은 인간의 영리함과 재치로 악마를 정복한다는 기독교화된 이교도 관념들을 나타내 주고 있다. 심지어 원죄와 구원에 관한 교회의 교의조차도 기독교 이전부터 존재했던 관념들에 근거한 것이며, 그것은 궁극적으로 옛사람들이 화신이나 대표자의 피를 마시고 살을 먹음으로써 신성성과 영원한 생명을 나누는 것으로 믿어 사람고기를 먹는 의식과 인신공희가 있었던 시기로 거슬러 올라갈 수 있다.

구원에 관한 기독교적 도식은 간단히 말해, 그리스도의 피를 통해서 인간의 죄를 대신 속죄하는 것이다. 하나님이 죄 지은 인간에게 내리는 천벌이 무고한 신인(god-man)의 수난과 죽음을 통해서 정화된다. 정의의 신은 사랑의 신의 희생으로만 만족하는 것이다.

이 교의와 인간의 원죄에 관한 신비적 교의 역시, 말 그대로 특이할 것이 없으며, 인류의 유기적 조화로움을 염두에 둘 때에만 그 깊은 의미를 알 수 있다. 우리는 우리 선조가 저지른 악행들에 대한 죄 값만을 물려받은 것이 아니라, 그들이 가졌던 악한 속성도 물려받았다. 그러므로 우리 아버지들의 죄는, 그것이 바로 우리 자신의 것이기에 곧 우리의 저주가 되며, 마찬가지로 우리 형제들의 장점 역시 바로 우리 자신의 축복이 될 수도 있는 것이다. 또 우리는 한 사람이 만든 발명품이나 결과물들로부터 생기는 혜택을 쉽게 나누어 가질 수도 있다. 우리 자신이 그가 가르치는 교훈을 기꺼이 받아들이기만 한다면 말이다.

최근에는 대속을 통한 구원의 관념이 희미해졌다. 미개인들의 잔인한 인신공희를 떠오르게 하는 전통적인 해석은, 비록 완전히 사라진 것으로 간주할 수는 없어도 차차 사그라들기 시작했다. 하지만 그것은 사라진 것이 아니라 단순히 그 모습을 바꾸었을 뿐이고, 지금도 '희생을 통한 구원'이라는 개념으로 통하고 있는 것이다.

13 악마의 전성기

기적과 마술

라틴 속담에 이런 말이 있다.

"두 사람이 같은 일을 하더라도, 그것은 결코 같을 수 없다."

이 말은 개개인뿐 아니라 민족이나 종교와 같이 커다란 범주에도 들어맞는다. 자신들의 결점을 묵과하기는 쉬워도, 다른 사람들의 결점에는 가혹해지는 것이 계층을 불문한 모든 사람들의 공통된 습성이자 경향이다.

델포이(Delphi) 예언자들이 그리스인들에겐 신성한 존재였지만, 기독교인들이 판단하기에는 악마를 유래시킨 장본인들이었다. 그런가 하면 그리스도는 기독교도들의 눈으로 보면 기적을 행하는 신의 아들이었지만, 이교도의 눈에는 단순한 마술사에 지나지 않았다.

파라오의 제사장과 모세가 행했던 요술은 이집트와 인디아에서는 뱀 마술사들이 행하던 것과 같다. 그러나 모세의 행위만은 유독 기적으로 간주된다. 또한 이스라엘인들은 모세가 이집트인들보다 더 많은 기적을 행할

▶ 〈그림 13-1〉 뱀 마법사들

수 있다고 주장한다. 후안 보티스타 신부는 멕시코 원주민들 중에는 연기로 요술을 부려, 막대기를 뱀처럼 보이게 하고, 돗자리를 지네처럼, 돌멩이를 전갈로 보이게 하는 등 요술을 부리는 마술사들이 있다고 말했다.

초기 기독교 교인들은 마술사 시몬(Simon Magus)과 그 제자들이 마귀들을 지배하는 힘이 있다고 믿었다. 그러나 시몬은 그리스도 사도들의 경쟁 상대였으므로 그의 행적은 신성한 것으로 받아들여지지 않았다. 편파적인 비판에 이르기 전까지, 기독교 작가들이 처음부터 일방적으로 주장한 것에 비해 양쪽의 방식이나 목적이 서로 닮아 있었는 데도 말이다. 이런 공연한 비난을 한 것은 누가(Luke)인데, 시몬이 사도들을 매수하여 성령을 얻으려고 했기 때문이긴 했지만, 설령 그렇다고 해도 훗날 기독교인들이 생각하는 것처럼 그것이 시몬의 타락을 증명하는 것이라고는 볼 수

▶ 〈그림 13-2〉 파라오 앞에서 뱀 기적을 행하는 모세와 아론

는 없었다. 왜냐하면 시몬은 그 비난을 예의 바르게 받아들였으며, 그후에도 사도들과 분명 좋은 관계를 유지했기 때문이다.

베드로와 시몬이 기적을 행하는 데 있어서 서로의 호적수로 교부들이 기록한 것은 그 시대 정신에 맞게 다시 발전한 것이다. 이 기록들은 그 시대의 미신적 관습을 단적으로 보여준다. 그러나 이들이 역사적인 사실을 반영한다고 한들, 이교도의 작가들이 기독교도들을 상대로 한 비난이 그러하듯 그다지 믿을 만한 것은 못된다.

이교도의 눈에 비친 기독교도

초대 기독교인들은 병자들을 치료할 때 두 손을 가져다 대거나 기도로 고쳤다. 테라퓨테(Therapeutae, 치료사)도 그랬고, 기타 그노시스주의자들도 그런 식으로 치료하였다. 당시 신앙치료나 크리스천 사이언스(Christian Science)[31]는 교회가 아직 허용하지 않았던 상태였다.

미누키우스 펠릭스(Minucius Felix)는 당시 기독교인들의 풍습과 관련하여 그리스와 이탈리아에 팽배했던 대중적 관념들을 캐실리우스(Caecilius)의 입을 빌어, 기독교도들을 인류의 번영을 위협하는 저속한 남자들과 경솔한 여자들로 구성된 가망 없는 계층이라고 말한 바 있다.

그는 그들을 무신론자들이라고 기술하면서, 그 근거로 그들이 사원을 업신여기고, 신들에게 침을 뱉으며, 말도 안 되는 종교 의식을 가지고 있음을 들었다. 또한 그들의 종교 의식이 미신과 타락의 조합이고, 서로 간에만 알아볼 수 있는 비밀스런 상징들을 가지며, 그들끼리 형제 자매로 부르면서 호색적인 말로 성스러운 말씀들을 더럽힌다고 기술한다. 그뿐 아니라, 그들이 당나귀 머리를 섬길 뿐 아니라, 불경스러운 예배의식을 가지고 있다고도 하였다.

이와 같은 비방의 글은 새 구성원들이 이 종교단체로 들어올 때 환영 의식으로 한 아이의 몸에 온통 밀가루를 발라 잔인하게 죽이고 잡아먹는 의식이 알려지면서, 이는 확실히 그 종파가 타락했다는 증거라는 주장에 이르러 절정에 이른다. 캐실리우스는 집단 죄의식이 비밀을 지키는 가장 좋은 수단이기 때문에 이런 일이 저질러지는 것이라고 설명하였다. 그는 마지막으로 축제일에 관해서 말하고 있는데, 기독교인들이 교제모임(Love Feasts)을 열 때 불을 끄고 성적으로 음란한 짓을 한다고 덧붙이고 있다.

기타 다른 여러 저자들도 이와 비슷한 비난을 하고 있는 것을 볼 수 있으며, 고결하고 숭고한 마음의 소유자 타키투스(Tacitus, 로마 역사가) 역시 기독교인들에게 경멸을 감추지 않았다. 반면 기독교인들은 이교도가 그들의 성스러움과 고결함을 조롱한다고 해서 결코 움츠러들지 않았다. 예를 들어 최고의 인물이자 교육의 본보기인 기독교도 미누키우스 펠릭스는 소크라테스를 '아테네의 익살꾼'으로 표현하고 있다.

순교자 유스티누스(Justinus the Martyr)는 그의 저서 《변명(Apologia)》에서 기독교인들은 무고하다고 확언하고는 있으나, 그노시즈주의자들과 같은 이교도들이 저지르는 추행에 대해서 죄가 있는지 없는지에 대해서는 의문의 여지를 남겨두고 있다. 유세비우스(Eusebius)는 이교도들 사이에 널리 유행했던 종교의식들이 기독교인들의 생활과 관련된 사악한 소문의 직접적 원인이라고 직언하고 있다.

그노시스주의자들의 도덕적 경직성으로 보건대, 그들의 삶의 순수성에 대해서는 대체로 의심할 필요가 없다는 점을 기억해 두어야 하는 반면, 그들 사이에도 악한이 있을 가능성을 인정할 필요가 있다. 이는 기독교인들에게도 마찬가지다. 〈고린도전서〉에서 하나님의 왕국을 물려받지 못할 죄인들을 열거한 후에, "너희 중 어떤 자들도 그와 같으니라"라고 말했던 사도 바울이 좋은 근거다. 따라서, 고린도의 기독교도 중에도 악폐가 있었다는 것은 확실하다 하겠다.

사도 바울은 기독교도들 사이에 풍문으로 떠도는 죄에 대해 알고 있었으며, 〈고린도후서〉는 고린도인들이 그 사실을 부인하지 않았다는 가장 확고한 증거다. 그들이 회개하고, 그후에 사도 바울이 주범을 향해 자비를 권하며 "누구든 용서하는 자에게 나도 그리 할 것이니"라고 말하고 있다.

콘스탄티누스 대제처럼 매우 뛰어나다고 할 수 있는 많은 지도자들에게

▶ 〈그림 13-3〉 기우사가 맞수를 처단하는 모습

서도 기독교도 사이에 퍼져 있던 다양한 탈선적 행위들을 볼 수 있다는 것은 놀랄 만한 일이 못된다. 기독교는 불안의 시기에 생겨났으며, 온갖 종류의 괴이한 미신들을 끌어 모으는 구심점의 역할을 맡았기 때문이다. 하지만 우리는 기독교가 여러 이상 성장물에도 불구하고, 진리에 대한 새로운 전망을 향해 열려 있었다고 말할 수밖에 없다.

사도 바울과 같은 사람들로 대표되는 기독교는 본질적으로 순수함을 가지고 있다. 그러나 이는 그노시스주의자들과 마니교도들도 마찬가지다. 양쪽에 대한 공연한 비난은 주로 당파적 경향에 근거한 것이므로, 액면 그대로 받아들여서는 안 된다. 적어도 신중하게 쓰여져야만 한다. 그러나 언제나 그렇듯, 다른 신앙을 가진 사람들에 대해서 기록할 때는 같은 것이라도 당연히 더 이상 같은 것이 될 수 없는 것이다. 따라서 성 아우구스티누스에게는 이교도의 미덕 또한 단지 '세련된 악덕(polished vices)' 일 수밖에 없다. 하지만 로마 집정관의 견해로 볼 때 기독교 순교자의 영웅주의는 단순히 쓸데없는 고집에 불과한 것이다.

우리는 기우사라고 불리는 인디언 예언자를 깔보면서도 엘리야의 이야기에는 굉장한 교화심을 가지고 있다. 후자의 성스러운 열정을 정당화하면서도 적들의 목숨을 살려주지 않은 인디언 종교 개혁가들의 엄정함에는 아량을 베풀지 못한다. 그 한 예로 샤와노 선지자, 텐스크와타와(Tenskwatawa)를 들 수 있다. 그는 19세기 초, 보다 숭고한 종교 교의와 고결한 도덕체계를 부족들에게 설파했으며, 추종자들은 그를 마나보쪼(Manabozho, 선구자)의 화신으로 추앙하였다.

백인 기독교도들의 영향을 받으면서 인디언들 사이에서는 음주의 악습과 주술사들에 의해 행해지던 전통적인 미신들이 사라지기 시작했다. 그러나 개혁은 곧 박해로 이어졌다. 텐스크와타와는 '마술과 주술을 취급한다고 의심이 되는 사람들을 상대로 박멸운동' 을 시작했고, 또 그의 추종자들의 신념을 이용하여 '자신의 신성한 외침에 대항하는 세력들을 효과적으로 제거' 하였다. 그 선지자의 적

▶ 〈그림 13-4〉 샤와노 예언자, 텐스크와타와

들은 모두 구실에 말려들어 잇따라 산 채로 화형을 당하고 말았던 것이다.

위와 같은 사실들이 "두 사람이 같은 일을 하더라도 그것은 같은 것이 될 수 없다"는 라틴 속담이 맞아떨어짐을 증명하는 예들이다. 그렇기 때문에 우리 자신의 종교에서는 기적인 것이, 다른 종교에서는 단순히 마술이나 요술로 치부되는 것이다.

기적과 마술의 시대

근대 과학 이전 시기에 가장 두드러진 특징 중에 하나라면, 자연적인 수단으로는 구현될 수 없는 것에 대한 인간의 동경이라 할 것이다. 마법에 대한 믿음은 이원적 세계관이 대중의 마음을 지배하는 한 필연적으로 퍼질 수밖에 없으며, 이러한 문명적 단계에는 초자연적인 행위가 모든 종교적 예언자들이 갖추어야할 필수적인 자격요건으로 간주되었다. 바야흐로 기적과 마술의 시대가 도래한 것이다.

반 자연적인 것들이 어디서 믿어졌든지 간에, 그런 신앙의 영향을 받고 있던 사람들은 신기한 사건들을 경험하기 마련이다. 또 기존의 종교를 대표하는 사람들과, 그들과 유사한 행적을 하거나 하는 척 하는 다른 사람들 간에는 팽팽한 경쟁이 발생하는 법이다. 전자는 예언자와 성인들이고, 그들은 기적을 행한다. 반면 후자는 마법사와 마녀들이며, 그들의 능력은 마술로 치부된다.

기적과 마술은 둘 다 자연법칙을 거스른다는 점에서 공통점이 있지만, 기적이 각자 자신의 종교에서 행해지는 초자연적인 힘이라고 믿어지는 반면, 마술은 이교도의 기적이라는 점이 다르다. 기적은 정당한 반자연적인 어떤 것이고, 마술은 똑같은 것임에도 부조리한 것이다. 전자가 신의 도움으로 행해지는 것이라고 생각되는 반면, 후자는 사탄의 도움으로 행해지는 것이다. 또 전자는 기독교도의 최고 영광으로 자랑스레 말해지는 반면, 후자는 가능한 가장 혐오스러운 것으로 비난당한다.

마법사와 마녀들이 항상 비난을 사고, 그들의 능력은 인류의 번영을 해치기 위해 행해진다고 간주되는 것은 당연하다. 그렇지만 몹시 잔인한 어떤 행위들이 기적으로 간주되는가 하면,[32] 선행이라도 그것이 다른 신을 섬기는 사람들이 행한 것이라면 단순히 마술로 치부되었다. 더구나 모든 성직자들은 한결같이, 아무리 좋고 순수한 목적으로 주술과 주문을 사용한다고 할지라도, 그것이 자신들의 종교의 것이 아닌 이상 그것을 비난하였다. 이교도들의 신앙치료나 외과의사가 보기 드문 기술을 통해서 성공한 수술조차, 기적의 종교[33]를 믿는 자들이 행하는 범죄로 간주하였다. 그러나 공식적인 기도 행렬이나 성수를 뿌리는 일 등은 프랑스계 캐나다에서 천연두가 창궐했을 때처럼 여전히 행해졌다.

마술에 대한 믿음은 인류가 진화하는 과정에서 나타나는 자연스런 현상이다. 그 과정에서 자연히 주술로 질병을 쫓는 주술사가 등장하는가 하면, 각자의 신(아메리카 인디언에게는 태양신, 페니키아인에게는 바알신, 이스라엘인들에게는 엘 혹은 야훼)에게 기도하여 비를 내리게 하는 예언자도 생겨나고, 운명을 예언 · 예견하고 '영혼의 땅'에서 죽은 자들을 불러오는 영매도 출현하게 되었다.

모든 아메리카 인디언들의 삶에서 가장 중요한 역할을 하는 사람은 바로 기우사(祈雨師)들이다. 멕시코의 푸에블로 인디언들의 뱀 춤은 비를 내리기 위한 기도다. 비를 내려달라는 의식을 위해서는 흔히 태양신을 부른다. 신의 계시를 듣는 최고의 수단은 꿈, 환영, 무아경으로 믿었고, 약이

▶ 〈그림 13-5〉 북아메리카 인디언들. 무아경에 이른 교령춤(아메리칸 인디언들이 죽은 사람의 혼과 통하기 위해 추는 종교적 춤)

든 자루에는 마술의 힘이 들어 있다고 생각했다. 그런 신앙 정신은 고대 이스라엘인들과 초기 기독교인들의 것처럼, 목초지의 이교도들(인디언들)에게도 똑같이 강렬한 것이었다.

마술을 행하려는 모든 시도들, 그리고 출세를 약속하고 기적으로 인간의 구원을 이루어 준다고 하는 종교는 다름 아닌 마술의 종교인 것이다. 그 기적이라는 것이 창시자들의 기적이거나, 혹은 그 연장선상에 있는 교회제도의 기적, 즉 성례, 순례, 성수 뿌리기, 미사낭독, 기타 순수하게 상징적 의미 이상을 가진다고 생각되는 종교의식들도 포함된다.

한마디로 마술의 종교는 반자연적인 것에 대한 믿음에 근거하며, 일단 마술의 종교가 확고한 제도가 되고 나면 그 기적과 그것을 믿지 않는 사람들의 기적 사이에 차별을 둔 '요술'이라는 관념을 발전시킨다는 것이다.

정당한 기적과 부조리한 기적에 대한 관념이 얼마나 유사한 것인지를, 종교개혁의 시기에 살던 가장 위대한 현자이자 철인 중 하나였던 네테샤임의 아그리파의 저서에서 확인할 수 있다. 그는 철학의 완성은 흑마술[35]과 구별되는 마술로 이루어질 수 있다고 주장했다.

그는 그 마술을 '자연' 혹은 '천상'의 마술이라고 불렀고, 하나님과의 완벽한 결합으로 이끌어 준다고 생각했다. 1510년에 쓰여져서 1531년에야 출판된 저서 《어둠의 철학(De Occulta Philosophia)》에서, 그는 주문으로 증오와 사랑을 조정할 수 있고, 도적들을 찾아내고, 군대를 꺾으며, 천둥 번개와 비를 내릴 수 있다는 믿음을 드러내고 있다. 그는 이 모든 것이 신과의 신비적 결합을 통해서 마술로 이루어질 수 있다고 기대하고 있다는 것이다.

어떻게 그처럼 현명한 사람이 주문과 신비적 비결의 효과성을 믿을 수 있었는지를 이해하기란 어렵다. 그러나 마술의 현실성을 인정하고 보면, 그러한 비정상적인 일들도 정당화될 수 있다. 마녀들은 흔히 똑같은 재주를 가지고도, 악마의 도움으로 재주를 부린다고 비난받아 왔다.

▶ 〈그림 13-6〉 헨리쿠스 코넬리우스 아그리파(Henricus Cornelius Agrippa AB Nettesheim, 식물, 바위, 금속의 주술적 힘과 마술, 점성술, 카발라 등을 결합시킨 비의적 사상가)

아그리파 역시 무의식적으로 마술과 기적 사이에 유사성을 발견했지만, 그의 견해는 흔히 받아들여졌기 때문에 문제가 되지 않았다. 그러나 그가 만일 부르고뉴의 돌 대학(Univ. of Dôle)에서 로이힐린(Reuchlin, 독일 인문학자)의 저서 《불가사의한 말씀(De Verbo Mirifico)》를 그처럼 열정적으로 가르치지 않았다면, 또 메스(Metz)에서 지방장관을 지낼 당시에 종교재판관이었던 니콜라스 사비니(Nicolas Savini)로부터 한 마녀의 생명을 살리려고 위험을 무릅쓰지 않았다면, 교황파의 적개심을 그토록 자극하지는 않았을 것이다.

신비주의와 경험적 지식 간의 어울리지 않는 결합은 해부학적 측정에 근거하고 있다. 이것은 '인간 신체의 비율(The Proportions of the Human Body)'에 관한 장에서 볼 수 있는데 수학, 자연과학, 신비주의, 이 모든 것이 아그리파의 《어둠의 철학》에 결합되었다. 하지만 이 박식한 저자는 안타깝게도 사실과 공상을 구분하지 못하고 있다. 아그리파의 천상의 마술은 흑마술과 다를 바 없다. 왜냐면 두 마술 모두 반자연적 성취에 대한 희망에 존재하고 있기 때문이다.

수년 동안 좌절을 겪은 후 아그리파는 흑마술이든 백마술이든 간에 마술 같은 것은 없다는 것을 깨닫고, 과학 역시 없다는 결론에 도달했다. 철학의 문제를 잘못 설계한 후 절망하여 뒤죽박죽의 혼돈 상태에 빠져버린 이 불가지론자는, 그후 지식의 불능성이라는 황량한 교의를 주장하게 된다. 마술뿐 아니라 과학에도 절망하기 시작했던 것이다. 그는 또 1526년에 《과학과 예술의 불확실성과 허영에 관한 진술—신의 말씀의 미덕에 관하여》를 저술하였다.

결론적으로 말하면, 마술의 종교는 마법에 대한 믿음을 수반한다. 성례가 구마의식(Exorcism)으로 간주되는 곳에서는 초자연적 힘을 사용하려는 모든 시도들이 불가능한 것이 아니라, 일종의 종교적 충절이 결여된 것으로 간주되었다. 마술이란, 초자연주의에서 독점권을 가졌다고 주장하는 기존 교회가 인가를 주지 않은 상태에서 기적을 만드는 일에 다름 아니었기 때문에, 이단과 마술은 언제나 뗄 수 없는 것으로 여겨졌다.

확고하게 자리를 잡은 마술의 종교는, 필연적으로 마법행위에 대한 믿음과 학살이라는 결과를 가져온다. 모든 마술의 종교는 자연히 편협할 수밖에 없기 때문이다. 모든 단체와 조직들이 그런 것처럼, 일단 여럿 가운데 하나가 나머지 적수들을 상대로 승리하고 나면, 또 체계적인 신조를 만들고 교구와 같은 기관을 조직하고 나면, 모든 수단을 동원해서 마음껏 그 지배권을 유지하고 영속시키려고 하기 마련이다.

중세의 기독교가 사실상 마술의 종교였다는 것을 고려할 때, 마녀 처형은 교황의 지배권을 위해서 필수 불가결한 결과였던 것이며, 마술에 대한 믿음이 지속되는 동안은 신교도 국가에도 암흑기(Dark Ages)의 세습재산으로 지속되었던 것이다.

구마의식

과거에는 사탄을 믿는 것을 심각하게 받아들였던 것에 비해, 오늘날 많은 기독교인들은 무해하거나 별 것 아닌 것으로 받아들인다. 사탄이 인류의 적으로 간주되었던 것은 사실이다. 그 힘에 의문을 제기하는 사람은 없었으며, 그래서 자신의 영혼을 기꺼이 던져버릴 준비가 된 자들은 쉽게 사탄의 조력을 얻을 수 있다고 생각했다.

그러나 교회가 힘을 장악하자, 그 즉시 요술과 마법을 진압하기에 바빴다. 콘스탄티누스는 모든 종류의 마술에 대해서 가장 혹독한 벌을 주는 정책을 폈고, 오로지 질병을 고치거나, 추수 때 우박 혹은 폭풍이 오지 않도록 하는 데만 마술을 쓸 수 있도록 허락했다. 또 콘스탄티누스의 뒤를 이은 후계자들 역시 그런 정책을 계속 유지시켰다.

어류에 관한 금지령은, 많은 낚시 행위가 존재하며 그것도 적지 않은 사람들이 즐겼다는 사실을 암시한다. 마찬가지로 이러한 기독교 당국의 정책은, 마술이 선 혹은 악의 창시자가 휘두를 수 있는 대단히 강력한 무기라는 사실을 공식적으로 인정하는 것이나 다름없었다. 그리하여 그것은 오히려 악마의 명성을 강화시켰을 뿐만 아니라, 중세의 독특한 악마학은 열광적으로 발전할 수밖에 없었다.

마술에 대한 믿음은 급속히 대중화되어, 거의 모든 나라에서 마술사, 점쟁이, 마녀들을 금하는 법이 만들어졌다. 단 하나 유일한 예외로 롬바르드족(Lombards)의 법규를 들 수 있는데, 그 조항엔 마녀들이 사람을 산채로 잡아먹을 수 없으며, 따라서 마녀라는 것을 구실 삼아 여자를 불에 태우는 것을 금한다는 내용이 포함되어 있다.

《이탈리아 신부들의 생애와 기적에 관한 대화록》이라는 주목할 만한 책이 있다. 이 책은 속인들과 성직자들 사이에 퍼져 있는 미신적인 경향을

▶ 〈그림 13-7〉 십자가를 이용한 구마의식

사무엘 치담(Samuel Cheetham) 신부는 스미스-치담(Smith-Cheetham)의 《기독교 유물 사전(Dictionary of Christian Antiquities)》에서 이렇게 진술한다. "바닥에 누운 사람의 비틀린 모양은 귀신들린 사람에게서 귀신을 쫓아내는 것을 표현하고 있는 것이다. 만일 물병이 세례수를 담은 세례반이라면, 이 그림은 일반적인 세례 전 구마의식을 표현한 것이다. 그러므로 이 물병은 성수를 담아두는 곳인 교회의 중앙 홀에 놓여졌을 가능성이 높다.

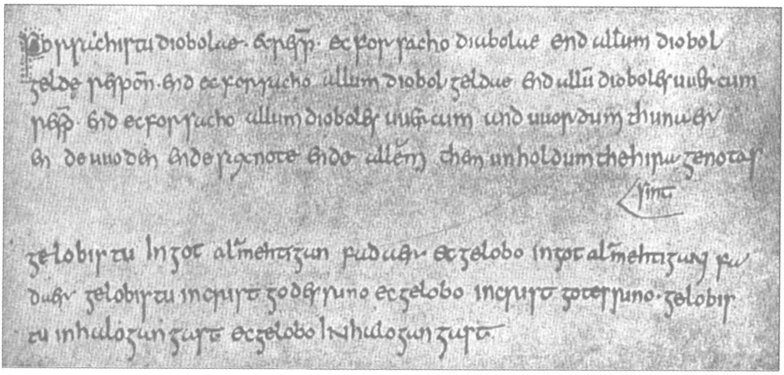

▶ 〈그림 13-8〉 고대 남부 독일의 세례식 때 행해지는 포기맹세에 관한 구절

잘 드러내 주며, 그들이 진지하게 받아들였던 온갖 종류의 웃기는 이야기들로 가득 차 있다. 예를 들어 그레고리우스 대제(Gregory the Great)는 로마 카톨릭 교회를 위해 아리우스파 교회를 봉헌하자, 신성한 유물로 악마를 쫓아냈다고 한다. 사탄이 거대한 돼지의 모습으로 그의 앞에 날아들었다가, 다음날 밤에 요란한 소리와 함께 도망쳤다는 것이다.

8세기와 9세기가 되자 악마는 유명인사가 되었다. 세례식은 악령을 쫓아내는 것으로 여겨졌다. 디오니시우스에 따르면 종교에 귀의하는 자는 세 번 숨을 내쉬고, 그리스 성만찬 기도문 〈유콜로기온(Euchologion)〉에 따라 바닥에 침을 뱉어야 했다. 743년 렙티네(Leptinae) 종교회의에서는 신앙 고백에 악마의 '무절제함(abrenunciation)'을 추가하였다.

독일의 세 으뜸 신을 그들의 성체와 함께 부인하는 남부 독일의 신앙 고백문에는, 다음과 같은 질의 응답식 포기맹세 구절이 있다.

문 : 그대는 악마를 버리겠는가?

답 : 저는 악마를 버립니다.

문 : 모든 악마의 무리들을 버리겠는가?

답 : 저는 모든 악마의 무리들을 버립니다.

문 : 또한 모든 악한 일들도 버리겠는가?

답 : 저는 모든 악한 일들, 악한 말, 토나(Thonar,Thor), 보단(Wodan), 삭스노트(Saxnot(Fro)), 기타 모든 마귀 무리들을 버립니다.

기독교 자체가 흑마술이나 강령술과는 달리 선의의 마술로 분류되긴 했으나, 역시 일종의 마술로 간주되었던 것이 사실이다. 성례는 많은 부분 구마의식과 유사한 초자연적인 기술을 행하는 기적적인 수단으로 생각되었고, 교회 자체는 성스러운 마법을 행하는 기관으로 여겨졌다.

마술에 대한 믿음과 악마의 전성 시대

인류 진화과정에서 마술을 믿는 것과 함께 새로운 시대가 열렸다. 악마는 이전 어떤 때보다 훨씬 더 중요시되었다. 사실 이 시기는 악마의 역사에서 고전적인 시기였고 전성기였다. 인간들은 악마의 은혜를 입기 위해 자신들의 영혼을 파는 계약을 맺기도 하였다.

13세기에는 악마의 영향력이 절정에 이르렀지만, 이 시기 악마의 활동상은 그저 희미하게 그려볼 수 있을 뿐이다. 지금의 우리에게는 평범한 많은 일들이 중세의 사람들에게는 매우 심상치 않은 일로 여겨졌고, 이런 심상치 않은 어떤 일이 일어나면 그것은 모두 악마의 탓이었다.

게르바시우스(Gervasius Tilberiensis)는 1211년 《오토 황제를 위하여

(Otia Imperialia)》라는 우화집을 써 오토 4세에게 바쳤다. 그는 아풀레이우스(Apuleius)에 관한 괴상한 이야기를 프랑스와 영국에서 일어났던 사건처럼 다시 써서, 기존의 이야기보다 형편없는 새 이야기를 지어내 덧붙였던 것이다. 그는 악몽을 지나친 상상력 탓으로 설명하던 당시의 의학적 견해를 받아들이고는 있으나, 그러면서도 성 아우구스티누스에 근거해서 귀신의 영향이 있다고 분석하고 있다.

▶ 〈그림 13-9〉 체사리오의 《기적에 관한 대화》

체사리오가 쓴《기적에 관한 대화(Dialogus Miraculorum)》에서는, 천둥 번개, 우박을 동반한 폭풍, 홍수, 질병뿐만 아니라 나뭇잎들의 사각거리는 소리나 바람소리 등의 갑작스럽게 들리는 소음들까지, 모두 악마 올드 닉(Old Nick)의 탓으로 돌리는 것을 발견할 수 있다. 올드 닉은 곰, 원숭이, 두꺼비, 까마귀, 독수리가 되기도 하고, 신사나 군인, 사냥꾼, 농부, 용, 혹은 흑인으로 나타나기도 한다.

체사리오의 책은 유명해졌다. 하지만 그것은 저자의 특출함 때문이 아니라, 당시의 대중적 관념을 진실하게 잘 묘사하였기 때문이었다.

이 책은 주로 젊은 수사들을 지도하기 위해서 쓰여졌다. 원판의 표제들은 모두 신앙심을 표현하는 그림들로 장식되어 있고, 모든 이야기들은 저자가 속한 집단인 시토 수도회 수도사들의 형제애 속에서 보다 더 확실한 구원은 없다는 식으로 진행된다.

그는 "시토 수도회 집단보다 더 확실한 길은 없다. 시토 수도회의 구성원들만큼 지옥으로 가는 수사가 적은 종교도 없다"고 천명한다. 체사리오는 자신들의 죄를 숨겨주는 힘 있는 군주로 보이도록 하나님을 묘사했다. 마치 충직한 신하들을 보호하는 것을 의무로 생각하는 하나님이요, 성직자의 비리가 폭로되지 않도록 특별한 기적을 행하는 하나님인 것이다. 악마는 죄인을 비판하거나 벌을 줄 수는 없으며 죄를 폭로할 수도 없는데, 왜냐하면 죄인은 고해를 통해서 죄를 사면 받을 수 있기 때문이다.

한 번은 악마가 고해신부에게 가서 고해를 했다. 악마가 자신이 지은 죄를 열거하자, 신부는 천년이 걸려도 그 많은 일을 저지르는 데 충분치 않을 거라고 말했다. 악마는 실제로 천년 넘게 살았다고 대답했다. 신부는 악마가 용서받지 못할 것으로 생각했지만, 그래도 참회하기를 바라느냐고 물었다.

"그렇소. 참회가 나에게 너무 가혹하지만 않다면 말이오."

악마의 대답에 신부가 말했다.

"음… 하루에 세 번 절하고, '하나님, 나의 주 창조주여, 당신께 죄를 지었나이다, 부디 용서해 주시옵소서' 라고 말하시오."

그러자 악마가 대답했다.

"싫소. 그건 내게 너무 모욕적이란 말이오."

이런 이야기는 자만심과 오만함이 사탄을 움직이는 장치임을 보여준다. 페레그리누스(Peregrinus)의 이야기만큼이나 호기심을 끄는 것으로, 한

▶ 〈그림 13-10〉 마술로 우박을 동반한 폭풍을 불러오는 마녀들(좌), 오만의 악마가 멋쟁이 여인의 옷에 앉아 있는 것을 성직자가 보고 있다(우).

여인이 자기 영혼의 죄를 없애기 위해서 스스로 불태워 죽었다는 이야기도 있다. 한 귀부인의 옷자락에서 큐피드와 놀고 있는 꼬마 도깨비들이 있는가 하면, 어떤 남자는 악마와 내기를 해서 영혼을 잃기도 한다.

성 토마스 아퀴나스가 끌어냈던 몽마(夢魔)에 얽힌 추측은 매우 추잡하게 묘사되는데, 아퀴나스는 욥기(Job)에 대한 그의 논평에서 비히못(Behemoth, 코끼리같이 덩치 큰 동물)을 악마로 해석했다. 또한 그것의 성적 에너지를 말하는 부분에서는 악마들이 인간과도 교접할 수 있다는 이론을 끌어내었는데, 사탄은 먼저 남자에게는 여자 몽마로, 여자에게는 남자 몽마로 접근한다고 생각했다. 사탄의 아이들은 여자 몽마로서 남자를 유혹했을 때 생겨나며, 아이는 모태에서부터 악마의 영향을 받아 보통 아이들보다 교활하다고 생각했다. 그런가 하면 마태우스(Matthaeus Paris)는 몽마 아기는 여섯 달 안에 모든 이가 나고, 7살짜리 남자아이만큼 자라나기 때문에 어미는 몸이 찢어져 죽는다고 하였다.

악마가 인간사에 사적으로 간섭한다는 미신적 믿음은 이제 사라지고 없다. 그러나 인류학자, 골동품 애호가, 역사가, 심리학자, 시인, 철학자 등에게는 앞으로도 내내 변함없는 노다지가 될 다양하고 흥미로운 문학만은 아직 남아 있다.

반면 예수의 어머니 성모 마리아에 관한 기적과 전설들이 수없이 많지만 그럴 듯한 이야기들은 별로 없다. 그도 그럴 것이, 전반적으로 기독교의 가장 고결한 여성상은커녕, 어떤 여자에게도 있을 수 없는 내용으로 전개되고 있기 때문이다.

> 개 한 마리가 건달들에게 세례를 받고는 미쳐버린다. 죽을 때, 신자들은 천국이 열리는 것을 보는 반면, 신자가 아닌 사람들은 검은 마귀

들, 까마귀나 독수리로부터 고문을 당한다. 그런가 하면 충실한 신도들의 사상 전도를 위해서, 지옥의 망령들은 화산의 분화구 속으로 내던져진다.

애봇(Abbot Richalmus)은 1270년경에 악마들의 음모와 박해에 관한 계시록을 썼는데, 자신이 경험할 수도 있는 모든 좋지 않은 사소한 일에도 악마가 끼어드는 것이라고 보았다. 과식했을 때 느끼는 메스꺼운 기분을 만드는 것도 악마고, 성무 일과 중에 곯아떨어지게 하는 것도 악마다. 손을 꺼냈을 때 오싹하게 하는 것도 악마고, 망토 안에 손을 넣으면 벼룩처럼 물고 간지럽게 하는 것도 악마다. 그는 이렇게 쓰기도 했다.

'한 번은 우리가 벽을 쌓으려고 돌을 주워 모았을 때, 악마가 "정말 피곤한 일이군!" 하고 외치는 소리를 들었다. 악마가 우리를 꼬드겨 벽을 쌓지 못하도록 하려고 그랬던 것이다.'

이처럼 악마는 세상 모든 것을 이용하여 우리의 일을 방해한다.

"내가 소매를 걷어올리면, 옷 스치는 소리가 들리는데, 바로 이 소리를 통해서 악마들이 속삭인다. 내가 가려운 데를 긁으면 그 긁는 소리가 그들의 목소리이다. … 보잘것없는 평민들은 대부분 분노와 슬픔으로 유혹을 당하며, 부자와 권력자들은 오만과 자만심으로 유혹 당한다."

기독교를 대표하는 또 하나의 관념은, 종교를 법적인 일로 간주했던 로마사상에 뿌리를 두고 있다. 사탄 대 인류, 혹은 사탄 대 그리스도의 재판을 일반적인 법정소송의 형태로 사법 소송을 제기하는 일을 유행시킨 사람은 법률가였을 것이고, 그 소송의 결과는 물론 사탄이 패하는 것이었다. 《사탄이 되는 과정(Processus Sathanoe)》이라는 책은 너무 유명해져서, 점차 여러 다른 저자들이 재편집하였고 아직까지 다양한 개정판이 현존한다. 이 중에서 가장 오래된 것으로는 1313년에 태어나 1355년까지 살았던 법학자 바르톨루스(Bartolus)가 집필한 책을 들 수 있다.

악마는 그리스도 수난극에서 바보 역할을 맡았는데, 그의 배역은 점점 더 많아진다. 프랑스의 많은 기적극에서는 적어도 넷 이상의 악마가 늘 등장해야 한다는 생각이 지배적이었다. 이런 관행은 라블레(Rabelais, 프랑스 풍자 작가)에게서 볼 수 있다. '난장판을 벌이다(Faire le á diable quartre)'라는 숙어도 여기서 유래했다. 중세의 소설에는 성부, 성자, 사탄이 등장하는데, 사탄은 전체 드라마에서 실질적으로 주연배우라 할 만하다. 그는 하나님에게 반란을 일으키는 데 성공해서, 자신만의 왕국인 지옥을 세운 역대의 음모자였다. 그러나 악마의 음모가 아니었다면, 인간의 타락이나 그리스도의 구원이라는 전체적 구상은 전혀 불가능할 것이다.

체사리오, 리칼무스(Richalmus), 바르톨루스 등의 작품들 외에도 악마에 얽힌 전설들을 다룬 책들은 많다. 다만 그들의 책은 막대한 양의 유사문학작품들 중에서 가장 전형적인 것들일 따름이다.

교회가 영적인 의무들을 소홀히 하면서 세속적인 권력과 지배권을 따내

▶ 〈그림 13-11〉 중세 신비극의 주연 배우들(좌측부터 성부, 사탄, 성자)

기 위해 광분하는 동안 영적인 대중은 각기 다른 종교 분파에서 심리적 위안을 찾았다. 마니교도가 증가하고, 카타리파(Catharism)가 빠른 속도로 퍼져 나갔으며, 알비파(Albegenses)와 같은 신생 분파들 역시 널리 퍼져 나갔다. 거의 모든 분파들이 도덕적으로 성실하고 진지했으며, 개괄적인 특징은 이미 공인된 이원주의 분파인 마니교와 유사했다.

당시 시대적 경향은 이원적인 색채를 띠고 있었다. 교회 역시 이원주의적 세계관의 영향을 받고 있었다. 그럼에도 불구하고 정통 기독교는 적어도 토마스 아퀴나스나 기타 기독교 철학자들과 같은 고상한 해설자들을 통해서, 악마론에 대한 오류들이 있긴 했어도 결코 일원론적인 이상을 놓친 적이 없다.

중세의 악마론은 기본적으로 신화적 이물질이었다. 왜냐하면 악마의 힘은 항상 단순한 속임수, '블렌드베르크(Blendwerk)'로만 간주되었기 때문이다. 악마는 여전히 전지전능한 신의 고상한 목적을 위해서 소용되었고, 신의 현명하고 잘 준비된 목적을 위해서 쓰여졌다. 따라서 악마는 뛰어난 지략에도 불구하고 결국 신에게 이용당하는 것이 당연한 결과였다. 그의 운명은 항상 패하고 조롱당했고, 부활절이나 크리스마스의 기적극에서 가장 중요한 역할, 즉 음모자, 어릿광대, 바보의 역할을 맡았던 것이다.

기타 미신들

인격적인 악마에 대한 믿음을 포함한 마술에 대한 믿음은, 마술의 종교가 권력을 확립하고 난 뒤 생긴 주된 결과물일 뿐이다. 이보다 덜 중요하기는 하지만, 어떤 때는 지독하게 나쁜 결과를 가져왔던 미신들도 있었다.

몇 가지만 열거해 보도록 하겠다.

첫째, 실제로 악마와 계약을 하려고 했던 사람들이 있었다. 둘째, 활발한 상상력을 가진 사람들은, 자신이 악마와 갖가지 관계를 맺고 있다고 꿈꾸기 시작했다. 예컨대 자신을 마녀라고 생각한 사람들이 종교재판소에 자발적으로 자수하는 일이 다수 벌어졌다. 셋째, 자신이 총알에 맞지 않을 거라는 비합리적 희망을 간직하는 군인들이 생겼다. 넷째, 미래를 예언하기 위해 온갖 방법들이 고안되었다. 다섯째, 마법으로 부자가 되려고 애쓰는 어리석은 자들도 많이 있었다. 마지막 것은 이제까지 나열한 것 중 최악으로, 자신의 신앙을 스스로 결정한 종교인보다 잘난 사람들이 가혹하게 학대받고, 죽음을 맞이하기도 했다는 점이다.

사람들은 악마가 알현식을 하고 연회를 연다고 하였고, 이때마다 그에게 헌상물이 바쳐졌으며 악마적 의도를 가지고 기독교 성찬을 흉내낸다고 믿었다.

부수적인 죄악들을 동반한 야만적 악마 숭배 중에서 매우 놀랄 만한 사건이 프랑스 연대기에 기록되어 있다. 브리타뉴 지방에서 가장 위대한 성직자들 중 하나였던 라이스(Giles De Rais, Raiz and Retz)는 그 지방에서 가장 높은 가문의 후손이자 프랑스의 육군원수로서, 약 150여 명의 여자와 아이들을 납치한 죄로 고발당했다. 그는 이들을 온갖 방법로 유린한 후에 사탄에게 제물로 바쳤다고 한다.

이런 일이 가능할까 싶지만, 이 사건에 대한 완전한 기록이 아직까지 전해진다. 이 기록에 따르면 라이스는 유죄판결을 받고 1440년에 처형되었다. 그의 생애에 관한 역사적 사실은, 훗날 '푸른 수염의 사나이(the legend of Bluebeard, 여섯 명의 아내를 무자비하게 죽였다는 프랑스 전설 속의 사나이–역주)' 라는 전설을 발생시켰을 것이 확실하다.

종교재판소에 넘겨진 사람들 중에는 아버지에게 자신이 마녀라고 고백한 여인 암도르프(Amdorf)의 카타리네 융(Katharine Jung), 헤시아(Hessia)가 있었다. 가난한 그녀의 아버지는 딸을 탄핵하는 것을 자신의 의무로 여겼고, 딸은 그로부터 열흘 후인 1631년 5월 11일에 처형당했다.

하노버, 알베브로데(Alvebrode)에서는 비교적 최근에 일어났던 다른 사건이 있다. 한 노처녀에게는 미망인 어머니 스타인그로브(Steingrob)와, 천식이 들어서 고생하는 남동생이 있었다. 그녀의 어머니는 장님에 다리를 절었고, 언니는 이전에 폐결핵으로 죽었다. 마을의 몇몇 사람들은 남동생의 천식이 마법 때문이라고 수군댔다. 마침내 노처녀는 스스로 자신이 마녀라고 밝혔으며, 악마와의 관계를 매우 세밀한 부분까지 기술하였다. 그녀는 자신이 어머니와 언니에게 마법을 걸었으며, 그냥 한 번 슬쩍 눈을 마주치기만 해도 사람들을 다치게 할 수 있다고 스스로 믿었다. 마을

▶ 〈그림 13-12〉 악마의 연회

사람들의 안전을 걱정한 그녀는 그들에게 자신에게 다가오지 말 것을 경고했고, 우울증이 닥치자 물에 빠져 죽으려고 했으나 극적으로 구출되어 감옥에 갇혔다.

한 내과 의사는 그녀의 상태를 정신이상 증세로 진단했지만, 그녀는 치료를 받으려하지 않았다. 그녀는 자신이 무척 건강하며, 악마는 약으로 물리쳐지는 것이 아니라고 주장했다. 그녀는 이렇게 말하기까지 했다.

"마녀를 치료하려고 하는 것은 헛수고예요. 죽을 짓을 했으니 기꺼이 죽겠지만, 나를 불에 태우지는 말아주세요. 칼로 죽여주세요. 내가 죽으면 모든 것이 괜찮아질 거예요."

이쯤 되자 의사는 한 가지 전략을 짜냈다. 그녀의 목은 칼로 도저히 벨 수 없게 만들어져 있다고 믿게 하여, 칼로 베기에 좋을 만큼 목이 부드러워질 때까지 약을 복용하게끔 유도한 것이다. 이 처방은 결국 성공했다. 의사의 치료 방법은 다름 아닌 규칙적인 운동과 식사, 그리고 잠이었다. 결국 병이 다 나은 그녀는 마술이나 칼로 벨 수 없는 목 따위는 그만 잊어버리고 말았다.

파사우(Passau)의 한 학생은 종이에 "악마여 나를 도우사, 내 몸과 영혼을 모두 그대에게 바치리니!"라고 써놓고는, 군인들을 속여 자신들이 총알에 맞지 않을 거라 믿게 하였다. 그는 군인들에게 반드시 종이를 삼키도록 했으며, 그후로 24시간 안에 죽는 사람은 지옥으로 갈 것이지만 살아남은 자는 평생 총알을 맞지 않을 것이라 주장했다.

색슨족의 한 대령은 군복무 동안에 총에 두 번 맞았지만, 매번 만스펠트 백작이 새겨진 탈러(Mansfeld-Thaler, 독일의 옛 3마르크 은화—역주) 때문에 살았는데, 이 사건은 탈러 은화가 총알을 막아준다는 믿음을 불러일으켰고, 터키 전쟁 동안에 황제의 친위대들 중 그 은화를 적어도 하나 이상 몸에 지니고 다니지 않은 사람이 없었을 정도였다고 한다. 그 당시 만스펠트 은화의 가격은 액면가의 15배나 되었다.

요술 막대기나 점치는 막대기로 보물이 숨겨진 장소를 발견해 낼 수 있다고들 믿었기 때문에, 각양각색의 막대기들이 수없이 만들어지기도 했다. 수많은 주술들과 구마 의식들이 있었으며, 그 대부분이 하나님이나 삼위일체, 혹은 예수 그리스도를 히브리어나 라틴어로 불러내는 주문들이었다. 특히 '야훼'와 '주'라는 말은 이 주문에서 핵심적인 역할을 하고 그 효과 또한 뛰어나다고 믿었으며, 고대 문서에서 보면 삼각형, 십자가, 5각의 별 모양, 기타 별자리 표시들이 마술적 상징들로 많이 애용되었다. 또한 사각형, 6각의 별 모양, 원, 불규칙한 선들의 괴상한 조합 역시 빈번하게 사용되었다.

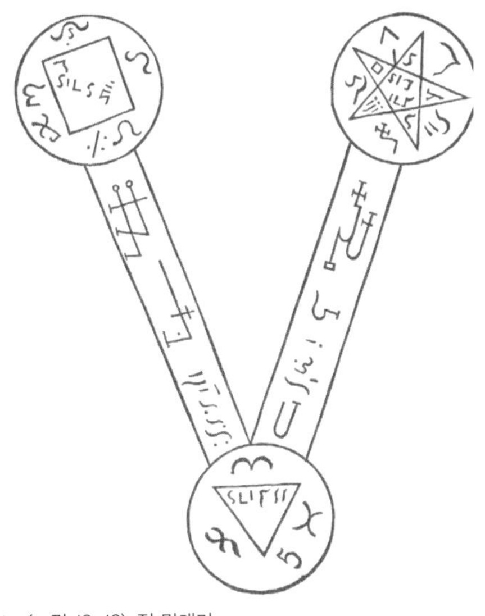

▶ 〈그림 13-13〉 점 막대기
여기서 찾아낸 주문들은 성공을 기원하는 데 사용되었을 것으로 보인다. 이 점막대는 청동이나 놋쇠로 만들어졌던 것으로 추정된다.

즉 다양한 처방에 따라 다양한 주문이 만들어졌다. 한밤중에 두 길이 만나는 지점에 원을 그려, 특별한 비법에 따라 밀랍 초에 불을 붙이는 한편 마법사는 준비의식으로 단식과 기도를 하거나, 때때로 예배시 영성체에 참여했다. 혹시라도 보물을 찾지 못하거나 목적을 성취하지 못했을 때는 그것이 무엇이었든지 간에 준비과정에서 어떤 사소한 실수가 있었다고 믿었다.

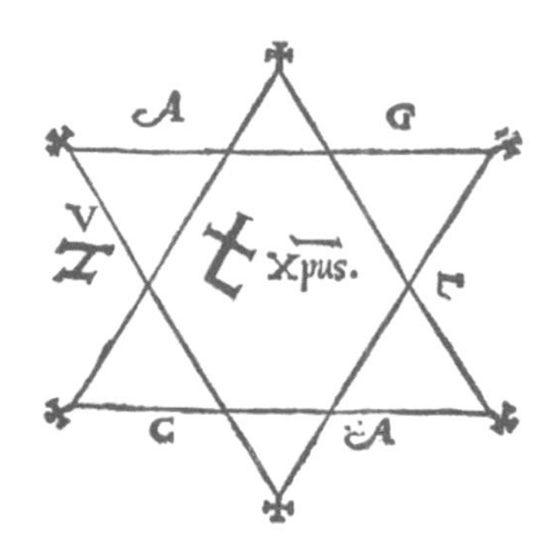

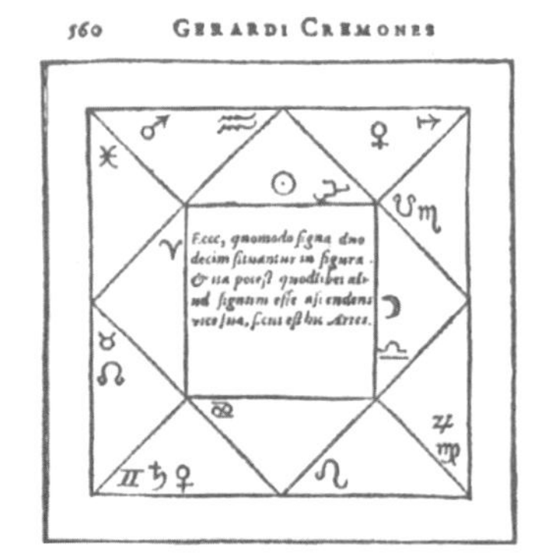

▶ 〈그림 13-14〉 선령을 불러내는 데 쓰이는 페트러스 드 알바노(Petrus De Albano)의 인장(좌)과 12궁도(우)

하지만 미래를 예언하는 데 가장 많이 쓰였던 방법은 별점을 치는 것이었는데, 이는 17세기에는 천문학자에게 생계수단으로 이용되었다. 미신을 믿었던 루돌프 2세의 신임을 받았던 케플러(Kepler)는 자신의 처지에 매우 당혹감을 느끼기는 했지만, 우리가 익히 알고 있는 그만의 훌륭한 유머로 승화시키는 모습을 볼 수 있다.

"점성술은 확실히 어리석은 아이와 같다. 아, 그러나 그녀의 어머니인 지혜로운 천문학이 이 어리석은 아이를 갖지 않았다면 어찌할 뻔했는가! 세상이 지금은 더 어리석어서, 실제로 너무나 어리석어서, 사리분별에 밝은 늙은 어머니(천문학)가 사람들에게 소개되어야만 할 것이 아닌가? … 바로 그녀의 딸의 어리석음을 통해서 말이다. … 그러나 이 추측들이 네, 아니오에 한정되면, 사람은 항상 자신에게 유리한 절반 정도만을 가지게 된다. … 들어맞은 추측은 기억하고, 실패는 잊으며, 그래서 점성가는 계속 명예롭다."

영원히 지옥에 떨어지는 것을 두려워하면서도 악마와 계약을 맺는 어리

▶ 〈그림 13-15〉 일요일 자시(first hour)를 표현한 그림(좌)과 주술에 배치된 신의 이름(우)

석은 자들이 항상 그렇게도 많았던 이유는, 고대 전설에서도 흔히 확인할 수 있는 것처럼 악마에게 대가를 지불하지 않게 될 수도 있다는 생각이 지배적이었기 때문이었다. 사실 신과 모든 성인들은 항상 사람들을 도와 악마를 속이는 일을 도맡아 해왔다. 중세에는 꽤 대중적이었던 이 같은 믿음을 보여주는 한 예로, 작자 미상의 한 고대 독일의 시에 담긴 거트루드(St.Gertrude)의 전설을 인용해 보자.

기사 하나가 엄청난 가난을 만나,
소유했던 모든 것들을 잃고 무일푼이 되었네.
그에게서 떠나버린 것은 전 재산.
그가 맛보았던 쓰디쓴 곤궁, 이젠 그의 목숨까지 앗아가려 하네.

어둡고 희미한 숲 속으로 말을 달렸다네.
"거기서 기사를 기다린 것은 악마.

그대가 나를 비밀리에 도와준다면
내 그대의 처지를 회복시켜 주리니."

"그대가 사랑하는 처녀를 주는 조건으로
반짝이는 금덩이로 가득한 상자들을 그대에게 주리니,
그대가 죽는 날까지 건강하고 자유롭게 살 수 있으리로다.
그대가 살아 있는 동안 기쁨만이 가득할 것이니."

아름다운 처녀는 행복하였네.
새로 얻을 부귀를 생각하며 그녀는 기쁨으로 가득 차 올랐네.
"그러나 기사님, 그 재산은 어떻게 얻은 것인가요?"
그녀가 물었네.
그 표정과 질문에 기사는 갑자기 두려움에 사로잡히네.

"오, 나의 여인이여, 나와 함께 녹색의 창연한 숲 속으로
말을 달리지 않으시겠소?
그곳 숲 속의 새들은 기쁨에 들떠 서로 어우르고,
새들이 즐겁게 지저귀는 소리가 지금도 끊임없이 들리는구료."

함께 도착한 녹색의 숲,
길옆에 작은 교회가 하나 서 있었네.
모두를 향해 두 팔을 벌리고 서 있는
성모 마리아에게 기도하는 사람들.
"덕망 높은 어머니, 마리아시여."

처녀가 기사에게 말하네.
"이 성스러운 성당에 잠깐 들러
성모 마리아께 기도하게 해주세요."
처녀, 제단에 무릎을 꿇고 성호를 그었네.

그 자리에서 그녀는 잠이 들어 모든 근심을 잊고,
마리아는 제단으로부터 내려와
아름다운 처녀가 되어 기사에게 다가왔네.
손에는 묵주와 예배서를 들고,
마치 자신이 처녀인양 산을 올라갔네.

둘은 곧 깊은 숲 속,
악마가 서서 기다리는 십자로에 이르렀네.
그들을 보자 악마의 눈에는 강렬한 분노가 일었네.
"네가 나를 속였도다!"하고 화를 냈네.
"이 믿을 수 없는 거짓말쟁이, 사기꾼 같으니!"

"너는 너의 아름다운 여인을 여기로 데려오겠다고 약속했으나
하늘의 여왕을 데려왔구나!
그녀와는 내가 정복한 것을 나눌 수 없고,
그녀가 나타나면 나는 사라져야 하니,
그것도 영원히."

마리아가 말씀하시네.

▶ 〈그림 13-16〉 기사와 악마

"너 악령아, 사라져라,
너에게는 네 무리들이 있고,
처녀는 나와 함께 있어야 하나니!
그녀는 지금부터 영원히
내 아들의 왕국에서 살 것이라,
아멘."

마술행위에 대한 관념이 인간의 마음을 그토록 매혹시켰던 것이 무엇인지는, 현대의 가장 명쾌한 이성의 소유자인 괴테조차 일생을 통해서 신비주의의 가능성을 진지하게 고민했던 사실로 알 수 있을지도 모른다. 이러한 종류의 회고담(〈시와 진실〉을 의미함)은 그의 담시 〈보물 캐는 사람〉에서 그 고전적인 표현을 찾아볼 수 있는데, 그 실용적인 아름다움과 건전한 도덕적 교훈 때문에 인용될 필요가 있다.

다음은 보물 캐는 사람이 하는 말이다.

가진 것 없고, 마음은 병들었도다.
그런 상태로 지금까지 살아온 나.
가난은 가장 혹독한 저주,
부는 최상의 선이다!
가슴 아린 우울함을 끝내기 위해
보물을 캐내려고 앞으로 나아가니,
'나의 영혼이 기꺼이 그대 것이 되게 하라!'

피로 이 글을 쓰네.

원 안에 원을 그리고,
다음엔 놀라운 불꽃을 일으키고,
풀과 유골을 성의껏 골라,
주술의 힘을 빈 뒤,
치수를 재어 발견한 장소에서
내가 알고 있는 대로 보물을 캐었네.
칠흑 같고 폭풍이 불었던 그 밤.

또 나는 빛이 일어나는 것을 보았네.
저 먼 곳으로부터 와
마치 칠흑 같은 밤을 공격하듯
별의 존재를 밝혀주네.
긴 시간 준비했던 것 허사가 되었고,
한 아름다운 젊은이,
넘치는 컵에서 반짝이는 광휘와 함께 나타나
날카로운 힘으로 빛을 퍼뜨리네.

그의 두 눈이 내 영혼을 밝혀주었네.
아래에는 만발한 꽃들,
천상의 광휘와 함께
그는 마법의 원 안으로 들어섰네.
친절하게도 내게 술을 권했을 때,

난 생각하네. 이 젊은이는 하늘이 내리신
순결한 선물이니, 확실히
악한 왕은 아닐 것이니.

"용기를 마시라, 그러면 삶은 순수한 기쁨이 될 것이니."
그는 말하네.
"이로부터 배우라,
불안한 주문으로는 어떤 간청도 이곳을 차지할 수 없다는 것을.
헛되이 보물을 찾으려 더 이상 애쓰지 마라!
하루하루 일하고, 가끔 한가할 때 축제의 손님이 되라,
고생스러운 몇 주와 축제일의 즐거움,
당신의 미래가 바로 마술의 언어이니!"

▶ 〈그림 13-17〉 사보나롤라

마술에 대한 종교적 믿음 때문에 서슴지 않고 저질러졌던 어리석음의 극치는, 종교적 전통과 갈등을 빚는 신념을 가진 과학자들을 처형한 일이었다. 사보나롤라(Savonarola)나 허스(Huss) 같은 종교개혁가뿐만 아니라, 브루노(Giordano Bruno)와 같은 사상가도 산채로 화형을 당해 이단자로서의 죽음을 맞이했다. 또 갈릴레오는 70세에 투옥되어 교황 우르반(Pope Urban)의 요구로 종교재판소에 인도되었고, 고문에 대한 협박으로 이설

▶ 〈그림 13-18〉 사보나롤라의 화형

인 지동설을 공개적으로 철회할 것을 강요받았다.

기적의 종교는 자연적인 진화의 과정을 거쳐 마술의 종교가 되었다. 마술의 종교는 마법을 믿는 신앙에 다름 아니라는 것이 입증되었고, 마법에 대한 믿음은 모든 유사 미신과 함께 마녀 처형이라는 끔찍한 결과를 가져왔다. 특히 과학을 향한 혐오는 진정한 종교와 인류 최선의 이익에 적지 않은 해를 입혔다.

그러나 과학이 점차 힘을 얻어가면서 마술신앙은 자연스럽게 사라져갔다. 즉 18세기의 과학정신과 기독교가 어우러져 가면서 그 미운 오리새끼는 점점 더 보기 힘들어지다가, 결국에는 희미한 빛마저 영원히 꺼져버렸던 것이다.

기독교가 마술의 종교로 이해되는 동안, 그 어떤 것도 마녀 화형에 대한 인간의 광기를 멈출 수 없었다. 많은 무고한 희생자들에게 덤벼들던 고문과 형벌에 대한 공포도, 혹은 때때로 판사들이 느꼈던 양심의 가책도, 그리고 기독교의 자비와 사랑도 그 광기에는 아무 소용이 없었다.

오직 단 하나의 치료법은 바로 마법이 아무런 힘도 가지고 있지 않다는 사실을 밝혀낼 자연법칙을 이해할 만한 완전한 통찰력이었고, 이런 치료책은 확실히 효과가 있었던 것이다.

14

종교재판

이교도의 처형

악마의 역사에서 가장 비극적인 장면을 들어 보라고 하면, 악마의 추종자들, 즉 분리파교회 신도들, 이교도들, 그리고 마녀로 간주되었던 자들을 처형했던 일일 것이다. 말도 안 되는 고발이 난무했고, 그 표적은 마니교, 몬타누스파, 노바티안파, 청교도, 혹은 카타리파, 알비파, 기타 비국교도들이었다.

사람들은 그들이 매우 음탕한 종교의식으로 악마를 숭배한다고 하였고, 될 수 있는 한 가장 추잡하고 괴이한 것으로 악마와의 소통을 묘사하기 일쑤였다. 마술과 악마의 힘에 대한 일반적인 믿음이 존재했던 시대에 사탄을 섬긴다고 고발당할 가능성으로부터 안전한 사람은 아무도 없었다.

스테딩어(Stedinger) 일가는 브레멘의 주교가 그들에게서 무력으로 세금을 거두어 가려하자 효과적으로 대항할 수 있었지만, 결국 악마 숭배자들로 몰려 잔인하게 죽임을 당했다. 가장 커다란 재력과 권력을 가졌을 뿐 아니라 가장 정통파 기독교에 가까웠던 템플 기사단(the Templars)은, 그들의 부와 귀중한 재산들을 빼앗는 데 여념이 없었던 프랑스의 한 탐욕스런 왕으로 인해 가장 비열하고 흉포한 우상 숭배의 죄명을 덮어쓰게 되었다. 그리고 셀 수 없이 많은 민간인들과 가난한 사람들은 대체로 무작위적으로, 그런가 하면 부자들은 신중하게, 어떤 식으로든 매우 치욕스런 미신의 희생양으로 전락하였다.

어떤 때는 교회 중심주의를 이롭게 하기 위해서, 어떤 때는 권력자들의 이익을 위해, 또 어떤 때는 순전한 무지로 인해서, 때로는 인류를 위해 가장 순수하고 진지한 의도로, 그리고 "너는 무당을 살려두지 말지니라"라는 하나님의 말씀에 복종하고자 이 같은 일이 자행되었던 것이다.

마녀 처형의 광기는 그 시대의 일반적이고 보편적인 하나의 질병이었다. 한편으로는 대개가 생각하듯 순전히 교회만의 잘못으로 돌릴 수는 없지만, 그렇다고 당시의 미신으로 무시무시한 범죄를 저질렀던 교회 중심주의적 제도에 무죄선고를 한다면 이것 역시 중대한 실수를 범하는 것이다. 그 까닭은 카톨릭 구교와 신교의 최고 권위자들이 마녀 처형 사상을 고무시켰을 뿐만 아니라, 이를 법으로 집행할 수 있게까지 만들어, 결과적으로 가장 끔찍한 결과들을 초래했기 때문이다.

교회 중심주의적 논리에 따르면 이교도란 '사탄을 섬기는 자들'로 설명되기 때문에, 이들이 예외 없이 마녀, 마법사와 같은 범주에 속하는 것으로 간주되었던 것은 당연하다. 구약 중 하나인 〈신명기(Deuteronomy)〉에서는, 기적이나 이적으로 꿈을 실현시키는 예언자와 꿈꾸는 자들이 이스라엘인들로 하여금 다른 신들을 섬기도록 설득하므로 이들을 모두 '죽일 것'을 명하고 있다.

너의 동복 형제나 아들이나 딸이나 네 품에 안기는 아내나, 네가 목숨처럼 아끼는 친구 가운데, 누구든지 너에게 은밀히 말하기를 "우리와 우리 조상이 일찍이 알지 못하던 신들에게 가서, 그 신들을 섬기자" 하고 꾀거나, "우리가 가서, 땅의 이 끝에서 저 끝까지, 사방 원근 각처에 있는 민족들의 신을 섬기자" 하더라도, 너는 그 말에 동의하지 말고, 경청하지도 말며, 네 눈으로 동정하지도 말고, 용서하지도 말며, 숨겨 주지도 말라. 너는 반드시 그를 죽일지니, 그를 죽이는 데 네가 맨 먼저 손을 댈 것이며, 그후에 온 백성이 손을 댈지니라.

너는 그를 돌로 쳐 죽이라. 이는 그가 이집트 땅, 종살이하던 집에서 너를 인도하여 내신 너의 주 하나님께로부터 멀어지게 하였음이니라.

그러면 온 이스라엘이 듣고 두려워하여, 너희 가운데에서는 이 같은 악을 더 이상 행하지 못할 것이니라.

성 제롬(St. Jerome)은 이 구절에 의지하여, 이교도에 교수형을 내릴 것을 건의하는 데 주저하지 않았고, 교황 레오 대제 역시 견해를 같이했다.

스페인의 주교 프리실리안(Priscillian)은 해박한 학자이자 순수한 도덕률을 지닌 사람이었는데, 모진 고문을 받고 자신을 따랐던 다른 신자들과 함께 385년에 트레비스에서 교수형에 처해졌던 최초의 이교도였다. 프리실리안의 추종자들은 자신들의 스승을 순교자로 받들었으며, 교구의 제명에도 불구하고 새 종파를 만들어 꽤 오랫동안 존속시켰다. 물론 레오 대제는 프리실리안의 처형을 정당화하였고 추켜세웠다.

종교재판소의 성립과 마녀 처형

교황 알렉산더 3세의 통치 하에 있던 1163년 투르 종교회의(Council of Tours)에서는 신앙 문제를 판결한다는 점을 들어 '종교재판관' 이라는 타이틀을 처음 사용하였다. 1184년 베로나 종교회의(Synod of Verona)에서는 모든 이교도들을 저주하였으며, 그들이 본래의 사교로 돌아갈 경우 그들을 세속의 권위에 넘겨 사형에 처하도록 규정하였다.

교황 이노센트 3세는 알비파를 쓸어버리기 위해 밀사에게 특권을 주어 그들을 이교도로 고소할 수 있도록 했으며, 모든 주교들에게 그들이 말을 듣지 않을 경우 파면형에 처할 것이라고 위협하여 이교도들을 색출, 처형하는 것을 돕도록 강요했다. 그는 또 그레고리 7세의 선례를 따라, 교회의 권위가 국가의 그것보다 우세하다고 주장하였다. 그런가 하면 프랑스의 필립 아우구스투스(Philip Augustus)를 망신주었고, 오토 4세 황제의 지위를 빼앗았으며, 영국의 존 공작으로 하여금 교황의 영주권을 인정하도록 하여 공물을 바칠 것을 종용하였고, 한편으로는 네 번째 십자군을 일으키도록 조장하여 알비교파를 모조리 몰살시켜 버리기도 하였다.

자신의 교황권 아래, 카스티아의 도미니크와 툴루즈 주교의 제안에 따라 도미니크 수도회에 새로운 지위가 세워졌고, 이들은 훗날 종교재판소를 사실상 지휘하게 되었다. 교황 그레고리 9세는 놀라운 열정으로 전통적인 정책을 따랐으며, 1224년 이탈리아에 '검사성성(檢邪聖省, holy office)' 이라는 이름으로 상설 종교재판소를 설립하였다.

교황 그레고리의 정책은 1229년 툴루즈 종교회의에서 45개의 조항에 달하는 문서로 성문화되었고, 종교재판소는 교회제도로 확고하게 자리잡게 되었으며, 그 임명과 감독 등에 대해 중요한 교황의 특권을 형성하게 되었다. 그래서 이 시기가 되어서야 비로소 교황이 교회의 절대적 통치자가 되었다고 할 수 있는데, 실로 주교까지도 교황의 재판석 앞으로 소환당할 수도 있게 되었다. 그레고리 9세는 1232년에 도미니크 수도사들을 교황의 종교재판관들로 임명했고, 수도사들은 종교재판소를 위해 끔찍한 의무를 너무도 충실히 수행한 나머지 '도미니 칸네스(Domini canes)', 즉 '신의 경비견(the sleuth-hounds of god)' 이라는 별명이 붙어 다닐 정도였다. 이 별명은 그들의 이름을 익살스럽게 표현한 말에서 유래되었다.

플로렌스의 산타마리아 노벨라 성당에는 '도미니 칸네스(Domini canes)' 라는 제목의 유명한 프레스코 벽화가 있는데, 시몬 멤미(Simone Memmi)가 그린 것으로 알려져 있으며, '양 우리로부터 늑대들을 쫓아내는 한 무리의 경비견' 이라는 알레고리 치하에 종교재판관적인 입장에서 그 관념을 묘사한 것을 볼 수 있다.

그레고리 9세는 마르부르크의 콘라드(Conrad of Marburg)를 독일로 보냈다. 교황은 그에게 무제한적인 권력을 부여하여 마법을 꾀했다고 의심되는 모든 사람들을 재판소로 소환할 수 있도록 하였으며, 이 범죄자들을 화형대에 세우도록 명하였다. 이 극악한 남자는 자신이 주인으로 섬기는 '지상을 통치하는 그리스도의 대리자' 에게 기꺼이 복종하였다. 그러나 대중이 반항적이었을 뿐만 아니라, 쾰른(Cologne), 트레비스(Treves), 메이엔스(Mayence)의 대주교들 역시 그에게 저항하였기 때문에 그는 도중에 많은 반발에 부딪쳤다.

그렇지만 콘라드는 끝까지 완고하였다. 그가 수행하는 일들이 자신이 모시는 교황 성하의 절대적인 지지를 받았기 때문에, 독일 교구의 세 고위 성직자들에게조차 소송을 거는 데 주저하지 않았다. 콘라드가 나타나는 곳이라면 그곳이 어디일지라도 화형대에 불이 붙었으며, 무고한 많은 사람들이 그 광신적 행위의 희생물이 되었다. 메이엔스의 대주교는 이 극악한 자를 막는 데 사력을 다하면서, 교황에게 다음과 같은 내용의 편지를 올리기에 이르렀다.

그 자의 손아귀에 잡히는 사람은 누구라도, 목숨을 부지하기 위해 거짓으로라도 자백을 하거나, 아니면 죄를 부인하여 곧장 지옥불에 던져지든지 둘 중 하나의 선택만이 가능합니다. 모든 거짓 증언은 인정하면서도, 정당한 변호는 받아들이지 않습니다. 저명 인사들에게조차 허락되지 않기는 마찬가지입니다. 법정에 소환된 사람은 자신이 이교도라고, 혹은 두꺼비를 만졌다고, 혹은 안색이 나쁜 사람이나 어떤 기형적인 것에게 입을 맞추었다고 자백해야만 합니다.

많은 카톨릭 신자들이 그 같은 부도덕한 범죄를 저질렀다고 거짓으로 고백하기보다는, 차라리 무고하게 불에 타는 고통을 택하고 있습니다. 나약한 자들은 자신의 생명을 구하려고 자신과, 특히 콘라드가 그 자들에게 제시한 저명인사들에 대해서 거짓말을 늘어놓습니다. 이렇게 해서 형제들이 자신의 형제를 고발하고, 아내들은 자신의 남편을 고발하며, 하인들은 자신의 주인을 고발합니다. 많은 사람들이 어떻게 자신을 보호할지에 대해서 충고를 들으려고 성직자들에게 돈을 지불하며, 이로 인해 이루 말할 수 없는 거대한 혼란이 야기되고 있습니다.

이 대주교의 편지는 교황의 마음을 움직이는 데 실패했고, 상황을 조금도 변화시키지 못했다. 오히려 반대로, 로마는 전통적인 정책을 어느 때보다도 더 강하게 수행했다. 이러한 정책은 교황 우르반 5세에 와서 확정되어 1362년 공포된 교황의 교서 〈주의 만찬(In coena Domini)〉으로 선포되

▶ 〈그림 14-1〉 1362년 〈주의 만찬〉을 선포하는 교황 우르반 5세

었다. 이 교서는 마치 감히 로마 카톨릭 교회와 의견을 달리하는 사람을 상대로 한 협박으로 들렸고, 오로지 이교도를 무조건적으로 거세게 비난하는 것에 다름 아니었다.

그 즈음, 종교재판소가 거두었던 성공은 마르부르크의 콘라드가 독일에서 맞닥뜨렸던 반대파 때문에 몹시 위태로워졌다. 최고 재판장이 헨리 백작(Count Henry of Sayn)을 이교도로 기소하자, 백작은 메이엔스에서 열렸던 독일의회 앞에 소환되었다. 의회는 콘라드의 권위를 존중하지 않았고 불신임결의안을 통과시켰다. 콘라드는 자신이 받았던 모욕을 되갚기 위해 파더보른(Paderborn)으로 향했으나, 그가 더 이상 어떤 나쁜 짓을 저지르기 전에 마르부르크 근처의 란(Lahn)에서 몇 명의 귀족들에게 붙잡

▶ 〈그림 14-2〉 종교재판소의 재판장 내부

혀 1233년 7월 30일에 죽임을 당했다. 그리하여 피비린내 나는 직무를 위해 살던 그 자신도 끝내 죽음을 당했고, 독일인들은 이제 보다 자유롭게 숨쉴 수 있게 되었다. 그러나 그레고리 9세는 자신의 권위로 그를 성자이자 순교자로 인정하였으며, 그가 살해당한 곳에 성당을 세울 것을 명했다.

독일에 있는 종교재판소 체제가 심각한 위협을 받은 반면, 종교재판관들은 프랑스 루이 1세(Louis the Pious), 필립 4세(Philip the Fair), 그리고 샤를 4세(Charles IV)에게서는 환대를 받았다.

재판관 휴고 드 베니올(Hugo de Beniols)은 1275년 툴루즈에서 다수의 저명인사들에게 화형을 언도하였다. 이들 중에는 65세의 라바르트(Labarthe)의 귀부인 엥겔(Angèle)도 포함되어 있었는데, 사탄과 정을 통했다는 죄명으로 고발당했다. 그녀가 늑대의 머리와 뱀의 꼬리를 한 괴물을 낳았고, 그 괴물은 식사로 갓 태어난 아이들만 먹는다는 것이었다. 또 샤를 4세의 통치 시절에는, 기존의 감옥으로는 더 이상 고발당한 이교도들을 수용할 수 없게 되자 악명 높은 바스티유 감옥을 새로 만들었다.

샤를 6세 때는 프랑스에서 마녀 고발이 한동안 일시적 소강상태로 접어들었다는 점에서 다른 때와 구별된다. 주된 원인은 로마와 아비뇽 사이의 불화로 인해 교황권이 약화되었기 때문이었다. 두 제왕이 서로 자신의 신자들에게 퍼부었던 저주는 축복으로 바뀌는 듯 했다.

1404년 랑그르 회의(synod of langres)에서는 점쟁이를 사기꾼으로 간주하고, 사탄의 영향 아래에 있는 사람들에게 회개와 고해성사를 통해서 구원을 약속하였다. 1606년 툴루즈 재판소는 열세 명의 죄수에게 벌금, 금식, 성지순례, 자선행위 이상의 다른 벌을 부과하지 않았다. 반면에 종

▶ 〈그림 14-3〉 이단자로 고발되어 죽기 직전에 유죄를 인정한 남자와 여자

교재판소의 재판관은 기소되어, 그가 압수한 재산을 횡령한 것으로 유죄를 선고받았고, 찰스 6세는 봉급마저 압수할 것을 명령하기도 하였다.

스페인은 종교재판소가 가장 번성했던 곳이다. 카스티야의 종교재판장이었던 에이메릭(N. Eymerich)의 〈종교재판 지침서(Directorium inquisitorum)〉는 우리에게 종교재판소의 절차들, 즉 감시 체계, 심문과 고문, 약탈품 등에 대한 완벽한 통찰을 가능하게 한다. 토르케마다(Torquemada)와 시메네스(Ximenes)는 에이메릭의 후임 중 가장 엄격하고 무자비한 자들이었다. 최고의 재력가들과 권력가들, 최고의 학자들도 너나 할 것 없이 똑같이 위협을 받았으며, 스페인 교구의 수석 대주교였던 카란사(Carranza)조차 그 두 종교재판관들의 고발을 피해갈 수 없었다.

독일 도미니크 수사 요하네스 니더(Johannes Nider)는 15세기 초, 《마녀와 속임수》라는 책을 출판하였다. 또 교황 유진 4세(1431～1447)는 재

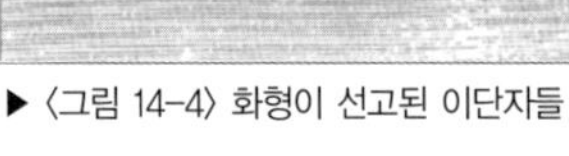

▶ 〈그림 14-4〉 화형이 선고된 이단자들

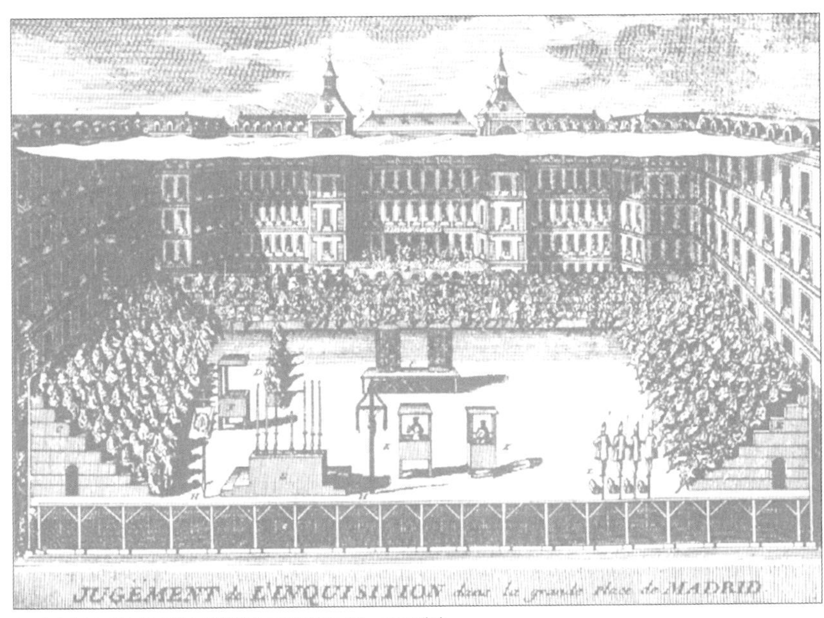

▶ 〈그림 14-5〉 마드리드 광장에서 개정 중에 있는 종교재판

판관 회보에서 '즉결로, 이러니 저러니 말할 것 없이, 그리고 사법적인 형식 없이' 엄정하게 절차를 진행할 것을 제안하였다.

성 제르맹(St. Germain) 수도원장 에델린(William von Edelin)은 마법의 실재성에 의문을 제기하는 설교를 했었는데, 이 때문에 그는 1453년 9월 12일에 에브루(Evreux)의 주교성당에서 공개적으로 면죄부를 호소하여야만 했다. 그는 자신이 사탄을 섬겼으며, 기독교에 대한 신념을 잃었다고 고백해야 했을 뿐 아니라, 마법이란 사탄이 그 통치권을 넓히기 위해서 자유롭게 구사하는 속임수라고 말해야만 했다. 에델린은 감금되었다가, 사형을 당하기 직전에야 풀려났다.

니콜라우스 자크리우스(J. Nicolaus Jaquerius)는 1458년에 《이교도의

▶ 〈그림 14-6〉 화형되는 이교도

채찍(Flagellum Heriticorum Fascinariorum, Frankfort)》을 집필하였다. 이 책에는 에델린 사건이 마술의 실재성과 관련한 많은 사건들 중에 하나의 논쟁거리로 기록되어 있다. 그리고 마침내, 마녀 처단자들의 악폐에 대한 모든 저항은 진압되었다.

도미니크파의 일원인 종교재판관 피에르 르 브루싸르(Pierre le Broussart)는 아라스(Arras)의 주교가 없는 동안 수많은 사람들을 소환한 뒤 고문하여, 그들이 발도파라는 사실을 고백하도록 만들었다. 그리고 그들에게 발도파가 저질렀던 모든 혐오스러운 범죄를 공개적으로 자백한다면 목숨만은 살려주겠다고 약속했다. 그리하여 공개회의 때, 피의자들은 한결같이 악마 숭배자임을 표시하는 모자를 쓰고 모두 단 위에 올라섰다. 심판관들은 음탕한 악마 숭배의 다양한 의식들을 나열하며, 그들이 이에 대해 죄가 있는지 없는지를 물었다. 이들이 유죄임을 인정하자, 기존의 약속은 철저하게 무시된 채 모두에게 화형이 언도되었고, 세속 당국에 넘겨진 이들은 산채로 불태워졌다.

피고들은 뒤늦게 울부짖으며, 자신들이 속았고, 고발당한 죄명에 대해서는 아무것도 알고 있지 못하고 있을 뿐만 아니라, 재판관으로부터 약간의 형벌만을 받고 방면해 준다는 약속을 받았기 때문에 거짓고백을 했을 뿐이라고 외쳐댔으나, 모든 것은 헛된 몸부림에 지나지 않았다.

마녀를 치는 망치

마녀 처형은 1484년, 교황 이노센트 8세의 교서를 통해서 새로운 자극을 받았다. 당시 독일의 종교재판관들이었던 하인리히 인스티토리스(Heinrich Institoris, 독일 이름은 하인리히 크라머[Heinrich Krämer])와 야콥 슈프랭거(Jacob Sprenger)가 직무를 행할 때 부딪치는 저항을 불평하자, 교황은 카톨릭 신앙을 강화하고 끔찍한 범죄와 마술의 남용을 막기 위해서 종교재판관들이 원하는 것을 지원해 주었다.

교황 이노센트 8세의 교서는 독일에만 국한되었다. 그러나 다른 교황들, 즉 알렉산더 6세, 줄리어스 2세, 레오 10세, 하드리아누스 4세 역시 비슷한 교서를 써, 종교재판관들의 열정을 부추겨 그들이 신앙의 정화와 마술행위의 억압을 위해서 최선을 다하도록 하였다.

교황 이노센트 8세의 그 가증스러운 교서, 즉 《마녀를 치는 망치(Malleus Maleficarum)》라는 저서가 출간되는 직접적 원인이 되었는데, 이 책은 교황의 인가를 얻었을 뿐 아니라 황제 막시밀리안(Mazimilian)으로부터 특허까지 받았다. 처음에 1487년 슈프랭거와 인스티토리스가 콜론의 신학부에 《마녀를 치는 망치》를 들고 나타나 공식인가를 요청하였고, 결국 이 요청은 오랜 망설임 끝에 마지못해 받아들여지게 되었다.

서류의 원본은 매우 조심스럽게 다루어져, 마술행위를 벌하는 원칙들에 대해 '성스러운 정전에 위배되지 않는 한' 에서 승인되었다. 종교재판관들로서는 이것으로 충분치 않았기 때문에 더 결정적인 판정을 요구하였고, 더불어 세속적 권력자들에게도 카톨릭 신앙을 위해 종교재판소를 도와줄 것을 부탁하는 절대적인 요구사항을 포함한 4개의 조항을 덧붙였다.

게다가 종교재판관들은 황제의 특허, 신학단체의 재가와 관련하여 공증인의 공증을 확보하기까지 하였다. 그러나 황제의 특허가 글자 그대로 재연된 것은 아니었다는 점, 그리고—솔단(Soldan)의 견해에 따르면—그것이 한 번도 법령으로 공포되지 않았다는 점은 주목할 만하다. 공증인은 단지 황제가 교황의 교서를 보호할 것과 두 종교재판관을 도와줄 것을 약속하였다는 것만을 확실히 할 따름이었다.

그렇게 해서 독일에서 처음 《마녀를 치는 망치》가 도입되었고, 그 즉시 광신도들에게 마술에 대한 주 정보원으로 통하게 되었다. 담하우더(Damhouder)는 16세기에 가장 유명한 범죄학자로서, 그 권위가 거의 법과 맞먹는 것으로 평가되었던 사람이다. 그가 끼친 유해한 영향력은 3세기에 걸쳐서 계속되었다.

《마녀를 치는 망치》는 역대 저서들 중 가장 유명하면서도 악명 높았던 책 중의 하나다. 그 제목을 보면 이 책이 마술행위를 타파하려는 의도만으로 씌어졌음을 짐작할 수 있다. 작가의 이름이 언급되지는 않았어도, 슈프랭거의 정신만은 이 책의 서면과 여러 장에 걸쳐서 언급되고 있는데, 문체는 빈약하고 사상은 어리석으며, 그 의도는 극악무도하고, 종교재판관들에게 주는 재판의 절차와 관련된 충고는 비열한 속임수를 드러내고 있다. 또한 이 책은 너무나 터무니없는 말로 자주 자가당착에 빠지고 있으며, 시종일관 불합리하고 미신적이다.

《마녀를 치는 망치》는 먼저 "재판을 받는 자가 마술행위를 믿는지 믿지 않는지"를 묻는 것으로 심문을 시작하기를 권고하면서, "대개 마녀들은 그 질문을 부인하기 마련이라는 점을 잊지 말라"고 덧붙이고 있다. 만일 범인이 부인하면, 재판관은 "좋다, 그렇다면 마녀들이 화형당할 때마다 그들이 무고하게 벌을 받는 것일 테지"라고 말한다. 이처럼 마술행위를 부인하는 것은 곧 피고의 파멸에 종지부를 찍는 것과 다름없었다. 왜냐하면 《마녀를 치는 망치》는 "가장 큰 이단은 바로 마술행위를 믿지 않는 것이다"라고 천명하고 있기 때문이다.

그러나 이와 반대로 피고가 위의 질문에 긍정한다고 해도, 그에게 고문을 가해 흑마술을 배워 사용을 했든 하지 않았든 그로 하여금 마술에 대해 알고 있는 모든 것을 털어놓게 만들었다. 그렇다고 무지를 호소해도 소용이 없다. 왜냐면 고백을 거부하면 그마저도 범죄로 간주되기 때문이다. 빠져나갈 방법은 어디에도 없었다. 고문대 위에 선 희생자에게 최선의 방책이란, 질문에 부인하지 않고 즉시 모든 것을 인정해 버리는 것이다. 그렇게 해야만 적어도 고통스런 절차를 줄일 수 있으며, 더 이상의 고통 없이 비극을 끝낼 수 있기 때문이다.

종교재판소의 수감자들은 대부분 죽음을 하나의 은혜로운 일로서 갈구하며, 가능하다면 자살을 시도했다. 왜냐하면 만에 하나 그들이 풀려난다고 할지라도, 모진 고문으로 불구가 되어 일을 할 수도 없을뿐더러 삶을 즐길 수도 없게 될 것이기 때문이다.

하지만 무죄방면이 허락되는 경우는 매우 드문 일이었다. 게다가 《마녀를 치는 망치》는 재판관들에게 그들을 절대로 방면하지 말 것이며, 단지 심문절차를 일시적으로 멈추기만 할 것을 권고하였고, 보다 안전한 방법으로는 '소송중지(a nolle pros)'가 추천되었다. 특히 만일 그 처벌 형식이 화형에서 목을 베는 것으로 완화될 경우, 죄수는 사형 집행을 위해 세속기관에 넘겨졌다. 교회는 '기독교도는 피에 목말라하지 않기' 때문에 이러한 참수형 시행을 피했기 때문이다. 고해신부와 판사에게는 죄인과 사적으로 이야기를 나눌 것이며, 억지로라도 자백을 받아내기 위해서라면 용서와 자비를 약속하라고 권고했다. 그런가 하면 《마녀를 치는 망치》는 또 판사에게 "당신이 자백을 하면, 사형을 언도하지는 않을 것이오"라고 말하도록 제안하고 있는데, 왜냐하면 "그 판사는 어느 때라도 다른 판사에게 자신의 자리를 대신하게 하여 자유롭게 사형을 언도할 수 있기 때문"이다.

종교재판의 희생자들은 실제로 어떤 도움을 받은 적이 없다. 그것은 마술행위가 일반적인 소송절차의 규정으로는 구속할 수 없는 예외적인 범죄로 간주되었기 때문이었다. 마술은 세속기구나 교회재판소 이전에 속해 있었다(crimen fori mixti). 죄수는 교황 보니페이스 8세의 "명확하고 거리낌 없이, 변호사와 판사의 형식과 잡음 없이"라는 금언에 따라 다루어져야만 했다.

이제는 좀 더 이성적인 사고와 정확한 연구정신의 시대를 사는 우리로서는, 《마녀를 치는 망치》가 어떻게 신봉될 수 있었는지를 납득하는 것이 쉽지 않은 일이다.

종교재판소의 고문

우리에게는 마녀 처형이 단순히 파렴치한 짓으로 보이지만, 사실은 그렇지가 않다. 그것은 확고하고 뿌리깊은 종교적 신념의 결과였다. 이 사실은 스폰하임 수도원의 대수도원장 트리테미우스(John Trithemius)의 저서 《반反 마법(Antipalus maleficiorum)》에 잘 나타나 있다. 저자는 브란덴부르크의 후작 요하임(Joachim)의 요청에 따라 이 주제를 조사하였고, 수년간의 세심한 연구 끝에 네 질의 책으로 자신의 견해를 세상에 알렸던 인물이다. 이 책은 1508년 10월 16일, 이 신앙심 깊은 대수도원장이 66세라는 성숙기에 이르렀을 때에야 완성되었다.

트리테미우스는 마법사와 마녀의 계층을 네 가지로 구분하였다. 첫째, 독이나 기타 자연수단으로 다른 사람들을 다치게 하거나 죽게 하는 자들, 둘째, 마술이나 주문으로 타인을 다치게 하는 자들, 셋째, 악마와 사적으로 소통하는 자들, 넷째, 실제로 악마와 계약을 하고는 사악한 음모를 행하는 데 도움을 받는 자들이 그것이다.

트리테미우스는 이 악인들의 사악한 영향력으로부터 사회를 보호하기 위한 유일한 방법은 그들을 근절하는 것이며, 그 최선의 방법은 그들을 산 채로 불태워버리는 것이라고 믿었다. 그는 다음과 같이 한탄한다.

> 전 세계에 마녀가 너무 많다는 사실이 한탄스럽다. 아무리 작은 나라일지라도 그것은 일개 마을과는 다르며, 적어도 3분의 1 혹은 4분의 1은 추격할 수 없기 때문이다. 이에 비해 하나님과 자연법칙에 위배되는 이 범죄들을 벌하는 판사들의 수는 얼마나 적은가.

또 그는 이렇게 불평하기도 한다.

> 이러한 마녀들의 추행으로 사람과 동물이 죽어가지만, 아무도 그것이 마술 때문에 일어난 일이라고 생각하지 않는다. 심각한 질병으로 고통받는 많은 사람들이 있는데도, 그들 대부분이 마술에 걸렸다는 사실조차 알지 못한다.

마술의 위험성이 너무 커서, 그것과 싸우기 위해서는 특별한 수단이 요구되었다. 그래서 이전에는 오직 예외적이고 특별한 경우에만 적용되었던 고문이, 이제는 몹시 잔인한 방식으로 발전되기 시작되었던 것이다.

마녀나 마법사로 의심받은 사람들은 불이나 물로 시죄법을 테스트하였는데, 대체로 후자가 더 많이 이용되었다. 우리는 이를 주제로 한 쾨니히(König)의 저서에서 그 이유를 알 수가 있다.

> 고발당한 사람이 성공적으로 불의 시련을 통과한 경우가 알려져 있다. 이 사건은 《마녀를 치는 망치》가 나오기 직전에 일어났던 일이다. 도나우-에싱겐(Donau-Eschingen)의 고문서 보관소에는 1485년 로트헨바흐(Röthenbach)의 안나 한네라는 여자에 관한 한 문서가 소장되어 있는데, 이 문서에 따르면 그녀는 검은 악마의 숲에서 뜨겁게 달궈진 쇳덩이를 들고 나오는 것으로 마녀라는 혐의를 벗어났다고 한다.

또 물의 시련과 관련하여 쾨니히는 이렇게 말하고 있다.

> 물의 시련은 매우 오래 전부터 행해졌던 시험이다. 루드비히

(Ludwig)가 이를 폐지했으나, 랭스의 대주교 힌크마르(Hinkmar of Rheims)가 그 실행을 옹호하였다. 클레르보의 수도원장 베르나르(Bernhard of Clairvaux)의 시절에는 마니교를 상대로 행했고, 교황 이노센트 3세는 1215년 라테란 공회(Lateran Council)에서 다시 그것을 폐지하였다. 아이케 폰 레프코브(Eike von Repkow)가 1230년에 쓴 유명한 법전 《작센인의 거울(The Saxon Mirror)》은, 만일 두 사람이 같은 것에 권리를 주장하고 증인이 될 이웃이 아무도 없다면 물의 시련으로 판결할 것이라고 규정하고 있다.

역시 13세기 작품인 《슈바벤인의 거울(the Mirror of the Swabians)》도 같은 규정을 담고 있다. 16세기에는 물의 시련의 시행이 거의 보편적으로 자리잡히게 되었는데, 쾨니히는 그 기본적인 아이디어에 관하여 아래와 같이 말하고 있다.

물의 시련을 적용하는 데는 의견들이 엇갈린다. 하나는 물 속에서 시험에 임하는 자가 물 속에서 얼마나 오래 버틸 수 있느냐 하는 것이 문제라는 것이며, 또 다른 하나는, 피고의 무고함은 물 속에 가라앉아야 증명되고 헤엄을 치게 되면 유죄로 입증된다는

▶ 〈그림 14-7〉 물의 시련

것이다. 두 견해 모두, 마녀들은 이상할 정도로 가볍다는 생각이 지배적이었기 때문에 다음과 같은 규칙이 채택되었다.

"신앙을 포기함으로써 성수를 거절했던 자들은 물을 자신의 깊은 곳까지 받아들이기를 거부한다."

과연 어느 누가 지순한 분개와 분노 없이 종교재판관들의 수치스러운 사명 속에서 사용된 고문 기구들을 떠올릴 수 있을 것인가?

엄지손가락을 죄는 틀, 손톱을 뜯어내거나 불에 달구어 고문하기 위해 사용된 대장장이의 집게와 펜치, 팔다리를 잡아당기는 고문대, 스페인장화, 줄, 사슬 등… 또 날카로운 가시들로 뒤덮인 판자와 밀대가 있는가 하면, 여자의 크기와 형체를 본뜬 일명 '폐품수집가의 딸'이나 '강철 처녀'라는 이름의 관 등 끔찍한 고문기구도 있었다. 이러한 기구들은 속에 쇠꼬챙이가 가지런히 꽂혀 있어서, 뚜껑을 닫게 되면 희생자는 온 몸이 찢겨지는 고통을 겪어야 했다.

이 고문 기구들을 발명해 내기 위해서는 믿기 어려울 만큼 놀라운 창의력이 발휘되었다. 고문을 담당했던 자가 지녔던 칼들 중 하나가 뉘른베르크(Nuremberg) 고문실 입구 왼편에 매달린 채 지금까지도 보존되어 있는데, 거기엔 잘못된 라틴어로 신을 모독하는 비문 "솔로 데오 글로리아(Solo Deo Gloria, Soli Deo Gloria가 맞는 말이며, '오직 주께 영광을'이라는 뜻)"가 새겨져 있다.

형집행인은 자신들이 하는 일에 자부심을 가지고 있었다. 피의자들로 하여금 종교재판관들이 원하는대로 자백하도록 만들지 못하는 것을 수치스럽게 생각하였다. 이단자나 마법사 혹은 마녀가 그들에게 넘겨졌을 때 그들이 통상적으로 가했던 위협은, "네 몸이 비쩍 말라비틀어져 쥐구멍에

▶ 〈그림 14-8〉 뉘렌베르크 고문실

도 거뜬히 들어갈 때까지 고문할 것이다"라는 것이었다. 그저 고문 기구들을 보는 것만으로도 충분히 위협적이었으니, 하물며 실제 고문을 행하는 장면은 제아무리 상상력이 풍부한 자라도 감히 그려볼 수 없을 만큼 잔혹했다.

고문이 시작되기 전에, 죄수는 '마녀 수프'를 마시도록 강요당했다. 화형당한 마녀의 재를 섞은 역겨운 혼합 조제물이었는데, 이는 고문을 집행하는 자들이 마녀의 사악한 공격으로부터 보호해 준다는 미신적 믿음 때문에 행해진 일종의 의식이었다. 지하감옥의 잔혹함은 죄수의 기를 손쉽게 꺾고, 그 혐의가 어떤 것이든 즉각 털어놓게 만드는 데 매우 효과적이었다. 먼저 죄수는 흔히 벽에 고정된 쇠고랑에 묶이거나, 팔다리를 자유롭게 움직이지 못하도록 무거운 목재를 지도록 하였는데, 이 때문에 죄수는 들쥐나 생쥐, 온갖 종류의 해충들에게 속수무책으로 당할 수밖에 없었다.

1631년 심문 첫날 한 여성에게 내려진 혹독한 고문의 세부 절차들을 예로 들어보도록 하겠다.

1. 고문 집행인은 임신한 여자를 묶고 고문대에 눕혔다. 그리고는 심장이 거의 터질 때까지 고문했으나 동정심이라고는 보이지 않았다.
2. 그녀가 자백하지 않자, 고문은 다시 반복되었다. 그는 그녀의 손을 묶고, 머리카락을 모두 잘랐으며, 브랜디를 그녀의 머리 위에 붓고는 불을 질렀다.
3. 유황을 그녀의 겨드랑이에 발라 불을 질렀다.
4. 두 손이 등뒤로 묶인 채, 그녀를 천장까지 올렸다가는 갑자기 아래로 떨어뜨렸다.
5. 올렸다가 내동댕이치는 고문은 집행인과 그 조수들이 저녁을 먹으러 갈 때까지 몇 시간 동안이나 계속되었다.
6. 그들이 다시 돌아왔을 때, 고문장은 그녀의 발과 손을 등께로 묶은 뒤, 브랜디를 등에 붓고는 불을 질렀다.
7. 무거운 쇳덩이를 그녀의 등에 지워놓은 채로 끌어당겼다.
8. 이런 뒤, 다시 고문대에서 사지를 잡아당기는 고문을 가했다.
9. 날카로운 못이 솟은 고문대를 등에 올려놓고는 다시 천장까지 올린다.
10. 집행장은 다시 그녀의 발을 묶고 거기에 50파운드나 나가는 도르래를 매달아 심장이 터질 만큼 고통을 주었다.
11. 그래도 여자가 자백하지 않자, 집행인은 그녀의 발을 풀고 바이

스로 발가락에서 피가 스며나올 때까지 그녀의 다리를 조였다.

12. 이것 역시 소용이 없자, 다시 여러 가지 방식으로 사지를 늘어뜨리고 조이는 고문을 가했다.
13. 이제 고문 집행인은 고문의 세 번째 단계에 돌입한다. 그녀를 의자에 눕히고 자신의 웃옷을 덮어주면서 다음과 같이 말한다. "난 너를 하루, 이틀, 삼일, 혹은 일주일이나 몇 주 동안 잡아두는 것이 아니라, 반 년이나 일 년, 혹은 평생을 잡아둘 수 있다. 네가 자백할 때까지 말이다. 그리고 만일 자백하지 않으면, 결국 난 네가 죽을 때까지 고문할 수밖에 없고, 결국 넌 화형을 당하게 되지."
14. 집행인의 사위가 그녀의 팔을 잡아당겨 다시 위로 끌어올렸다.
15. 고문 집행인이 말을 때리는 채찍으로 그녀를 때렸다.
16. 그녀를 바이스에 놓고는 6시간 동안이나 고문했다.
17. 그리고 나서, 다시 무자비하게 채찍으로 때렸다. 이 모든 것이 그녀가 심문을 당하던 첫날에 이루어진 일이다.

이것을 야만적이거나 짐승 같은 일이라고 말하는 것은 성에 차지 않는다. 이는 다분히 악마적인 일이다. 이 같은 일이 하나님의 이름으로 행해질 수 있었다니, 그것도 기독교 신앙을 위해서, 그리고 기독교 교회의 최고 권위자들의 명령으로 말이다!

셀 수 없이 많이 저질러졌던 마녀 처형의 예들 중에서 단 한 가지만 들어보겠다. 그러나 이 예는 그 끔찍함에 있어서 여타의 예들에 비해 전형적이지도, 도를 넘지도 않는다는 점을 염두에 두도록 하자.

쾨니히의 저서 240쪽에서 우리는 미신과 관련한 인간의 어리석음을 보여주는 유명한 예를 볼 수 있다.

파이트(Veit)라는 이름의 한 농부가 서보헤미아의 한 마을에 살고 있었다. 그는 번뜩이는 재치와 남다른 유머로 마을 사람들 사이에 유명했다. 그뿐 아니라 힘도 무척 세서 싸움이라도 나면 승리는 언제나 그의 차지였다. 그러다가 한때 사냥꾼들은 절대 총알에 맞지 않는다는 믿음이 있었던 것처럼 파이트는 쓰러뜨릴 수 없는 자라는 소문이 퍼졌고, 그 자신 역시 이를 부인하지 않았다.

이제 파이트는 조금씩 마법사로 간주되기 시작했다. 그가 기르는 가축이 마을에서 가장 실하게 자라고 그의 밭이 가장 풍성한 곡식을 거두게 됨에 따라, 곧 그가 악마와 손을 잡았다는 소문이 돌기 시작하였다. 때마침 마을은 쥐 때문에 골치를 썩고 있었는데, 파이트는 페스트를 퍼뜨린 주범으로 의심을 사기 시작했다. 누군가 이에 관해 묻자, 파이트는 순간적인 유머를 발휘하여 자신이 쥐들을 시켰으나 곧 다시 철수시키리라고 말하고, 곧 있을 교회 바자회 때 자신이 실제로 쥐를 만들 수 있다는 것을 증명해 보이겠다고 약속하였다.

약속된 날이 오자 그 장소는 사람들로 북새통을 이루었고, 이때 농부 파이트가 어깨에 자루를 하나 지고 나타나 사람들에게 거기에 스무 개의 돌을 던져 넣으라고 하였다. 그들은 자루가 이중으로 되어 있다는 것을 알아채지 못한 채, 시키는 대로 묵묵히 따랐다. 실상 자루의 한 부분은 비어 있었고, 나머지 다른 부분에는 스무 마리의 쥐들이 들어있었던 것이다. 돌들이 자루에 차자 파이트는 주문을 중얼거리더니 공포에 질린 마을 사람들 앞에 미리 준비한 쥐들을 풀어놓았다.

그러나 이 즉흥연기는 전혀 예기치 못한 비극적 결과를 가져왔다.

마을 사람들은 그 재주가 악마가 부리는 마술이라고 믿어 의심치 않았고, 파이트는 그곳으로부터 가까스로 도망쳐 나와야 했다. 당연히 그는 다음날 밤에 체포되어 법정으로 끌려갔다. 그의 몸에 있는 점은 악마의 낙인으로 간주되었고, 증인으로 출석한 모든 사람들이 한결같이 그가 진짜 마법사라고 증언하였다. 이 사건은 철저하게 조사되었고, 프라하 대학에까지 의견을 요청하였다. 마그니피쿠스(Magnificus) 총장은 그에 대한 불리한 평결에 직접 서명으로 승인하였고, 파이트는 완강하게 자신의 무죄를 주장하였지만 결국 종교재판소의 처절한 고문을 받아야만 했다. 그는 결국 산 채로 화형을 당했으며, 타고남은 재는 바람에 실려 날아갔다.

우리는 재판 당시의 기록을 통해 파이트가 '회개하거나 속죄하지 않고' 화형대에 올랐다는 사실을 확인할 수 있다. 쇠사슬이 목에 감기고 온몸을 휘감을 때, 그리고 마침내 발까지 묶일 때에야 비로소 그는 큰 목소리로 이렇게 외쳤다고 한다.

"주여, 저는 무고하게 죽습니다."

그러나 판사, 교수, 의사, 신학자들은 한결같이 이 무고한 농부가 유죄라고 단정지었다.

마녀 처형의 수천 가지 다른 예들을 든다면 다시 여러 권의 책을 써야겠지만, 모든 하나하나의 경우가 영혼을 쥐어짜듯 너무나 끔찍한 것들이라서 이쯤에서 끝내는 것이 좋겠다. 마녀 혐의는 거의 언제나 단지 정황적이며 제한적이었고, 대부분 매우 추잡하고 말도 안 되거나 믿기 어려운 것들이었다.

아그네스 베르나우어의 슬픈 죽음

마녀 처형은 사악한 사람들이 비뚤어진 목적을 달성하거나, 어떤 개인적 복수심을 채우기 위한 일종의 편리한 무기가 되기도 하였다. 가장 비극적이고 심금을 울리는 사건 중 하나는 바로 아그네스 베르나우어(Agnes Bernauer)의 슬픈 죽음에 관한 것이다. 그녀는 아름다운 여인으로, 이발사의 딸이자 바바리아의 공작 알브레히트(Albrecht)의 아내였다.

아그네스는 비베라흐(Biberach)에서 1410년경 태어났고, 훗날 아우크스부르크에서 일하던 일개 하녀였을 때 에르네스트(Ernest)공작의 아들이었던 뷔르템베르크(Würtemberg)의 알브레히트와 알게 되었던 것 같다. 아그네스가 귀족 출신이고 두 사람이 마상 시합에서 만났다는 이설도 전해지고는 있으나, 아그네스가 남달리 아름답고, 금발에, 우아하며, 귀족적인 용모를 가지고 있었다는 것만큼은 확실하다. 그녀의 적들마저도 그 외모의 귀족적인 아름다움을 칭찬하지 않고는 배기지 못할 정도였으니 말이다. 알브레히트 공작과 아그네스의 관계에 관해서는 거의 알려진 바가 없지만, 그가 그녀에게 구애하여 폰부르크(Vohnburg)에 있는 자신의 거처로 데리고 갔다고 한다.

알브레히트의 아버지 에르네스트 공작(Duke Ernest)은 아그네스가 본부르크에 온 것을 알았어도 처음엔 별로 신경 쓰지 않다가, 자신의 영지를 물려받을 법적 상속인을 고민하게될 때에야 비로소 걱정하기 시작했다. 에르네스트는 아들에게 브런즈윅(Brunswick)의 에릭 공작의 딸과 결혼할 것을 요구하였으나, 알브레히트는 사랑하는 아그네스를 버리고 다른 여자와 결혼할 수는 없었다.

아무리 설득해도 듣지 않자, 에르네스트는 아그네스와 아들을 떼어놓기 위해 일단 판사들을 매수했다. 그런 후 여자 때문에 아들로서의 의무를 게을리했다는 이유를 들어 알브레히트가 마상경기에 참여할 수 없게 만들었다. 알브레히트는 너무나 격분한 나머지 본부르그로 되돌아가자마자 아그네스를 아내로 맞았다. 그리고 슈트라우빙 성으로 이주하여 이 성을 그녀에게 헌정하며 그녀를 공작부인 아그네스라고 칭하였다.

그러나 가난한 여인 아그네스는 이 화려한 곳이 즐겁지 않았다. 그녀는

▶ 〈그림 14-9〉 바바리아의 공작 에르네스트의 청원으로 마녀로 몰린 아그네스 베르나우어
사심 있는 자들이 어떻게 마녀 재판이라는 특수한 힘을 이용하는지를 보여준다.

늙은 시아버지의 진노를 두려워하였고, 자신의 슬픈 운명에 대한 침울한 예감에 사로잡힌 채, 슈트라우빙의 카르멜회 수도원에 자신을 위한 영안실을 지었다. 그녀의 행복한 시절은 그저 잠시 동안만 지속되었을 뿐이었다.

알브레히트가 자리를 비운 사이, 에르네스트 공작은 아그네스를 붙잡아 감옥에 가두었고, 그녀를 마녀로 몰았다. 재판이 열리기도 전에 유죄판결이 내려졌고, 판결의 이유는 그녀가 알브레히트 공작에게 마법을 걸어 결국 에르네스트 공작에게 죄를 지었다는 것이었다. 그녀에겐 강에 빠뜨려 죽이라는 평결이 내려졌으며, 에르네스트 공작은 이 평결에 서명하였다.

형집행인은 이 젊은 여인을 슈트라우빙의 다리로 데리고 가 수많은 구경꾼들이 보는 앞에서 강물에 내던졌다. 물에 빠진 그녀는 사람들을 향해 새하얀 두 팔을 뻗어 도움을 호소했다. 그녀의 가엾은 모습에 사람들의 마음에 동정심을 일으켰다. 사실 형집행인 중 한 사람만 아니었다면, 그녀는 그 순간 도움을 받아 살 수도 있었을 것이다. 하지만 늙은 공작의 노여움을 살 것을 두려워한 집행인은 긴 막대로 그녀의 긴 황금색 머리를 낚아채, 숨을 거둘 때까지 물 속에 머리를 처박았다. 이것이 바로 1435년에 일어났던 일이었다.

그후 그녀는 슈트라우빙의 성 베드로 성당에 묻혔다.

사랑하는 아내의 죽음을 알게 된 알브레히트는 복수를 맹세했다. 그는 사촌 바바리아(Bavaria-Ingolstadt)의 루드비히 공작과 동맹을 맺고 자신의 아버지를 상대로 격렬한 전투를 벌였으나, 황제의 중재로 바젤 공의회(the Council of Basel)에서 알브레히트는 아버지와 극적으로 화해하게 된다.

에르네스트 공작은 자신이 희생시킨 무고한 여인의 무덤 위에 성당을 짓고, 매년 그녀의 영혼을 편히 잠들게 하기 위한 미사를 드렸다. 알브레히트는 그후 안나(Anna)라는 브런즈윅의 공주와 결혼하여 슬하에 10명의 자녀를 두었다. 그러나 그의 결혼 생활이 그다지 행복한 것은 아니었다고 전해진다.

1447년에 알브레히트 공작은 아그네스의 시체를 카르멜 수도원 안에 안치하였다. 또 그는 다음과 같은 간단한 비문과 함께, 그녀의 전신을 조각한 아름다운 대리석상으로 무덤을 장식했다.

"아그네스 베르나우어 여기 잠들다. 부디 고이 잠드소서."

그녀의 이름에 불후의 명성을 부여한 시인들과 바바리아의 시민들은 그녀에 대한 기억을 여전히 기리고 있으며, 그녀를 아우크스부르크의 천사로 부르고 있다.

그런가 하면 1474년 악마로 의심을 사던 한 수탉을 상대로 벌인 세상에서 가장 우스꽝스럽고 황당한 마녀 처형도 있었다. 이 사건은 닭이 달걀 낳는 것에 대해 거부했다는 것이 이유였다. 이 가여운 동물은 나름대로 진지하게 노력했건만, 결국 화형의 판결을 받고 선량한 바젤 당국의 명으로 공개적으로 불태워졌다.

마녀 처형은 점차 판사, 고문자, 처형자, 재판관, 고발자, 목격자, 그리고 기타 처형 절차와 관련 있는 모든 사람들에게 돌아가는 막대한 이득을 둘러싼 하나의 체계적인 사업으로 발전했다. 그러나 그 세부적인 일들을 서술하는 일은 삼가도록 하겠다. 이 오토다페(종교재판소의 사형 선고 및 집행을 일컬음—역주)에 대해서 단순한 통계자료만을 검토하는 작업은 그야말로 서글픈 일이며, 마녀를 재판했던 이야기는 모두 하나같이 인간의 가장 깊은 곳에 자리한 분노를 일깨우지 않을 수 없는 것들이기 때문이다. 그렇지만 오늘날까지도 마녀에 대한 믿음은 소위 문명화된 민족이나 국가 사이에서도 완전히 사그러든 것은 아니다.

15 종교개혁의 시대

종교개혁이 여러 면에서 거대한 진보를 이루어 내기는 했으나, 악마에 대한 믿음에 갑작스런 변화를 가져다 주지는 못했다. 그렇지만, 사탄을 심리학적인 측면에서 해석하려는 경향이 점점 더 강해져서, 이제 사람들은 자연이 주는 공포나 주변환경의 객관적 현실 속에서 그를 찾아내기보다는, 바로 우리 자신의 가슴속에서 찾아내려고 하였다.

그는 온갖 형태의 유혹의 모습으로 나타났다. 부와 권력, 세속적인 쾌락 등을 추구하게 만드는 매혹적인 유혹물, 야망, 허영심들의 모습으로 말이다.

한편 기독교는 둘로 나뉘어져, 로마 교황에게 여전히 충성을 바치는 보수파와, 교회의 전통적 권위에 반기를 들고 다양한 생활양식에서 개혁을 요구하는 진보적 프로테스탄트 신교로 구분되었다. 이러한 불안의 시대란 늘 풍자와 냉소를 좋아하는 법이다. 그렇기에 악마는 자연히 신교와 구교 양쪽의 신학 논쟁에서도 중요한 역할을 담당하게 되었다.

반개혁파의 중추에는 예수회가 있다. 이들은 깊은 신앙심과 진지하고 엄격한 순수 운동단체였으나 조악한 미신에 가까운 신비주의 때문에 그

▶ 〈그림 15-1〉 사탄의 유혹과 생의 사다리

《환희의 정원(Hortus Deliciarum)》은 수도사들의 교화를 위해서 20세기 후반에 씌여진 책으로, 위의 그림은 수도사들이 생의 영광됨으로부터 멀어지게 그들을 유혹하는 다양한 유혹들을 표현한 것이다. 도시 생활과 화려한 의상, 수도원의 수도원장들의 군대식 권력과 세속적 안락함, 돈, 게을러지기에 충분한 푹신한 침상, 그리고 정원을 가꾸는 기쁨 등.

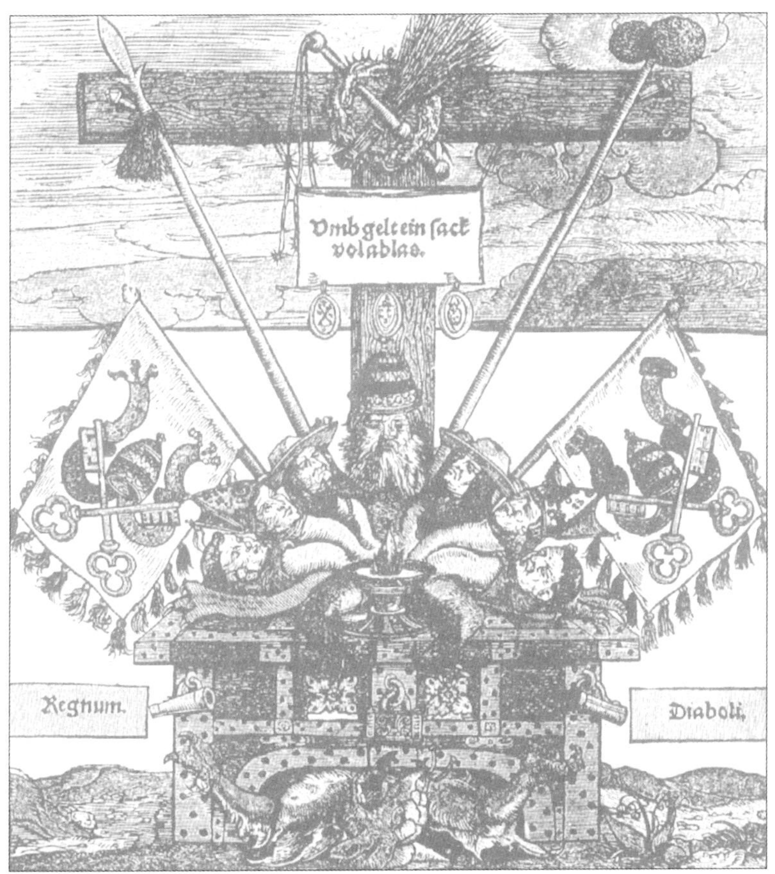

▶ 〈그림 15-2〉 사탄의 왕국 혹은 〈요한계시록〉에 등장하는 머리 일곱 달린 괴물
관면(dispensations)을 거래하는 교황청에 대한 신교도의 풍자화.

시작부터 뜻이 더럽혀지고 말았다. 또한 자유와 진보, 과학적 탐문에 대한 사랑도, 또한 신교도주의자들에게서 볼 수 있었던 진리를 깨우치려는 욕망도 결여되어 있었다. 그러나 주목할 만한 것은, 이들은 도덕적 요소를 전면으로 내세웠기 때문에 결국 도덕성이 종교의 궁극적인 잣대라는 관점에서는 양쪽이 일치를 보이기 시작하였다는 것이다.

사탄을 죄와 유혹의 씨로 보는 사상은 새로운 것이 아니다. 그러나 죄와 유혹을 주관적 상태의 심리적 조건으로 봄으로써, 두 개념을 전보다 더 잘 이해할 수 있게 되었던 것이다.

루터의 악마 사상

악마의 연구 분야에 있어서 루터는 아이와 같았다. 그는 어느 곳에서든지 악마를 발견했고, 끊임없이 악마와 싸웠으며, 하나님에 대한 믿음으로 악마를 이겨냈다. 그는 교황을 사탄의 화신이나 적 그리스도교도로 간주하였고, 로마 교구는 악마의 왕국으로 보았다. 다음은 그가 노래한 시다.

이 세상은 우리를 타락시키려는
악마로 가득 차 있네.
그러나 우리 두렵지 않네, 주님이 뜻하시므로.
그의 진리가 승리하여 우리를 휘감으니.
태고적부터 사악한 우리의 적
아직도 재앙을 일으키려고 애쓰네.
그 기교와 힘 예사롭지 않으며
잔인한 증오로 무장했기에
지상에서는 누구도 그의 적수가 되지 못하네.
…
세상의 악마
깃발을 펄럭였네.

그러나 이번에도 아무도 해치지 못할 것이니,
그것은 그가 완전히 영락하였기 때문이라.
하나의 미약한 단어가 그를 무찌르네.

루터에게 악마는 실재하는 생명력이며, 구체적인 인격체였다. 그는 악마가 하나님의 집행인이며, 주의 분노와 형벌의 도구라고 표현하기를 즐겼다. 하나님은 종으로 쓸 악마가 필요하고, '선'의 출현을 위해 사탄의 악의를 이용한다는 것이다.

악마에 관한 루터의 신념은 사실 현실적일 뿐 아니라, 어린아이 같은 순진한 구석이 있다. 그는 직무 중에 악마가 끊임없이 훼방을 놓을 것에 대비하였고, 휴식을 취할 때도 악마가 방해한다고 생각했다. 루터가 악마를 두려워한 것은 아니었지만, 그것을 타파하려는 그의 노력으로 보건대, 그는 분명 악마를 매우 힘 있는 존재로 보았던 것이 틀림없다. 그는 보름스(Worms) 시 지붕에 깔린 타일 하나 하나까지도 악마라고 여겼음에도 불구하고, 그 도시로 가겠다고 주장한 적이 있다. 또 한 번은 성경을 번역하는 동안에 악마가 자신을 보며 씨익 웃는 것을 보고는 그에게 잉크병을 던졌던 적도 있다고 한다.[36]

루터와 악마 사이의 관계는 점점 더 친밀해졌다. 그의 저서 《식탁담화(Tisch reden)》에는 다음과 같은 일화가 있다.

오늘 아침 일찍 일어났을 때, 악마가 다가와서 내게 논쟁을 걸었다.
"그대는 대역죄인일세."
그의 말에 내가 대답했다.
"뭔가 좀 새로운 말을 할 수 없나, 사탄?"

▶ 〈그림 15-3〉 유혹 – 악마에 대한 신교적 관념

루터는 악한 의도를 가진 마법사와 마녀들을 돕는 것이 악마의 힘이라고 믿고 싶어했다. 성 아우구스티누스의 견해를 따라 남녀 몽마의 가능성을 인정하였는데, 그 이유는 사탄이 매우 잘생긴 청년의 모습을 하고는 젊은 처녀들을 꾀어내기를 즐긴다고 여겼기 때문이다. 그는 또한 요괴가 못생긴 자신의 아기를 예쁜 인간의 아기와 바꿔치기 한다는 미신도 받아들였고, 그래서 마녀들은 죽어 마땅하다고 주장했다. 그러나 일단 실제 사건에 직면하여 막상 그의 조언이 필요한 상황이 되면, 매우 세심한 주의를 기울일 것을 강조한다. 예를 들어 그는 판사에게 다음과 같은 글을 보낸 적이 있다.

> 본인은 판사님께 기만의 흔적이 남지 않도록 정확하게 모든 것을 조사할 것을 요구하는 바입니다. … 저는 그 동안 너무 많은 허위, 기만, 술책, 거짓말, 변절행위들을 보아왔기에 쉽게 믿기가 힘듭니다. 따라서 판사님 스스로 만족한지를 살펴보시어 부디 실수하시지 말기를 당부합니다. 제가 판사님을 오해하고 있는지도 모르겠군요.

비록 루터가 견지한 악마에 대한 관점이 동시대의 것에 비해서 실제로 어린애 같이 미숙했다 하더라도, 악마에 대한 야만적인 미신들을 없애기 위해 아무것도 한 게 없고 아무런 업적도 이루지 못했다고 해서 종교개혁의 의미를 깎아 내린다면 그것은 너무 성급한 판단이다. 루터의 신관

(God-conception)은 당시 교황이나 주요 교회인사들의 그것보다 더 청렴하고 고결한 것이었다. 그렇기에 루터의 신념은 그 미숙함에도 불구하고, 결국 보다 순수한 관념에 도달하였으며, 점차 오랫동안 유지되어 왔던 전통적 이원주의를 극복하게 되었던 것이다.

루터는 그리스도를 인류의 구세주로서 인정하여야 하며, 뿐만 아니라 모든 사람들이 "그리스도는 나를 구원하기 위해 몸소 오셨도다"라고 말할 수 있어야만 한다고 주장하였다. 이렇게 루터는 신앙생활을 대중의 마음속으로 끌어들였으며, 만일 누구라도 그 본연의 존재 속에서 몸소 사탄의 유혹을 무너뜨리지 못하는 한, 사면식이나 성례와 같은 종교의식만으로는 전혀 구원받을 수 없다는 뜻을 견지하였다.

따라서 루터에 따르면, 성례와 종교의식은 인간을 구원할 수 없기 때문에 가장 위험한 우상은 성직자와 제단이었다. 그러나 종교의식에 어떤 힘이 있다고 믿는 사람들은, 여전히 인신공희나 구마의식으로 악마를 막을 수 있다는 이교도 사상의 영향을 받고 있었다.

▶ 〈그림 15-4〉 행운의 여신을 쫓는 경주-독일 판화에 묘사된 근대 악마관

루터 계승자들의 악마관

박해라면 그것이 어떤 종류라도 본능적으로 몹시 싫어했던 루터였지만, 그 역시 마녀 처형의 궁극적인 원인이 되었던 기본적인 신조들은 가지고 있었다. 그렇기에 종교재판으로 저질러졌던 만행이 신교도 국가들에게서조차 반복되었다는 사실은 그리 놀라운 일이 아니다.

신교의 악마관에 관하여 호기심을 끄는 작품은 지그문트 파이어아벤트(Sigmund Feyerabend)가 쓴 《악마의 활동 무대(Theatrum Diabolorum)》이다. 이 책은 악마의 존재, 힘, 성질, 품행에 대한 루터 추종자들의 보수적 견해를 여러 권으로 집대성해 놓은 것이다.

악마에 대한 루터의 신념은 잘 다듬어진 것은 아니었지만, 그래도 그는 종교적 의미로 볼 때 도덕적으로 훌륭하고 강인했다. 또한 모든 사람은 몸소 악의 세력과 성실히 전쟁을 치러야만 하며, 그렇지 않고서는 어떤 교회, 어떤 성인의 기도, 어떤 종교 의식이나 절차도 그를 구원해 주지는 못한다는 주장에 있어서는 너무도 진지했다. 루터의 추종자들은 자신들의 스승이 펼쳤던 다듬어지지 않은 신념 전부와 도덕적 진지함 일부를 받아들였으나, 그 정신적 고결함에는 미치지 못하였다.

파이어아벤트의 《악마의 활동 무대》는 그 제목이 말해주듯 '실용적이고 상식적인 책'이며, 이 방면에 해박한 권위자들에

▶ 〈그림 15-5〉 부정의 악마
사탄관의 주관성을 보여준다.

의해서 씌어진 에세이들을 많이 담고 있다. 호커(Hockerus) 목사는 48장에 걸쳐서 악마들과 관련될 수 있는 모든 문제들을 설명하고 있는데, 제8장에서는 보르하우스(Borrhaus)에 따라 악마의 수가 2,665,866,746,664 정도에 이르는 것으로 추정하고 있다. 기타 다른 저자들도 특정 종류의 악마들을 묘사하고 있는데, 예를 들어 6장 불경의 악마, 7장 춤의 악마, 8장 하인의 악마, 9장 사냥의 악마, 10장 술꾼 악마, 11장 혼인의 악마, 12장 부정의 악마, 13장 구두쇠 악마, 14장 횡포의 악마, 15장 게으름의 악마, 16장 오만의 악마, 17장 광대 악마, 18장 노름의 악마, 19장 아첨꾼 악마, 20장 역병의 악마 등이 그것이다.

이 마지막 장을 쓴 저자는 헤르만 슈트라크(Hermann Strack) 목사로, 다음과 같은 말로 글을 맺는다.

약을 얻게 되었다고 하나님의 보배로운 선물을 모욕해서는 안 되며,

▶ 〈그림 15-6〉 인색함의 악마가 구두쇠를 냉혹하게 만들고 있다(좌), 우스꽝스러운 최신 유행의 옷(우)

▶ 〈그림 15-7〉 마녀와 상담하는 맥베스

또한 항상 변함없이 우리의 자신감과 큰 위안을 오직 하나님에게만 의지하도록 하라.

이 같은 악마관을 다소 시적으로 표현한 사람은, 욥의 전설과 포도원의 우화를 극화한 야곱 러프(Jacob Ruffs)이다. 포도원의 우화는 1539년 5월 26일, 스위스 취리히에서 공연되었는데, 등장인물 사탄은 포도원에서 일하는 일꾼들의 마음에 선동의 씨앗을 뿌려, 그들이 주인의 아들을 살해하도록 꼬드기는 역할을 한다.

이들 서적들은 비록 문학, 신학, 혹은 목가적 훈계는 될 수 있을지 몰라도 빈약하고 조악하다. 그러나 한편으로는 인간의 악덕 속에서 악마의 모습을 찾아내고자 하는 합리적인 경향을 보여주었으며, 이러한 방식은 점점 더 확고하게 자리를 잡아 훗날 신교도 신화학자들은 사탄이란 악덕에 대한 단순한 추상적 관념이나 그 인격화일 뿐이라고 직접적이고 대담하게 주장하게 되었던 것이다. 그러나 그 단계에까지 단숨에 도달한 것이 아니라, 그 전에 인류는 먼저 다양한 이견과 상반된 명제, 불확실성, 공격적인 논쟁, 그리고 진리에 대한 부단한 탐구의 시기를 오랫동안 겪어야만 했다.

셰익스피어의 악마

신교적 악마는 카톨릭 악마에 비해 다소 좀 더 교양 있는 모습으로 변모했다. 그 까닭은 신교 국가들의 문화적 교양이 주목할 만한 발전을 이루었고, 이 같은 발전은 악마라고 해서 예외가 아니었기 때문이다. 파우스트의 메피스토펠레스(Mephistopheles)는 말한다,

"전세계를 어루만진 교양이 악마를 치던 채찍에도 와 닿았구나."

이 같은 진전을 알려면, 15세기 초에 활동했던 윈토운(Wyntoun)과 셰익스피어를 비교해 보아야 한다. 윈토운의 마녀는 못생기고 늙은 노파의 모습이다. 이에 비해 셰익스피어의 마녀는 결코 아름답지는 않아도 흥미를 자아내며 시적이다. 그들은 한결같이 '복장이 너무 허름하고 단정치 못해서 도대체가 이 세상에 살고 있는 사람 같지 않지만, 분명 이 세상 사람'이다. 마녀는 유혹을 상징하는 하나의 시적 허구다. 그리고 셰익스피어는 바로 이런 의미로 악마를 자주 사용한다. '그림 속의 악마가 두려워하는 것은 어린아이의 눈'이며, 셰익스피어의 작품에 등장하는 어떤 악마는 눈에 보이지 않는 포도주의 정령이기도 하다. 《햄릿》에서 '악마는 보기 좋은 모습을 취하는 힘'을 가진다. 폴로니우스가 자신의 딸에게 말하는 다음과 같은 대사로 보건대, 위 문장의 의미는 단순히 심리학적으로 풀이될 수 있다.

"헌신적인 얼굴과 경건한 행동으로 악마에게 사탕발림을 하고 있거든."

밀턴의 악마

시적인 모습의 신교적 악마는 밀턴에게서 마지막 손질을 받게 된다. 밀턴의 악마는 그 선조들이 갖지 못했던, 즉 사탄이나 아자젤, 그 자랑할 만한 사촌격인 이집트 티폰이나 페르시아의 아흐리만도 갖지 못했던 고상한 영혼, 도덕적 강인함, 독립성, 그리고 고결함까지 부여받았다. 밀턴이 그리고 있는 사탄의 가장 좋은 인격은 텐(Taine)에 의해서 주어졌다. 그는 그 당시 밀턴이 아담과 이브를 묘사함에 있어 마치 결혼한 한 쌍의 부부처럼 지껄여댔던 것에 대해서 조롱을 퍼부었다.

나는 한 영국의 가정, 그 시대의 두 이론가들의 이야기에 귀를 기울인다. 그들은 바로 허치슨 대령과 그의 아내이다. 신이시여! 그들을 꾸짖어 주소서! 이처럼 교양 있는 사람들이라면 무엇보다 먼저 바지 한 벌쯤 발명해 내었어야 하지 않은가.

선량한 주를 묘사할 때는 훨씬 더 가혹하게 폄하한다.

"하나님과 사탄 사이의 대조라니!"

그러면서 텐은 또 이렇게 말을 잇는다.

"밀턴의 만군의 주 하나님은 마치 찰스 1세와 같은 적당한 상태를 유지하는 엄숙한 왕이다. 괴테의 하나님은, 절반은 추상적이고 나머지 절반은 전설이며, 고요한 기적의 원천이고, 황홀한 시의 금자탑 이후의 환영일 뿐이며, 밀턴의 하나님을 훨씬 능가하는 사업가이자 선생이자 쇼를 위한 사람인 것이다! 그에게 이런 타이틀을 주다니, 그를 너무 많이 추켜세워 주었다. 실은 그에게는 그보다 더 나쁜 이름이 어울리니까 말이다. 그는 또한 군사훈련담당 하사관처럼 말한다. '왼편 오른편 선봉 전진 펼쳐.' 그는 해리슨(Harrison)이 하는 짓만큼이나 꼴사나운 행동을 한다. 무슨 신이 그러한가! 정말이지 천국과 마찬가지로 사람을 정나미 떨어지게 하기에 충분하다. 천국으로 갈 바에야 차라리 찰스(Charles)의 아첨꾼으로 구성된 제일 군대로 들어가거나 크롬웰의 철기병으로 들어가는 편이 나을 것이다. 그날의 명령을 하달받고, 계급이 있으며, 완벽한 복종체계와 특별 복무, 분쟁, 규칙적인 의식절차, 경례, 에티켓, 광나는 무기와 무기고, 전차와 탄약고가 있으니 말이다."

한편 사탄이 사는 곳이 얼마나 다른지에 대해서 텐은 다음과 같이 말한다.

> 이러한 천국과 어울리는 최상의 장소가 바로 지옥이다. 단테의 지옥은 고문의 전당에 다름 아니다. 감방이 주르륵 아래로 뻗어나가 가장 깊은 우물에 이르게 된다.

밀턴의 지옥은 자립을 위한 피신처이다. 그곳은 음울한 곳일지 모르나, 비참한 노예근성을 수치스럽게 생각하는 자유의 땅이다. 밀턴은 그곳을 아래와 같이 묘사한다.

> 마지막 천사장이 말했다.
>
> "여기가 바로 그곳, 그 땅, 그 나라인가. 이곳이 우리가 천국과 맞바꾸어야 할 곳이란 말인가? 천상의 빛을 이 애처로운 음울함과 바꾸어야 하는가? 그럴 지어다! 지금은 군주이신 그가 마땅히 나아갈 방향으로 처리하고 명령할 것이니. 그로부터 가능한 먼 곳이 최상일 것이라. 그 분별력은 필적하는 자들과 같고, 그 힘은 그들보다 우위였으니. 잘 있으라, 행복의 땅이여, 즐거움만이 영원히 거하는 땅이여! 만세, 공포여. 만세 지옥이여! 그리고 그대, 저 깊은 지옥이여, 새로운 주인을 맞이하라. 그는 장소나 시간에 의해서 변치 않을 지성을 가져올 사람이니. 그는 바로 자신의 자리에 있으며, 그 자체로 지옥의 신도, 천국의 신도 될 수 있으니. 만일 내가 여전히 똑같은 사람이고 본분을 지킨다면, 장소라는 것이 대체 무슨 대수란 말인가? 청천벽력이라 해도 그보다 못한 대부분을 더 위대하게 만들 수 있을까? 여기서 우리는 최소한 자유로울 수 있다네. 전능하신 신께서 악의로 이곳을 짓지 아니하

였기에, 우리를 혹사시키지 않을 것이라. 여기서 우리는 안전하게 통치할 수 있을 것이며, 내 선택으로 통치하는 것은 야심을 가질만한 일이다. 그곳이 비록 지옥이라 할지라도. 천상에서 섬기느니, 차라리 지옥에서 다스리는 편이 나으리라."

밀턴의 사탄은 《실락원(Paradise Lost)》에서 영웅으로 자주 언급되어 왔으며, 실제로 사탄은 영국 문학의 가장 종교적 서사시에서 큰 공감을 자아내는 인물로 그려졌다. 그의 자부심은 우리가 감탄하지 않을 수 없는 자존감에 기인한다. 사탄은 외친다.

회개를 위한 기회조차 남아 있지 않단 말인가? 용서를 구할 기회도 전혀 없단 말인가? 오로지 굴종에 의하지 않고는 아무것도 남지 않았구나….

그리고 밀턴의 사탄은 얼마나 고상하게 등장하는가! 밀턴은 사탄에게 인격을 부여하여, 영국혁명의 정신을 대변하게 하였다. 밀턴의 사탄은 무능력한 정부에 맞서는 국가의 명예와 독립을 상징한다. 사탄의 모습 역시 강인함과 품위를 드러낸다.

무리 중 뛰어난 그, 당당하게 우뚝 선 모습과 행동이 마치 하나의 탑이 서 있는 듯하다.

한편 그의 성격은 자유에 대한 사랑으로 가득했다. 다음은 텐이 묘사한 사탄의 성격이다.

> 중세의 바보 같았던 악마는, 뿔이 돋아난 유혹자, 더러운 어릿광대, 저급하고 장난기 있는 얼간이, 노파들 무리의 리더였지만, 이제 그는 거대한 영웅이 되었다.
>
> 비록 힘은 더 약해졌으나, 그 고결함에서는 남다름을 유지한다. 행복한 노예생활보다 고통받더라도 독립을 택하기 때문이며, 자신의 패배와 고통을 일종의 영광, 자유, 행복으로 기꺼이 받아들이기 때문이다.

그 시대의 신관은, 통치계급의 보수주의를 구체화하는 수단으로 악마를 덜 악마적이고 더 신성하게 만들었고, 이로써 악마가 자연히 고결한 품성들을 가지게 되었다. 자칫 신의 이름과 개념이 침체를 상징하는 것으로 오해되면, 사탄은 하나님과 그 지위를 바꾸게 될지도 모른다. 또 신교주의가 아니었다면, 사탄의 이름으로 진보와 발전을 갈망하는 악마 숭배자들의 새 분파가 생겼을지도 모를 일이다.

그러나 수세기 전에 구교에 의해 악마의 작품으로 비난받았던 신교주의는, 세월이 흐르면서 세력이 거대해져 이제 그 자신이 세상에서 가장 커다란 보수세력이 되어버렸던 것이다. 또 무엇보다 악마의 세력에 기여했던 초기의 고결한 열망은, 이제는 시와 우화에서만 찾아볼 수 있을 뿐이다.

인간 마음속의 악마

신교 국가의 일반대중은 《실락원》의 그 장대한 영웅에 대해서는 아무것도 알지 못했다. 그들은 신약성서를 통해서만 사탄을 알았을 뿐이며, 자연과학의 진보에 영향을 거의 받지 못했기 때문에, 초기 기독교인들과 종교재판소의 도미니크 수도회가 그랬던 것처럼 악마란 존재를 심각하게 받아들였던 것이다. 그러나 다음과 같은 차이가 있다.

종교개혁 정신은 그 도덕적 엄격함과 주관주의를 가지고 초기기독교와 도미니크 수도회 모두에 근거를 두었다는 점이다. 대체로 중산층은 전시대의 광적인 현상에서 희생물로 전락하지 않았다. 그들은 구마의식을 행하지도 않았고, 마녀 처형을 좋아하지도 않았으며, 오직 자신들의 영혼이 구원받기 위한 노력에만 치중하였다.

이러한 유형의 고전적인 문학 작품으로는 《순례자의 길》과 《인간의 마음》이 있는데, 두 작품 모두 심리학적 관점으로 볼 때 매우 흥미로운 것이 아닐 수 없다. 두 작품 모두 고도의 자기반성을 위한 주관적인 방법을 제시해 주고 있고, 순수하면서도 비상한 자기 관찰과 분석의 본보기로서의 영구적 가치를 지니고 있기 때문이다.

《순례자의 길》을 지은 저자는 그 이름과 파란만장한 생애로 잘 알려져 있지만, 《인간의 마음》은 작자불명인 채로 처음엔 프랑스에서, 그리고 다음엔 독일에서 유명해졌다. 프랑스어판 원본은 소실되었고, 따라서 언제 처음 출판되었는지 알 수 없지만, 첫 독일어 번역판은 1732년에 뷔르츠부르크(Würzburg)에서 《종교적 관습 규범서(Geistlicher Sittenspiegel)》라는 제목으로 출판되었다. 이 책은 좀 더 적당한 제목 《인간의 감성(Das Herz des Menschen)》으로 1815년에 재판되었는데, 인간의 마음을 선과 악으로 대변되는 두 세력의 전쟁터로 묘사하는 일련의 삽화들을 함께 실었다.

첫 번째 그림(그림 15-8 이하 참고)은 본래의 심술궂은 인간의 마음을 표현하고 있으며, 두 번째 그림에서는 죄인이 회개하고 있으며, 세 번째 그림에서는 성령이 그 영혼에 들어차 있다. 네 번째 그림은 구세주의 고난에 대한 묵상을 하고 있다는 것을 표현하며, 다섯 번째 그림에서는 그런

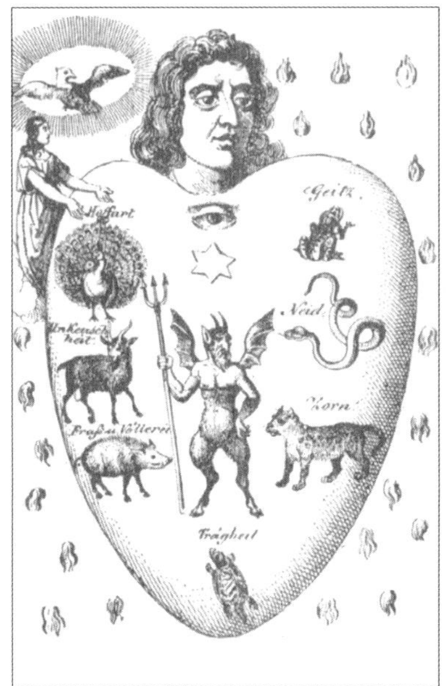

▶ 〈그림 15-8〉 인간의 본연(좌), 성령이 마음을 밝힘(우)

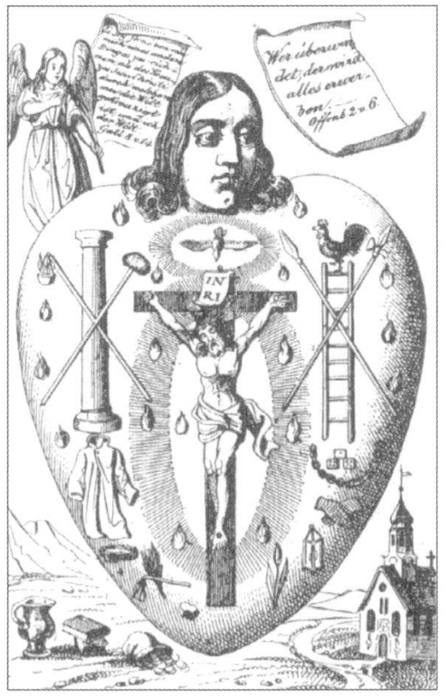

▶ 〈그림 15-9〉 성령의 듦(좌), 마음속 그리스도의 수난(우)

▶ 〈그림 15-10〉 마음속에 사는 성 삼위일체(좌), 새로운 유혹(우)

▶ 〈그림 15-11〉 사탄 자신보다 더 사악한 마귀들과 함께 되돌아온 사탄(좌), 신앙심 없는 자가 죽어서 지옥으로 떨어지게 됨(우)

▶ 〈그림 15-12〉 그리스도로 요새화된 마음(좌), 신앙심 깊은 자는 죽어서 구원받음(우)

영혼에 삼위일체가 거한다. 그러나 세속적인 유혹과 해코지 하고자 하는 마음이 인간의 마음에 퍼져 있어, 고결한 결심이 흔들린다는 내용이 여섯 번째 그림에서 표현되고 있다. 그림에서 잔을 든 남자는 유혹을, 그리고 칼을 든 남자는 해코지 하고자 하는 마음을 묘사하고 있다. 일곱 번째 그림에서 사탄은 자신보다 더 사악한 일곱의 다른 악마들과 함께 다시 마음 속에 들어와, 결국 그 마음의 소유자의 최종 상태는 처음보다 악화된다. 이러한 인간 마음의 분석은 신앙심이 깊은 사람과 신앙심이 없는 사람의 죽음을 나란히 그려놓은 삽화로 그 실용적 효과를 극대화하였다. 아홉 번째 그림에서 신앙심 깊은 사람의 마음을 그리고, 이어 열 번째 그림에서 그 사람은 구세주의 부름을 받아 영원한 천상의 기쁨을 누리게 된다. 반면에 여덟 번째 그림은 영원히 지옥으로 떨어질 불신자의 운명을 그리고 있다.

이 삽화에서 재미있는 점은, 외부의 힘이 그 영혼에 들고, 나고, 또 다시 드는 것에 따라 인간의 영혼, 감정, 욕망의 다양한 요소들을 보여주는 방식에 있다. 마음 자체는 본래 비어 있으며, 그 안에 어떤 성향이 머무르느냐에 따라 그 성격이 결정되는 것으로 보고 있다. 작가의 신념의 밑바탕에 깔려 있는 심리학은 그다지 명백하게 드러나지 않는다. 그것은 스스로 존재한다는 자아에 대한 브라만교적 교설, 혹은 자아란 실체가 없는 것이라는 불교적 교설과 닮아 있을지도 모른다.

그러나 가슴보다는 머리를 대변하는 자아란, 인간의 영혼 속에서 일어나는 변화에 대한 단순한 반영물일 뿐이며, 그렇기 때문에 자아는 단순히 하나의 통합 원리로서, 즉 자아를 구성하는 다양한 요소들의 성질에 좌우되는 도덕적 가치로서 간주되어야만 한다고 여겨진다.

작가는 인간 마음의 소박한 분석을 통해서, 아마도 자신이 자각하고 있는 것보다 더 가깝게 과학적인 영혼관에 접근하였던 것이다.

마녀 처형의 부활

종교개혁기에는 마녀 처형이 당분간 중지되었으나, 결코 그에 못지 않게 사악하고 저주받을 또 다른 광기의 여지가 생겼는데, 이 공백을 채운 것이 바로 이단의 처형이었다. 신교도 문제를 너무 염려한 나머지 그들의 재산을 몰수하고, '충직한 사냥개' 들로 하여금 그들을 대중으로 몰아 전 지역에서 추방하며, 수치스럽게도 그들의 지도자들을 처형해 버렸던 것은 로마 카톨릭 정부만이 아니었다. 이번에는 그 주체가 바뀌어, 신교도들 역시 자신의 모든 반대자들에게 똑같은 짓을 하는 것이 자신들의 종교적 의무라고 생각했던 것이다.

루터 자신은, 비록 그의 영원한 영광을 위해 그런 것이라고 말하기는 하지만, 어쨌든 박해를 가하지는 않았다. 적어도 자신이 살아 있는 동안에는 추종자들이 어떤 형태로든 종교적 박해를 하지 못하도록 막았다.

그러나 칼뱅은 달랐다. 그는 세르베투스(Servetus)를 화형에 처하도록 지시했는데, 그 까닭은 세르베투스의 삼위일체에 대한 신념이 자신의 것과 달랐기 때문이었다. 그런가하면 영국왕 헨리 8세는 당시 자신이 어쩌다 견지하게 된 종교적 관점에 반대하는 모든 세력들을 강압적으로 단호하게 억압하였다. 또한 비록 그가 상대적으로 적은 수에 불과했던 유력한 적수들을 골라 박해하고 많은 재판에 회부하였다는 것을 인정한다고 할지라도, 결코 피 흘리는 것을 두려워하지 않았던 인물이었다.

아무튼 마녀에 대한 두려움은 이렇게 잠시 동안 중단되었지만, 사탄의 힘에 대한 위험한 신념은 마치 잿더미에 남아 있는 불꽃처럼 숨어 있었다. 종교적 미신은 실제로는 변함없이 남아 있었기에, 비록 그 잔혹함에 있어서는 덜했을지라도 마녀 처형의 유행병이 다시 도진 것은 어찌 보면 당연한 일이었다. 신교 국가들(북부 독일, 스웨덴, 영국, 스코틀랜드, 북아메리카의 영국령 식민지들)조차도 이러한 종교적 전염병에 감염되어, 카톨릭 국가들에서 도미니크 수도회로 구성된 종교재판관들이 보였던 것과 같은 열성을 보이는 판사들이 수없이 많이 생겨났다.

한편 마녀를 불태우는 열풍이 사그라들자, 마술을 지지하는 사람들이 이전 어느 때보다 많아졌다. 이들 중에는 하이델베르그의 토마스 에라스투스 박사와 프랑스인 쟝 보뎅도 있었다. 속교구 주교 피터 빈스펠트(Peter Binsfeld)와 재판관 니콜라우스 레미기우스(Nicolaus Remigius)는

Ein erschröckliche geschicht/so zu Derneburg in der Graffschafft Reinsteyn/am Hartz gelegen/von dreyen Zauberin/unnd zwayen Mannen/In etlichen tagen des Monats Octobris Im 1555. Jare ergangen ist.

Die alte Schlang der Teüffel/dieweyl er Got/vnd zůuoran den Sun Gottes/vnsern Herrn Jesum Christum/vnd das gantze menschliche geschlecht/fürnemlich vmb vnsers Haylands Christi willen hasset/hat er sich bald im anfang/vnd kürtzlich nach der erschaffung vmb dz weibsbild/als vmb die/welcher same seinen kopff zertretten solt/angenomen/dieselbigen durch sein hinderlist vnd lugen/zů dem jämerlichen fal/deß vnglaubens vñ vngehorsams wider Got gebracht/Darauß das gantz menschlich geschlecht/in ewige verdamnuß vñ verderben komen were/so Christus vnser Hayland/den zorn des Vatters nicht weck genomen/vnd das gericht wider vns auffgehaben het. Nu behelt der alte Feind gleichwol alten haß wider Christum/vnd vns/für vñ für/vnd helt auch sein alte weyse/er setzet sonderlich dem weiblichen gschlecht hart zů/als dem schwecheren werckzeug/damit er sie von Christo wegreysse/vñ in ewige verdamnuß füre/vñ wie er zů Eua sprach/sie wurden werdē wie die Götter/Also bläßt er noch das gifft in der weyber hertzen/lernet sie zaubern/auff das er sie klůg mache/das sie mehr wissen dann andere leüt/vnd also den Göttern gleich werden/damit macht er sie jm anhengig/vnd zů Teüffels dienerin/ja auch zů Teuffels breüten/wie dise jämerliche geschicht/welche warhafftigklich also wie vnden angezaiget/am Hartz ergangen ist/Die derhalben also gemalet vñ geschriben/im druck auß gangen. Auff das doch die rohe lose welt/zů Gottes forcht erwecket/vnd von dem Gottlosen wesen abgeschreckt werden/ Dann Gott der allmächtige derhalben solche Exempel vns sehen laßt/das er damit vnsere harten hertzen durch dise erschröckliche exempel / zur forcht Göttliches gerichts/vnd straffe erwecke/man mag es malen/predigen/singen vnd sagen/vñ wie man jmer kan den leüten einbilden/damit der laydige hauffe ein wenig zů Gottes forcht/gehorsam/vnd zucht gezogen werde/besonder zů disen letsten zeyten/in welchē der listige Sathan/dieweyl er mercket/das der tag des gerichts sich nahet/gar rasend toll vnd vnsinnig ist/vnd bede durch sich vnd seine gelider/ grewlicher weyse/wider Christum vnd sein armes heüfflein wüttet/Die ellende welt aber dargegē so frey sicher in allem můtwillen dahin lebet/als ob der Teüffel vor langst gestorben sey/vnd kain Got/kain gericht oder straff/verhanden were/Der Almächtig Got vnd vatter/vnsers Herrn Jesu Christi/wölle dem grimigen feinde wehren/sein armes heüfflein vor jm vnd seinen glidern schützen vnd handthaben/seinem vnd der seinen wütten vnd toben/einmal ein ende machen/durch Jesum Christum Amen.

¶ Folget die geschichte / so zů Derneburg in der Graffschafft Reynstein am Hartz gelegen/ergangen ist/ Im October des 1555. Jars.

Auff den Dinstag nach Michaelis/den ersten Octobris/seind zwů Zauberin gebrandt/die eine Gröbische/die ander Gißlersche genañt/ vñ hat die Gröbische bekandt/das sie Aylff jar mit dem Teüffel gebůlet habe/vñ wie man dieselben Gröbischen zů der Fewrstat gebracht/vnd an die saul mit Ketten geschlagen/vnd das Fewr angezündt/ist der bůle/der Sathan komen/vnd sie in lüfften sichtigklich vor yederman weck gefürt. Am Donerstag/nach dem die Gröbische vñ die Gißlerschin am Dinstag zůuor seind gerichtet worden/das ist den 3. Octobris/seind dise bede Frawen auff den abend in der Gißlersche hauß komen/vnd der Gißlerschen man zur thür hinauß gestossen/das er nider gefallen vnnd gestorben ist/welches ain Nachbaur gegen vber gehöret/vnd zů gelauffen ist/durch die thür gesehen/das zway weyber bede eytel fewrige/vmbs fewr gedantzet/der Gißlerschin man aber/lag vor der thür vnd war todt. Am Sonnabendt nach Dionisij/das ist der 12. Octobris/ist der Gröbischen mañ gerichtet worden/vmb der vrsach willē/das er bey seines weybs schwester geschlaffen hat/welche er zůuorn zum weybe gehabt/vñ darnach die Gröbischen genomen/Des Montags darnach/das ist der 14. Octobris ist ain weyb die Gerckschen genandt/auch verbrandt worden/der vrsach/das sie des Herrn Achacius von Veldthaym des Stiffts Halberstat Hauptmans weybe vergeben hate/ vnd ainem mañ zů Derneburg ain Krotten vnter die Schwöllen gegraben/daruon der man erlamet/vnd im das vihe vmbkomen ist.

¶ Hie sihet man wañ der Teüffel an ainem orth einnistet/vñ begundt zů Regieren/wie wüst er mit seinem gifft vmb sich stichet/wie vil persönen komen hie vmb/in wenig tagen/vnd soll vns solch grewlich exempel billich raytzen zur bůß/vnd zur forcht Gottes/auff das wir vns mit dem wort Gottes vnd gebette/wider den gemelten feynd schützen/vnd mag dise Histori den sichern gotlosen Epicurern vnnd Zaubrern/wol ain erinnerung sein/dieweyl sie sehen/das der Teüffel noch lebt/vnd das daß Hellische fewr noch nit erloschen ist/Der Almechtig Got wölle sie auch zur bůsse bringen/vnd vns alle inn/vnd bey seinem raynen wort erhalten/vnd mit seinem hayligen Gayst regieren/ auff das wir leben inn aller Gottseligkayt/Zucht vnd Erbarkayt/zů ehren seinem hayligen Namen/Durch vnsern Herren Jesum Christum/ AMEN.

¶ Getruckt zů Nürnberg bey Jörg Merckel/durch verleg Endres Zenckel Botten.

▶ 〈그림 15-13〉 16세기 벽보

몇 권의 책에 걸쳐서 《마녀를 치는 망치》의 정책을 새로운 논법으로 옹호했으며, 영국의 왕 제임스 1세는 중세의 모든 미신들로 가득한 《악마학》을 집필하였다. 예수회의 마틴 델리오(Martin Delrio)는 마술신앙의 변천에 따라 순서대로 의견을 개진하면서 결국 악의 존재는 있으며, 성보, 성수, 구마의식과 로마 카톨릭 교회의 성체말고는 이에 대한 구제책은 어디에도 없다는 결론에 도달하였다.

뉘른베르크(Nuremberg)의 독일유물 국립박물관에는 1555년 데른부르크(Dernburg)에서 마녀로 화형당한 세 여자에 관한 이야기를 그린 커다란 벽보가 있다. 실제로는 그들이 한날 한시에 화형당한 것은 아니지만, 그림에는 그들이 한 화형대에 함께 서 있는 모습으로 묘사되어 있고, 불이 지펴지자 눈 깜짝할 사이에 사탄이 나타나 자신의 여인을 공중으로 낚아채 갔다는 문구가 적혀져 있다.

데른부르크의 비극은 많은 비극적인 이야기 중에 하나에 불과하다. 뇌들링겐(Nördlingen)의 페링거(Pheringer) 시장은 모든 마법사 집단을 없애버리겠다고 맹세하였고, 라이프치히의 재판관 베네딕트 카르프초프(Benedict Carpzov Jr.)는 선친의 행적을 따라 마술과 관련된 백 명 이상의 사람에게 사형을 언도하였다.

지각 있는 성직자들

16세기와 17세기의 신교도들은 대체로 같은 시기의 로마 카톨릭교도보다 종교적 신념에서 더 엄숙함을 보였다. 그들은 프랑스 고위성직자들이 많은 로마교구의 완고한 신교도들보다 세속적으로 더 지혜로웠고 발전하는 시대정신에 더 깊이 고무되었으며, 그들의 형제격인 신교 교회보다 훨씬 더 상식적이었다.

이러한 사실은 1588년 당시 매우 떠들썩했던 사건으로, 악마가 들었다고 주장했던 한 프랑스 소녀 마르타 브로시에(Martha Brossier)에 관한 소송에서 특히 명백해졌다. 대중들은 몹시 흥분했고, 위협적인 비난의 말로 가득 찬 연단은 이전의 마녀 처형에 대한 온갖 공포를 되살아나게 하는 것 같았다. 그러나 앙제(Angers)의 주교 미롱(Miron), 파리의 대주교 카르디날 드 공디(Cardinal De Gondi)는 침묵을 지켰고, 실로 이성적인 방법을 따랐을 뿐만 아니라, 매우 재미있는 방식으로 그 사건을 조사하였다.

구마의식시 늘 사용하던 성전과 성수로 의식을 집행하면서, 미롱 주교는 상황을 너무나 정교하게 배열하여 마귀들린 소녀가 엉뚱한 결론을 내리도록 유도하였던 것인데, 그 방법은 이러했다. 그가 평범한 샘물을 이용하고 베르길리우스에서 따온 시구를 규칙적으로 낭독했을 때는 소녀가 간질발작을 일으켰지만, 반면 소녀가 이해하지 못하는 성구를 읊조렸을 때는, 사람들이 그토록 오랫동안 신봉했던 구마의식과 성수도 아무 효과를 발휘하지 못했던 것이다.

마귀들림을 믿는 자들은 미롱 주교의 실험에 만족하지 않았다. 왜냐하면 그들은 그런 실험들을 오히려 마귀가 교활하게 자신의 적들을 속이는 데 얼마나 능숙한지를 보여주는 증거로 여겼기 때문이다. 결국 이 사건은 대주교 드 공디에게 돌아갔으나 그 역시 결국 소녀의 마귀들림을 의심했고, 몇 가지 적절한 실험을 거친 후에 소녀의 상태는 정신이상과 모방행위가 섞인 결과라고 공표하였다.

위르벵 그랑디에 악마 사건

위와 더불어 여타 고위성직자들이 정상적인 판례들을 행했음에도 불구하고, 마녀 처형은 계속되었다. 서프랑스 루덩(Loudun)에서는 우르술라회 수녀들이 목사 위르벵 그랑디에가 그녀들에게 사탄의 힘을 사용했다고 고발했던 사건이 있었다.

보르도 대주교들은 수녀들이 그랑디에를 상대로 증인으로 나설 때, 뿌리깊은 적개심과 이성을 잃은 모습을 드러내는 것을 알아차렸다. 사실 그랑디에는 여러 면에서 그리 깨끗한 사람은 아니었지만, 품행을 따지자면 그에 못지 않은 성직자들도 많이 있었다. 대주교는 그랑디에의 적들이 진술할 때 많은 모순점들이 드러나는 것을 고려해서 이 사건을 철회하였고, 그랑디에는 명예롭게 자신의 직위로 복귀하였다.

그렇지만 불행하게도 이것으로 끝이 아니었다. 수녀원장의 사촌 로보르드몽(M. de Laubordemont)이 프랑스 정부와 관련된 일로 루덩에 오게 되었는데, 우연히 그랑디에 사건을 듣고는 이 이야기를 고색창연하게 포장하여 추기경 리슐리외(Richelieu)에게 보고하였던 것이다. 그 즉시 이 사건에 대한 재조사가 진행되었고, 두 번째 재판에서 그랑디에는 도무지 빠져나갈 수가 없었다. 로보르드몽이 판사로 임명되었을 뿐 아니라, 그는 도무지 말도 안 되는 증거까지 인정했기 때문이었다.

마귀들린 수녀들의 입에서 거론된 악마들이 모두 증인으로서 소환되었고, 그랑디에와 사탄이 계약을 했다는 두 개의 문서가 제출되었다. 서류들 중 하나에는 그랑디에의 서명이 들어가 있었고, 다른 하나에는 여섯 악마들의 서명이 담겨 있었으며, 사탄왕의 비서 바알바리트(Baalbarith)가 보증인으로 되어 있어 있었다. 문서는 거울에 비추면 바로 보이게 작성되어

(B.)

▶ 〈그림 15-14〉 위르벵 그랑디에가 악마와 거래했다는 계약서의 복사본으로 법정에 제출되어 증거로 채택되었다.

있었다. 소르본느 대학의 전문 박사들 네 명은 비록 이들 문서나 마귀들린 수녀들이 말하는 악마의 실재성에 대해 의심하지는 않았으나, 중상모략자와 거짓말쟁이는 믿을 만한 증인이 될 수 없다는 이유로 판사들이 사탄의 증언을 인정하지 않도록 주의를 주기로 하였다.

그러나 카르멜회의 수도사들이었던 구마(驅魔)신부들은, 제대로 몰아내진 악마는 진실을 고백할 수밖에 없다는 원칙을 주장하였다. 그리하여 그랑디에는 잔인하게 고문당한 뒤, 8월 18일에 처형되었다. 죽어가는 그랑디에가 하나님의 법정에서 보자고 별렀던 구마장 락탄티우스(Peter Lactantius)는, 우연하게도 그랑디에가 죽은 지 정확히 한 달 후인 9월 18일에 미치광이가 되어 죽었다고 한다.

신교도의 마녀 처형

이제까지 로마 카톨릭이 주체가 된 마녀 처형 방식의 잔혹성을 담은 이야기들을 접했지만, 신교도들이라고 해서 사정이 좀 나았던 것은 아니었다. 혹 더 나은 점이 있었다면, 그들이 재판절차에 종교로 포장된 용어를 좀 더 많이 첨가하고, 처형시에는 종교적 감언을 덧붙였다는 것인데, 이는 오히려 그들의 행위를 더 혐오스럽게 만들 뿐이었다. 그 한 예로 수산나(Susanna), 일제(Ilse), 그리고 그녀들의 어머니 카타린(Catharine), 이렇게 세 마녀 처형에 얽힌 간략한 기록을 인용해 보도록 하겠다. 이 사건은 1687년 8월 5일 아렌트제(Arendsee)에서 일어났던 일이다.

이 사건은 재검토가 요구되었고, 그 동안 여섯 명의 성직자들이 이 세 죄수들을 매일같이 간호하면서 그들로 하여금 기도하고, 찬송하며, 회개하도록 간곡히 타일렀다. 그리고 나서야 죄수들은 차례로 재판장에 소환되었고, 성직자들은 그들 뒤에 착석했다.

재판장이 죄수들에게 다시 한 번 물었다. 먼저 수산나에게는 남자 몽마를 맞아들였는지를 물었고, 그녀는 그렇다고 대답했다. 다음으로 일제에게는 그녀에게 몽마를 넘겨준 사람이 그녀의 어머니인지 물었고, 일제도 그렇다고 대답했다. 마지막으로 캐더린에게 몽마를 일제에게 넘겨주었냐고 물었을 때도 역시 그렇다고 말했다. 공증인 베르네키우스(Mr. Anton Werneccius)는 판결문을 낭독하고, 처형인은 판사에게 가서 수산나와 일제의 목을 단번에 베지 못하더라도 자비를 내릴 것을 요청했다. 마지막으로 이 세 여인들에게 탄언할 말이 있는지 재판장이 물었다. 그리고는 형이 선고되고 재판장의 탁자와 의자가 전복되었으며, 행렬은 처형장소인 코펜베르크(Köppenberg)로 이동했다.

호위병 일부가 앞장섰다. 세 마녀들에 성직자가 한 명씩 나란히 동행했고, 형집행인은 마녀를 묶은 밧줄을 잡고 걸었다. 동시에 여섯 명의 무장한 시민들이 그녀를 둘러쌌고, 다른 호위병 무리는 행렬 맨 끝에 섰다. 형장으로 가는 도중에는 훈계와 찬송가 부르는 기도식을 번갈아 하였다.

제하우젠(Seehausen) 문 앞에서 원이 만들어졌고 대중이 '하나님 우리 아버지, 우리와 함께 거하소서' 라는 찬송가를 마칠 때까지 수산나는 원을 따라 돌았다. 그녀의 머리가 땅에 떨어지자, 사람들은 '당신께 기도합니다, 성령이시여' 라는 노래를 불렀다.[37]

대중이 똑같은 찬송가를 부르는 동안, 이번에는 일제가 죽임을 당했다. 노래가 계속되는 동안, 마지막으로 캐더린이 화형대에 올라섰다.

그녀의 목이 쇠사슬로 고정되었을 때, 쇠사슬이 너무 꽉 조인 나머지 그녀는 얼굴이 붓고 혈색이 갈색으로 변할 지경이었다. 마침내 화형대에 불이 붙여졌고, 자리에 있던 성직자, 학생들, 구경꾼들은 그녀의 몸이 불길 속으로 타들어가 재가 될 때까지 노래했다.

미국에서의 마녀 처형

마녀에 대한 믿음 때문에 저질러졌던 흉칙한 마녀 처형은, 미국처럼 자유로운 신교 국가에서도 유럽 못지 않게 일어났다. 마술행위를 하면 사형 선고를 내리는 일이 뉴잉글랜드 식민지 건설 이후 여러 번 일어났지만, 마지막이자 가장 무시무시한 경우는 메사추세츠 세일럼에서 있었다. 이 사건은 업햄(Upham)의 《세일럼 마녀의 역사(History of Salem Witchcraft)》와 드레이크(Drake)의 《뉴잉글랜드 마녀 환상(Witchcraft Delusion in New England)》에 기록되어 있다.

보스턴의 두 목사 인크리스 마터(Increase Mather)와 그 아들 코튼 마터(Cotton Mather)의 종교적 가르침에 영향을 받고 있던 세일럼 교구의 목사 사무엘 패리스(Samuel Parris)는 한 마녀 사건을 조사하라고 지시했다. 이 사건에 대해서 앤드류 딕슨 화이트 대통령은 "이처럼 비극적인 결과를 초래하지 않았다면, 분명 몹시 웃기는 소극이 될 수도 있었다"고 말하기도 하였다.

마귀들린 소녀들은 법정에서 미친사람들처럼 행동했고, 가여운 한 늙은 노파를 지목하여 그녀가 그들에게 마법을 걸었다고 고발하였다. 무지한 백치였던 노파의 남편은 그녀에게 불리한 증언을 하도록 유도당했다. 이처럼 재판이 말도 안되게 쉽게 진행되자, 마녀를 믿는 사람들은 매우 대담해졌고, 개중에서 퍼트남 가(Putnam family) 사람들이 결정적인 역할을 하였다. 뉴잉글랜드의 저명인사들 일부를 고발하기 시작했던 것이다.

몇 명의 남녀들이 처형되었고, 많은 사람들이 목숨을 부지하기 위해 달아났으며, 마을은 온통 공포의 도가니가 되었다. 어떤 사람이라도 일단 마녀로 의심되거나 고발당하면 끝장이었다. 일례로 버로스(Mr. Burroughs)라는 목사는 퍼트남 가와 교구 싸움을 벌였다는 이유로 성직에서 추방당했던 적이 있다. 화이트 대통령은 이 일을 아래와 같이 언급하고 있다.

> 버로스는 결백한 삶을 살았다. 그를 고소한 유일한 사건은 퍼트남 가의 고발이었는데, 버로스가 자신의 아내에게 가족의 사적인 문제에 대해 떠들어대는 교구에는 다니지 말라고 강하게 주장했던 것이 발단이 되었다. 그는 자녀들을 괴롭힌 것으로 기소되어 유죄판결을 받았고, 마침내 처형되었다. 마지막 순간에 그는 주기도문을 완고하게 끝까지 외웠는데, 이는 어떤 마술사도 할 수 없는 것으로 여겨질 일이었다. 이 일은 처형장에서 보여준 그의 강직한 기독교인의 최후 모습과 함께, 마귀들림의 실재성을 믿었던 많은 사람들의 신념을 흔들어 놓았던 것이다.

화이트 대통령은 또 다음과 같이 말을 잇는다.

> 오래지 않아 소녀 무리 중 하나가 처형당한 사람들, 특히 버로스를 중상했다는 것을 인정했으며, 용서를 빌었다는 사실이 알려졌다. 그러나 그것은 이미 부질없는 일이었다. 오히려 마녀임을 자백하지 않은

> 사람들은 모두 묶여, 새롭게 폭로된 사실을 무마시키는 데 효과적이었던 일련의 고문을 당했다.
>
> 가일 코리(Giles Cory)의 사건에 이르러, 처형의 잔혹함은 정점에 달했다. 유죄판결이 확실해지자, 그는 자신의 가족이 법적 권리를 유지하고 그 재산을 압수당하지 않기를 바라는 마음에서 항변하지 않았다. 이렇게 해서 그는 돌에 깔려서 압사당했는데, 마지막 순간에 그 혀가 입 밖으로 밀려나오자 형집행인이 지팡이로 그것을 다시 밀어 넣었다.

인크리스 마터와 코튼 마터는 미국 땅에서 마귀들림과 마녀를 옹호했던 최후의 인물들이었으나, 훗날 코튼 마터는 모국에서 새 시대가 열리는 것을 목격하였다. 용기 있는 보스톤의 상인 로버트 칼리프(Robert Calef)가 맹렬한 비난을 받았을 때, 그는 자라나는 세대 사이에서 종교정신이 쇠퇴하는 것을 한탄하였고, 심지어 죽음에 임박해서조차 단순히 마녀를 믿지 않는 것조차도 영광된 주에 도전하는 것이라고 믿었다.

현대의 관점으로 본다면 당연히 그의 그릇된 종교관에 웃음 짓게 될 것이다. 그러나 신을 인격화시켰던 비기독교의 양식을 좇아, 기적을 행하는 개별적 자아를 신으로 보는 관점이 옳다면, 마녀를 믿는 것이 중요하다는 그의 생각도 논리적으로 옳은 것이다. 만일 마술이 불가능한 것이라면, 단순한 막대기를 뱀으로 변하게 하거나, 운행중인 태양을 멈추게 하고, 나침반의 그림자를 거꾸로 움직이게 하는 등의 마법을 행하는 어떤 신도 여타의 신들이나 마녀들과 친한 영들을 시기하지는 않을 것이다.

마술신앙의 포기는 암묵적으로 신이 기적을 행한다는 믿음을 포기하는 것과 같으며, 자연의 법칙을 거스르는 허구의 가능성에서 신을 찾는 사상을 넘어서 보다 고결한 종교적 신념을 위해 새로운 길을 닦는 것과 같으며, 종국에는 신을 우주적 질서 자체에서, 즉 이성, 진리, 정의의 필요조건인 영원한 존재 요소들의 통일성, 조화, 정의에서 찾는 것과 같다.

16

마녀 처형 철폐

몰리터와 에라스무스

악마 숭배, 종교재판, 마녀 처형의 참사는 악마의 본질을 오해한 자연스런 결과였고, 거리낌 없는 무지 뒤에 따라오는 필연적인 재앙들이었다. 이 재앙들은 열병에 걸린 뇌가 만들어 내는 끔찍한 환상처럼, 혹은 한 밤의 악몽처럼 인류를 괴롭혔다. 그러나 이제, 신의 계시의 자리를 차지한 과학의 빛이 점진적으로 밤의 음울한 그림자를 걷어내고, 암흑기의 끔찍스런 범죄를 낳았던 미신적 신앙의 요소들을 폭로하기 시작하자, 이 열병은 차츰 사라지기 시작했다.

마녀 처형에 대한 첫 항변은 종교재판관 슈프랭거와 인스티토리스가 교황의 절대적 권위를 등에 업고 자신들의 떳떳하지 못한 직무를 어느 때보다 과감하게 수행하던 때 제기되었다. 1489년 콘스탄스의 변호사였던 울리히 몰리터(Dr. Ulrich Molitoris)는 《마녀들의 대화와 마법의 책(Dialogus de lamiis et pythonibus mulieribus)》이라는 제목의 소책자에서 종교재

▶ 〈그림 16-1〉《신비한 기적의 새로운 이해》에 그려진 십자가의 경이

판소의 유린행위를 지적하였고, 법학 쪽에서 유명했던 다른 두 인사들, 알키아투스(Alciatus)와 폰지니비우스(Ponzinibius)도 같은 맥락의 의견을 낸 적이 있다.

두 법학자들은 마녀들이 유체이탈을 하고 기타 유사한 일들을 벌일 수 있다는 것이 순전히 상상에 지나지 않는다고 주장하였다. 그렇지만 그들의 논의는 모두 아무 성과를 거두지 못했는데, 교황 바톨로메우스가 그들이 마술행위에 관한 사건을 제대로 이해하지 못한다고 천명해 버렸기 때문이었다.

여전히 사람들은 환상과 기적, 꿈, 불가사의한 것, 마술에 대한 믿음을 버리지 못하고 있었다. 매우 몰상식한 작품들(예를 들어, 1507년 그룬벡(Grünbeck)의 《신비한 기적의 새로운 이해》 등)이 세인의 관심을 끄는가 하면 신의 계시록으로 둔갑하여 세인들 사이에 퍼졌다. 작품이 불가사의하면 할수록, 그것에 대한 세인들의 신용은 더 높아졌다.[38)]

1498년 10월 21일, 비엔나의 한 형집행인이 직무 수행을 거부했다는 놀라운 기록이 남아 있다. 이와 비슷한 사건으로, 솔단(Soldan)은 1576년 6월에 사형을 언도받은 페켈베르크(Feckelberg)의 카타린 한셀(Katharine Hensel)의 이야기를 언급하였다.

그녀는 사형장에서 무고함을 호소하였고, 이에 형집행인은 처형을 거부했다. 이 사건은 벨렌츠(Veldenz)의 팔라틴 백작 조지 존(George John)에게 위탁되었는데, 그는 이를 신중하게 검토한 후 그녀를 무죄 방면할 것을 명했고, 마을에는 소송비용을 부담하게 하였다.

1500년경 에라스무스는 악마와의 계약을 마녀 처형자들이 날조해 낸 일종의 발명품으로 간주한 서한을 발표하였다. 그렇지만 그런 와중에도 유럽 전역에 걸쳐 화형대가 끊임없이 불타올랐던 것을 보면, 에라스무스의 풍자도 아무런 효과를 발휘하지 못했던 것이 분명하다.

바이에르, 마이파르트, 루스

마녀 처형을 멈추게 하는 데 처음으로 성공적이었던 시도—단지 일시적이고 제한적인 성공을 의미—를 한 사람은 신교도 내과의사 출신의 요하네스 바이에르였다. 그는 1515년 그라브(Grave)에서 태어나, 파리에서 의학을 공부했으며, 아프리카 지역을 여행하면서 마술을 공부할 기회를 얻었다고 한다. 그후 크레타로 건너갔다가, 돌아오는 길에 클레브의 윌리엄 공의 내과의로 복무하였는데, 그가 저술한 6권의 책 중에서 《악마의 요술, 마법, 그리고 주술(De Praestigiis Daemonum et Incantationibus ac Veneficiis)》이 1563년에 출판되었다.

바이에르는 악마와 불가사의한 힘을 믿고는 있지만, 마녀 행위나 악마와의 계약에 대한 가능성은 부인하고 있으며, 또한 수도사와 목사들이 비록 봉사의 종교를 구실로 삼고 있지만, 실제로는 가장 시기심 많은 마왕(Beelzebub)의 하수인들이라고 대담하게 비난하고 있다. 클레브의 공작 윌리엄, 팔라틴의 백작 프레데릭, 니므르웨나르의 백작이 이런 바이에르의 충고를 따라 모든 마녀 처형을 금했다.

바이에르 이후 20년이 지나자 또 다른 영웅, 코부르크(Coburg) 라틴학교 총장이자 신교도였던 마이파르트(Meyfart)가 경계의 목소리를 높였다. 그는 책자에서 "권력을 가진 영주들과 양심적인 설교자들을 향해 충고하는 설교"를 썼는데, 여기서 대상이 되었던 자들은 공식적인 마녀 처형자들이었던 도미니크회 수도사들이었다. 마이파르트는 그들에게 '심판의 날'을 상기시키며, 그때가 되면 그들은 희생자들이 겪어야 했던 모든 고문과 눈물에 대한 책임을 단단히 져야 할 것이라 하였다.

확실히 바이에르와 마이파르트는 깊은 인상을 남겼다. 그렇지만 그에 대한 반향도 뒤따랐다. 1572년 독일 작센 지방의 신교도 관할구역에서 범죄자에 대한 규정이 발포되었고, 이로써 그 지역에서 악마와 계약을 맺은 사람이라면 누구나 '화형대에서 죽음을 맞이할 것'이라는 위협을 받게 되었던 것이다. 결국 바이에르는 마녀 행위에 대한 믿음을 일시적으로 흔들어 놓기는 했으나, 그것을 완전히 타파하기에는 역부족이었다.

코넬리우스 루스(Cornelius Loos)는 트레비스 대학의 주임이자 교수였고, 열렬한 카톨릭 신자였다. 그는 불행하게도 주교였던 피터 빈스펠트보다 더 이성적인 사람이었다. 마녀 소송에서 판사들이 보여주는 비열함을 인식한 그는 《마법의 진실과 거짓에 대하여(De Vera et Falsa Magia)》라는 책을 썼으나, 인쇄 중에 출판이 금지되었다. 그리고 그는 감옥으로 보내졌다. 루스는 1593년에 교회 고관들이 집결한 앞에서 무릎을 꿇고 자신의 주장을 철회하도록 종용받았다. 그 뒤 1595년에 페스트로 죽었으나, 그가 역병에 걸리지 않았다면 아마 화형대에서의 처형을 면치 못했을 것이다. 루스의 저서는 소실된 것으로 여겨졌지만, 최근 코넬 대학의 버(George Lincoln Burr) 교수에 의해서 발견되었다.

예수회 수도사들

아담 테너(Adam Tanner), 폴 래이먼(Paul Laymann)은 남부 독일의 예수회 수도사들로서, 판사들에게 마녀를 심판하는 소송을 다룰 때 매우 조심할 것을 조언하였다. 태너가 운켄(Unken)이라는 작은 도시를 여행하다가 죽었을 때, 교구민들은 그를 기독교인 무덤에 받아들이기를 거부하였는데, 그가 지니고 있던 물건 중 한 유리접시에서 '털 많은 작은 도깨비'가 발견되었기 때문이었다. 사실 그 정체는 그가 현미경으로 관찰하기 위해서 준비해 놓은 벌레였다. 목사는 '도깨비'가 무해한 성질을 가지고 있다고 교구 사람들을 설득시켰고, 그제야 그들은 자신들의 무덤에 테너를 묻는 데 동의하였다.

감동적인 또 다른 예수회 수도사의 이야기가 있다. 그는 고결한 정신의 소유자로서, 마녀를 불태우는 끔찍한 미신행위를 상대로 힘겨운 싸움을 벌였던 사람들 가운데 중요한 직책을 맡았었다. 그의 이름은 프리드리히 슈페 폰 란겐펠트(Friedrich Spee von Langenfeld)로, 《원한의 나이팅게일(Trutz nachtigal)》이라는 시집을 낸 시인이었다. 그러나 그의 경고는 '황야에서 울부짖는 소리'와 같이 무시되고 말았다. 그의 다른 저서 《범죄 예방책(Cautio criminalis)》은 그 당시 매우 유익했던

▶ 〈그림 16-2〉 프리드리히 슈페 폰 란겐펠트

책으로, 마녀에 대한 독일의 법적 소송과 관련하여 독일 당국의 흥미를 끌었다.

슈페(Spee)는 프란코니아(Franconia)에서 목사로 재직하고 있었을 때, 마녀로 고발된 2백여 명을 화형대에서 죽음을 맞이하도록 준비하는 일을 했다. 아직 서른도 되지 않은 나이에 왜 머리카락이 하얗게 세었는지를, 어느 날 뷔르츠부르크(Würzburg)의 필립 주교(Philip of Schoenborn)가 묻자 그는 이렇게 대답했다고 한다.

"한탄스러움 때문이지요. 내가 처형을 준비했던 그 많은 마녀들 중 단 한 사람도 유죄인 자는 없었으니까요."

슈페의 대답은 주교의 영혼에 불을 지폈음에 틀림없다. 그 이후로 필립 주교는 쭉 슈페의 영향을 받게 되었으니 말이다. 슈페는 자신이 바로 《범죄 예방책》의 저자라고 고백했고, 주교는 이 젊은 예수회 수도사의 믿음을 끝까지 배반하지 않았다.

《범죄 예방책》에서 슈페는 말하고 있다.

> 이 같은 소송 절차에서는, 그것이 아무리 정직하게 행해진다고 해도 그 누구도 법적인 변호나 도움을 받도록 허락되지 않는다. 왜냐하면 마녀 행위라는 범죄는 예외적 범죄(crimen exceptum)이며, 이는 일반적인 법적 절차에 대한 규정에 지배를 받지 않는다고 생각되기 때문이다. 죄수에게 변호사가 허락되더라도, 그는 처음부터 자신이 마녀의 지지자나 보호자라고 의심받기 때문에 제대로 입을 열 수도, 펜을 굴릴 수도 없는, 즉 제대로 발언할 수도 호소문을 쓸 수도 없는 것이다.
>
> 내가 화형장에 데리고 간 많은 사람들 중에서, 진실로 유죄판결을 받을 죄를 지었다고 말할 수 있는 이는 한 사람도 없다는 것을 확실히

장담한다. 두 명의 또 다른 사제들의 경험담 덕분에 난 이들과 똑같은 고백을 할 수 있었다. 교구장들과 판사, 나 자신 역시도, 불행했던 자들과 똑같은 방식으로 취급하고 똑같은 고문을 겪게 된다면, 당신도 우리를 마녀로 단죄할 것이 틀림없다.

슈페는 마녀 행위의 가능성을 부인하지 않았다. 그 역시 당시 교회가 견지했던 도그마를 충실히 믿었던 사람이다. 그는 단순히 마녀 행위를 학대하는 것에 반대하고 관용을 요구했던 것뿐이다.

슈페의 영향을 받은 필립 주교는 훗날 메이엔스의 대주교가 되었고, 명예롭게도 그가 통치하는 동안에는 화형대에 불을 지핀 적이 한 번도 없었다고 한다.

마녀 처형의 폐지

호르스트(Horst)는 익명으로 떠돌던 《드루텐-뉴스페이퍼(Druten-Zeitung)》라는 제목의 책자를 1627년 출판하였다. 종교재판소의 위대한 행적을 엉성한 문체로 찬양하는 내용이 담긴 이 책은, 17세기의 광신적 행태를 보여주는 한 예다. 호르스트의 견해에 따르면, 이 책의 저자는 인접하는 카톨릭 국가들 사이에서 줄어들 줄 모르는 정신력으로 마녀의 근절이 수행되고 있는 사실에 대해 하나님에게 자신의 기쁨과 감사를 표현하고자 한 신교도였다.

이로써 바이에르와 슈페의 노력에도 불구하고, 마녀나 마녀 처형의 필요성에 대한 생각이 여전히 많은 사람들의 마음속에 깊이 뿌리내리고 있었음을 알 수 있다. 그러나 막상 교회 당국은 마녀 처형의 필요성에 대한 신념을 잃어가기 시작했고, 이 잊혀진 주장의 옹호자들도 이 출판물의 은신처를 찾아내는 것이 현명한 일이라고 생각하게 되었다.

한편 홀란드(Holland)에서의 마녀 처형은 1610년에 폐지되었고, 스위스 제네바에서는 1632년에야 폐지되었다.

스웨덴의 여왕 크리스티나가 왕좌에 오른 뒤 처음 한 일은, 1649년 2월 16일에 마녀 처형의 모든 소송 절차들을 금하는 포고령을 발령하여 이를 스웨덴령 독일의 모든 땅에도 적용한 것이다. 프랑스인 가브리엘 노데(Gabriel Naudé)는 마녀 처형을 반대하는 글을 썼는가 하면, 루앙에서 소집된 프랑스 국회가 마녀 행위의 실재성과 마녀 사형의 필요성을 주장했음에도 불구하고, 루이 14세는 1672년에 모든 마녀 소송들을 기각시키는 법령을 선포하였다. 그후 1683년에 마녀 사형제도를 재도입하지 않을 수

▶ 〈그림 16-3〉《드루텐-뉴스페이퍼》

없었으나, 이때에도 루이 14세는 판사들의 권한을 제한하도록 하였다.

흔히 '마녀 사냥꾼' 으로 불리는 마티아스 홉킨스(Matthias Hopkins)는 17세기의 영국 내전의 혼란을 이용하여 마녀를 색출해 내는 특별한 사업을 시작했다. 그의 계획은 자기 자신에게 그 방법을 적용하기 전까지는 꽤나 성공적이었다. 그가 물의 시련에서 가라앉지 않자, 사람들은 그를 마법사로 여기고 죽여버렸던 것이다. 버틀러는 《휴디브라스(Hudibras)》에서 홉킨스의 직업을 다음과 같이 묘사하고 있다.

> 오늘날의 의회는 악마에게 가신을 보내고, 역겨운 마녀들을 찾아내는 그에게 완전한 권력을 부여하지 않았던가? 또 그는 일 년 만에 한 주에서만 60명이나 되는 자들의 목을 매달지 않았던가? 혹자는 오직 익사하지 않았다는 이유로, 그리고 혹자는 밤낮으로 종일 땅바닥에 엉덩이를 붙이고 있다는 이유로, 그리고 고통을 느낀다는 이유로 모두 마녀라는 죄명을 씌워 교수형에 처해졌다. 또 갑작스런 사고로 죽어버린 초록 거위들이나 칠면조 새끼들, 혹은 돼지들에게 못된 장난질을 걸었다고 죽은 사람들도 있다. 이처럼 그는 멋대로 추측해 댔다. 그러나 결국엔 스스로 마녀임을 밝혀내어 화를 자초하고 말았다.

결국 마녀 처형은 1682년 영국에서도 폐지되었다. 서머싯(Somerset)의 한 열광적인 신자였던 글랜빌(Glanville)은 가브리엘 노데의 글을 논박해야 할 필요성을 느꼈고, 내과의사 웹스터가 글랜빌의 미신에 사로잡힌 주장에 반박하였다. 결국 글랜빌은 마녀 사냥을 진행했으나, 영국 정부는 서머싯의 치안판사였던 헌트에게 그를 저지하도록 명하였다.

17세기 말에는 악마에 대한 믿음을 공격하는 신학적 논증법이 점점 더 대담해져 절정에 이른다. 홀란드인 내과의사 반 데일(Anton van Dale)은 이교도의 기적을 더 이상 악마의 힘으로 보지 않고 성직자의 기만으로 보았으며, 사람들로 하여금 마녀 처형에 대해 곰곰이 생각해 보도록 만들었다. 그렇게 함으로써 그는 훗날 위대한 두 개혁가인 베커와 토마지우스(Thomasius)를 위한 토대를 마련하였고, 솔직하고 단호하게 '마녀는 환상에 불과하다' 고 비난하던 그 두 개혁가는 끝내 주와 교구 당국이 공식적으로 마녀 처형을 폐지하도록 만들었던 것이다.

독일계 홀란드인 목사였던 발타자르 베커는 《마법에 걸린 세상(De Betoverde Weereld)》이라는 저서를 출판하였다. 이 책은 악마, 마녀에 대한 믿음, 그리고 마녀를 상대로 행해진 법정 소송에 대해서 철저하고 신중한 연구를 담았다. 베커는 인격화된 악마의 존재란 터무니없는 가정일 뿐이라는 것을 증명하는 일에 몰두했던 신실한 기독교인이었다. 그의 저서는 종교재판소와 무고한 희생자들을 함정에 빠뜨리는 종교재판소의 습성을 향한 엄청난 일격이었다. 《마법에 걸린 세상》의 성공은 대단한 것이었고, 가히 그럴 만한 자격이 있었다. 단 두 달만에 4천 부가 팔렸지만, 베커는 여전히 동시대인들을 설득하는 데는 실패했다. 많은 반증들이 쏟아져 나왔으며, 베커가 작품을 기증했던 신교도의 본부라 할 종교회에서는 그의 견해를 비난하고 심지어 교구에서 쫓아내기까지 하였다.

▶ 〈그림 16-4〉 발타자르 베커

베커가 뿌린 씨앗은 할레(Halle) 대학의 교수였던 크리스티안 토마지우스(1656~1718)에 의해서 열매를 맺었다. 그는 마녀 처형을 상대로 치열하게 싸웠던 사람이다. 1698년에는 한 마녀 소송이 그에게 맡겨진 일이 있었는데, 동료들의 충고를 거스른 채 그 불쌍한 여인에게 사형선고를 내렸었다. 토마지우스는 판결이 실행에 옮겨지고 나서야 반론에 귀를 기울여 자신의 실수를 깨닫게 되었고, 그 사건 이후로 토마지우스는 자신에게 주어진 모든 권한을 마녀 처형 철폐를 위해 쏟아 붓는 것을 의무로 생각하였다. 그는 마녀 처형을 비난하는 데 대담하고 주저함이 없었으며, 악마의 육체적 실재를 부인했기 때문에 악마와 계약을 한다는 일은 있을 수 없다는 주장을 펼쳤다.

▶ 〈그림 16-5〉 크리스티안 토마지우스

토마지우스는 전임자들보다는 더 성공적이었다. 공식적인 마녀 처형은 중지되었고, 악마는 더 이상 절대적 공포의 대상이 아니었다.

마녀 처형의 마지막 자취

극단적인 로마 기독교적 관념을 가지고 있었던 스페인에서는 19세기 초반까지도 종교재판소가 존재했다. 라모시에라(Ramosiera) 전투가 끝나고 1808년에, 라살(La Salle) 장군의 지휘 하에 있었던 프랑스 군대는 톨레도를 점령하였고, 종교재판소가 만들어 놓은 지하감옥의 문을 열었다. 감방은 하나같이 어둡고 불결한 구덩이에 지나지 않았고, 한 사람이 겨우 똑바로 설 수 있을 정도의 크기였으며, 그곳에서 풀려나 다시 햇빛을 보게 된 수감자들은 대부분 모진 고문과 학대로 인해 몸이 말을 듣지 않거나 불구자가 되어 있었다.

그러나 불행하게도 해방된 죄수들과 창기병의 파견대는, 프랑스군 본부로부터 몰려든 성난 스페인 폭도들과 맞닥뜨렸다. 라살 장군이 서둘러 그들을 구출하려 했으나, 현장에 뒤늦게 도착한 그가 발견한 것은 난도질당한 시체뿐이었다.

라살 장군은 지하감옥에서, 나무로 조각한 성모상을 발견했다. 머리에는 금빛 후광이 둘러싸여 있었고, 오른손에는 종교재판소의 기장을 들고 있었다. 비단으로 몸을 감고 서 있는 성모상은 아름다웠지만, 가슴 부분은 못이 박힌 갑옷으로 덮여 있었으며, 팔과 손은 조상 뒤에 숨겨진 기계로 조정이 가능하게 만들어져 있었다. 종교재판소의 하수인들은 라살 장군에게 그것을 이교도들을 고문하는 데 쓰였던 것이라고 일러주었다. 즉 죄수는 희미하게 비추어지는 조상 앞 성찬대에서 성체를 받고, 다시 한 번 죄를 고백하도록 강요받았으며, 두 명의 신부에 의해 두 팔을 벌려 맞이하는 듯한 '고난의 어머니(Madre dolorosa)' 조상 앞으로 끌려간다. 그리고 "그녀가 품속으로 너를 부르고 있다. 아무리 고집 센 죄수라도 그녀의 품 안에서는 고백하고 말지"라는 말과 함께 죄수는 조상에 밀어 넣어진다. 이윽고 조상의 팔이 닫히면, 죄수는 그 속에 박힌 못과 칼에 짓눌리고 마는 것이다.

나폴레옹 1세는 종교재판을 전면 금지하였으나(스페인에서는 1808년 12월 4일에, 로마에서는 그로부터 1년 뒤에), 스페인 국왕 페르디난트 7세(Ferdinand VII)는 1813년 6월 21일에 이를 다시 부활시켰다. 그 마지막 희생양은 1826년 화형을 당한 한 유대인과, 교수형에 처해진 한 퀘이커 교도 학교의 교사였다.

지옥의 묘사

예수회 신부 코생(Caussin)은 루이 8세의 고해신부로서, 자신의 저서 《신성한 법정(La Cour Sainte)》에 지옥에 관한 글을 써 당시 엄청난 명성을 얻었다. 그 내용을 잠깐 살펴보도록 하자.

> 지옥이란 무엇인가? 아무 말 말라. 왜냐하면 이제껏 지옥에 대해 말해진 모든 것이 실제의 지옥에 비하면 아무것도 아니기 때문이다. 어떤 사람이라도 수천 방울의 눈물을 흘리지 않고는 지옥을 떠올릴 수 없다. 그래도 당신은 지옥이 무엇인지 알고 싶은가? 터툴리안에게 물어 보라. 그는 당신에게 지옥은 음습하고 더러운 냄새가 나는 심연으로, 세상의 모든 인간쓰레기가 몰려드는 곳이라고 말할 것이다. 빅토르 위고에게 물어 보라. 그러면 그는 '지옥은 바닥이 보이지 않는 심연이며, 절망의 문이 열리는 곳이며, 모든 희망이 버려진 곳'이라고 대답할 것이다. 또 '그것은 영원히 꺼지지 않는 불구덩이'라고 사도 요한은 계시록에서 말했다.
>
> "지옥의 공기는 타들어가는 석탄에서 뿜어 나오고, 그 불꽃의 빛만이 빛의 전부라. 지옥의 밤들은 온통 암흑천지며, 그 저주받은 땅은 온통 뱀과 독사들로 우글거린다. 그들에게 희망은 없나니. 아, 영원한 죽음이여! 아, 생명 없는 생명이여! 아, 끝없는 비극이여!"

브런즈윅-뤼네부르크(Brunswick-Luneburg) 회의의 옛 멤버였고, 공작 계급의 고문이었으며, 법학박사이기도 했던 쇼텔(Justus Georg Schottel)은 독일 시와 문학에 적잖게 기여했던 박식한 사람이었다. 그는 특히 지옥의 신비에 빠져들어, 328쪽에 걸친 책 한 권에 자신의 견해를 담아 출판하였는데, 이 책에서 그는 영원한 지옥에서의 고문을 표현한 고통의 쇠수레바퀴에 대해 설명해 놓았다.

독자여, 이 바퀴를 꼼꼼히 살펴보고 무슨 말이 쓰여 있는지 주의깊게 보라. 지옥에서는 얼마나 오랜 시간을 고통스러워하고, 얼마나 많은 불안과 절망의 고통이 생겨나며, 그것을 겪으며 견뎌내고, 경험하고, 깨달아야 하는지를. 수백 년을, 수천 년을, 수천 수백 년을, 수백만 년을 지옥불에서, 불타는 유황불에서, 빨갛게 달아오른 쇳덩이 속에서, 매서운 취관의 불꽃 속에서, 울고 통곡하고 영원히 이를 악물어야 한다. 몹시 냄새나고 어두운 곳에서, 배고픔과 목마름에 떨면서 말이다. 예전 같으면 쇠수레바퀴는 오직 한 번 돌려졌을 뿐이지만, 지금 이 영원의 바퀴는 아무리 해도 닳지 않는 쇳덩이로 만들어져, 수백, 수백만 번, 아니 그 이상 돌고 또 돌아도 결코 무뎌지지 않고 없어지지도 않으며 닳지도 않을뿐더러, 그 영원한 시간 동안 잠시도 멈춰 서지 않는다.

▶ 〈그림 16-6〉 쇼텔의 지옥의 수레바퀴

이쯤에서야 당신은 말할 수 없이 불쾌하고 끔찍하며 몹시도 잔인한, 영원한 지옥의 고통이 어떠한지를 조금이

> 나마 맛볼 수 있을 것이다. 어떤 사람은 이 영원한 불구덩이와 끝없이 계속되는 수레바퀴 등에 겁에 질려, 완전히 미쳐버릴지도 모른다.

쇼텔의 지옥의 수레바퀴는 악마가 손아귀에 쥐어진 불교의 윤회도를 생각나게 하기에 특히 흥미롭다.

지옥에서 겪는 고통에 관한 비슷한 관념은, 18세기 초 비엔나에서 가장 영향력 있는 목사였던 아브라함 아 산크타클라라(Abraham a SanctaClara)의 설교에서도 나타난다.

18세기는 지적으로 동이 트는 시기였지만, 그 빛이 퍼지기 시작하는 동안에도 암흑의 그림자는 여전히 남아 있었고, 그 강도는 어느 때보다 강렬했던 것이다.

1785년 길버트 바우어(Gilbert Baur) 신부는 아래와 같이 적고 있다.

> 우리는 고기에 소금간을 하면 어떤 일이 일어나는지 알고 있다. 소금은 고기의 모든 부위, 즉 모든 신경, 뼈 속으로 들어가 각각의 특질에 작용한다. 그러나 고기 자체는 소금으로 인해 용해되지도, 없어지지도 아니하며, 오히려 고기가 썩지 않게 한다. 이와 마찬가지로, 지옥불은 육체 내부의 골수까지 들어가 오장육부 전체에 퍼지게 된다. 그것은 모든 혈관과 신경 속에 퍼져서 죽거나 소멸되지 않은 채, 계속되는 격렬한 고통으로 두뇌가 들끓어 오르게 되는 것이다.

몇몇 신학 지질학자는 지옥이 태양 속에, 몇몇은 달 속에 있다고 주장하며, 또 일부는 지구의 한가운데 있다고 보았다. 그러나 이 세 의견 중 어떤 것이 옳은가 하는 것은 아직 의견이 분분하다.

다음은 지옥을 노래하고 있는 슬라보니아 민요다.

저 끔찍한 나락을 보라! 얼마나 뜨겁고 깊은 고통의 장소인가! 어떤 자도 그 바닥을 목격한 적이 없을 정도라네.

작은 섬광 하나로도 충분히 엄청난 고통을 느끼지만, 그래도 이 성난 불길에 비한다면 그 고통은 한낱 이슬방울에 불과하다네.

지옥불 속에 있는 것이 어떠한지, 머리로는 암만해도 이해할 수 없고, 어떤 혀라도 지껄이지 못하리라.

악마들은 스스로 개로, 들짐승으로, 뱀으로, 용으로 변하며, 울부짖고 아우성치며 으르렁거리네. 또 이들이 얼마나 끔찍스러운 짓을 하는가!

보잘것없는 모든 죄수는 여기서 하나님의 정의로움을 찬양해야 하며, 모든 악행의 대가로 이 무시무시한 고통을 겪어야만 한다네.

각양각색의 죄와 악행들에 대해서 하나하나 그 죄 값을 받은 후에는,

이보다 더한 불행이 있을 수 있던가? 실로 없으리니. 이 암흑의 장소에서 저주받은 자의 눈으로는 더 이상 하나님의 얼굴을 알현하지 못할 것이기에.

"아, 괴롭도다! 시들어 사라져 버렸는가, 우리 비참한 피조물이여! 오! 저들은 우리 말을 믿을 것이다. 그들은 결코 죄악에 빠지지 않을 것이다."

"죽음이여, 너는 어디에 있느냐? 오, 천둥번개여 우리를 죽여다오! 신이시여, 죽고 싶나이다, 더 이상은 이 고통을 참을 수가 없나이다!" 하고 그들이 저마다 울부짖네.

슬프도다! 너는 헛되이 죽음을 바라나, 그 영혼은 영원 속에서 길을

잃었구나. 너는 영원히 죽어가며 살아갈 운명이니.

심지어 작은 충치조차 영원히 인내하기 힘든 법, 이 불길은 얼마나 더 끔찍스럽게 계속될 것인가!

오, 죄 지은 자여, 그러니 너를 기다리는 재난을 기억하라. 네가 내일의 운명에까지 이르지 못할 수도 있는지 어쩐지를 그 누가 알랴?

오늘밤 너는 죄를 지은 채 잠자리에 들어도, 내일 자리에서 눈을 떴을 때는 지옥불 속에서 불타고 있을지도 모르나니.

지옥의 모든 핵심적인 특징들을 담은 지옥풍경은, 지금도 '암흑의 유럽' 과 '암흑의 미국' 에서 사용된다.

이쯤 되면 한낱 짐승들과 기꺼이 자리를 바꾸고자 하는 선량한 기독교인들이 생겼으리라는 건 별로 놀랄 만한 일이 못된다. 훗날 신교로 개종한 한 젊은 예수회 수도사는 자신의 회고록에서, 개는 죽으면 곧 절멸하므로 지옥에서 고통을 겪지 않아도 되기 때문에 자신은 늘 마당 밖에 있었던 집 지키는 개를 부러워하곤 했다고 밝혔다.

엄청난 도덕적 용기에 얽힌 이야기는 듣는 이로 하여금 위안을 느끼게 해준다. 이 이야기에서, 비신자인 한 늙은 농부는 죽어 가는 자신의 아들에게 다음과 같은 말을 들려준다.

"우리가 교회에 다니지 않기 때문에 목사는 우리를 미워한다. 그러니 네가 죽거든 지옥으로 갈 것이다. 그러나 울부짖거나 이를 악물어 가문을 욕되게 하지 말 것이다. 남들이 참을 수 있다면, 우리도 참을 수 있다."

주 하나님이라면, 노예 같은 신자가 보여주는 굴종보다는 이교도의 이 같은 배짱을 더 좋아하지 않았을 것인가?

슈반더와 키르허

예수회 체제는 로마주의 원칙을 수행하고 교구의 고위성직자들에 극단적으로 복종하였다. 예수회 체제는 신교도주의에 대한 반 개혁을 시행·유지하려는 목적으로 세워진 것이었고, 그래서 신교도들에게 예수회는 그저 못마땅한 로마 카톨릭 체제에 다름 아니었던 것이다. 그러나 예수회를 상대로 무슨 말들을 하든, 그들의 방법론이나 편협한 원칙들에 대해 무슨 말을 하든, 이들 중에서도 몇몇은 확실히 매우 뛰어나고 박식한 사람들이었음을 인정할 필요가 있다.

아타나시우스 키르허(Athanasius Kircher)는 예수회에서 배출해 낸 가장 뛰어난 과학자들 중 하나다. 1601년 독일 풀다(Fulda) 근처 가이자(Geisa)에서 태어나, 뷔르츠부르크(Würzburg) 대학에서 철학과 수학교수를 지냈고, '30년 전쟁' 중 프랑스 아비뇽으로 떠났다. 그는 작센의 프레데릭 추기경과 몰타(Malta)를 여행했으며, 로마에서 히브리어와 수학교수로서 삶을 마감했다. 그의 연구는 마녀 처형에 대한 것이었는데, 직접적인 것이 아니라 간접적으로만 이루어졌다. 그는 암탉과 비둘기들을 대상으로 몇 가지 흥미로운 실험을 한 바 있는데, 이는 심리학자들에게는 하나의 난문제로 남아 오늘날에도 계속 쓰여지고 있다. 당시 실험은 닭을 바닥에 두고 그 부리를 따라 분필로 줄을 긋는 것이었는데, 그러면 닭은 마치 마비라도 된 양 한동안 그런 어색한 자세로 가만히 있다가, 실험자가 손으로 어떤 움직임을 보일 때에야 일어났다.

여기서 다음과 같은 사실을 덧붙여야겠다. 비록 이 실험이 주로 키르허를 통해서 알려졌기 때문에 대개는 그가 실험의 개발자라고 알고 있지만, 프레이어 교수는 키르허가 단순히 슈반더의 실험을 재현했을 뿐이라는 것을 증명하였다. 슈반더는 키르허의 《빛과 그림자의 위대한 예술(Ars Magna Lucis et Umbroe)》이 세상에 나오기 10년 전에 자신이 발견한 것을 책으로 출판하였던 사람이다.

키르허가 닭의 상상력 탓으로 돌리는, 이 같은 닭의 모습은 훗날 18세기에 이르러 최면술이나 자기최면과 같은 현상으로 설명되다가, 19세기에는 최면학으로 불렸다. 그 과학적 가치야 어떻든, 이 발견은 심리학적 현상에 대한 과학적 접근법에 획을 그었고, 자연히 인간정신의 비정상적 상태를 보다 더 잘 이해할 수 있게 되었으며, 더불어 인류에도 유익한 영향을 끼치게 되었던 것이다.

병리학으로 발전한 악마주의

18세기 중반 쿠어(Chur)의 클뢰스터레(Klösterle) 교구 목사이자 로마카톨릭 성직자였던 개스너(Pater John Joseph Gassner)는 질병의 대부분이 귀신들림으로 일어난다는 이론을 따랐고, 자신과 교구 사람들을 구마법으로 치유하였다. 그의 치료법이 성공하자 세상이 떠들썩해졌으며, 무시무시한 반발에 직면하기도 하였다. 어떤 사람들은 그가 돌팔이라고 주장했지만, 많은 사람들이 그를 믿었다.

결국 바바리아 선제후(신성로마제국에서 황제 선출권을 가지고 있던 제후)의 요청으로 메스머(Mesmer)가 조사에 착수했으며, 개스너의 기적을 '정신적 자기력(Spiritualistic Magnetic Influences)' 으로 설명하였다.

반면 라바터(Lavater)는 치유력은 오직 예수의 영광스런 이름에서만 존재한다고 주장하였다. 개스너는 콘스턴스에서 얼마간 살다가 훗날 라티스본(Ratisbon)으로 갔는데, 교회 고위성직자들로부터는 어느 정도는 보호를 받기도 하고 어느 정도는 의심을 사기도 하였다. 1775년에는 암베르크(Amberg)를 거쳐 슐츠바흐(Sulzbach)로 갔다. 그곳에서는 개스너의 기적적인 치료술의 후광도 약해졌다. 라티스본의 감독주교(Prince-Bishop)는 개스너의 치료술에 찬성의 뜻을 보였지만, 황제 요제프 2세는 로마제국 전역에 그의 구마술을 금하였다. 한편 프라하와 잘츠부르크의 대주교들도 그를 받아들이지 않았을 뿐만 아니라, 황제 피우스 6세(Pope Pius VI) 역시 그의 편이 아니었다.

아무튼 개스너의 구마술은 악마의 실재성 여부에 관한 관심을 부활시켰다. 여러 가지 저작물에서 그 문제가 논의된바 있는데, 이 중에서 종교관련 정기간행물의 편집장이었던 기센(Giessen)의 코스테르(Köster) 교수가 전통적 관점에서 익명으로 쓴 〈더 이상 악마를 믿지 않는 위대한 사람들에게 바치는 소박한 청원〉을 들 수 있다. 이 청원에 대한 답을 〈시골 목사의 소박한 대답〉이라는 제목의 다른 소책자에 쓴 저자는, 성서 속의 사탄은 하나의 알레고리에 불과하며 '우상'은 히브리어로 '아무것도 아닌 것(Nothings)'이라는 뜻으로, 악마는 이러한 '아무것도 아닌 것' 중 하나일 뿐이라고 주장하였다. 그런가하면 저자는 성경에 대해서 순리적으로 풀어나가고 있는데, 예를 들어 그리스도를 유혹한 악마를 '교활한 메신저이자 유대 교회의 스파이'로 묘사하며, 악마이론은 정교로 위장한 우상 숭배이며 승화된 마니교라고 천명하였다. 저자는 이렇게 결론을 맺는다.

"나는 사람들이 악마보다 신을 더 두려워했으면 한다. 신을 두려워하는 것은 지혜로움의 시작이지만, 악마를 두려워하는 것은 그 결과가 무엇이든 기독교적 미덕일 수 없기 때문이다."

반 악마주의자들의 수가 성직자 계급 사이에서조차 급속하게 증가했지만, 인격적 악마를 믿는 것은 정견으로 유지되었다. 우리가 잘못 알고 있는 것이 아니라면, 인격적 악마는 여전히 많은 신학자들에 의해서, 특히 세속적 문화와 과학에 대한 경멸을 숨기지 않는 신학자들 사이에서 기독교 신앙의 핵심 교설로 간주되고 있다.

최악의 미신 행위라 해도 사람들에겐 무해한 것이 되었지만, 기적을 향한 동경은 아직도 멈출 줄 몰랐다. 악마주의는 인류에 대한 장악력을 잃었지만, 신비주의가 새로운 형태로 재등장했다. 18세기에 있었던 이러한 변화는, 몽상가들의 꿈을 논박했던 칸트에 반하는 스베덴보리(Swedenborg)의 몽상에 의해서 가장 잘 표현될 수 있을 것이다.

신비주의에 대한 믿음은 사기꾼을 낳는 법이다. 18세기의 가장 대담하고 약삭빠르며 출세한 협잡꾼은 시실리의 기세페 발사모(Giuseppe Balsamo)였다. 그는 칼리오스트로 백작(Count Cagliostro)이라는 가명으로 여행하면서 자신이 하는 말이면 뭐든 쉽게 믿어버리는 사람들, 특히 프리메이슨 조직(Free Masons) 내에서 어렵지 않게 희생양을 골라냈다. 그러나 백작부인이었던 엘리자베스(Elizabeth von der Recke)에게 속임수가 들통 나, 그후로는 가는 나라마다 추방당하다가, 결국에는 종교재판소 신세까지 지고는 1795년 수감된 채 죽었다.

19세기의 악마학

18세기 자유사상운동과 진보된 과학적 자연관은, 인류로부터 악마를 향한 불필요한 공포를 걷어냈다. 그리고 그 역사적이고 철학적인 토대 속에서 19세기에는 훨씬 더 공명정대하게 그 문제를 연구할 수 있게 되었다.

칸트는 도덕적 세계 질서를 뒤집는 데서 악의 원리를 발견했다.

"성서는 역사의 형식으로 인간의 도덕을 연관시키며, 인간에게 있어 상반된 원칙들을 천국과 지옥처럼 영원불변의 사실로 표현한다. 모든 신비주의를 물리친 이 대중적 관념이 의미하는 바는, 인간에게는 단 하나의 구원이 있으며 그것은 바로 자신의 마음속에 있는 도덕적 금언을 받아들이는 것이다."

칸트를 본보기로 삼아, 신학자들은 악마에 대해 논리적인 설명을 부여하기 시작했다. 셸링(Schelling)의 문하생 도브(Daub)는 그의 저서《유다 이스카리옷, 혹은 선과의 관계 속에서의 악마(Judas Iscariot or Evil in its Relation to Goodness)》에서, 반그리스도인이자 신의 적인 사탄을 '모든 선을 향한 증오'로 정의하면서 악마를 철학적으로 구성하려 하였다.

슈엔켈(Schenkel)은 악마를 만물의 전체성 속에 나타나는 하나의 발현(manifestation)으로 보며, 그를 집합적으로 나쁜 어떤 것으로 규정한다. 그러므로 사탄은 '법인(juridical person)'이며, 이는 그가 보통이 넘는 매우 독자적인 힘을 가지고 있음을 의미한다. 그러나 그는 아직 일관된 하나의 구체적 인격으로 수렴되지 않았고, 아마 앞으로도 그렇게 되지 못할 것이라는 생각을 갖게 한다.

헤이즈(Hase)는 악하거나 선한 영적 존재가 인간에게 영향력을 행사할 수 있다는 가능성을 부인하지 않지만, "그러나 악마는 사람들이 그 존재성을 믿을 때만 모습을 드러낸다. 그렇기 때문에 악마가 주는 영향력은 인간 본성을 조명해 볼 때만 설명될 수 있으며, 그 같은 존재가 실재하는지 어떤지는 의문으로 남아 있다"고 말하고 있다.

라인하르트(Reinhard)도 초자연주의적 경향이 있었지만, 성경 속의 악마를 진짜로 받아들여야 하는지에 대해서는 의심했다. 그런가 하면, 베테

(De Wette)는 악마를 하나의 대중적 관념(Volksvorstellung)으로 보았다. 한편 슐라이어마허(Schleiermacher)는 유명한 저서 《복음주의 교회 교의에 따른 기독교 신앙(The Chrisitan Faith According to the Doctrines of the Evangeical Church, 1842)》에서 역사적으로 발전해 왔던 악마 사상이 "이치에 닿지 않으며, 하나님을 믿는 기독교 신앙에 긴요하지 않다"고 선언하였다.

마르텐센(Martensen)은 악마를 하나의 관념으로서가 아니라 '역사적인 인물'로 믿었다. 그는 처음에는 유혹의 원리에 불과하였고, 그런 의미에서 하나의 보편적인 원리이기도 했다. 아직은 악하지 않았지만, 잠재적으로는 악했다. 사실 악마는 인간이 자신의 의식 속으로 그를 받아들이기 전까지는 진정한 악마라고 할 수 없었다. 따라서 악마에게 존재성을 부여한 것이 바로 인간이라고 볼 수 있다.

그러나 뤼케(Lücke)는 이러한 마르텐센의 의견에 반대한다.

"상징으로서의 악마는 확실히 악하다. 그러나 그가 타락한 피조물이라는 점에서 절대적으로 악하다고 할 수 없다. 우리는 원죄를 상징하는 것말고 다른 관념으로서의 악마에 대해서는 알고 있지 못하다."

마르텐센의 이러한 관점은 그 당시 신학적 관념을 철학과 조화시키려는 시도로 볼 수 있다. 슈트라우스(David Friedrich Strauss)는 사탄의 인격에 대한 교의를 논하는 것은 불필요하다고 보았으며, 이를 완전히 폐기된 개념으로 간주하였다. 그러나 근대 신비주의는 이러한 전통적 사탄학의 핵심적 사상을 오히려 강조하는 경향을 보였다.

영미 신교도주의자들 진영의 독단적 신학자들은, 지옥과 악마에 관한 전통적 견해를 유지하려고 노력하였으나, 이 교의들은 그다지 널리 퍼지지 못했다. 결국 이들은 더 이상 그 문제를 논의하지 않았지만, 그래도 여전히 악마의 인격성에 대한 믿음을 포기하지는 않았다.

예를 들어 샤프(Schaff) 교수는 그 주제의 상세한 설명으로 들어가는 법이 좀처럼 없으며, 셰드(William G.T.Shedd) 박사는 자신의 위대한 저서 《교의신학(Dogmatic Theology)》에서 모든 기독교 교의에 여러 장을 바치고 있지만, 사탄에 대한 특정 논의는 빼놓았다. 그렇지만 지옥에 관한 장의 어떤 부분은, 그가 성서적 증거를 근거로 인격적인 악마와 영원한 형벌을 믿고 있다는 사실을 증명해 준다.

오늘날의 자유 신학은 예수 그리스도가 정의에 대한 갈망, 신과 인간에 대한 사랑을 신의 왕국으로 들어가기 위한 필요조건으로 규정한다고 주장한다. 악마 신앙은 이제 어떤 곳에서도 요구되지 않거나, 적어도 더 이상은 필수적인 것으로 간주되지 않는다. 악마 사상은 기독교나 유대교적이라기보다는 차라리 이교도 쪽에 가깝다. 그것은 과학이 여전히 유아기에 머물러 대신 점성술이나 연금술로 설명되고, 자연법칙의 확실성이 아직 잘 이해되지 못하던 그런 시기에는 지극히 당연한 일이었던 다신교적 자연 숭배와 이교도 이원주의의 유물이다.

인격적 악마를 믿고, 이에 따라 생겨난 모든 악습들은, 엄밀히 말해 종교 때문이라기보다는 무지 때문이었던 것이다.

정교임을 자청하는 사람들 가운데서도 인격적인 악마를 믿는 사람들은 아직도 부지기수다. 그러나 그들의 영향력은 확실히 줄어들었다. 빌마르(Vilmar)는 인격적인 악마에 대한 믿음을 진정한 신학자의 필수 자격 요건으로 간주하며, "가엾은 영혼을 맡아 제대로 가르침을 주기 위해서는, 반드시 악마가 분노로 이를 악무는 것을 목격했어야만 한다. 내가 의미하는 바는 상징적인 모습이 아니라, 육체를 갖춘 모습을 말한다. 또한 신학자는 악마가 가여운 영혼들에게 미치는 힘, 불경스러움, 특히 비웃음을 느겼어야만 한다"라고 말하고 있다.

이와 유사하게 또 다른 독일 신학자 샌더스(Sanders) 감독은 자신의 책자 《악마에 관한 성경의 교의(The Doctine of the Scriptures Concerning the Devil)》에서 성서에 나오는 악마를 옹호하는 데 지대한 열성을 보였으며, 사르토리우스(Sartorius) 박사는 이런 신념에 동조하여 "사탄을 부인하는 자는 진정으로 그리스도에게 고백할 수 없다"고 말하였다.

한편 트베스텐은 인격적인 악마에 대한 믿음을 받아들이고는 있지만, 그 존재의 필요성을 우리가 가진 종교의식의 내용에서 끌어낼 수는 없다는 점을 시인하고 있다. 라이프(Fr. Reiff)는 하나님의 왕국이 있는 것처럼 악마의 왕국이 있다고 주장한다. 인격적인 마왕이 있다는 믿음과 인격적인 신이 있다는 믿음은 동전의 다른 면이다. 또 에르하르트(Erhard)는 〈악마의 변〉을 썼는데, 그것은 악마를 위해서라기보다는 악마와 죄가 실재한다는 전통적 관념을 위해서라고 쓴 것이라 할 수 있다.

오늘날의 악마 사상

오늘날의 로마 카톨릭 교회는 중세 때의 견해와 이론적으로 같은 견해를 보인다. 그렇지만 법적 소송절차에 있어서 세속당국은 결코 다시는 종교재판관들의 의견에 영향을 받지 않을 것이다. 괴레스(Görres)는 가장 능력 있고 현대적인 로마교구의 옹호자들 중 한 사람으로, 마녀 처형을 단순한 유행병으로 간주하는 역사가들의 '순전히 의학적인 견해'에 불만을 표시하였다.

그는 마술과 마법의 궁극적 원인을 당시 유행이었던 '교회로부터의 변절'에서 찾았다. 로마 카톨릭의 하스(Haas) 박사 역시 자신의 마녀 처형에 대한 연구에서 같은 견해를 보인다. 그는 마술이 그릇된 기독교 관념을 혼합한 이교도 사상의 부활임을 인정한 반면, 마술의 실재성을 믿는 것에 있어서는 여전히 그 옛날 종교재판관들이나 교황 이노센트 3세와 의견을 같이 한다. 괴레스와 마찬가지로 하스도 '마술은 이단의 산물'이라고 보면서, 마술을 이단의 '사촌'이나 '딸'로 부른다. 마술이나 이단 모두 그에게는 '불신앙, 불명확함, 오만, 기벽'의 결과일 뿐이며, 병이나 환상일 따름이다.

"이 두 가지는 학대하고 학대당하며, 그래서 이들이 이성과 활력에 부딪치게 될 때까지 자라난다."

유일한 문제는 종교재판소의 '이성과 활력' 요법이 마술과 이단이라는 질병보다 더 나쁘다는 것이었다. 하스는 그 까닭을 "많은 사람들이 아직 오류(이단)에서 벗어나지 못했으며, 교단이 깨끗하게 청소되고 나자 더 사악한 영들이 들어와, 일이 전보다 더 악화되었기 때문이다"라고 설명하고 있다.

악마에 대한 믿음이 불러온 자연스런 결과물이었던 종교재판소는 이제 무력해졌다. 브리태니커 백과사전에서 키친(G. W. Kitchin) 신부는 이렇게 말한다.

> 그러나 그 음성은 여전히 때때로 들려온다. 1856년에는 피우스 9세가 몽유병과 투시력을 반대하는 회칙을 발간하여 모든 주교들에게 그것을 조사하고 억제할 것을 당부하였고, 1865년에는 종교재판소의 세속의 적들을 상대로 저주의 말을 퍼부었다.

키친 신부는 사태의 현황을 다음과 같이 요약하고 있다.

1870년 로마교구는 교황권과 종교재판소를 바티칸으로 지정했고, 마침내 존 번연(John Bunyan)의 꿈이 실현되는 듯하였다. 그리고 비록 무력할지언정, 그 제도는 절망적이지 않았다. 카톨릭 저자들은 이 문제에 대해서 오랜 침묵이나 마지못한 사과로 일관하다가, 이제는 사실을 인정하고 그들을 정당화할 방법을 모색하고 있다.

종교재판소 초기에는 추종자들이 모두 이를 높이 샀다. 종교재판관 파라모는 종교재판소가 아담과 이브가 천국에서 추방당하기 전부터 시작되었다고 주장하기까지 한다. 폴 4세는 스페인 종교재판소가 성령의 감화에 의해서 만들어졌다고 선언했다. 그런가하면 무자렐리(Muzarelli)는 종교재판소를 일컬어 '사도들이 행한 최초의 기적의 능력을 대신할 수 있는, 기독교도들에게는 필수불가결한 대용물'이라고 불렀다. 그리고 이제 1875년부터 오늘날까지, 일단의 옹호자들이 다시 일어섰다. 비저(Wieser) 신부와 예수회 수도사 인스부르크(Insbruck)는 한 저널에서 종교재판소의 재건을 열망한 바 있다.

스페인의 오르더 라라(Ortiy Lara), 독일의 베네딕트 갬즈(B. Gams), 벨기에의 풀레(C. Poullet)도 같은 주장을 펼쳤다. 그것은 부분적으로는 사회발전에 대한 절망에 기인하고, 또 부분적으로는 마지막 황제 피우스 9세의 광신적 행위에 기인한, 실로 놀라운 현상이다. 속권(Secular Arm)으로 죽음에까지 이르게 하는 성직자의 편협하고 무책임한 재판을, 누군가 미래에도 다시 볼 수 있기를 진정으로 바라고 기대하는 사람이 있다는 것은 진정 믿기 힘든 일이다.

로마 카톨릭 저술가들은 대체로 세속적으로 너무나 밝아서, 종교재판소의 역사나 악마 교의에 대한 논의를 팽개쳐 버리지도, 그렇다고 앞장서 불러일으키지도 않았다. 그러나 그 주제에 대한 논쟁을 피할 수 없게 되었을 때는 늘, 종교재판소가 세속 제도였다고 주장하거나, 혹은 종교재판소에 의해서 취해진 조치를 옹호하였다.

이렇게 볼 때 그들은 아직 충분한 통찰력을 지닌 것은 아니었다. 그게 아니라면, 통찰력을 지녔더라도 과거의 제도를 비난할 만한 윤리적 용기가 없었던 것이었을지도 모른다. 그리고 만일 그런 용기가 있었다면, 교황 이노센트 3세, 그레고리우스 9세, 우르반 4세, 요한 22세 등이 내세운 정책과 그들 교황의 이름들 역시 마녀 처형 사건으로 더럽혀졌을 것이다.

구마법은 로마 카톨릭 국가에서는 아직도 시행되고 있다. 독일에서는 주교 레오폴트 폰 아이히슈테트(Leopold von Eichstadt)의 특별허가를 받고 아우렐리안(Aurelian) 신부에 의해 구마법이 행해진 적이 있는데, 그 대상은 카톨릭 신부와 신교도 어머니 사이에서 자란 미카엘 질크(Michael Zilk)라는 남자였다. 이러한 사실은 아직까지도 이집트의 마왕이 막대한 수의 기독교 형제들, 그 중에서도 고위성직자들의 마음에 스며들어 있다는 증거가 되기에 충분하다.

에반스(Mr.E.P.Evans)는 좀 별난 사건을 예를 들어 다음과 같은 흥미로운 사실을 보여준다.

> 교황 레오 13세는 확실히 평범한 지성 이상의 인물로 간주되었고, 어느 선대왕보다 훨씬 더 완벽하게 현대적 정신에 고취되어 있었음에도, 1890년 11월 19일에 〈사탄과 배교한 천사를 쫓아냄(Exorcismus in Satanam et Angelos Apostatas)〉이라는 기도문을 만들어 배포하였다. 교황은 매일 매일의 기도 중 이 구마술을 외우는 것을 빼먹지 않았고,

주교들과 다른 성직자에게는 이를 사탄의 공격을 물리치고 악마를 몰 아내는 데 유력한 수단으로 권하기도 하였다.

트레비스의 성의(holy coat of Treves)는 대중들의 마음속에 여전히 영향력을 발휘하여, 이것이 기적을 행한다고 믿음을 준다. 그런가 하면, 에히터나흐(Echternach)에서는 무도행렬이 아직 폐지되지 않았을 뿐 아니라 오히려 교구에 의해서 장려되고 있다. 교황 레오 13세는 그 행렬에 참여하는 사람들에게 6년간 면죄부를 수여하였다. 중세의 유물인 이 지루한 행사는 해마다 평균 약 1만여 명의 사람들이 참여한다.

인격적 악마 사상의 흔적

인격적 악마는 과학으로 인해 죽음을 맞이하지만, 신교도 국가들 곳곳에는 제대로 교육받지 못한 다수의 사람들 사이에 여전히 살아 있다. 또 구세군(Salvation Army)도 역시 여전히 노랫가락 속에 살아 있다.

여기 우리 군대에 와 어울리라, 적은 반드시 물리칠 것이니.
우리의 지휘자 예수에게 이 세상은 주어질 것이라.
지옥이 우리를 둘러싸면, 우리는 군중의 힘으로 눌러버릴 것이다.
구세군이 발맞춰 행진하네.

다음의 정열적 시는 우리에게 파시교(Parsiism)를 상기시킨다.

기독교도여, 일어나라, 전쟁의 물결이 거세진다.
신과 악마들이 전쟁을 하니,
모든 속죄의 군대가 참여하여
저 유혹자의 주술을 깨부수어라.
너는 감히 어리석게도 꿈꾸고,
안일함에 빠져 세속적인 일에 여념이 없을 텐가,
대중은 지옥으로 밀려들어 가는 와중에도?

다음 구절에서는 이들이 악마를 인격적으로 대하는 것을 보여준다.

악마와 나, 우리는 사이가 좋지 않네.
난 그를 미워하고 그는 날 미워하지.
한 번은 그가 날 가졌으나, 놓아주었네.
그가 다시 나를 원하나, 나는 가지 않으리.

구세군의 악마는 종교 사상을 과격한 상징으로 나타낼 필요성이 있다는 것을 보여준다. 그러나 비록 사탄이 오색찬란하게 치장된들, 이제 그는 무해한 존재에 지나지 않으며, 마녀 처형 같은 일도 불러오지는 못할 것이다. 그는 재갈이 물리고 우리에 갇혀 더 이상 장난질을 할 수 없게 되었다. 그리고 그런 악마에게 우리는, 동물원 철창에 갇힌 호랑이에게 미소짓듯 미소지을 수 있다.

과학의 종교

종교재판관들과 마녀 처형자들이 모두 불한당은 아니다. 종교재판이나 마녀 처형이 처음엔 순수한 동기로 시작했다는 것은 의심의 여지가 없다. 이 정책을 장려했던 교황들, 종교재판장들, 영주들 등에게 종교재판과 마녀 처형은 일종의 양심의 문제였다. 그들은 단지 종교적 의무로서 그 일에 몰두했고, 그래서 어떤 때는 심정적으로 힘들었을 테지만 큰 가책 없이 행할 수 있었던 것이다.

스페인의 종교재판장을 지냈던 토르케마다(Torquemada)는 사적인 생활에서는 매우 고결하고 양심적인 부류의 사람이었고, 너무나 온화한 마음을 가진 나머지 이교도를 향한 고문이 시작되자마자 종교재판장 자리를 떠나지 않을 수 없었다. 그는 사탄에 빠져버린 사람들의 집요한 고집에 울음을 터뜨리곤 했다. 그러나 비록 마음은 피를 흘리고 있었을지언정, 그는 '구원과 신의 영광'을 위해서 수없이 많은 사람들을 잔인 무도한 고문과 지독한 죽음으로 내몰았다. 자신이 믿는 극악 무도한 신의 영광을 위해서, 고대 페니키아의 몰록(셈족이 섬기던 신)보다도 더 지독하고 혐오스러운 우상을 위해서 말이다.

한때 독일에서는 초대 종교재판장이었던 콘라드(Conrad of Marburg)의 잔인 무도함에 대한 원성이 자자하여 마침내 교황 이노센트 3세의 귀에까지 들어간 적이 있었는데, 그때 교황은 이렇게 말했다.

"독일인들은 화를 잘 내기 때문에 화를 잘 내는 판사가 있어야 한다."

교황 레오 10세는 브릭센(Brixen)과 베르가모(Bergamo)에서 발생했던 마녀 사건들을 언급하면서, 1521년의 교서를 통해 "죄를 고백하기보다는 차라리 죽기를 원했던 죄수들의 완고함"을 한탄하였고, 한편으로는 종교재판관들이 그들의 의무를 수행하지 못하게 한 베네치아 의회의 불경스러움에 대해 호소하였다. 훗날의 교서들에서도 이 같은 내용을 찾아보기는 어렵지 않은데, 이들 모두가 종교재판소로 인해 일어난 참사가 궁극적으로 악한 의도나 권력욕 때문이 아니라, 뿌리깊게 자리한 잘못된 종교 신념 탓이라는 것을 보여주는 증거이다.

신교도들 중에서 칼뱅주의자들은 종교적 열정에 있어서는 로마 카톨릭 종교재판관들과 가장 가깝다. 칼뱅의 고향인 스위스 제네바에서는 단 세 달 동안 5백여 명의 사람들이 이단과 마녀로 처형을 당했다. 1545년 제네바의 교칙을 보면, 고문과 형벌에 드는 인력이 형집행인의 그것을 초과했고, "어떤 고문을 가해도 죄인들은 여전히 고백을 거부한다"는 불평이 쏟아졌다는 것을 알 수 있다.

유사 미신행위들과 함께 마녀 처형 사건은 다음과 같은 사실을 보여주는 좋은 본보기다. '종교는 윤리학과 아무 상관이 없고, 종교적 신념은 인간 행동에 어떤 영향도 미칠 수 없다' 고 믿는 사람들이란 얼마나 잘못된 생각을 하고 있는가! 세상에는 윤리학자들, 윤리를 가르치는 교수들, 윤리를 설교하는 사람들이 있으며, 이들 중 많은 사람들이 종교를 가르치지 않아도 윤리를 배울 수 있고, 사람들의 도덕성이란 세상의 본질이나 삶의 중요성에 관한 각자의 신조 없이도 발전할 수 있는 것이라고 생각한다.

그렇지만 그른 세계관은 그릇된 도덕률을 불러오기 마련이다. 마찬가지로 그릇된 종교는 언제나 악하고 해로운 윤리학을 만들어 낸다. 그리고 그대로 간다면, 그릇된 행위로 인한 가장 역겨운 추행이 벌어지는 과오를 범하게 된다. 반면에 근본적인 치유는, 악의 뿌리에 접근하여 그 진상을 규명해야만 가능해진다. 질병의 징후들만을 없애는 것으로는 충분치 않으며, 진정한 종교로 거짓종교를 갈아치워야만 한다.

종교는 인간의 이해를 초월하는 것이며, 그렇기에 그것을 파헤치려 하지 말아야 한다고 생각하는 불가지론자들과 토론하는 것은 쓸데없는 일이다. 종교는 삶의 문제에서 가장 중요한 것이며, 그 중요성은 마치 인구가 밀집한 대도시 한 가운데 무모하게 다이너마이트를 채워둔 창고가 들어섰을 때 모른 체 할 수 없는 것만큼이나 절박한 것이다.

우리는 이제 종교문제를 진지하게 탐구하고, 오랜 시행착오와 그 이원주의적 미신들을 건전하고 보다 과학적인 관점으로 대체해야 한다. 종교재판과 마녀 처형으로 일어난 모든 참사의 밑바닥에는, 정의를 구현하려는 진지한 노력이 깔려 있다. 그리고 이 같은 힘은 과거처럼 이성과 건전한 판단을 억압하기 위해서뿐만 아니라, 인류의 진보나 고결함을 유지하개 위해서 유용하게 이용될 수도 있다.

종교는 동기를 유발하는 가장 강력한 힘이다. 그래서 이 세상에서 그 무엇도 그릇된 종교의 교설보다 해로울 수는 없으며, 그 어떤 것도 진리보다 바람직할 수는 없다.

'진리에 대한 사랑' 을 우리 자신의 종교로 만들어 보자. 신비주의를 경계하고, 명쾌하고 정확해 지려고 노력해야 한다. 안개 속에서 빛을 찾아보기 힘든 것처럼, 신비주의에서는 진리란 찾아보기 어렵기 때문이다. 전통에 의존해서도 안 된다. 왜냐하면 전통이란 불확실하지만, 진리(즉, 일반화된 사실이나 자연법칙 등)는 애매하지 않으며 확실하고, 유능한 탐구자라면 누구라도 입증할 수 있는 성질을 가지고 있기 때문이다.

삶의 모든 측면에서, 각자의 능력껏, 최상의 과학적 방법으로 진리를 찾아내는 것은 인간의 의무이며, 이러한 원칙을 고수하는 것이 바로 '과학의 종교(Religion of Science)' 다.

과학에 대한 확신이 이미 우리 대부분에게 종교적 신념이 되어 버린 것이 사실이다. 진리를 과학적으로 증명할 수 있다는 믿음은 속도가 아주 느려서 거의 알아채지 못할 정도이기는 해도, 확실하고 꾸준하게 인간의 마음속에 뿌리를 내려왔다. 과학적 비판과 논쟁의 여지를 벗어났다고 하는 다양한 기독교 교리에도 불구하고, '과학의 종교'는 오늘날의 문명사회에서 가장 핵심적인 요소다. 위와 같은 독단적 교리들은 점점 쓸데없는 문제로 전락하고 있기 때문이다. 실제로 몇몇 저명한 보수 성향의 성직자들은, 이들 기독교 교리들이 이제 영원불변의 진리로서가 아니라 그저 역사적 문서로서 간주되어야 한다고 공식적으로 털어놓기도 한다.

종교에서 과학이 얼마나 중요한지를 의심하는 사람들은, 마녀 처형의 철폐로 과학이 인류에게 기여한 것이 무엇인지를 생각할 필요가 있다. 그렇게 되면 그들은 과학이 종교적으로 무관한 것이 아니며, 인류의 종교를 정화하는 데 가장 중요한 요소라는 것을 이해하게 될 것이다.

우리의 경제 · 사회적 삶에 대한 세계관, 국가 간 소통에 대한 세계관, 그리고 인류 진보의 계보를 향한 모든 진지한 운동들은 지금까지도 매우 실제적인 과학의 종교가 되었다. 비록 아직 확실하게 자유롭게 받아들여진 것은 아니지만 말이다. 또한 그 사실을 인정하도록 요구하는 어떤 신앙도, 과학적 진리를 담고 있는 토대에서만 일을 진행할 수 있다. 왜냐하면 과학에 의해 실질적으로 제시되는 진리가 없다면, 그 어떤 것도 보편적으로 진리인 것은 없으며, 순수하게 정설인 것도, 카톨릭적인 것도 없기 때문이다.

17

시와 우화 속의 악마 사상

민속 신화 속에 등장하는 악마에 대해서 이야기하자면, 그의 지칠 줄 모르는 정력에 찬사를 아끼지 않을 수 없다. 교회 곳곳에는 악마와 관련된 돌들이 수없이 많다. 악마의 성, 악마의 다리, 성당, 수도원, 제방, 물방앗간 등 인간의 영혼을 유혹하고 끌어들이려는 목적으로 악마가 지었다는 수많은 건축물들이 있으니 말이다. 악마는 세상 구석구석 어느 곳이든 존재하고 어떤 일에든 간섭해 와서 거의 전능한 존재처럼 보인다.

악마는 대중문학에서도 매우 중요한 역할을 담당하고 있다. 여기서도 악마는 모든 육체적 · 도덕적 악의 화신으로 간주되고 있지만, 그의 주 임무는 지상에서 온갖 말썽꾼이 되는 것이었다. 사실 그가 없다면 음모도 없을 것이고, 그렇게 되면 세상에 존재하는 이야기는 모두 지루할 뿐이다. 악마는 선량한 하나님의 비방자나 현상에 불만을 토로하는 자로 등장하여, 사람들에게 부와 권력, 그리고 지식을 쌓고자 하는 욕망을 불어넣는다.

그는 정치사, 사회사, 종교사에 어떤 변화를 열망하는 모든 사람들의 대변자이며, 현상에 만족하는 사람들에게는 눈엣가시 같은 진보적 영혼이었다. 즉 악마는 법과 질서의 전복과 진보를 향한 열망 등 온갖 형태의 개혁과 관련된 성질을 지니고 있다고 할 수 있다. 한마디로, 악마는 개혁과 발전의 변호인이라 할 수 있겠다.

악마 이야기

악마는 매우 방대한 문학 소재가 되어 왔다. 그 중에서도 가장 대표적인 이야기 몇 가지를 소개해 보겠다.

몇몇 전설들은 환영이 기원이 되었다. 예를 들어 금식을 하던 성 힐라리온(St. Hilarion)은 온갖 산해진미가 눈앞에 차려진 모습을 보았으며, 한때 안티오크(Antioch)에서 여배우 생활을 했던 성 펠라기아(St.Pelagia)는, 올리브 산(감람 산) 한 동굴에 은둔하며 수도생활을 할 때, 악마가 반지, 팔지 등 값비싼 보석들을 보여주는 환영을 보았다고 한다. 아퀼레야의 루피누스(Rufinus of Aquileja)는 황야에서 살면서 금욕하는 한 수도승에 관한 이야기를 들려준다.

어느 날 한 수도승의 앞에 아름다운 처녀가 나타나 수염을 쓰다듬고 애무를 하면서 유혹하는데, 결국 유혹에 넘어간 수도사가 그녀를 끌어 안자 처녀는 사라지고 공중에서 악마의 비웃음소리가 들려왔다는 이야기이다. 결국 수도승은 구원을 포기하고 세속으로 돌아가 사탄의 유혹에 빠져들었다는 것이다.

기독교가 여전히 동방의 그노시스주의 영향을 받고 있는 동안 교회는 육체적 존재가 사악하다고 믿었다. 때문에 세상 만물은 악마의 작품이라는 믿음을 고수했으며, 이런 이유로, 수도승은 속세를 떠났다. 그러나 그는 기억들만은 자신의 은둔처까지 가지고 갈 수밖에 없다. 기억의 파편들은 우리들 마음의 일부이기에, 갑자기 모든 기억을 끊어버리자 현재의 생활은 텅 비어버리게 되고, 남자는 잠에 빠진 사람이 꿈을 꾸듯 자연스레 환영을 보게 된다. 현재의 암흑으로 인해 과거의 가장 생생한 기억들이 훨씬 더 두드러지게 된 것이다. 즉 존재의 고독이 주는 공허함이, 잠자던 기억 속 이미지들에 물리적 실재성을 부여했던 것이다.

성 예로니모(St. Jerome)가 동정녀 유스토키아(Eustochia)에게 보낸 편지가 아직 현존하는데, 이 편지는 위와 같은 설명이 옳다는 것을 보여주는 좋은 예다. 편지의 내용은 다음과 같다.

> 안타깝다! 그처럼 황량하고 말라빠진 고독 속에 살면서, 그처럼 수도사들과 함께 생활하며, 그 얼마나 자주 내 스스로 로마에서의 쾌락들을 즐기고 있다고 믿었던가. 홀로 앉아, 영혼은 고통으로 가득 찬 채, 너덜너덜해진 누더기를 걸치며, 살갗은 아프리카인들처럼 검게 그을렸다. 단 하루도 눈물과 한숨 없이 지내는 법이 없었으며, 졸음이 덮쳐오면 맨땅에 누워 잠을 청해야 했다. 수도승들은 아무리 아파도 오로지 물만을 마시며 요리를 사치로 생각하기 때문에, 나는 어떤 경우에도 먹을 것과 마실 것을 입에 올리지 못한다.
>
> 지옥에 갈까 무서워 스스로를 이런 생활로 내몰았으며, 주위에 전갈이나 야생동물들 말고는 아무 족속도 곁에 두지 못했던 내가 종종 무희들에게 둘러싸인 자신을 상상하곤 할 때면, 내 얼굴은 오랜 금식으로 창백하지만 차가운 몸 속 내 영혼은 욕망으로 들끓어 오르며, 육신이 죽어버린 남자에게 욕망의 불길은 거세게 타올랐다. 그러다 나 자신을 예수 그리스도의 발 아래 내던졌고, 그 두 발을 내 눈물로 적셨다

가 그것을 다시 내 머리칼로 닦았으며, 한 주 내내 금식을 하여 반항하는 육체를 정복했다.

나는 내 곤궁을 고백하는 것이 부끄럽지 않다. 오히려 난 더 이상은 과거의 나처럼 지낼 수 없다는 것이 유감스럽다. 금식하고 채찍질을 할 때마다, 얼마나 많은 밤이 낮의 연장에 불과했는지를 기억하며, 얼마나 많이 내 가슴을 치고 나서야 신에게 복종하여 평화를 되찾았는지도 기억하고 있다.

고문서에서 벨라가 말하듯, 메를린 전설은 모든 이야기들의 특징을 보여준다.

패배한 사탄은 하나님이 그를 무찔렀던 것과 똑같은 방법으로 자신의 힘을 회복하려고 음모를 꾸몄다. 그리하여 사탄은 구원의 임무를 맡은 그리스도를 방해할 아들을 하나 가지기로 결심했다. 그는 한 귀족을 골라 그의 두 딸만을 남기고 모두 파멸시키는 음모를 자행했다. 딸 하나는 끝내 명예를 더럽히고 말지만, 다른 딸은 고결함을 유지하며 모든 유혹을 이겨낸다. 그러던 어느 날 밤, 그녀는 성호를 긋는 것을 깜빡 잊어버렸으므로 악마는 그녀의 굳은 의지에도 불구하고 접근할 수 있게 되었다.

신앙심 깊었던 처녀는 혹독한 참회의 고행을 하고, 때가 되자 사악한 아비를 닮아 털 많은 모습을 한 아들을 하나 낳았다. 그러나 다행히도 아이는 세례를 받았으며, 메를린이라는 세례명을 받게 되었다. 하늘에서는 한 바탕 소동이 벌어졌다. 그리스도의 명분을 위해서, 악마의 아들을 이긴 것이 얼마나 통쾌한 승리인가! 악마는 자신의 아들에

> 게 과거와 현재의 모든 지식을 주었고, 신은 미래의 지식을 주었으니, 이제 그는 사악한 아버지인 악마의 음모를 꺾을 최고의 무기가 된 것이었다. 메를린이 자라자, 그는 아비를 모욕하고 많은 업적을 이루었다. 그는 몹시 지혜로웠고, 그가 하는 예언은 무엇이든 믿을 수 있었다. 또 그가 죽은 후에는 지옥이 아닌 천국으로 갔다고들 믿었다.

현대 오페라의 영웅 악마 로베르트의 이야기도 이와 유사하다.

전설로 전해지는 바로는, 노르망디의 공작부인에게는 슬하에 자녀가 없었다. 하나님에게 기도하며 간청도 해보았으나 소용없자, 그녀는 소원을 당장 들어준다는 악마에게 청원하였다. 결국 그녀는 어린 시절부터 악동짓을 하는 아들을 하나 얻게 되었다. 매우 용기 있고 힘이 셌던 그는, 훗날 강도 무리의 우두머리가 되었다. 사람들은 그의 악한 기질을 다스릴 요량으로 그에게 기사 작위를 부여했으나, 명예감에 호소하려는 이런 호의는 결국 아무 효과도 발휘하지 못했다.

한 마상경기에서 서른 명의 기사를 죽인 후, 그는 결국 모험을 찾아 바깥 세상으로 발을 내딛었다. 모험을 마치고 돌아오는 길에는 다시 강도가 되었고, 수녀원의 수녀들을 모조리 몰살시킨 어느 날, 그는 자신에게 어머니가 있다는 것을 기억해 내고는 그녀를 찾아가기로 결심했다. 그러나 그가 어머니의 집에 모습을 드러내자, 하인들은 겁에 질린 채 뿔뿔이 흩어졌다. 생애 처음으로 자신이 사람들에게 달갑지 않은 존재라는 것을 통감한 그는, 급기야 자신의 악한 본성을 자각하게 된다. 그는 자신이 왜 다른 사람들보다 사악한 것인지 궁금해졌고, 단검을 뽑아들고는 어머니에게 출생의 비밀을 털어놓도록 만들었다. 사실을 안 그는 공포에 질렸으나, 절망하지는 않았다.

▶ 〈그림 17-1〉 다고베르트의 무덤가에 있는 악마들

로마로 간 그는 신실한 수도사에게 고해하고, 성심을 다해 참회하였으며, 로마를 공격하던 이슬람 십자군과 맞서 싸우기도 하였다. 황제는 포상으로 그에게 자신의 딸을 내려주었는데, 여기서부터 로베르트에 관한 기록은 상반된 두 가지로 나뉜다.

어떤 것이 옳은지 알 수 없으니, 두 가지 모두를 공평하게 기술하겠다. 혹자는 로베르트가 자신과 사랑에 빠진 황제의 딸과 결혼을 했다고 하고, 혹자는 그가 혼인과 왕위를 포기한 채 고해신부에게 돌아가, 그곳에서 하나님과 인류에게 축복받으며 세상을 떠났다고 한다.

그렇지만 악마의 자식들이 모두 선량한 하나님의 편이었던 것은 아니다. 파두아(Padua)의 참주 에겔리노(Eggelino)는 자신의 어머니에게 비밀을 털어놓도록 하여, 자신과 남동생이 사탄의 아들임을 알게 되었다. 에겔리노는 늘 자신이 악마의 아들답게 살아갈 것이라고 뽐냈으며, 훗날 동생의 도움으로 패듀아의 참주가 되는 데 성공하고 끔찍한 범죄행각을 벌이다가, 끝내는 비참하게 죽음을 맞이한다. 이 이야기는 알베르티노 무사토(Albertino Mussato)의 〈에케리우스(Eccerius)〉에서 각색되었다.

파리 근처 성 드니(St.Denys) 성당의 높이 솟은 제단 오른편에는 돋을새김이 하나 있는데, 여기에는 성 다고베르트(St. Dagobert)의 죽음에 관한 전설이 기록되어 기독교 성인들의 구원력을 증명해 주고 있다. 이 이야기에 따르면, 지중해의 어느 섬에 살았던 한 수행자는 프랑크족 왕의 영혼을 위해 기도하라는 계시를 받는다. 그는 이어서 악마의 군대가 사슬에 감긴 다고베르트를 서둘러 화산 속으로 집어던지려고 하는 모습도 본다. 결국 수행자는 성 드니, 성 미카엘, 성 마틴에게 기도하여, 덕망 있고 영광스러운 이 세 성인들이 악마를 물리칠 수 있게 도와주었고, 구원받은 영혼은 승리의 축가와 함께 아브라함의 품으로 갈 수 있었다는 이야기이다.

악마의 힘과 유혹에 맞서 싸우는 사람을 그린 이야기 중에서, 스펜서의 〈신선여왕(Faerie Queene)〉과 번연의 〈천로역정(Pilgrim's Progress)〉은 이미 잘 알려져 있기 때문에 더 이상 언급할 필요는 없을 것이다. 그렇지만 그 주제사상은 16~17세기의 위 저자들이 처음 제기한 것이 아니라, 13, 14세기에서 기원을 찾아볼 수 있다는 사실을 덧붙일 필요가 있다.

▶ 〈그림 17-2〉 탐욕

기욤(Guillaume de Guillauille)이 쓴 《세 순례자 이야기(Le Romant des trois Pèlerinages)》은 한 남자가 평생을 순례 여행을 하면서 겪게 되는 모험담을 그리고 있다. 한 깊은 계곡에 이르러서 순례자는 탐욕스러움에 직면하게 되는데, 이를 디드론(Didron)은 다음과 같이 기술하고 있다.

그녀의 머리 위에 세워진 조상은 '금이나 은으로 만들어져 있으며 그 나라 주신 하이에(hye)의 모습이다.' 눈을 멀게 한 가짜 신의 눈은 그를 향해 있고, 그들의 눈을 아래로 향하게 하려고 조롱하였다. 그녀를 모욕하고 그 명예를 손상시켰던 이 신은 바로 '탐욕'이었다. 커다란 조상 뒤에 붙어 있는 두 손은 마치 괴수 그리핀의 발과 같으며, 이는 '약탈'을 상징한다.

그 아래 한 쌍의 손에는 기부금을 위한 것이거나, 강제로 돈을 약탈하기 위한 용도로 쓰이는 그릇과, 그리스도 왕국에 들어가 그 신하들을 잡아내기 위한 갈고리가 들려 있다. 홀장과 양치기의 막대 대신, 그녀는 암흑의 지옥으로부터 건져 올린 악마의 갈퀴를 가지고 있는데, 이 손을 시모니(Simony)라고 한다. 다음의 또 다른 한 쌍의 손에는 잣대, 손가방, 천칭을 들고 있다. 이 잣대로 그녀는 길이를 속이고, 천칭으로는 무게를 속이며, 이러한 속임수, 도박, 부정행위로 부당하게 얻은 이익물을 손가방 속에 넣어둔다. 목에는 작은 주머니가 하나 달려 있는데, 한 번 들어간 것은 다시는 나오지 않기 때문에 들어간 것들은 모두 썩어버리고 만다.

악마와의 계약

인류를 장악하기 위해 하나님과 경쟁을 벌인 악마는, 인간의 영혼을 잡아들이는 데 특히, 열을 올렸다. 그는 세상에 군림하며, 몹시 터무니없는 소원까지도 손쉽게 이루어지게 할 수 있었고, 누군가 영원히 자신의 것이 되겠다고 약속하기만 하면 때로는 스스로 상당한 대가를 치를 의향도 지니고 있었다. 요컨대 악마와 계약을 맺는다는 믿음이 생겨난 것이다. 계약을 할 때 악마가 법적으로 완벽한 서류를 작성하여 인간의 영혼에 대한 자신의 권리를 확고히 하는 데 매우 신중했다는 점은 주목할 만하다.

우리가 이미 잘 알고 있듯이 그에게는 성인들, 보통 인간들과 하는 모든 약속들을 문서로 남겨야할 만큼, 그들을 신뢰하지 못하는 충분한 이유가 있었다. 고대 전설문학을 보면, 하나님도 악마를 속이는 데 도움을 주는 일이 자주 있다. 악마는 언제나 속아 넘어가고, 비열한 속임수에 당한다. 악마는 이러한 경험을 바탕으로, 언제나 확실한 수단—말하자면 피로 서명하는 것 등—으로 자신의 권리를 확보할 수 있도록 하는 것이다.

반면에 악마는 자신이 한 약속은 반드시 지킨다. 이 사실은 그의 명예를 위해서라도 마땅히 언급되어야 한다. 악마는 비록 애초부터 거짓말쟁이로 불렸음에도 불구하고, 그가 상대 계약자들을 속이려고 한 경우는 어떤 전설이나 이야기에서도 발견할 수가 없기 때문이다. 그래서 그는 이야기 속에 부당하게 욕을 먹는 인물, 순진한 정직성을 가진 수난자로 등장한다.

악마와의 계약에 얽힌 가장 오래된 이야기는 데오빌로(Theophilus) 전설이다. 이는 처음 유티키안(Eutychian)이 전했는데, 그는 자신의 두 눈으로 직접 모든 일을 목격했다고 주장했다.

데오빌로는 신실한 기독교 신부로 아다나(Adana)라는 시칠리아의 한 마을에 살았다. 그는 성직자와 신도들에 의해서 만장일치로 주교로 선출되었지만, 순전히 겸손함 때문에 그 영예로운 직책을 거절했다. 그래서 그 자리에는 다른 사람이 앉게 되었는데, 이 새 주교는 데오빌로에게서 부당하게 직무를 박탈했다. 그제야 주교직을 거절했던 것을 후회하며 굴욕감을 느끼던 데오빌로는, 한 유명한 마법사를 찾아가 그의 도움으로 사탄과 계약을 맺었고, 그리스도와 성모 마리아를 부인한다.

▶ 〈그림 17-3〉 악마와의 계약서에 피로 서명하는 파우스트

사탄은 즉시 이 데오빌로에게 주교 자리를 되찾아 주었으나, 데오빌로는 곧 자신의 행위를 뉘우치고 성모 마리아께 용서를 구하는 기도를 드리게 된다. 40일간의 금식과 기도를 통해서 자신의 죄를 문책했으나, 도무지 평정을 되찾지 못했다. 그리하여 데오빌로는 30일을 더 금식과 기도로 보내고, 마침내 죄 사함을 받는다.

그러나 사탄은 데오빌로에 대한 자신의 권리를 포기하지 않았고, 이에 성모 마리아는 하나님과 인간의 적인 사탄을 지독하게 징벌하여 결국 그가 결정적인 계약서를 포기하도록 만들었다. 그후 데오빌로는 주교가 참석한 교구 위원회에 이 모든 이야기를 들려주고, 가난한 사람들에게 자신의 소유물을 모두 나누어 준 뒤, 평화롭게 죽음을 맞이하였으며, 천국의 영화를 누리게 되었다고 한다.

심지어 교황들도 악마와 계약을 맺었다고 전해진다. 영국 베네딕트 수도사 윌리엄(William of Malmesbury)에 따르면, 실베스터 교황 2세는 프랑스에서 태어났고, 세속명이 게르베르트였으며, 아직 어린아이에 불과했을 때 수도원에 들어왔다고 한다. 야심만만했던 그는, 급히 스페인으로 가 사라센 사람들과 섞여 점성술과 마술을 공부했다. 그곳에서 그는 아라비아의 한 철학자가 쓴 마술서 하나를 몰래 훔쳐, 하늘을 날아 다시 프랑스로 돌아왔다. 그곳에서 그는 학교를 열어 위대한 명성을 얻었으며, 왕조차도 그의 제자가 될 정도가 되었다. 그러다가 그는 랭스의 주교가 되었고, 장대한 시계와 오르간을 만들도록 지시하였다. 그후, 로마 지하 창고에 숨겨둔 옥타비안 황제의 보물을 찾아내면서 그는 교황이 되었고, 어떤 질문에도 답할 수 있는 마술머리를 하나 만들었다.

어느 날 마술머리는 그가 예루살렘에서 미사를 올리게 되면 목숨을 잃을 것이라고 말했으므로 교황은 그 성소에 결코 발을 들이지 않았다. 그러다 그가 죽을병을 앓게 되었는데, 마술머리에게 영문을 묻자, 지난번 그가 미사를 올렸던 교회의 이름이 "성스런 예루살렘의 십자가"였다고 알려주었다. 교황은 당장에 자신이 죽을 거라는 것을 알았다. 그는 추기경들을 모두 병상에 모이게 하여 지난날 자신의 죄를 고백하고, 참회의 뜻으로 자신의 몸을 산채로 절단하여 씻지 말고 교회 밖으로 내던지게 하였다는 것이다.

시가베르트(Sigabert)는 교황의 죽음에 관한 이야기를 약간 달리 하고 있다. 그에 의하면, 교황은 어떤 참회도 하지 않았고, 악마가 그의 영혼을 지옥으로 데려갔다는 것이다. 또 어떤 이야기 속에서는, 악마가 검은 개의 모습을 하고 교황을 끊임없이 따라다녔으며, 그 개가 그에게 모호한 예언

▶ 〈그림 17-4〉 데오빌로의 전설

을 했다고 전해지기도 한다.

실존인물로서의 게르베르트는 재주가 많고 깊은 교양을 지니고 있었던 것이 사실이다. 그가 젊었을 때 스페인의 보렐(Borrell)공작이 자신의 나라로 데리고 가 수학과 천문학을 배울 수 있었기 때문에, 실제로 그는 사라센 지식에 정통해 있었다. 그는 당시 최고의 유력자들과 일찍이 친분이 있었고, 999년에는 교황의 자리도 얻었다. 그런가 하면 그는 존경할 가치가 없는 몇몇 전임 교황들을 두고 "인간의 죄악을 넘어선 괴물들", 혹은 "하나님의 성전에 앉아 하나님 노릇을 하는 적그리스도"로 비난하기를 서슴지 않을 정도로 자유분방했다. 동시에 독립적이고 왕성한 정책을 추구하여, 이미 그레고리 대제의 자만과 십자군의 징후를 보여주었다.

악마와의 계약에 관한 전설 중에서 가장 유명하고, 의미심장하며, 심오한 이야기는 바로 요하네스 파우스투스 박사(Dr.Johannes Faustus)에 관한 희곡이다. 파우스트 전설의 주인공 이름을 라틴어의 파우스투스(faustus), 즉 '행복한 자(the favored one)'에서 따왔는지, 아니면 인쇄술의 발명가 구텐베르크의 동료이자 유명한 메이엔스의 금세공인 푸스트(Fust)의 이름에서 따온 것인지, 그것도 아니면 역사와는 거리가 먼, 그저 생판 지어낸 것인지에 대해서는 아직 논쟁의 여지가 남아 있다.

그러나 당시 대중들이 마법사로 간주했던 위대한 자연주의자들이나 사상가들에 대한 이야기들이 조금씩 파우스트의 속성에 첨가되었고, 그래서 파우스투스 박사라는 인물은 이제 방대한 양의 전설의 중추로 자리잡게 되었던 것이다. 알베르투스 마그누스(Albertus Magnus), 요하네스 투토니쿠스(Johannes Teutonicus), 트리테미우스(Trithemius), 스폰하임의 애봇(Abbot of Sponheim), 네테슈하임의 아그리파(Agrippa of Nettesheim), 테오파라스투스(Theophrastus), 파라셀수스(Paracelsus)의 전설이 파우스

▶ 〈그림 17-5〉 아우어바흐의 포도주 저장고에서 포도주통에 올라타 있는 파우스트(상), 술 마시며 떠들썩한 학생들의 환상과 파우스트의 탈출(하)

트 전설로 고쳐져 되풀이 되었고, 그리하여 파우스트는 종교개혁 직전과 직후에 와서는 위대한 혁명적 열망에 불타는 시적인 인물로 형상화되었던 것이다.

파우스트 전설의 원형은 로마 카톨릭의 시각을 대변한다. 파우스트는 악마와 계약을 맺고, 흑마술로 기적을 행하며, 그 대가로 자신의 영혼을 지불한다. 그는 한때 루터가 강단에 섰고, 자연과학과 역사 연구, 르네상스, 현대적 발견과 발명의 요람인 비텐베르크 대학에서 경력을 쌓기 시작했다. 마침내 그는 자연을 정복하고, 고대 그리스의 영웅들을 부활시키며, 저 먼 나라의 정보를 수집하고, 고전미의 이상인 헬렌을 부활시킨다.

성경에 따르면 악마의 몰락은 오만과 야심 때문이었으므로, 진보와 연구정신은 사탄이나 하는 일로 경시되었다. 따라서 자연의 신비를 탐구하는 모든 행위 역시 마술로 간주되었다. 로저 베이컨(Roger Bacon)의 경우만 봐도 이 사실을 충분히 알 수 있다.

로저 베이컨은 성실하고 고결한 수사였고, 같은 이름의 더 유명한 베이컨 경(후대의 프랜시스 베이컨〔Francis Bacon〕을 말함)보다도 더 위대한 과학자였다. 그는 1230년대에 파리 대학에서 빛에 대한 몇 가지 실험을 한 적이 있다. 빛을 이용하여 휘장에 무지개 빛이 비치게 하는 실험이었는데, 이를 본 청중은 공포에 질려 달아났고, 이 사건으로 베이컨은 마술을 부렸다는 의심을 사 목숨마저 위태로워졌었다.

파우스트 전설

파우스트는 과학적 엄격함으로 유명하다. 천국의 복락을 약속하는 기독교인 자격을 대가로 지불해야 할지라도, 그는 연구를 계속했다. 지옥으로 떨어질 것을 각오하면서까지 대담하게 자연을 탐구하였고, 영혼을 박탈당할 위험을 무릅쓰고도 진리를 추구하였다. 중세 신학에 따르면, 사탄은 단순히 자신의 남성적 야망과 터무니없는 포부 때문에 타락한 것인데도, 파우스트는 감히 금단의 선악과를 따먹으려고 하였다. 말로(Marlowe)의 파

▶ 〈그림 17-6〉 아우어바흐의 포도주 저장고에서 즐기는 파우스트(상), 메피스토펠레스가 악마들로 하여금 파우스트를 묻게 하는 모습(하)

우스투스에 따르면, 루시퍼가 타락한 것은 단순히 오만함 때문이 아니라 무엇보다도 '높이 솟은 자존심(aspiring pride)' 때문이었다. 메피스토펠레스가 후회하는 듯 하자, 파우스투스는 이렇게 말하면서 그를 달랜다.

위대한 메피스토펠레스가 그처럼 열정적인 것은 무엇 때문인가,
천국의 복락을 빼앗겼기 때문인가?
파우스투스에게서 남자다운 꿋꿋함을 배우라,
그리고 그대가 결코 가지지 못할 복락 따윈 경멸하라.

가장 오래된 파우스트 민담본(Voksbuch)은 1587년 판으로, 그 유일본이 울름(Ulm)에 잘 보관되어 있다. 솨이블레(Scheible)는 이를 《요하네스 파우스트 박사(Dr.Johannes Faust)》라는 제목으로 재판하였다.

민담본의 서면에는 출판인이 슈파이어(Speyer)에 있는 친한 친구로부터 원고를 받았으며, 원작은 라틴어로 되어 있다고 밝혔다. 가장 오래된 파우스트 전설은 아래와 같이 전개된다.

파우스트는 바이마르 근처 로드(Rod)에 사는 한 농부의 아들로 태어나, 비텐베르크 대학에서 신학을 공부하였다. 전지전능한 신처럼 되기를 간절히 바란 나머지 비술에 뛰어들었지만 만족할 만한 결과를 얻지 못했고, 결국 비텐베르크 근처 울창한 숲 속에 사는 악마를 찾아가 간청하였다. 악마의 요란한 행동에도 조금도 동요하지 않고, 그는 악마에게 자신의 노예가 될 것을 강요했다. 악마를 수하에 두게 된 파우스트는, 그 때문에 자신의 구원이 위태롭게 되었다고는 미처 생각하지 못했다. 그래서 그가 죽고 나면 이에 대한 대가를 한꺼번에 지불해야만 한다고 악마가 말했을 때, 파우스트는 몹시 화가 나서 악마에게 "너 때문에 벌을 받고 싶지는 않다"라고 말하면서 당장 사라질 것을 명하였다.

악마가 떠나자, 파우스트는 전에 없던 불편함을 느꼈다. 악마의 시중에 이미 너무나 익숙해져 버렸던 것이다. 결국 파우스트는 악마에게 돌아오라고 명했고, 악마는 이제 메피스토펠레스라는 새로운 이름으로 자신을

소개했다. 이 이름은 그리스어 "빛을 사랑하지 않는 자"에서 따온 것인데, 훗날 메피스토펠레스로 변형되었다. 이제 그는 악마와 계약을 맺어 자신에게 24년간 봉사할 것을 다짐받고, 그후에는 악마 마음대로 할 것을 허락한다. 파우스트는 주머니칼로 왼쪽 팔에 피를 내어, 그것으로 계약서에 서명하였다. 신기하게도 상처에서 흘러나오는 피는 "이보게, 달아나게!"라는 글자를 만들었는데, 이를 본 파우스트는 순간 움찔했으나, 곧 다시 결연히 마음을 먹는다.

메피스토펠레스는 자신의 주인을 음악과 환상 등 여러 가지 유쾌한 환영들로 즐겁게 하였고, 왕족들에게서 귀한 음식들과 비싼 옷을 훔쳐 가져다 주었다. 파우스트는 점차 사치스러워졌고, 결혼하고 싶어졌다. 악마는 결혼이 7가지 성사 중 하나이므로 안 된다고 하였지만, 파우스트는 계속 고집을 부렸다. 그러자 악마는 본래의 무시무시한 모습으로 변했고, 파우스트는 이내 겁을 집어먹었다. 결국 파우스트는 결혼할 생각을 접고 말았는데, 메피스토펠레스는 그런 그에게 아름다운 여인의 모습으로 화한 악마들을 보내어 방탕한 생활에 젖어들게 하였다.

한 번은 파우스트가 자신의 하인 메피스토펠레스와 종말론을 주제로 대화를 나누었는데, 그로부터 자신의 허영심을 몹시 건드리는 말들을 많이 듣게 되었다. 예를 들어 메피스토펠레스는, "나는 악마고, 악마의 본성에 따라 행동한다. 그러나 만일 내가 인간이라면, 사탄이 아니라 하나님에게 모욕을 당하는 쪽을 택할 것이다"라는 말을 했던 것이다.

시간이 지나면서 파우스트는 이 공허한 쾌락에 싫증나기 시작했다. 그의 포부는, 자연을 설명하고 미래의 일들을 예언하여 사람들로부터 경외심을 자아내는 사람으로서 세상에 알려지는 것이었다. 이승이 아닌 다른 세계에 관한 정보를 충분히 접하고 난 뒤, 파우스트는 그 세계에 사는 자

▶ 〈그림 17-7〉 왼쪽 상단부터 흑마술 연구, 악마를 불러냄, 흑마술이 불러온 쾌락, 기적과 마술

들과 직접 만나고 싶어했다. 메피스토펠레스는 그에게 많은 유명한 악마들을 소개시켜 주었다. 그러나 그들이 떠나고 나면 파우스트의 집은 온통 해충들로 들끓어서, 파우스트는 그것들을 없애느라 진을 빼야했다. 그렇지만 그런 이유로 새 친구들을 외면하지는 않았다. 대신 파우스트는 자신이 그들을 방문하는 방식을 택했다. 그는 인간의 뼈들로 만들어진 의자에 앉아 지옥에 가볼 수 있었는데, 그후로는 틈만 나면 초열지옥의 불꽃과 망자들의 고통을 떠올리게 되었다.

파우스트는 지옥에서 안전하게 돌아오자 이번에는 용들이 끄는 마차에 실려 천국으로 갔다. 처음엔 동쪽으로 날아 전 아시아를 지났고, 다음엔 천체를 향해 올라갔으며, 마침내 지구가 마치 계란 노른자위만큼 작아지자, 눈 앞에 펼쳐지는 거대한 세계를 볼 수 있었다.

거대한 세계에 대한 파우스트의 호기심이 채워지고 나자, 그는 다시 온통 지구에 정신을 빼앗겼다. 메피스토펠레스는 날개 달린 말의 모습으로 화하여, 파우스트와 함께 지구의 온갖 나라들을 구경하였다. 그는 로마에 가서는 교황의 화려한 생활을 목격하고, 자신이 교황이 되지 않은 것을 후회했다. 그는 투명인간이 되어 교황의 식탁에 앉아, 잘 차려진 음식을 집어먹고, 교황의 입가에 묻은 와인도 맛보았다. 교황은 자신이 귀신들렸다고 믿고, 스스로 구마법을 행했으나, 파우스트는 그런 그를 비웃었다. 터키에서는 술탄의 하렘(Harem)으로 가 자신을 선지자 모하메드라고 속였고, 덕분에 파우스트는 무제한의 자유를 허락받았다. 또 인도를 지날 때는 축복 받은 천국의 장원을 멀리서나마 목격할 수 있었다.

마술사의 자격으로 샤를 황제 5세에게 초대받은 파우스트는, 알렉산더 대제와 미의 여신 헬렌, 기타 고대의 저명인사들을 궁정에 초대했는데, 파우스트는 헬렌과 사랑에 빠져 그녀 없이는 더 이상 살 수 없을 정도가 되었다. 그는 언제나 그녀를 곁에 두고 다녔으며, 마침내 아이를 하나 갖게 된다. 이 굉장한 아이는 미래를 예언할 수가 있었다.

약속했던 24년이 거의 다 되어가자, 파우스트는 점점 우울해졌고, 악마는 그런 그를 조롱하기 시작한다. 드디어 마지막 날 자정에, 파우스트가 데리고 있던 연구생들 몇몇은 그의 방에서 새어나오는 무시무시한 소리를 들었다. 감히 그곳에 들어갈 엄두를 내지 못했던 그들은, 다음날 아침에야 파우스트가 갈기갈기 찢겨져 있는 모습을 보게 된다. 헬렌과 그 아들은 어디론가 사라져 버렸고, 그의 조수였던 바그너는 마술에 관한 파우스트의 책들을 물려받게 되었다.

▶ 〈그림 17-8〉 최후의 순간과 죽음

이 삽화들은 대부분 별다른 설명이 필요 없다. 마지막 세 개의 그림은 파우스트의 장례식 동안에 몰아닥친 폭풍, 파우스트의 책과 도구 등을 상속받은 바그너, 그리고 헬렌과 그녀의 아들을 묘사하고 있다. 맨 마지막의 그림은 파우스트의 망령이 자신이 오래 전에 살았던 비텐베르크의 주거지를 배회하는 모습이다.

▶ 〈그림 17-9〉 왼쪽 상단부터 악마 아우어한(Auerhan)을 불러내는 바그너, 아우어한의 봉사, 바그너의 장난, 최후의 순간과 죽음

이것이 민담본에 실린 파우스트의 줄거리이다.

파우스트 전설을 시로 옮긴 사본 하나가 일찍이 튀빙겐(Tübingen)에서 1587년에 발간되었고, 위드만(Widman) 판은 1599년 함부르크에서 나왔다. 후자의 것은 첫 파우스트 책에 비해 완성도 면에서 부족하고, 사상의 깊이에 있어서도 부족한 반면, 잔인한 사건들은 더 화려하게 치장했다. 위드만 판은 훗날 몇 가지 번역본의 기초가 되었는데, 하나는 뉘렌베르크에서 파이저(Pfizer)가 쓴 1674년 판이고, 또 하나는 프랑크푸르트와 라이프치히에서 쓰여진 1728년 판이 그것이다. 파우스트가 무대에서 공공연히 신을 저버린다고 고소했던 베를린의 목사가 있었던 것으로 보면, 파우스트는 17세기에 무대에서 상연되었던 것이 틀림없다.

파우스트 인형극은 농부들과 아이들을 위해서 축제 때나 시장에서 상연되었다. 아직 어린아이였던 괴테가 이 인형극을 보고 영감을 받아 일생일대의 걸작이 된 위대한 희곡을 썼을 정도로, 이 인형극은 가히 대단한 것이었다.

▶ 〈그림 17-10〉 인형극 속의 악마

파우스트 전설은 그의 조수이자 동료였던 크리스토프 바그너 이야기에서도 계속된다. 그러나 바그너 이야기는 파우스트의 모험과 유감스러운 결말을 그대로 옮긴 것일 뿐, 새로운 내용은 하나도 없다.

영역본이 일찍부터 있었는데, 셰익스피어 이전 희곡작가로 가장 유명한 말로(Marlowe)가 파우스트 이야기를 희곡으로 만든 것이 아직 전해진다.

괴테의 파우스트

괴테의 《파우스트》는 신교도적 관점으로 기술되었다.

파우스트는 회의론에 젖은 나머지 자신이 쾌락을 느낄 수 있게 해주는 조건으로 영혼을 지불하겠다고 악마에게 약속했다. 그러나 파우스트는 부정할 줄 아는 천부적 재능 때문에 즐거움을 느낄 수가 없었다. 그렇지만 인류의 선을 위해 능동적이고 성공적인 일을 함으로써 헛된 쾌락을 쫓기를 포기하고 나자, 진정한 행복을 발견한다. 괴테의 파우스트는 악마를 이용하여 부정주의를 극복한다. 그는 이 전설을 탄생시킨 시대의 혁명적 움직임으로부터 자유에 대한 사랑을 물려받은 것이었다. 죽어 가는 파우스트는 이렇게 말한다.

> 나는 이러한 군중을 지켜보며,
> 자유로운 땅에서 자유로운 백성과 살고 싶다.

이런 파우스트가 진다는 것은 있을 수 없는 일이었다. 그 영혼은 구원받았다. 메피스토펠레스는 이제 단순한 악의 화신이기를 그만두고, 그의 부

▶ 〈그림 17-11〉 발푸르기스의 전야제를 즐기는 마녀들

정은 비판정신이 된다. 비판정신이란, 그것이 비록 파괴적이기는 해도, 건설이라는 긍정적 작업을 가져오기 마련이다. 이렇게 해서 파우스트는 대담한 연구정신과 현 시대를 특징짓는 진보의 상징이 되었다.

민담본의 악마는 실재적이다. 배우와 관객들은 모두 악마의 힘을 믿으며, 그 손아귀에 떨어질까 봐 두려워한다. 그러나 괴테의 파우스트에 드러나는 신화는 단순한 알레고리, 또 희곡적 체계의 일부로 느껴진다. 이러한 사실은 괴테 시절에 풍자적 막간극으로 쓰였던 발푸르기스의 전야제(Walpurgis night)[39] 장면에서 볼 수 있다.

희극작가들의 악마

악마의 모습은 중세 동안에 대중의 상상력에 작용했던 공포스러움을 서서히 잃어가기 시작했고, 작스(Hans Sachs)는 자신의 시에서, 용기 있는 사람이라면 전혀 악마를 두려워할 필요가 없는 존재로 그리고 있다. 그래서 그의 시에서 창을 든 독일 군사는 악마 올드 닉이 일개 용병을 자신의 왕국에 받아들이지 않으려 한다고 비웃는다.

내가 아는 한, 악마와 지옥에 관한 해학적 견해를 하나의 원칙의 문제로 받아들일 만큼 현명했던 최초의 사람은 바로 디오니시우스 클라인(Dionysius Klein)이다. 1622년에 출판된 그의 저서《희비극(Tragico-Comoedia)》에서는 천국과 지옥 양쪽을 여행하는 자신을 그리면서, 지옥에 관해서는 17세기 초 당시에 사용되던 수력발전 등의 훌륭한 장치를 잘 갖춘 곳으로 기록하였다.

근대에는 사탄의 해학적 특성이 더 이상 인격적 존재가 아니라 악의 원

▶ 〈그림 17-12〉 디오니시우스 클라인의 《희비극》에 묘사된 지옥

리로 바뀔 만큼 발전하게 된다.

영국에서는 아직도 인격적 악마를 믿는 다수의 사람들이 있으며, "악마의 이름을 헛되이 부르지 말라"는 불문법도 존재한다. 그러나 독일과 프랑스, 기타 유럽대륙의 여러 나라 사람들은 '교양 있는' 영국인의 감정을 상하게 하고자 할 때 이 말을 자주 사용한다.

빅토르 위고는 악마를 정치적 풍자에 이용했다. 시적 형식을 이용해서라면 더 이상의 어떤 통렬한 풍자라 해도, 위고의 나폴레옹 3세와 교황 피우스 9세에 대한 다음의 시를 능가할 수는 없을 것이다.

> 어느 날 하나님은 인간의 영혼을 위해서 사탄왕과 경주를 했네.
> 각각은 자신의 능력을 뽐내었지.

한 사람은 보나파르트를 연기했고,
다른 한 사람은 마스따이를 연기했네.

교활하고 빈틈이 없는 대수도원장,
비열한 군주,
서약을 한 악당.
아버지 하나님은 너무나 연기를 못해서
게임에 지고, 이제 확실히
승리는 악마의 것이 되었네.

아버지 하나님이 외쳤네.
"할 수 없지… 가지고 가게! 그들이 별 쓸모 없다는 걸 알게 될 테니."
악마가 비웃으며 단언했지.
"바라건대, 그들은 내 목적에 소용될 것이오.
하나는 교황으로 만들고
다른 하나는 황제로 만들겠소!"

오늘날의 문학에서, 악마는 한결같이 이렇게 묘사된다.—독자가 애정어린 웃음을 지을 수 있는 무해한 존재—르사주(Lesage)의 소설 《두 막대 위의 악마(The Devil on Two Sticks)》는 좀 빈약한 소설이고, 하우프(Hauff)의 《사탄의 회고록(Memoirs of Satan)》은 다소 길다.

하이네(Heinrich Heine)는 익살스럽게 말한다.

친구여, 악마를 비웃지 말게나.
삶의 오솔길은 너무도 짧으니.
그리고 영원의 정죄는
목사의 취미만이 아니라네.

또 다른 시에서 하이네는, 그가 어떻게 해서 사탄과 알게 되었는지, 또 사탄이 자신에게 어떤 인상을 주었는지에 대해 들려준다.

악마를 불렀더니 그가 왔네.
경이로움이 깃든 그 얼굴.
그는 못생기지도, 절름발이도 아니었으며,
귀엽고 매력적인 남자였을 뿐.
인생의 황금기에 있는 이 남자는, 사실
예의바르고, 사람의 마음을 끌며, 재치로 가득했네.
국가와 교회에 대해서는 솜씨 좋게 말하는, 폭넓은 지식을 가진 외교가였지.
약간은 창백하지만, 그것은 당연한 일,
산스크리트어와 헤겔을 공부하고 있으니 말이다.

그는 자신이 나를 알게 되어 영광이라고 말했고,
나와의 우정을 소중히 할 것이라고 말하며 고개 숙여 인사했지.
그리고는 전에 우리가 스페인 대사 댁에서
만난 적이 있는지를 물었네.
그러자 난 그의 모습 하나하나를 알아보았고

▶ 〈그림 17-13〉 〈최신식 지옥〉

오래 전에 만난 적이 있음을 알았네.

근대에 와서 프랑스와 독일, 그리고 미국의 신문지면에 악마를 그릴 때는, 공포스러움 대신 풍자나 해학을 담는 것이 관습적인 일이 되었고, 그런 악마의 모습에 화를 내는 사람도 없다.

〈최신식 지옥(Hell Up to Date)〉은 현대적 스타일의 순수 시카고 작품(그림 17-13)이다. 화가는 자신을 '세이트(Sate)'와 인터뷰하고 지옥세계를 둘러본 신문기자로 소개하였다. 그는 "지옥은 이제 광대한 미국의 계획에 따라 운영되고 있다"는 사실을 발견한다. 카론 선장은 처음엔 작은 '나룻배'의 일개 사공으로 일하기 시작하여, 지금은 저승의 스틱스 강의 거대한 물결을 지나며 '유일하게 지옥의 강을 항해할 수 있는' 배의 선장이다.

재판석에는 판사 미노스가 앉아 있고, 아일랜드 경찰관 하나가 가련한 사람들을 하나 하나 그에게 소개한다. 변호사들은 모두 재갈이 물려져 있어서, 그들의 이의 제기는 모두 사탄에 의해서 기각된다. 철조망을 발명한 사람이 바로 그 울타리 위에 벌거벗은 채 앉아 있다. 부랑자들은 모두 깨끗이 목욕을 하고, 경찰들은 눈에서 불이 번쩍 날 때까지 곤봉으로 얻어맞는다. 돌팔이 의사들은 그들이 행했던 방법을 따라 치료되고, 포커판의 사기꾼들, 상공회의소의 도박꾼들, 허풍쟁이들도 모두 그들이 저지른 행위에 상응하는 벌을 받는다. 예를 들어 전매자들은 팝콘처럼 튀겨지고, 성직자는 축음기로 일일이 녹음된 자신들의 설교를 들어야 하는 벌을 받는다.

악마 이야기는 기독교 신화가 극단으로 간 경우이다. 상징은 진지하게 받아들여졌고, 선조들의 상상력은 기독교 교의를 글자 그대로 믿는 것에서 단순히 도덕을 가르치는 것 이상의 이야기들을 엮어내었다.

18

선과 악의 철학적 문제

악의 본질이 무엇이냐에 대한 물음은, 이제까지 철학적, 종교적, 도덕적 측면에서 몹시 중요한 문제였다. 고통이라는 내재적 요소는 존재의 성질 전반을 결정짓는 가장 확실한 요소지만, 동시에 생명에게 살아갈 가치를 부여해 주는 가장 중요한 축복의 원천이기도 하다.

과거의 사고를 현재의 사고에 맞추는 것은 고통이다. 행복을 방해받지 않는 상태라면 성찰하고, 의문을 제기하며, 많은 것을 발명할 수 있다. 무덤으로부터 거리를 두려는 열망을 좌절시킬 수 있는 것은 '죽음'이다. 그러나 죽음이 없다면 종교도 없다. 미덕에 가치를 부여하는 것은 바로 '죄악'이다. 그러나 타락이 없다면, 정도를 추구할 일도 없으며, 따라서 선함에 따르는 보상도 없고, 비판과 칭찬도 아무런 의미가 없어진다. 또한 결핍, 불완전함, 여타의 악덕이 없다면, 마찬가지로 이상도, 진보도, 더 높은 곳을 향한 발전도 존재할 수 없다.

악마 신화

신화는 늘 대중의 형이상학이었다. 악에 대한 개념이 모든 민족 사이에서 인격화되었던 것은 당연한 일이다. 세상에 고통과 절망, 파괴를 대표하는 악마와 마귀들이 빠져 있는 종교란 없다.

이집트인들은 악마를 두려워하여, 세트, 베스, 티폰 등 다양한 이름으로 그들을 숭배하였다. 또 브라만교의 고대 신들이 악신과 선신으로 확실히 구분되지는 않았어도, 위대한 여신 마하마야가 거인족의 왕 마히샤를 물리쳤던 일을 알고 있다.[40] 불교에서는 악마 마라의 화신을 유혹자, 욕망과 죄악의 아버지, 죽음을 불러오는 자라고 불렀다. 칼데아의 현자들은 태초에 있었던 혼돈에 인격을 부여하여, 거대한 바다괴물 티아마트를 만들었

▶ 〈그림 18-1〉 마히샤를 죽인 신, 마하마야

다. 그런가 하면 페르시아인들은 그를 암흑과 재난의 악마 앙그라 마이뉴 혹은 아흐리만이라고 불렀고, 유대인들은 그를 악마 사탄으로 불렀으며, 초기 기독교인들은 마귀, 즉 중상모략자라 했는데, 이는 욥기에서도 알 수 있듯 악마가 자주 사람을 거짓으로 중상하였기 때문이었다. 그리고 고대 튜톤족들과 스칸디나비아인들은 그를 로키라고 불렀다. 중세에는 별의별 악마들이 도처에 깔려 있었고, 일본이나 중국의 악마들은 아마도 이보다 훨씬 더 방대할 것이다.

▶ 〈그림 18-2〉 사슬로 몸을 묶은 지옥의 통치자
기독교적 관점을 보여준다.

악을 인격화시키는 악마 사상으로의 발전은, 역사상 가장 멋진 사건들 중 하나라고 할 만하다. 그리고 연속적 단계를 구분짓는 이 같은 변화란 유익한 것이다. 고대 이교도 관점이 히브리와 기독교 악마 사상 속에 생존해 가는 동안에, 거기엔 끊임없이 뭔가 새로운 것이 덧붙었고, 이에 따른 새로운 해석도 등장하게 되었다. 크라우스(Franz Xaver Kraus)는 《기독교 미술의 역사(History of Christian Art)》에서 현 악마관은 초대 기독교의 악마관과는 근본적으로 다르다는 견해를 인정하고 있다.

악마와 관련한 초대 기독교인들의 대중적 관념은 현시대와는 근본적으로 다르다. 악마를 뱀이나 큰 용으로 묘사한 것은 구약성서 〈창세기〉 3장 1절에서뿐만 아니라, 바빌로니아 문학, 〈요한계시록〉 12장 9절, 〈사도행전〉에서도 볼 수 있다. 또한《영원의 비전(Vision of Perpetua)》에서, "저울 밑에—영혼을 달아봐야 하기 때문에—그 엄청난 용이 누워 있다"라는 구절을 확인할 수 있다.

인류의 지적인 생활은 점진적으로 발전했다. 전통적 관점들은 대체로 유지되었어도 변형되는 일이 많았다. 어느 곳에도 백 퍼센트 새로운 시작

▶ 〈그림 18-3〉 페르시아 악마(좌)와 터키 악마(우)
디드론이 소장한 한 판화에 묘사된 페르시아 악마는 옷을 입은 인간의 모습을 하고 목걸이, 팔찌,발찌를 차고 있지만, 발목과 발가락에는 짐승의 발톱이 나 있고, 머리에도 뿔이 솟아 있다. 그는 암흑의 영, 오르무즈드(Ormuzd)의 이란인 적, 오르무즈드처럼 태초의 빛으로부터 나온 영원불멸한 자의 두 번째 자손, 아흐리만으로 알려져 있다. 첫째 영과 똑같이 순결했지만, 야심차고 자만으로 가득한 나머지 결국 그는 형을 시기하게 되었다.
터키 악마는 카이로에서 나폴레옹 1세가 발견한 뒤, 파리 국립도서관에 기증한 터키본 문서에서 그림에 관해 이렇게 설명하고 있다. "이 괴물의 살은 황록색이고, 두 눈은 초록색인데, 동공과 혀는 빨간색이다. 허리에는 초록 스카프를 두르고, 푸른색 줄무늬가 있는 빛바랜 보라색 바지를 입고 있으며, 장신구로는 금으로 만든 목걸이와 팔찌를 차고 있다."

▶ 〈그림 18-4〉 비히못과 리바이어던을 무찌르는 성 삼위일체(좌), 10세기의 성 삼위일체(우)
10세기의 성 삼위일체의 특징은 동정녀 마리아를 삼위일체의 자리에 들여놓은 것뿐만 아니라, 그리스도를 성인 그리스도와 어렸을 때의 그리스도로 두 번 등장시켰다는 점이다.

이란 없는 법이다. 그 줄기가 되는 사상은 유지되고 세부적인 것인 바뀌거나, 아니면 그 반대로 세부적인 것은 그대로 남고 그 중심사상이 달라지는 일도 있다.

군켈(Gunkel)은 리바이어던(Leviathan)을 비늘로 싸여 있는 바다괴물로 묘사한 것이 칼데아 신화의 재현이며, 바다괴물들과 하나님의 격투는 티아마트와 벨메로다크의 싸움을 재연한 것임을 입증하였다. 인류의 종교사상에는 근본적 성질의 변화가 일어났지만, 그 역사적 연관성은 여전히 유지되었던 것이다.

계속적으로 의인화되었던 악마는, 그 대부분의 사건들(특히 마녀 처형)이 그토록 비극적이지만 않았다면 충분히 해학적일 수도 있었을 것이다. 그 점만 아니라면, 악마의 위신을 추켜세워 줄 만하다. 악마의 족보는 가장 오래된 유럽 귀족계급이나 왕족의 그것보다 오래되었고, 성경이 출현한 시기를 앞서 있으며, 피라미드 시대보다도 더 오래되었기 때문이다.

이제까지는 악마의 역사에 대한 윤곽을 잡아보았고, 이제 악마 사상을 철학적 관점에서 마무리해야 할 필요성이 있다. 그러려면 먼저, 악의 실증적 유무에 관한 문제에 직면해야 한다.

주관주의 시대

이런 의문이 생긴다.

"악이란 단순한 환영의 산물이 아닐까? 악이란 하나의 일방적 관념이기에 고집해서는 안 되는 상대적인 용어가 아닐까? 악이란 단지 우리가 삶을 우리 자신의 주관적 관점으로 보기 때문에 존재하고, 그렇기 때문에 우리가 객관적 진리를 통해 세상을 이해하게 되는 순간 곧 사라져버리는 존재가 아닐까?"

오늘날에는 악마를 완전히 부정적 용어로 간주하려는 경향이 지배적이다. 그런 경향이 시대정신과도 일치할 뿐만 아니라, 오늘날의 대중적 관념에도 부합되기 때문이다.

반면, 예전에 인간은 자신이 품고 있던 다양한 충동과 열망을 객관화하는 버릇이 있었다. 그리스인들은 미를 이해하기 위해서 아프로디테라는 이상형을 만들었고, 유대인들은 정의로움의 도덕적 근거를 시나이 산에서 십계명을 내려 준 야훼 하나님에서 찾았다. 종교적 열망은 종교의식과 교회제도에 의해서 기독교 속에 실현되었다.

주로 근대사라고 부르는 인류의 개화기에 이르러서야 사태는 달라졌다. 화약, 나침반, 인쇄술의 발명을 통해서 새 시대를 맞을 준비가 되고, 15세기말에는 아메리카대륙의 발견과 종교개혁으로 새 시대가 열렸다. 드러난 세계의 지평이 커지면 커질수록, 점점 더 많은 사람들이 자신의 주관성이 중요하다는 것을 깨닫기 시작했다. 데카르트와 루터 이래로, 철학과 종교는 인간의 개별적 의식 속에서 모든 것을 집약시키는 경향으로 흘렀고, 그 개별적 의식 하나만으로도 인간정신의 일부가 될 만한 가치가 있었다.

인간의 의식은 이제 인간 자신의 세계가 되었고, 그래서 종교 속에서는 양심이 궁극적인 행동원칙으로 간주되기 시작했다. 인류는 종교가 외적인 것이 아니라 내적인 요소가 되어야 한다는 것을 깨달았던 것이다. 관용은 보편적인 필요조건이 되었고, 주관주의를 토대로 인간의 공적 · 사적인 생활이 이루어졌다. 그래서 종교개혁의 시대는 혁명적 움직임을 보이며, 개인주의와 주관주의의 권리를 기치로 내세워, 전통적으로 받아들여지던 외적 객관성의 권위를 전복시켜 버렸던 것이다.

이 운동의 발원자들이 모든 객관적 기준을 포기하려고 했던 것은 아니었다. 종교개혁이 발전해 나아가는 동안에도 이들을 지배했던 명목주의 정신(중세 철학에서, 개체만이 실재하고 보편은 개체에서 추상하여 얻은 명목에 지나지 않는다는 이론—역주)은 계속 팽배해 있었다. '나는 생각한다. 그러므로 나는 존재한다'와 같은 유명한 명제로 시작했던 주관주의 원칙의 최종적 결과물은, 데카르트에게서는 기대할 수 없다. 왜냐하면 그는 순진하게도 극히 평이한 논거로 실증적 존재를 추정하고 있기 때문이다. 그 위대함에 견주어 결코 모순된 성질이 아니었던 '뛰어난 교양'과 '완고한 고집스러움'을 동시에 가진 루터도, 양심의 완전한 주관적 면에 기초한 훗날의 이론을 인정한 적이 없다.

그러나 어쨌든 주관주의 원칙이 월등하다는 것을 인정한 결과, 철학, 정치학, 종교, 윤리학에서는 어떤 객관적 권위도 부인하게 되었고, 결국 정치학에서는 무정부주의, 즉 개인주의가 극단으로 치닫는가 하면, 철학에서는 불가지론, 즉 인지할 수 있는 객관성을 일체 부인하는 경향을 보이면서, 칸트의 비판적 관념론에 이르러 가장 체계적인 모습을 갖추게 되었다. 마찬가지로, 윤리학에서도 도덕률에서 일체의 객관적 권위를 부인하는 것으로 발전하여, 벤담의 윤리적 이기주의와 쾌락주의, 혹은 직관주의에 이르게 되었고, 마침내 니체의 무도덕주의로까지 발전하게 되었다.

오늘날의 문명은 개인주의라는 신교도주의적 이상에 근거하고 있어서 이 시대를 사는 사람이라면 누구나 이로부터 얻는 수많은 혜택을 조금이라도 누리고 있을 것이다. 그렇지만 우리는 주관주의의 편협함에 주의할 필요가 있다. 객관주의는 근대 주관주의적 견해가 주장하는 것처럼, 원칙에 있어서 완전히 그릇된 것은 아니기 때문이다.

로마교구의 형식적 방법론은 잘못이다. 성직자의 권위와 소위 '오류 없는' 교황권으로 신의 권위를 대신할 수 있다고 믿는 위계조직 체계도 근본적으로 그르다. 그러나 이러한 권위에 대항하는 것이 주임무인 신교주의 역시, 그 자신만만한 교리에도 불구하고 오류에 빠지기 쉬운 인간들의 권위에 근거한 것이라는 점을 알아야 한다. 이러한 권위란, 흔히 죄악과 이기심보다도 오히려 완고함과 무지 때문에 오용되었던 것이다.

신교주의가 부정적이라는 생각에 반대하는 신교도주의자들도 있다. 신교주의는 긍정적인 면도 있다는 것이다. 그것은 항변일 뿐만 아니라 긍정이기도 하다. 이는 사실 맞는 말이다. 그러나 대부분의 신교 쪽의 긍정적 논리들은, 인간의 양심을 묶고 그 이성을 불구로 만들었던 고대 로마주의의 유물에 불과할 따름이다. 신교도 중에서도 광신도들의 경우는 결코 자유와 얽매이지 않는 탐구정신을 좋아하지 않았다.

그리고 새 문명을 건설할 역사의 새로운 요소, 즉 '긍정적 힘'이란 바로 과학이었다. 그렇기 때문에 신교주의는 아직 인류의 종교 발전과정에서 최후에 언급되어야 할 말이 아니다. 우리는 좀 더 높은 목표와 실증적인 논제들을 살펴봐야 할 것이며, 기독교의 새로운 개혁은 객관주의의 중요성을 다시 한 번 인정하는 조건 하에서만 이들 목표와 논제들을 얻어낼 수 있다는 것을 알아야 한다.

인류는 이제 위계제도들이 가지는 독단주의적 체계로 돌아가지는 않을 것이다. 이 제도들은 또 다시 인류 스스로 만든 권위로 인간의 양심을 얽어매는 꼴이 될 것이니 말이다. 진리란 단순히 주관적 관념이 아니라는 사실도 인정해야 한다. 진리는 사실의 명제이며, 따라서 진리는 객관적인 요소를 포함하고, 이 객관적인 요소는 확고한 진리의 핵심적 요소라는 점을 볼 수 있어야 한다.

과거의 객관주의 시대에는 위인들, 선지자, 개혁가, 성직자들에게 궁극적 권위가 있었고, 그들의 정신은 그 권위가 세력가의 요구에 적용된 후부터 교회제도로 구현되었다. 이제 새로운 객관주의는 모든 인간의 임의적 권위를 버리고, 전적으로 객관적 사실에 호소하는 과학에 근거하여야 한다. 진리는 이제 더 이상 교구가 가르치는 것, 혹은 오류를 모르는 완벽한 인간이 선포하면 그만인 어떤 것이 아니다. 나에게 진리처럼 보이는 것이나, 당신에게 진리처럼 보이는 것도 아니다. 진리란, 방법적 비판론에 따라 객관적으로 옳은 것으로 증명된 것으로 그것을 연구하는 사람들이라면 누구나 똑같은 결과를 낼 수 있는 어떤 것이다.

증거를 들어 논증할 수 있고, 반복증명이 가능한, 한마디로 과학이라고 부르는 객관적 진리는, 가장 믿을 만하고 가치 있는 최고의 신의 계시다. 신은 인간의 고통과 개인적 경험을 포함한 실제 삶 속에서 드러난다. 신은 우리의 양심으로 말하며, 양심이란 선천적 또는 후천적 경험의 결과로 얻어진 우리의 도덕적 본능이다. 그래서 우리는 뿌리깊이 자리한 잠재의식이 반응하는 습관적 힘, 즉 '양심의 소리'가 영혼에 울리는 것을 들을 수 있다. 신은 또 우리 자신의 감정, 즉 이상에 대한 열망, 기도와 헌신, 희망과 동경에도 나타난다. 이처럼 다양한 방식으로 신이 현현한다는 사실은 매우 중요하여 간과되어서는 안 된다. 그러나 가장 중요한 신의 현현은, 과학을 통해 말하는 진리의 객관주의라는 사실도 잊어서는 안 된다.

모든 사람들이 과학자가 되기는 불가능하지만, 그렇다고 해서 그들의 머리와 가슴이 맹목적인 신앙에 노예가 되라는 법은 없다. 모든 이의 신앙은 진리를 믿는 것이 되어야지, 당연한 것으로 생각되는 헛된 동화를 믿는 것이 되어서는 안 된다. 여기서 진리는, 누구나 그 대략적인 아웃라인을 충분히 쉽게 이해할 수 있는 그런 진리를 말하며, 우리가 사는 이 세계는 도처에 악영향을 끼치지만 않는다면 잘못되지 않는 보편적 조화로움이라는 진리를 말한다.

인류의 종교발전 과정에서 다음 단계는 진리의 객관적 권위에 대한 신

▶ 〈그림 18-5〉 밀턴의 사탄

념이다. 우리는 이제 그 세 번째 시기의 문턱에 서 있는데, 이를 한마디로 하면 과학적 객관주의의 시대라고 하겠다. 두 번째 시기는 부정적이고, 혁신적이며, 이론적인 경향을 보였으나 이제 세 번째 시기는 보다 긍정적이고, 건설적이며, 실용적인 경향으로 나아가게 될 것이다.

회의주의와 주관주의는 첫 번째 시기에 팽배했던 실증주의와 객관주의적 견해로부터 파괴자, 회의정신, 즉 악마의 작품으로 나타났다. 그것은 일종의 반작용이었으며, 밀턴의 사탄이 사실상 영웅이 될 수 있었던 이유였다. 밀턴 자신도 신교도였고, 혁명주의자였으며, 주관주의자였다. 그리고 그는 무의식적으로, 그 시대의 철학자다운 용어로 다음과 같이 외쳤던 사탄을 동정하였다.

> 마음은 그 자리에 있고, 스스로 존재하는 것.
> 그것은 지옥에서도 천당을, 천당에서도 지옥을 만들 수도 있네.
> 내가 변치 않고 행실을 바로 한다면, 장소란 아무 상관 없네.

두 번째 시기에 등장했던 회의주의는 오류가 아니다. 그것은 세 번째 단계로 넘어가기 위해서 없어선 안 될 필수불가결의 조건이었다. 왜냐하면 회의주의는 보다 발전한 실증주의, 즉 비평주의를 위한 수단을 제공해 주었기 때문이다. 그렇지만 비평주의는 실증적 구조물을 위해서 충분치 않으며, 이를 위해서는 실제적 결과들, 방법론적 연구, 실증적 논제들이 있어야만 한다. 그리고 20세기의 선각자들은 객관주의의 중요성을 다시 부각시킬 필요가 있음을 깨달았다.

악이란 실증적인가?

다음의 현대 우화는 선과 악의 상대성을 잘 보여준다. 제초기로 들에서 잡초를 뽑던 농부는, 자신이 키우는 옥수수 줄기에 마치 악마가 만들어 놓은 것처럼 나팔꽃이 울창하게 자라나자 독설을 퍼붓는다. 이와는 반대로, 농부의 어린 딸은 바로 그 나팔꽃으로 화환을 만들면서 신의 창조물이 얼마나 아름다운지를 찬양한다. 선과 악은 상대적이라 할 수 있으나, 이때의 상대성은 '존재하지 않음'을 의미하는 것이 아니다. 관계 역시 실재적 사실이다. 만일 선한 일들이 자리를 잘못 잡았을 때 생기는 것이 해악이라면, 악이란 비현실적인 것이 아니라 오히려 다른 어떤 현실만큼 실증적이다.

이와 마찬가지로, 지식이 상대적이라고 할 때도(몇몇 그노시스 철학자들이 주장하듯) 지식의 불가능성을 의미하는 것이 아니다. 돌이나 기타 물질체와 같은 구체적인 것들만이 실재하는 유일한 것이 아니다. 관계성 역시 실제적이며, 똑같은 일이 서로 다른 조건 하에서는 선도 되고 악도 될 수 있다.

도덕적 이상을 객관화하는 것을 포기하지 않은 채 선함과 악함의 상대성을 적절히 이해하는 것은, 선함을 실현하기에 훌륭한 자극제가 될 것이다. 너무나 악해서 적절한 방책으로도 도저히 좋은 결과를 이끌어낼 수 없는 것이란 세상에 없기 때문이다. 그러나 악함은 종종 단순한 존재의 부정으로 말해지기도 하고, 실증적인 요소가 아니라는 주장도 제기된다. 우리 시대의 저명한 작가들 중 이러한 견해를 가장 단적으로 보여주는 예를 찾아본다면, 《무기를 내려놓으시오!(Ground Arms!)》라는 소설로 유명한 작가 주트너(Bertha von Suttner)의 명제를 들 수 있다.

그녀는 세계 평화를 지지했던 유명인사들 중 하나였다. 그녀가 전쟁의 잔혹성을 너무도 현실적으로 묘사하고 있는 것을 보면, 그녀는 삶의 악덕이 실증적이라는 사실을 쇼펜하우어 만큼이나 잘 알고 있었던 것 같다. 그럼에도 불구하고 주트너는 《영혼의 목록(The Inventory of a Soul)》의 한 장 전부를 '악마의 원리는 유령' 이라는 명제에 투자하였다.

> 나는 악함, 재난, 죽음의 유령이 있다고 믿지 않는다. 그것들은 단순한 그림자, 무, 가치 없는 것들이다. 그것들은 존재의 부정이지 존재 자체가 아니다. … 빛은 있지만 어둠은 없다. 어둠이란 단지 빛의 무존재에 불과하다. 삶은 존재하지만, 죽음은 단지 생명현상의 중단일 뿐이다. … 우리는 오르무즈드와 아흐리만, 신과 악마를 적어도 믿을 만한 것으로 여기지만, 하나가 다른 하나의 무존재성일 뿐임이 명백한 기타의 상반된 짝들도 많이 있다.
>
> 예를 들어 소음과 침묵이 그것이다. 침묵이 너무나 강력해서 소음을 제압할 수 있다고 생각해 보라. … 빛은 정도가 있지만 암흑은 정도가 없다. 빛이 더 많고 적음은 있지만, 암흑의 다양한 명도는 작거나 혹은 더 작은 양의 빛을 의미할 따름이다. 그래서 생명은 웅대하지만 죽음은 아무것도 아니다. '어느 정도' 와 '무' 는 서로 상대가 안 된다. 무는 무기도 없고, 독자적 사상처럼 오직 인간의 허약함에서 나온 사산아일 뿐이다.
>
> 이 둘은 필연적으로 싸우게 된다. 만일 내가 방 안에 있다면, 난 여기 있는 것이다. 만일 내가 방을 떠난다면, 나는 더 이상 이곳에는 없다. 고로 내 자아와 무자아는 서로 싸울 이유가 없다.

이는 우리가 알고 있는 악의 존재성을 가장 완벽하고 전적으로 부인하는 말이며, 그것도 매우 설득력이 있다. 그것은 데카르트에서 스펜서에 이르는 철학의 회의주의를 함축하고 있으며, 또한 일관된 일원주의인 것처럼 보이지만, 우리는 이를 아직 받아들일 수는 없다.

인격적인 악마가 있다는 생각이 요정, 난쟁이 혹은 도깨비처럼 상상에 지나지 않는다는 것은 사실이다. 완전한 악도, 완전한 선도 없다는 것 역시 옳다. 마니교의 이원주의는 성립할 수 없는 이론이다. 악신은 독립체, 본질, 실재로 간주될 수 없다. 그러나 그 때문에 우리는 그 실재적, 실증적 존재로부터 눈을 돌려서는 안 된다.

침묵이 소리의 부재라는 것은 당연하다. 그렇지만 소리가 선은 아니고, 침묵도 악이 아니다. 내가 생각하거나 글을 쓰고 있다면, 소리는 내게 악마고 침묵은 축복이 된다. 기운을 북돋는 말이 기대되고 필요한 곳에서, 침묵은 매우 실증적인 악이 될 수도 있고, 거짓말이라 하더라도 단순히 진실의 부재가 될 수는 없다.

음식의 부재는 단순한 음식이라는 존재의 부정이지만, 그 환경과 관련해서 생각해 본다면, 위가 비었을 때 그것은 '굶주림' 이며, 굶주림은 우리가 사는 세상의 실증적 요소다. 질병은 건강의 단순한 부재로 간주될 수도 있지만, 질병은 신체의 불균형이나 해로운 영향의 존재로 인해 일어나는 것이며, 이 두 가지 원인은 의심의 여지 없이 실증적이다. 빚은 채무자에게는 부정적 요소이지만, 채권자에게는 실증적 요소이다.

주트너가 주장한 것처럼 만일 회의적 사고가 '인간의 약점에서 태어난 사산아에 불과' 한 것이라면, 수학자들한테 마이너스 기호가 무슨 소용이 있을 것인가? 그리고 만일 악마 사상이 허황한 미신이라면, 인류에게 미치는 그 영향이 어떻게 이리도 오랫동안 지속될 수 있단 말인가?

어떤 면에서는 모든 존재가 실증적이라는 것이 사실이나, 다른 한편으론 추상적인 존재가 선도 악도 아니라는 것을 알아야 한다. 선함이나 악함은 다양한 존재들 사이의 상호관계에 의해서 결정된다. 그리고 이러한 관계들은 악할 수도 있고 선할 수도 있는 것이다. 어떤 존재는 다른 존재를 파괴한다. 어떤 세균은 인간의 생명을 파괴할 수 있지만, 또 어떤 해독제는 이런 세균을 파괴한다. 다른 생명체를 빌어 사는 기생충은 어디에나 있으며, 어떤 것에는 생명을 유지시켜 주고 긍정적인 기능을 하는 것이, 다른 것에는 파괴적이고 부정적일 수 있다. 그리고 이런 부정은 하나의 현실이며, 또 다른 실재적 활동을 중화시키는 데 효과적이기도 하다.

선에 대한 관념은 결코 '존재'와 동격이 아니고, 악함도 '무존재'와 동격이 아니다. 존재는 실재함을 말하며, 개별적인 전체, 완전한 하나를 의미한다. 그러나 선과 악은 특정 관점으로부터 받아들여지는 견해일 뿐이며, 이 관점으로부터 선과 악이 대조를 이루는 특질을 갖게 되었던 것인데, 그러나 또 그렇기 때문에 그 둘은 항상 실재하는 것이다.

선이나 악은 어느 하나만으로는 아무 의미가 없다. 문제는 우리가 자신의 관점을 실재하는 것으로 보고, 그것이 선한 것을 대변한다고 생각하며, 반면에 인간의 삶을 저해하는 모든 힘을 부정적이거나 악한 것으로 볼 권리가 있느냐 없느냐 하는 것이다.

이 문제에 대한 대답은, 모든 존재는 자연히 자신의 관점을 실제적으로 주어진 사실로 보고, 그것을 파괴하는 모든 요소를 부정적인 것으로 본다는 것이다. 결국 자신의 쾌락이 선함의 판단기준이 된다.

모든 존재가 이 관점을 받아들일 것이고, 주관주의는 당연히 모든 윤리적 가치의 제1단계를 형성한다고 가정한다. 그렇지만 주관적 자율의 원칙으로 만족하고, 선악의 문제를 다 풀어버린 것으로 생각해서는 안 된다.

선함의 객관적인 기준은 있는가?

선이란 단순히 나에게 쾌락을 주고 삶을 고무시키는 것이고, 악이란 나에게 고통을 주거나 그 삶을 파괴하거나 위협하는 것이라고 가정하면, 선함과 악함의 기준은 완전히 주관적인 것이 된다. 가장 원초적인 예를 타일러에게서 볼 수 있다. 타일러가 "만일 누군가 자신의 아내를 약탈했다면 나쁜 것이고, 자신이 다른 사람의 아내를 약탈했다면 좋은 것이 될 수도 있다"고 주장했을 때, 이는 선과 악의 문제를 제대로 간파한 것이다.

선이란 '나'를 즐겁게 하는 것이고, 객관적 실재로서의 선이란 존재하지 않는다. 나에게, 당신에게, 다른 많은 사람들에게도 두루 좋은 어떤 것이 있을 수도 있지만, 나에게 좋은 것은 당신에게는 나쁠 수도 있다. 그렇다면 선함과 악함은 어떤 객관적인 기준 없이 완전히 주관적인 성질을 가지고 있을지도 모른다.

도덕의 기준을 쾌락과 고통의 정도에 두고, 최대의 쾌락을 불러일으킬 수 있는 것을 '선'으로 보는 관점을 쾌락주의라 한다. 벤담이 제시한 쾌락주의의 가장 조악한 형태는 개인적 쾌락을 우위에 둔 경우다. 이 경우, 윤리가 이기심에 근거하고, 이타주의에서도 오직 정제된 이기주의만을 볼 수 있을 뿐이다. 그래서 이타주의자란, 타자 속에서 자신만을 사랑하는 사람에 불과하다.

이쯤에서, 윤리적 근거를 자신의 양심의 소리에 두는 직관주의자들 역시 쾌락주의자와 흡사하거나, 적어도 주관주의자들이라는 점을 짚고 넘어가겠다. 왜냐하면 그들 역시 행동에 대한 궁극적 규준을 자기 자신, 즉 그 자신이 양심이라 부르는 자신의 원동 사상(motor ideas)의 만족 여부에서 찾기 때문이다. 즉 자신이 윤리적이라고 간주했을 때 흡족한 것을 윤리적이라고 생각했다. 그의 도덕적 기준은 자신의 주관적 신념이었고, 그 기원을 분석할 수도 추적할 수도 없었다. 그러나 자신의 양심을 만족시키는 일이 차원이 낮은 감각의 쾌락들에 앞선다는 점에서, 직관주의자는 벤담의 윤리적 이기주의를 뜻하는 쾌락주의와 차별된다.

스펜서가 제시하는 근대 공리주의는, 완전한 주관적 윤리학의 입장이다. '최대다수의 최대행복' 이라는 윤리학을 내세우기 때문이다. 스펜서의 공리주의는 어떤 객관적 원칙을 주지 않고, 단지 모든 주관의 총합으로 모든 단일한 주관을 대체시킬 것을 제안하고 있다. 그러나 주관주의 윤리학의 실천원칙은 진정으로 윤리적인 것이 아니어서, 타일러의 원초적 세계관의 수준에 머물러 있을 뿐이다.

모든 주관주의적 윤리이론은 윤리학의 진정한 핵심을 놓치고 있다. 윤리학 자체의 본질이 객관적이라는 사실이 바로 그것이다. 도덕행위에 어떤 객관적 기준이 없다면, 차라리 윤리학은 환영에 지나지 않으며, 소위 윤리학이라 하는 것도 단지 서로의 쾌락이나 고통의 무게를 달아보는 산수 계산에 지나지 않으며, 또 도덕이란 기껏해야 영혼의 영양학에 지나지 않음을 공공연히 선포하는 편이 나을 것이다.

그러나 사실, 깨어 있는 사람이라면 삶에서 행동에 대한 객관적 기준이 있다는 것을 이미 알고 있을 것이다. 삶 자체와 그 요소들은 우리가 만드는 것만으로 이루어진 것이 아니다. 우리는 경주를 해야 하고, 인류와 모든 생명체들의 경우처럼 개인의 행로는, 다윈 이후 우리 스스로도 진화라고 부르는 것에 익숙한 일련의 계보를 따라 매우 정확하고 오차 없는 방식으로 규정되어 있다.

우리는 우리를 옳은 길로 곧장 이끌어 줄 진화과정이 필요하다는 것을 인정할 필요가 있다. 진화의 법칙에 기꺼이 순응하는 사람들은, 그 만만치 않은 어려움에도 불구하고 기쁘고 즐겁게 그 길을 밟는다. 그러나 마지못해 따르는 사람들은 자연법칙이 주는 회초리의 쓰라림을 느끼면서 앞으로 전진하기를 재촉받는가 하면, 반면 우주질서의 법칙에 귀기울이기를 완고하게 거부하는 사람은 반드시 궁지에 빠지고 만다.

자연은 우리 감성을 고려하지 않기 때문에, 쾌락이 되기도 하고 고통이 되기도 한다. 자연법칙에 따라 행동하는 것을 즐기는 사람은 행복하다. 그러나 다른 것에서 쾌락을 찾는 사람은 파멸하고 만다. 당신의 의견이 무엇이든지 간에, 옳고 그름, 선과 악, 진실과 거짓의 기준이 쾌락이나 고통의 양이 많고 적음에 있지 않고, 당신의 행동이 우주질서에 얼마나 부합하느냐에 있다는 점에 주목해야 한다. 그렇다면 도덕성 역시 진화법칙과 일치한다고 볼 수 있다. 윤리학으로부터 우리는, 우리 자신을 만족시키든 그렇지 않든 간에 결국 우리가 해야 할 일을 자발적으로 해야 한다는 것을 배우기 때문이다.

한마디로, 윤리학이란 의무 없이는 생각할 수 없고, 의무의 필수요소는 그 객관적인 현실, 확고부동한 엄격함, 금욕적 기준이다.

쾌락주의자들에게 한마디 하겠다. 훌륭한 행동이란 그것이 쾌락을 주기 때문에 도덕적인 것이 아니라, 의무와 일치하기 때문에 도덕적인 것이라고. 우리는 자신에게 쾌락을 주는 것만을 찾아다녀서는 안 되며, 우주법칙—종교적으로 말하면 신—이 우리에게 요구하는 일을 행하는 데 최상의 즐거움을 찾도록 노력해야만 할 것이다.

헉슬리(Huxley)처럼 세계에서 옳고 그름의 객관적 규준이 있다는 것을 부인하는 사람들은, 사람이 도덕성 때문에 생존하는 것이 아니라 그 반대로 부도덕성 때문에 생존한다고 주장한다. 이들은 인간이 짐승보다 더 탐욕스럽고 더 이기적이며, 더 부도덕하다고 주장해 왔다. 부도덕한 사람이 때때로 짐승보다 더 짐승 같다는 사실을 부인하지 않고는, 인간이 짐승처럼 부도덕하다거나 혹은 짐승보다 훨씬 더 부도덕하다는 사실을 제대로 간파할 수 없다. 이 문제는 좀 더 깊이 생각해 볼 가치가 있다.

《이솝우화》에서 늑대가 말한다.

"왜 네가 양을 먹는 것은 옳고, 내가 양을 먹으면 나쁜 거지?"

늑대와 같은 곤경에 처한 인간이 없던가? 인류는 세상 모든 늑대들이 먹어치운 동물보다 더 많은 수의 동물들을 죽이지 않는가?

늑대의 변론이 입증된다 해도, 인간은 살고 늑대들은 멸종하게 될 것이며, 이는 인간이라는 존재가 우주법칙과 훨씬 더 조화로움을 이룬다는 좋은 증거처럼 보인다. 그런데도 늑대와 인간, 양쪽의 행위는 똑같다는 생각이 든다. 아니 오히려, 범죄의 흉악성이 양적인 크기에 달려 있다면 우리는 늑대의 편을 들 수밖에 없을 것이다. 사실 오늘날의 인간은 늑대들이 한 세기 동안 먹이로 삼는 양의 양과 돼지, 기타의 동물들을 일 년 만에 죽이니 말이다. 그러나 인간은 아직도 늑대에게 약탈자라 하고, 그것이 인간의 식탐과 닮은 모습을 보일 때마다 양떼들로부터 몰아낼 만큼 뻔뻔스럽다. 왜 어떤 때는 도살이 정당화되고, 또 어떤 때는 똑같은 행위라도 비난받는가?

이 질문에 대한 답을 할 때, 인간과 더불어 사는 동물의 살코기에 의존하여 사는 인간의 생활양식을 이상화시키지는 않을 것이다. 도덕적 관점으로 볼 때, 양이나 소, 가축과 수륙들을 죽이지 말고 생명을 유지하도록 하는 것이 더 바람직하기 때문이다. 이러한 경우는 결코 추상적이거나 이상주의적 견지에서 고려하지 말고, 단순히 늑대의 행위와 인간의 행위만을 두고 비교해 보아야 한다.

인간은 양을 더 많이 먹어치울수록 그만큼 더 많은 양을 키운다. 반면 늑대는 양을 키우지 않고 먹기만 한다. 즉 늑대는 양을 살육한다. 그러나 인간이 양을 죽이는 것은 살육이 아니다. 그 까닭은 양고기가 인간의 영혼을 살찌우고 유지시키기 때문이며, 또 이로써 인간은 자연에 대한 더 많은 진리와 고도의 통찰력을 가질 수 있게 되기 때문이다. 양은 인류의 제단에 오르는 제물이고, 그것이 인간을 삶을 더 가치 있게 만드는 데 기여하는 한 이러한 희생은 옳으며 선한 것이다.

주관적 관점으로 보면, 늑대도 인간이 양을 죽일 때와 똑같은 권리를 가진다고 생각할 수도 있다. 마찬가지로, 양에게도 늑대나 인간을 죽여야만 한다면 그럴 권리가 있다고 생각할 수도 있다. 인간의 행위와 늑대의 행위 사이에 차이점은 우리가 '인간이 우월하다' 는 객관적인 조건을 고려할 때만 나타나는 것이며, 이러한 인간의 우월성은 인간에게 더 방대한 통치권을 주는데, 그 까닭은 인간의 영혼이 늑대의 그것보다 진리를 더 잘 반영하기 때문이라는 것이다.

이쯤에서, '수준 높은 삶의 성취' 는 진리를 더 잘 이해하여 보다 큰 힘을 얻는 데에 있으며, 그것이 윤리의 가장 핵심적이고 필수적인 요소 중 하나라는 것을 강조할 필요가 있다. 윤리란, 소극적인 요소가 아니라 매우 적극적인 노력이다. 우리는 선함이 금기시 되는 특정한 일들을 하지 않는 것에 있다는 오랜 소극적인 견해를 버려야 한다.

본래 선함은 대담하게 전력을 다하는 데에 있다. 하나의 순수하고 적극적 미덕이, 단순한 태만으로 인한 수많은 죄악에서 놓여나게 할 수 있다. 양은 대부분이 주장하듯 결코 늑대보다 도덕적이지 않다. 늑대는 확실히 나쁘지만, 적어도 용감하고 정력적이다. 반면 양은 겁쟁이이며, 그 뿐 아니라 어리석기까지 하다. 이제 에너지와 재주를 결핍한 것을 선함의 최상이라고 찬양하는 도덕적 이상을 버릴 때다. 우리가 필요한 것은 삶의 요건을 조심스럽게 숙고한 적극적 미덕관이다.

어떤 것이 질 높은 삶이고 어떤 것이 질 낮은 삶인지는 임의적으로 분류할 수 있는 성질이 아니다. 그것은 완전히 주관적이지 못하며, 객관적인 기준에 따라서 정의될 수도 있다. 미개인에게는 자신을 즐겁게 하는 것이 좋은 것이고, 자신을 아프게 하는 것이 나쁜 것이다. 세상의 종교적 신비를 해독하고 신의 섭리를 이해하는 사람에게, 선이란 한 층 높은 수준의 삶을 이끌어 내는 것이고, 악이란 그것을 방해하거나 뒤바꾸는 것, 혹은 파괴하는 것이다.

신관

신이란 종교적인 용어이고, 신에 관한 지식은 과학의 영역 밖에 있다고 주장한다. 마찬가지로 신에 대한 관념과 기타 모든 종교적 용어도 과학과는 상관없는 것이라고들 한다. 그래서 명목적 주관주의의 영향 아래 두 파가 생겨나게 되었는데, 유신론적 불가지론과 무신론적 불가지론이다.

전자의 유신론은 후자의 무신론만큼이나 비합리적이다. 만일 행동에 객관적인 기준이 있다면, 우리는 마땅히 그것을 알 수 있어야 한다. 일단 알아야만 이에 복종할 수 있기 때문이다. 우리는 행동에 대한 기준이 있다는 것을 경험적으로 알고 있으며, 진화론은 실증적인 증거로 이를 증명할 수 있다고 본다. 이런 행동기준을 종교적 용어로는 '신'이라 한다.

과학자들은 다양한 현상 속에서 불변하는 것, 다양한 사건에서 관찰되는 보편적인 것, 일시적인 것 속에서도 영원한 것을 '자연법칙(laws of nature)'이라는 이름으로 공식화하고 있다. 그리고 모든 자연법칙은 그 영역 안에서 엄격한 행동기준으로 기능하며, 바로 이런 점에서 행동기준은 신의 존재의 일부일 수 있다.

윤리의 영역에서 가장 중요한 자연법칙은, 인간 대 인간이라는 각양각색의, 혹은 때때로 매우 미묘한 관계들을 규제하고, 우리의 운명을 사슬처럼 이어 영혼과 영혼을 상호 도움이 되도록 연결해 주는 역할을 한다.

존재란 하나의 조화로운 전체이다. 세상에는 전체의 일부로서 전체 속에 포함되지 않는 것이 하나도 없다. 하나이자 전체는 모든 생명체의 조건이다. 그것은 우리의 숨 중의 숨이고, 감정 중의 감정이며, 힘 중에 힘이다. 어떤 것도 그 자체로 홀로 존재하는 것은 없다. 모든 것은 서로 관련되어 있다. 마치 모든 행성이 상호 인력과 중력에 따라 함께 묶여 있는 것처럼, 모든 감정의 밑바닥에는 알 수 없는 갈망이, 전체의 충만함을 향한 동경이, 지상의 모든 종교의 찬가 속에서 강력한 말을 찾아낼 수 있는 공통된 감정이 깔려 있다.

또 존재의 전체는 그 가장 작은 부분들에까지 영향을 미치기 때문에, 어떤 생명체도 전체에서 고립되지도 않는다.

에머슨은 말한다.

> 모든 것은 서로를 필요로 하며,
> 어떤 것도 그 하나만으로는 공정하고 선할 수 없다.

전체의 조화는 만물을 서로 결합시키는 힘이며, 삶을 모양 짓는 모든 규범의 일원화를 말한다. 이는 단순한 이론이 아니라 실재이며, 이 점에서 '신은 곧 사랑'이라는 성서의 격언이 자연과학으로 논증 가능한 진리가 될 수 있다.

법에 의한 규제가 그러하듯, 존재의 전체성도 도처에 나타난다는 사실을 과학이 증명해 주고 있다. 존재의 전체성이란 혼돈도 아니고, 이해할 수 없는 수수께끼도 아니며, 단지 하나의 질서 체계라는 점을 말한다. 하나의 질서 체계이기에, 우리는 그것을 이해할 수 있으며, 또한 지각력이 있는 생명이라면 그 본질을 이해하고 그것을 적용하는 법을 알 수 있다.

▶ 〈그림 18-6〉 타락하기 이전의 루시퍼

신은 세상에 이치를 조건짓고 제시해 준다. 그리고 이치란, 세계질서를 반영할 따름이다. 존재의 보편적 질서, 그 법칙의 조화, 그 체계적 균형이 이해를 가능하게 하고, 지각 있는 존재들은 자연스럽게 사고의 주체로 발전하게 된다. 그리고 이성과 합리적인 의지가 인격의 필수 요소이기 때문에, 신은 개체에서 사람으로 변화하여 왔다.

위의 의견을 받아들인다면—여기서는 좀 더 단순하게 표현하기 위해서 종교적 용어로 '신'으로 쓰도록 하겠다—이러한 존재들은 신의 이미지들과 별반 다르지 않기에 선하다고 말할 수 있다.

진보의 본질이란, 스펜서가 견지하듯 이종(heterogeneity)의 증가나 영혼의 성장이 아니다. 그리고 진화는 단순히 환경에의 적응을 의미하는 것이 아니라, 완벽한 진리의 구현에 점점 더 가까이 다가가는 것을 의미한다. 윤리적 견지에서 볼 때 환경에의 적응이란, 원리에 걸 맞는 행위로 인해 산출된 힘에서 따라나온 부수적인 축복일 뿐이다.

모든 경험적 사실이 신의 계시에 다름 아니지만, 우리에게 도덕률(인간이 다른 인간에게 행하는 행위)을 일깨워주는 경험적 사실은 보다 중요한

▶ 〈그림 18-7〉 타락한 루시퍼

진리를 구현하여, 우리 영혼의 발전에 건전한 영향을 미친다. 비록 원시인은 그 사실들의 이유를 완전히 이해할 수 없었지만 말이다. 사실 자체를 명확히 이해하지 못하기 때문에, 인간은 상상력으로 여기에 신화적 심상의 옷을 입힌다. 오늘날에도 도덕률을 가르치는 훌륭한 교사들은 마치 옛날 인디언의 치료사처럼 간주되는가 하면, 교구의 성체는 원시 시대의 토템처럼 취급되고 있다.

종교는 이제 오랜 마술의 단계에서 빠져나와, 사실의 직접적인 이해의 단계로 접어들었다. 신화는 지식으로 변하고, 우화의 알레고리가 이해되기 시작했다. 점성학은 천문학으로 바뀌었고, 기적의 종교는 이제 과학의 종교에 길을 내주게 된다.

우리는 자주 신을 선하다고 말하는 소리를 들으며, 때때로 그를 총체적

선으로 묘사한다. 그러나 신은 선 이상이다. 신은 행위의 궁극적 권위로 간주되는, 존재의 객관적 실재이다. 때문에 신이 선함의 기준이 될 수 있는 것이다.

신을 선하다고 하는 것은 일종의 신인동형론을 의미한다. 신의 창조물은 그들이 얼마나 신실한가, 얼마나 신의 의지에 복종하느냐에 따라서 더 선하기도 하고 덜 선하기도 하다. 그러나 신 자체는 선하지도 악하지도 않으며, 도덕적이지도 비도덕적이지도 않은, 초도덕적(unmoral)인 존재이다. 그러면서도 그 본질과 성격은 선함과 도덕성의 궁극적 기준이 된다. 신의 의지는 그의 계시에서 드러난다. 그리고 과학적인 용어를 빌어 말한다면 계시란 바로 경험이며, 우리는 이 경험을 '자연법칙'이라 부르는 것으로 정확하게 체계화한다.

신은 존재 자체도 아니다. 그렇다고 혼자 혹은 집합적으로 세상에 실재하는 것도 아니고, 또 물체나 존재들의 합도 아니다. 신은 존재의 규범이고, 우주질서를 조건 짓는 요소다. 그리고 자연과학자들은 신을 자연법칙으로 체계화하였다. 존재의 규범이 되는 신은 무엇보다 사실에, 세상의 물체에, 현실에 편재하는 특징을 가지면서 순종을 요구한다. 그리고 신의 의지는 우리가 순응해야 하는 경험 속의 어떤 것으로 나타난다. 한마디로, 신은 도덕체계의 기준이며 행위의 궁극적 권위이다. 이것은 보편적 과학법칙이지, 다신론이 아니다. 왜냐하면 신과 전체, 혹은 신과 존재의 합 사이를 구분하고 있기 때문이다.

신은 한정적이고 구별되는 것이지, 무차별적 편재성을 의미하지 않는다. 이것은 신을 더 이상 개별적 자아로 보지 않기 때문에 일신교지만 이제까지의 일신교와는 다르다. 그런가 하면 가장 오래된 신관의 핵심은 유지하면서도, 동시에 다신론에서 참인 모든 것도 받아들이고 있다.[41]

신은 언제나 도덕적 의미에 관한 사상이었다. 신은 과거에도 그랬듯, 미래에도—그 말이 살아있는 한—언제까지나 행동의 궁극적 권위가 될 것이다. 세상의 질서는 그 일반적 특징 속에서 내재적으로 필요하며, 내재적 필요성이라 할 때는 곧 어떤 경우에도 달리 생각되어질 수 없음을 의미한다. 신은 실재하는 세상에서만 존재 이유가 되는 것이 아니라, 다른 어떤 가능한 세계에서도 존재 이유가 된다. 이런 의미에서 보편적 과학은 신이 초자연적이라고 말하는 것이다. 초자연주의는 교조주의자들이 이해하는 것처럼 이치에 맞지 않을지도 모르지만, 거기에는 영원히 참으로 남을 만한 진리가 들어 있다.

자연의 사실에서 움직이는 것만을 보는 사람들은, 도덕적 열망을 가진 생물이 있는 우주가 그것으로부터 발전한다는 사실에 자연히 놀랄 것이다. 자연조건에 대한 깊은 통찰력 덕분에, 우리는 세상이 잘 통제된 하나의 우주라는 것을, 그 우주는 명확하고 불변하는 법칙을 가지고 있다는 것을, 그리고 이들 법칙은 물질적 질료만큼이나 실재한다는 것을 알 수 있다. 이 법칙들은 구체적인 실재물은 아니지만, 그럼에도 불구하고 실재하며, 오감으로 느낄 수 있는 물체의 존재성보다 훨씬 더 중요하다.

우주는 셀 수 없이 많은 원자와 분자, 태양계, 기타 별들의 거대한 군집으로만 이루어져 있는 것이 아니다. 그 정교한 짜임새 속에는 매우 섬세한 세부들이 있어서, 결국 우주란 생명과 일관성으로 가득한 하나의 아름답고 체계적인 전체라는 것을, 그리고 노골적이고 확실히 이해할 수 있는 성질을 가지고 있다는 것을 알 수 있다. 또한 세상을 커다란 하나로 만드는 그 보편적 질서는 객관성을 가지고 있다는 것, 즉 우리가 그러하리라고 생각하는 것과는 상관없이 실재한다는 것도 알 수 있다. 세상은 우리가 생각하는 대로가 아니다. 우리는 세상을 있는 그대로 보아야 하며, 그에 따라서 적절히 행동하는 것은 우리의 의무다.

이는 과학에 대한 관념이 전혀 없는 사람일지라도 귀를 기울여야만 하는, 과학의 기본 사실이다. 진리에 따라 행동하는 생명체만이 결국 거듭되는 진화 속에서 살아남을 수 있다. 과학이 도덕률을 추론하고 설명할 수 있기 전부터, 진리는 이 도덕률 속에서 구현되었다. 당시에 납득되지 못했던 특정한 진리를 예견하는 한, 종교는 일종의 신의 계시라고 할 수 있다. 그래서 종교 사상 역시 상징들일 수밖에 없고, 우화 속에서만이 소통할 수 있다. 그리고 이제는, 과학이 발전하면 할수록 우리들도 이러한 우화적 의미를 더 잘 이해할 수 있을 것이다.

신은 만물 속에 있지만, 무엇보다 사람에게서 가장 잘 드러나며, 특히 도덕을 추구하는 사람에게서 그러하다. 이것이 바로 그 가르침이 바로 길이요, 진리요, 생명인 신인(God-man), 즉 그리스도, 구세주에 대한 사상이 의미하는 바이다.

일반인들이 가지고 있는 신관은 자신의 정신적 키의 척도이다. 각자가 자신의 이해력에 근거해서 신을 그리기 때문에, 모든 사람이 서로 다른 신관을 가지고 있는 것은 지극히 자연스러운 일이다. 각자의 신은 자신의 심적 · 도덕적 가치의 지표에 다름 아니다.

문명 단계의 맨 밑바닥에서, 악마나 신은 거의 구별되지 않는다. 그러나 이들이 인류의 진화 속에서 적절하게 차별화 되는 동안, 우리는 신과 이에 못지 않은 사탄 사이의 평행선을 감지해 내지 않을 수 없게 되었다. 미개인의 신은 피에 목마른 족장과 같았다. 감상주의자들의 신은 선량한 할아버지 같으며, 미신적인 무리들의 신은 마술사나 초자연자, 노예들의 신은 전제군주, 이기주의자의 신은 자아세계의 어떤 정령이며, 그런가 하면 현명한 자, 공정한 자, 자유로운 자, 용기 있는 자들의 신은 각각 지혜, 정의,

자유, 그리고 용기다.

이렇게 볼 때, 악마관은 위의 모든 선함의 이상적 구현과는 정반대로 풀어나갈 수 있다.

사탄은 반역자이자 전제군주다. 그는 독립을 부르짖지만, 그의 지배는 곧 억압과 예속이다. 그는 사슬에 감겨 있는 것으로 묘사되는데, 왜냐하면 죄의 자유란 방종과 같아서 마음을 매혹시키기에 충분하기 때문이다. 사탄은 스스로 자처한 포로이므로, 그에게 속한 모든 것은 그의 죄수에 다름 아니다. 사탄은 죄수들을 고문하고 파괴한다.

푸아티에의 미사경본에서 볼 수 있는 사탄의 드라마틱한 그림(그림 18-2 참조)에 대해 디드론이 아래와 같이 묘사하고 있다.

> 그는 마치 개집에 묶인 개처럼 지옥의 입구에 몸을 사슬로 감고 있다. 그러나 자신이 지키는 곳의 군주인양, 삼지창을 휘두른다. 지옥의 문지기 케르베로스와 플루토를 하나로 합쳐놓은 듯한 그는, 이교도 미술이 이제껏 보여주었던 것보다도 더 흉측하고 더 강력한 괴물, 기독교 미술의 케르베로스다. … 이 형체는 극악무도한 죄의 다양한 차원을 여러 얼굴로 드러내는데, 머리뿐만 아니라 가슴에도 얼굴이 있으며, 양 어깨에도 얼굴이 있을 뿐 아니라, 양쪽 옆구리에도 얼굴이 있다. 하물며 그 뒤에는 얼마나 많은 얼굴이 더 있을 것인가?
>
> 사냥개의 귀와 같은 기다란 귀들, 황소와 같은 짧고 두꺼운 뿔이 보이는가 하면, 팔다리는 비늘로 덮여 있으며, 뼈마디에 달린 얼굴들의 입에서는 뭔가 나오는 듯하다. 어금니가 삐쳐 나온 사자의 머리를 하고, 사지는 곰의 발과 같다. 그의 몸 허리께에서 벌어진 틈에는, 앞으로 내달으며 쉭쉭 소리를 내는 뱀들의 둥지를 드러 내놓고 있다. 이 괴

물의 모습에서, 우리는 용, 리바이어던, 사자, 여우, 독사, 곰, 황소, 멧돼지가 가진 모든 특징들을 발견할 수가 있다. 이들 동물들 각각이 품고 있는 사악함의 특성들을 하나로 조합하여, 한 인간의 모습 속에 구현되었다.

사탄이 자신을 위한 자유와 타자에 대한 억압의 길을 모색하는 반역자인 반면, 신의 왕국에는 정의가 실현되어 만물의 자유를 보장해 준다. 사탄은 자유를 약속하지만, 신은 자유를 주는 것이다. 박식하고 사려깊지만, 정신적 · 신체적으로 허약한 기질을 지닌 슐라이어마허는, 프러시아 정부의 방식과 가장 흡사할 것으로 생각한 신 앞에 복종적으로 경의를 표하면서, 종교를 '완전한 의존의 감정' 으로 정의하였다.

얼마나 나약한 슐라이어마허인가! 열광적 신자들의 눈에 이단으로 비치기까지 했던 자신의 철학적 훈계에도 불구하고, 그는 얼마나 혐오스런 종교를 설했던가!

슐라이어마허의 종교에 대한 정의는 자유주의자들의 눈에 들었기 때문에 비평할 만한 가치가 있다. 종교적 자유주의자들에게는, 종교적 본질을 유지하면서도 신의 이름은 빼먹고 있는 그의 정의가 맘에 들었던 것이다. 신의 이름은 유지하면서 그 의미를 다듬는 것이, 이름을 버리고 본질과 오랜 미신의 출처를 유지하는 것보다 나은 일이 아닐까?

그러나 자유주의자들이 외적 형식의 우상은 파괴했을지언정, 복고적 사고를 숭배한 사실은 오랜 경험을 통해 알 수 있다. 장애물의 원인은 그대로 가지면서, 그와는 아무런 관계가 없는 결과를 버리는 모습이다. 말하자면 그들은 질병의 증상들을 고치지만, 질병의 원인을 모든 선함의 원천으로 격찬하는 데 열을 올리고 있는 격이다.

쇼펜하우어는 슐라이어마허의 정의에 대해서, 만일 종교가 완전한 의존의 감정이라면 가장 종교적인 동물은 인간이 아니라 똥개일 것이라고 말한 바 있다.

자유를 사랑하는 사람들에게 의존의 감정이란 저주와 같다. 사샤 슈나이더는 약자는 끔찍한 괴수의 먹이가 되고 말며, 그들의 종교란 완전한 복종일 따름임을 그림으로 잘 표현하였다.

진정으로 우리를 자유롭고 독립적으로 만들어 주는 종교가 없다면, 차라리 종교를 버리는 편이 낫다! 종교란 도덕에만 일치하면 그만인 것이 아니라, 철학과도 조화를 이루어야 한다. 또 사법뿐만 아니라 과학과도, 질서뿐만 아니라 자유와도 조화를 이루어야만 한다.

인간은 수없이 많은 삶의 조건에 의존한다. 그러나 인간의 열망은 곤경을 의식하는 것만으로는 채워질 수 없는 법이다. 열망은 점점 더 독립적으로 변하여 인간의 운명을 좌지우지하는 주인이 된다. 만일 종교가 인간성의 발현이라면, 슐라이어마허의 정의는 오류이다. 그가 주장하는 종교와는 정반대이기 때문이다. 종교란, 인간을 좀 더 인간답게 만들며, 재능을 발전시키고 더 독립적인 인간이 되도록 고무시켜 주기 때문이다.

전제군주적 유럽은 대개 악마를 세상의 반역자로 묘사해 왔다. 어떤 의미에서는 맞는 시각이다. 그러나 여기서 반역자라고 할 때, 악마는 자유를 얻기 위해서 잘못된 혁명을 저질렀다는 것을 의미한다. 근본적으로 자기파괴적이 아닌 모든 반역은 성령의 발현이다. 자유를 위한 모든 내달음은 옳은 일이고, 힘을 가지고 그것을 유지할 선천적인 분별력을 가진 혁명이란 신성한 것이다.

사탄은 반역을 상징하고, 신은 자유를 상징한다. 사탄이 규율과 질서를 상대로 전투준비를 함으로써 독립을 약속한다면, 신은 자아통제와 분별로

써 독립을 준다. 사탄은 자유와 닮았지만 가짜이고, 우리는 신에게서 참된 자유를 발견할 수 있다. 그러나 사탄은 신의 현현에 있어서 꼭 필요한 국면이다. 그는 굴레와 억압으로서의 신의 율법에 반대하며, 그래서 율법에 저항하는 것은 사랑의 계율과 자율적 선 의지로 나아가는 길을 닦는 일이기 때문이다.

우리는 독립이 우주 체계에 대한 반항으로, 혹은 생명이나 진화의 법칙을 전도시킴으로써 얻어질 수 있는 것이 아니라, 오직 이 법칙들을 이해하고 우리가 사는 세계에 우리 스스로를 적응시킴으로써만이 가능하다는 사실을 깨달아야 한다. 고통을 수반하는 끊임없는 연구를 통해서 진리를 깨달음으로써, 그리고 그 진리를 자신의 행동양식으로 받아들일 때, 인간은 스스로 결정할 힘을 얻고, 자연의 힘을 다스릴 능력을 갖게 되며, 자유에 도달할 수 있다. 우리를 자유롭게 하는 것은 바로 그런 진리이다.

진리가 우리에게 낯설게 느껴지는 한, 우리는 복종을 진리로 생각할 수밖에 없다. 그러나 스스로가 바로 진리임을 알게 될 때, 도덕률은 더 이상 우리보다 뛰어난 전제적 힘이 아니며, 우리들 스스로가 그 도덕률을 표상하고 있다는 사실을 느낄 수 있을 것이다. 그리고 진리는 우리 안에서 어떤 열망으로 변하게 된다. 진정한 종교는 진리에 대한 사랑이며, 그런 종교란 의존감으로 끝나는 것이 아니라, 진리의 열매, 즉 자유, 해방, 독립을 얻을 수 있게 해준다.

신관과 악마관

악에 대한 관념의 발달은, 종교역사에서 결코 하찮게 여길 부분이 아니

▶ 〈그림 18-8〉 삼위일체(좌), 악마의 삼위일체(우)

다. 인간이 사탄에 대해 가지고 있는 사상을 알면, 인간의 정신적 · 도덕적 특징도 알 수 있기 때문이다.

성경에서는 사람이 신의 이미지로 만들어졌다고 하지만, 인류학자들은 인간이 자신의 이미지를 본떠 신을 만든다고 말한다. 사실 모든 신관은 그것을 견지하는 사람의 특징을 보여준다. "당신이 생각하는 신이 무엇인지 말하면, 당신이 누구인지 알 수 있다"는 말이 있다.

그러나 악마관에서도 똑같이 말할 수 있을 것이다.

"당신이 생각하는 악마가 무엇인지 말해 주면, 당신이 어떤 사람인지 알 수 있다."

선과 악에 대한 관념에 유사성이 있는 것은 결코 우연이 아니다. 그것은 우리 모두의 사고가 어떤 특정한 종족 유사성을 가지고 있기 때문이다. 그래서 당신이 가지고 있는 악마에 대한 사상은, 당신이 신에 대해 가지고 있는 사상을 가장 잘 설명해 준다. 두 손으로 우주를 들고 있는 신을 표현한 이 유명한 그림과, 불교의 사탄 마라가 네 발로 세상을 상징하는 바퀴를 쥐고 있는 그림을 비교해 보는 일은 그야말로 흥미진진하다. 이러한 유사성은 역사로 증명될 수 있다.

▶ 〈그림 18-9〉 세계를 보호하는 신
이 그림은 14세기 기독교 세계관을 구현한 것이다. 벽화에는 시가 함께 적혀 있는데, 아홉 천사의 합창이 세계를 둘러싸고, 그 원안으로 우주의 중심을 차지하는 지구 주변을 성좌가 감싸고 있다.

사탄의 삼위일체관은 신의 그것만큼이나 오래되었다. 이교도의 신들 중에도 삼위일체가 있는 것처럼, 예를 들어 그리스에서는 머리가 셋 달린 헤쿠바가 있고, 유럽에는 머리가 셋 달린 괴수 케르베로스가 있듯, 기독교 예술의 역사에서도 신과 악마를 묘사한 예들 사이에 똑같은 유사성을 찾아볼 수 있다. 성 삼위일체를 세 얼굴을 가진 하나의 사람으로 표현하는 사상은, 어쩌면 두 얼굴을 가졌던 야누스에서 기원했을지도 모를 일이다.

크라우스(Kraus)는 기독교에서의 삼위일체적 악마와 관련해서 다음과 같이 말한다.

> 이 사악한 용은 성서 외전 〈니고데모(Nicodemus)〉 복음서에서—아마도 케르베로스의 재현인—머리 셋 달린 괴물로 묘사되고, 알렉산드

▶ 〈그림 18-10〉 케르베로스와 함께 있는 헤라클레스

리아의 유세비우스는 〈성 금요일 예배(Good Friday Sermon)〉에서 악마를 머리 셋 달린 '바알세불' 로 부른다. 악마를 여자의 머리를 한 뱀이라고 생각했던 사상은, 뱅상 드 보베(Vincent de Beauvais)가 인용한 비드(Bede)에 의하면 중세 이전에는 없었다고 한다.

그런가 하면 단테는 머리 셋 달린 사탄을 이렇게 묘사하였다.

얼마나 놀라운 광경인가!

내가 그의 세 얼굴을 지켜봤을 때 얼마나 기분이 이상했던가.

가운데에는 주홍빛 얼굴이, 그리고 양쪽 어깨 중간과 머리장식 자리에 나머지 두 얼굴들.

오른쪽 머리는 빛 바랜 노란색이고, 왼쪽 머리는, 마치 고대 나일 강이 굽이쳐 저지대로 내려온 듯하다.

양 겨드랑이엔 두 개의 힘찬 날개가 솟아 있는데, 너무나 커서 무척이나 커다란 새처럼 보인다. 그러나 그 날개에는 깃털은 없고, 박쥐와 같은 피부로 덮여 있다. 그가 공중에서 날개를 펄럭이자, 그에게서부터 세 개의 바람이 코키투스 강 깊은 곳까지 불어와 얼려버렸다.

여섯 개의 눈에서는 눈물이 흘러내려 세 개의 턱에 피땀으로 방울졌다. 세 개의 입에서는 죄지은 자들을 이빨로 씹어먹고, 이 육중한 장치로 타박상을 주어 그처럼 고통을 느끼게 만든다.(지옥, 34곡)

기독교 교의에 따라서 신이 신인(God-man)으로 실현되는 것처럼, 사탄도 적그리스도로 표현되고, 추함과 사악함으로 가득한 인간 캐리커처로 그려진다. 크라우스는 다음과 같이 잇는다.

> 악마를 용과 동일시하던 관념과 마찬가지로, 〈사도행전〉에는 악마가 흉악하게 생긴 흑인(무어 혹은 에디오피아인)으로 그려져 있다. 아우구스티누스, 그레고리우스 대제, 성서 외전의 성 바르톨로뮤 행전에서도 똑같은 견해를 발견할 수 있다. 훗날 이런 사상은 악마를 기형의 원형으로 표현하는 데까지 발전하였다. 그래서 악마는 개의 주둥이를 한 흑인으로 표현되는데, 그 털은 발에까지 덮여 있고, 눈은 이글거리며, 입에서는 불을, 콧구멍에서는 연기를 내뿜고, 박쥐의 날개를 달고 있다. 〈욥기〉 41장 9절 이하를 근거로 한 것일지도 모르는 이런 악마에 대한 우스꽝스러운 묘사는, 중세의 그로테스크했던 관념의 요소를 모두 담고 있다. 또 악마의 뿔을 언급하고 있는 《안토니의 생애(Vita S. Antonii)》에도, 이 같은 요소를 볼 수 있다.

밀턴의 사탄과 괴테의 메피스토펠레스를 한 예로 비교해 보라! 전자가 영국인들처럼 대담한 신교도, 반역자, 비국교도, 주관주의자라면, 후자는 독일 시인과 같은 현자이고, 철학자이며, 학자다. 괴테의 메피스토펠레스는 밀턴의 사탄만큼 장엄하지는 않으나, 나름대로 흥미롭다. 왜냐하면, 그가 보다 독창적이고, 더 유식하며, 더 시적이기 때문이다. 메피스토펠레스는 철학 원리며, 비평정신이다. 그와 같은 자격으로, 그는 자연의 섭리에서도 중요한 역할을 한다.

메피스토펠레스는 이러한 말로 스스로를 규정한다.

▶ 〈그림 18-11〉 악마에게 습격받은 성 안토니오스

저는 부인하는 영입니다. 그리고 그것은 당연하죠. 왜냐하면 만물은 무에서 나왔고, 당연히 무로 돌아가는 법이기 때문이니까요. 그러니 아예 아무것도 생겨나지 않는 편이 낫겠죠. 그래서 당신이 죄와 파괴

로 생각하는 모든 것, 즉 악이라는 것이 바로 내 본성이랍니다.

비평정신 메피스토펠레스와 위엄 있는 우주의 창조자 사이에는 어떤 공통점이 존재한다. 서두에서 하나님은 파우스트에게 말하고 있다.

"사람은 방종 속에서 수월하게 분에 맞는 지위를 얻는다. 휴식과 평온을 추구하며, 성장하기 위해 멈춘다. 그에게 기꺼이 동지를 주리, 악마처럼 선동하고 창작할 그런 사람을."

때때로 신이 악마를 필요로 하는 것처럼, 악마도 때때로 선한 하나님에게 경의를 표하기를 열망한다. 천국이 닫히고 나서 메피스토펠레스는 홀로 무대에 남아 이렇게 말한다.

"때때로 내가 보고 싶어 하던 노신사(하나님), 계속 그와 사이좋게 지내고, 가장 예의바르게 구는 것을 잊지말아야지."

절룩거리면서, 무대를 떠나기 전에 멈춰 서서 그는 관객을 돌아보며 이렇게 말한다.

"그처럼 고귀한 귀인이 나에게 너무나 인간적이로다."

맺음말

인격화된 악마의 모습은 첫눈에 불쾌하게 보인다. 그러나 악마의 성격을 연구하면 할수록, 매혹적으로 느껴진다. 존재 초기의 악마는 모든 불쾌함을 한 데 모아놓은 모습이었다가, 나중에는 나쁘고, 악하고, 부도덕한 것의 화신이 되었다. 그는 미움, 파괴, 절멸의 화신이고, 그래서 존재의 적이고, 창조자의 적이며, 신의 적이다. 악마는 우주의 반역자, 전제군주와 제국의 독립군, 단일화의 반대자, 세계의 조화로움의 불협화음, 규칙의 예외, 보편 속의 특수함, 법칙을 깨는 우연이다. 또 그는 독특한 경향, 창조력에 대한 갈망이기에, 일정한 행위를 강요하는 신의 율법을 송두리째 전복시킨다. 만일 무의식적 정의 속에서 맹목적으로 복종하는 모든 미소 원자가 일반적으로 예정된 코스를 따를지라도, 악마만은 우주에 스며드는 이러한 단조로움을 뒤집어 엎어버린다.

"왜 신은 악마를 죽이지 않는가?"라는 질문은 순진하고 우스꽝스럽기 그지없다. 왜냐하면 우리는 본능적으로 그것이 불가능하다는 것을 알고 있기 때문이다. 매일같이 열정적으로 신실하게 기도하는 선량한 한 노부인이 있다고 해보자. 그녀는 신이 악마에게 자비를 베풀어 그를 구해달라고 기도한다. 좀 더 곰곰이 생각하면, 이런 태도는 매우 감동적이다. 얼마나 많은 신학자들이 악마가 구원을 받을 수 있는지 없는지에 대한 문제를 진지하게 토론해 왔던가! 그 선량한 노부인처럼, 그들 역시 신화에 대한 글자 그대로의 믿음에 빠진 나머지 그 질문이 자기 모순을 포함하고 있다는 것을 보지 못했다. 신과 악마는 상대적인 용어이며, 악마가 없다면 더 이상 하나님은 하나님일 수 없기 때문이다.

우주란 고등동물의 진화가 오직 커다란 변형을 통해서만이 가능한 그런 곳이다. 영혼의 온기는 대지의 차가운 땅에서 진화가 이루어지고, 도덕적 열망의 진화는 생존경쟁을 고무시키는 격렬한 증오에서 나오며, 지성과 사고 그리고 통찰력의 진화는 우리가 운행 중이라고 부르는 사고력이 없는 것의 야만적 무관심 속에서 이루어진다. 그리고 이 진화는 유일무이한 노력이 있어야 가능한 것이다.

진화는 거대한 에너지의 소비로 수행되는 노동의 산물이고, 이미 얻어진 보물을 유지하는 데만도 지속적인 노력이 필요한 것이다. 물리학의 용어를 빌면, 극복하는 데 부딪치는 어려움을 '저항력'이라 할 수 있는데,

이 저항력은 우주라는 구조물의 필수적이고 유익한 요소로 간주된다.

만일 저항력이 없다면, 만일 희망하는 어떤 목적에 도달하기 위한 어떤 노력도 필요 없다면, 만일 세상이 쾌락과 선으로만 가득 차 있다면, 우리에겐 진화도, 진보도, 이상도 없을 것이다. 모든 차원의 존재는 단 하나의 보편적인 축복의 바다 속에 떠다니며, 만물은 천국의 기쁨에 취할 것이기 때문이다.

고통은 뭔가 더 나은 어떤 것을 원하게 하며, 결핍은 향상에 대한 욕망을 일깨운다. 만일 모네라(moners)의 감각체의 모든 결핍된 부분을 더 이상의 노력 없이도 채울 수 있다면, 아메바라는 단세포동물에서 인류가 진화하지도 않았을 것이고, 오늘날 인간이 슐라라피아(Schlaraffia, 게으름뱅이의 천국)에서 산다면, 새로운 발명품, 진보나 개선에 대해서 골머리를 앓지 않을 것이며, 그냥 아무 생각 없이 즐기며 살아도 될 것이다. 어떤 노력을 할 필요도 없고, 악덕을 상대로 싸움을 벌일 필요도, 덕행을 위한 노력도, 구원을 실현하기 위한 노력도 필요 없다. 악함이 없을 테지만, 그렇다면 선함도 없다. 모든 존재는 도덕적 무관심에 젖어버릴 것이다.

선이란 악이 있기 때문에 선하고, 신은 악마가 있기 때문에 신일 수 있다. 악은 단순한 부정이 아니다. 그러므로 종교 속에서의 사탄의 모습은 근거 없는 공상만은 아닌 것이다. 괴테는 말한다.

> 당신은 악마를 과소 평가했지.
> 아직도 난 설득할 수가 없네.
> 너무나 커다란 증오의 대상이었던 그,
> 뭔가 대단한 것이 틀림없는데.

이제, 신학과 민담, 시에서 드러나는 사탄의 신화적 모습을 보도록 하자. 그는 정말 대단히 흥미로운 자가 아니던가? 그야말로 온갖 범죄를 대표하는 자임에도 불구하고, 악마는 훌륭하고 고상하다고 할 만한 많은 좋은 점들을 가지고 있다. 창세기 2장에 따르면, 사탄은 과학의 아버지라고 할 수 있다. 왜냐하면 이브를 설득하여 그녀로 하여금 선악과를 아담에게 처음 맛보도록 했기 때문이다. 그노시스의 한 분파였던 오파이트교도들은 바로 그런 이유로 뱀을 숭배했다.

사탄은 사회에 불안감을 일으켰고, 그 같은 수많은 폐해에도 불구하고 세상이 앞으로 전진하도록 하였던 것이다. 그는 진보, 연구, 발명의 은인이다. 지오다노 브루노, 갈릴레오, 기타 과학자들은 그의 자손으로 간주되어 교회로부터 혹독한 대가를 치렀다.

또한 악마와의 계약에 대한 기록을 살짝 훑어보고 나면, 이 노신사를 존경하기에 이른다. 밀턴의 사탄은 위대한 인물이며, 숭고한 영혼을 가진 반역자로, 수치심을 느낄 바에는 영원히 고통을 겪는 편을 선택한 존재이다.

그를 싫어하는 자들의 진술만 보더라도, 악마는 세상에서 가장 믿을 만한 인물임을 알 수 있다. 악마는 오히려 죄인들, 성인들, 천사들, 심지어 —많은 고대 교구 전설에 따르면— 주 하나님에게조차 수없이 속아왔다. 그래도 그는 자신의 약속을 글자 그대로 꼼꼼하게 지켰다. 또한 그토록 쓴 경험을 했어도 그런 악마의 성격은 조금도 변화지 않았다. 그의 말은 신성한 맹세나 혹은 인장과 법적 증인이 확인한 서명으로 예우되었다. 또, 그와 거래를 했던 사람들이 계약서에 서명하고 난 그에게 담보를 주거나 혹은 성실히 약속을 지킬 거라는 증거를 요구한 경우는 알려져 있지 않다. 누구도 악마의 정직성을 의심하지 않았던 것이다. 악마의 인격을 뽐내는 자는 악마가 아니라는 것도 염두에 두라. 이것이 우리가 악마의 적들로부터 제시된 증거에서 끌어내야 할 결론이다.

신과 인간의 '밥' 인 이 정직한 수난자에 대한 동정심은, 우리들 자신의 본성과 사악한 악마와의 관계를 고려하면 점점 더 커진다. 우리 손을 가슴에 대고 생각하건대, 우리 중 어느 누구나 인간의 신을 향한 감정에도 불구하고 어떤 측면에서는 악마와 비슷한 면이 있다고 고백하게 될 것이다. 여기서 비슷한 면이라고 할 때, 실제적 죄악이나 중대한 범죄만을 의미하는 것이 아니라, 우리가 좀처럼 뉘우치지 않을 만큼 사소한 것들에 대해서 말하는 것이다.

가끔은 우리 이웃을 농담삼아 씹는 일이 있지 않은가? 다른 사람을 놓고 농담하는 일이 있지는 않은가? 가장 친한 친구들을 을러대고 놀리거나 애타게 만든 적은 없는가? 어떤 무고한 약자를 궁지에 몰아넣고는 그 이상한 상황을 즐긴 적이 한 번도 없는가? 왜 그래서는 안 되는가?

만일 생명으로부터 풍자나 농담, 기타 '악마의 놀음' 을 앗아가 버린다면, 생명이 가진 가장 향기로운 매력을 잃는 것이고, 사람을 오직 미덕으로 가득하게만 만든다면 그 사람은 아마 세상에서 가장 참을 수 없을 만큼 지루하고 표현할 수 없을 만큼 따분한 사람이 되고 말 것이다. 이런 사소한 악덕이 위인조차도 인간답게 만들어주기 때문이다. 그저 기계적 도덕을 지키는 사람은 매력적이지도 않을 뿐만 아니라 호감을 느끼게 하지도 못한다.

악마는 오해받았던 온갖 천재들의 아버지다. 우리에게 새로운 길을 일러준 이가 바로 그다. 그는 사고와 행위에서 독창성을 이끌어 내었다. 그는 저 멀리 인도제도의 부에 이르는 새로운 길을 발견하기 위해 미지의 바다를 용감하게 탐험하도록 부추겼다. 그는 우리가 더 번영하고 더 행복하고자 하는 희망과 꿈을 갖게 만들었다. 그는 가슴을 쓰라리게 하는 불만의 정신이지만, 결국 일을 훨씬 더 잘 정리하도록 한다.

사실, 그는 신의 매우 유용한 도구이며, 자연의 섭리 안에서 행동하게 하는 건전한 자극제로서, 그리고 생명체의 숭고한 노력을 발현하게 하는 거부의 힘으로서 꼭 필요한 존재라는 사실을 생각한다면, 악마가 가진 모든 괘씸한 성격은 더 이상 보이지 않게 된다.

신은 대체로 행위의 궁극적 기준으로 간주되지만, 그 자체는 악도 아니고 선도 아니다. 그럼에도 불구하고, 신은 악한 사람들에게도 있고 선한 사람들 속에도 있다. 그는 선과 악을 두루 싸안고 있다. 신은 성장 속에도, 쇠퇴 속에도 있다. 그는 생명 속에도 드러나고, 죽음 속에도 드러난다. 그는 폭풍 속에도 있고, 고요함 속에도 있다. 그는 선량한 열망 속에 살고 있고, 도덕적 노력에 내리는 축복에도 살아 있다. 또 동시에 악한 행위들에 따르는 천벌 속에도 살아 있다. 양심의 가책은 바로 신의 목소리이고, 천벌 속에도 신은 있다.

이 점에서 그는 악함 자체에도 존재한다. 악, 유혹, 죄조차도 선함을 이끌어낼 수 있다. 이들은 사람에게 교훈을 주기 때문이다. 볼 눈이 있고, 들을 귀가 있으며, 느낄 마음이 있는 사람이라면, 악이라는 존재에서 교훈을 잡아낼 것이며, 이 교훈은 그것이 주는 고통에도 불구하고 확실히 경건한 생활의 고상함보다 결코 덜 인상적이거나 덜 종교적이라고 말할 수 없다. 따라서 사탄의 존재는 신의 섭리의 일부라는 것이 명백해진다. 실제로 악마란 필수불가결의 존재이며, 충직한 신의 협력자라는 것을 인정할 필요가 있다. 신비적으로 말해서 악마의 존재조차 신으로 가득 차 있다.

註

1) 같은 소책자에 인쇄된 버지니아의 미개인 언어사전에서, 존 스미스는 오키를 단순히 '신들'로 번역하였다.

2) 가장 널리 받아들여지는 어원설은 아다마투가 아다무(adamu)나 아드무(admu)에서 나왔다는 것. 아다무는 '남자'라는 뜻으로, 훗날 롤린슨이 지적한 바에 따르면 최초의 남자 이름으로 성경에 등장한다.

3) 헨리 롤린슨 경은 에덴동산이 간두니야스(Gan-Duniyas), 간두디(Gan-Duni), 아시리아 비문에 등장하는 바빌로니아어로는 '담', '울'을 뜻한다고 믿었다.

4) 길가메시(Gilgamesh, Gistubar)의 글자 그대로의 의미는 불바다이다.

5) 12궁도 중 몇 가지는 오늘날 사용하는 그림과 놀라울 만큼 일치한다. 켄타우루스(Centaur)와 전갈좌는 현재 대영박물관에 소장된 아시리아의 얕은 돋을새김에서 볼 수 있다.

6) 너도밤나무(fagus, 파구스), 떡갈나무($\phi\eta\delta\sigma\tau$)가 둘 다 어원적으로는 영어의 비치(beech, 너도밤나무)나 독일어의 부헤(Buche, 너도밤나무)와 같으며, 그 뜻은 '먹는 것' 혹은 '먹을 수 있는 열매가 달린 나무'와 동일한 의미라는 것은 주목할 만한 일이다. 에이콘(Acorn, 도토리)은 오크(oak, 떡갈나무)에서 나온 말은 아니지만 acre와 관련된 말이며, '추수' 혹은 '열매'라는 뜻이다. 이는 또한 독일어의 아이켈(Eichel[acorn], 떡갈나무 열매)과는 연관성이 없지만, 너도밤나무의 열매를 뜻하는 독일어 에커(Ecker, 떡갈나무)와 같다.

7) 페르시아 키루스(Cyrus)대왕에게 영향을 미친 조로아스터교 덕에 리디아의 왕 크로에수스(Croesus)가 목숨을 건졌다는 이 이야기는 니콜라우스 다마스케누스(Nicolaus Damascenus)가 기원전 1세기에 썼다고 알려져 있는데, 믿을 만한 근거가 있다. 키루스는 종교적인 양심과 불을 더럽혀서는 안 된다는 조로아스터

의 말씀을 상기하였고, 페르시아인들은 크로에수스왕의 목숨을 살려주었다.

8) '태초에 있었던 독창적인 말씀'은 기독교적 개념뿐만 아니라 브라만의 바크(Vâch, 말씀, 어원학적으로 라틴어 복스〔vox〕와 일치한다)를 연상시켜 준다. 브라만의 리그베다의 네 번째 찬가는 "하늘과 땅에 충만한, 전 세계에 존재하며 하늘까지 뻗어 있는"과 같은 말로 찬양되어 있다.

9) 여섯 아메샤-스펜타(선한 불사신)들은 기독교의 대천사들과 비슷하다. 원래 이들은 모두 일곱이었으나 그 중 가장 위대한 첫 번째 신 아후라 마즈다가 여섯 번째 신격의 역할까지 맡게 되었다. 나머지도 막강한 신들이었지만, 아후라 마즈다는 그들 신들의 아버지요 창조자로 간주되었다. 처음에 아메샤-스펜타들은 단순한 미덕의 화신이었지만, 훗날 우주의 다양한 거처들을 지배했다. 하우르바트트(Haurvatât, 건강)와 아메레타트(Ameretât, 불멸)는 각각 물과 나무를 맡았다. 크샤트렘(Khshathrem Vairim, 완벽한 통치권)은 번갯불로 묘사되었는데, 그 상징물은 놋쇠 주조물이고, 또한 금속의 지배자로 숭배되었다. 도덕세계의 질서를 의미하는 아샤 바히타(Asha Vahita, 탁월한 고결)는 희생과 번제의 제물로 상징화되며, 불을 지배했다. 스펜타 아르마이티(Spenta Armaiti, 신성한 신앙심)는 변함없이 대지의 여신으로 간주되었는데, 고대 전설에 따르면 대지의 여신으로서의 그녀의 지위는 인도-이란(Indo-Iranian) 시대 이후로 계속되었다. 보후 마노(Vohu Manô, 선한 생각)는 살아 있는 생명의 창조를 주관하였다.

10) 가장 신성한 기도문 중 하나로, 기도할 때 가장 빈번하게 낭송되었다.

11) <열왕기하〉 21장의 몰록과 관련한 성서 기록을 의심할 이유가 없다. 왜냐하면 디오도루스(Diodorus)가 카르타고의 국가적 신에 대한 제식을 기술하였는데, 디오도루스는 성서와 같은 방식으로 그 신을 그리스의 '크로노스'와 동일시하였다. 카르타고가 페니키아의 식민지였다는 사실을 고려하건대, 크로노스가 똑같은 끔찍한 인신제물들로 화를 잠재우는 암모나이트 몰록(Ammonite Moloch)과 같은 신이었다고 생각할 충분한 근거가 있는 것이다.

12) 문제가 되는 성구에서의 인용문은 궁켈처럼 어떤 주석을 달지 않는 한 전혀 이해할 수 없다는 점을 덧붙여야 할 것이다. 주석서가 없다면 독자에게 그 인용구들은 봉인된 말과 다름없다. 성서에서의 단순한 번역은 그것을 이해하는데 아무런 도움이 되지 않기 때문이다.

13) 윌리엄스 경(Sir Monier-Monier Williams)은 인도 아리아족의 고대신앙 브라만교와 그것의 보다 현대적인 형태인 힌두교를 구별하고 있는데, 그 이유는 인도로부터 불교가 배척된 이후에야 힌두교가 발전했기 때문이다.

14) 다섯 명의 판두왕자들이 한 명의 드라우파디를 공통의 아내로 삼았다는 사실은 그 이야기가 얼마나 오래된 이야기인지를 짐작케 한다. 일처다부제는 확실히 고대에는 보기 드문 풍습이 아니었다. 이 제도는 오늘날에도 여전히 덜 개화된 부족들 사이에 유행하고 있다. 그러나 〈마하바라타〉가 만들어진 시대에 살던 아리아족 관습과는 모순되기 때문에, 브야샤(Vyasa, 호머 혹은 그 시의 각색자나 작자로 추정됨)는 드라우파디가 락슈미이고 판두들이 인드라의 다섯 화신을 상징한다고 주장함으로써 이 이야기를 우의적으로 풀고 있다.

15) 가네사란 성체의 주인이라는 의미로 원래 시바 자신을 말한다. 가네사라는 이름은 책의 저자들이 악마들을 쫓아내기 위해서 주문처럼 쓰였다.

16) 공작새와 카르티키야는 모두 시바의 아들들이다. 카르티키야는 수브라흐마냐(Subrahmanya), 혹은 스칸다(Skanda)라고도 불린다.

17) 파피얀(Papiyan)은 '몹시 사악한' 이라는 의미로, '사악하다' 는 의미의 산스크리트어 '피핀(papin)' 에 상응하는 말이다.

18) 바사바르티(Varsavarti) 역시 산스크리트어. 팔리어로는 바사바티(Vasavatti)인데, 바사(vasa) 즉 소망, 욕망이라는 말에서 나왔다. 차일더스(Robert Caesar Childers)는 이 단어를 '종속을 야기하는' 의미로 설명하고 있다. 마라는 또한 파라니미타 바사바티(Paranimmita Vasavatti)라고도 불리는데, 그 의미는 '타자에 의한 종속이 일어남' 이다.

19) 인도의 어떤 지역에서는 뱀이 완전함과 지혜의 상징물이었다. 그노시스의 한 종파인 오파이트(the Ophites)도 에덴동산에 살던 뱀을, 선과 악에 대한 지식을 가르쳐준 스승이자 과학의 시조로 섬겼다.

20) 이 구절은 우리에게 미드가르드뱀(Midgard-serpent, 북유럽 신화에서 인류가 사는 세계-역주)에 얽힌 신화와, 커다란 입을 가진 용에 관한 수많은 중세의 지옥관을 생각나게 한다.

21) 지옥을 묘사할 때 조악한 해학을 담지 않은 중세의 방식은 찾아보기 어렵다. 영혼은 주로 갈퀴에 담겨 용의 열린 입 속으로 던져지는 것으로 묘사되는데,

이에 비해 〈신앙의 지혜〉에 담긴 지옥에 관한 묘사는 해학적이지 않고 매우 진지하다.

22) 기독교 교회는 인신공희가 속죄를 위해 필수적인 것이며, 신앙의 신비적 효과로 얻어질 수 있는 것으로 보는 관점을 결코 버리지 않았다. 그래서 아브라함이 이삭을 제물로 바쳤던 일이나, 황야에서 모세가 청동뱀을 만들어 기적적인 치유를 행하던 일에도 십자가에 매달려 죽음을 맞이한 그리스도를 계속적으로 언급하고 있는 것이다.

23) 〈그림 11-12〉에 재현된 조상은 그리스 미술의 전반기에 속하는 것이라서 페가수스 말에는 후대 묘사에서는 절대 빠지는 적이 없는 속성인 날개가 아직 없다. 페가수스가 시적 열정의 상징이라는 현대적 관념은 15세기부터 생긴 것이며, 그리스인들에게는 아직 낯선 것이었다.

24) 프로메테우스 신화를 그리고 있는 아름다운 석관(그림 11-15)은 첫 번째 그림이 확실히 미완성품이다. 원래대로라면, 프로메테우스가 불을 훔쳐서 그것을 아들 데우칼리온(Deukalion)에게 주는 장면이 있어야 한다.

25) 미트라의 신비적 교의는 알렉산더 시대에 그리스로 도입되었다. 이 교의는 점점 더 큰 영향을 끼쳐, 그리스도 기원 2세기에 절정에 이르게 되었다. 로마제국 전역, 특히 갈리아 지방과 독일에 남겨진 미트라 숭배로 인한 대부분의 유물들은 미트라 숭배가 기독교의 맞수가 될 즈음에 만들어진 것들이다.

26) 아브락(Abrak)은 이집트어로 '절하다' 또는 '숭배하다' 라는 뜻이다. 이 말은 성서 창세기 41, 43장에도 언급된다. 사스(Sas〔Sadshi〕)는 '이름' 을 말한다. 그래서 아브락사스(Abraxas)는 '숭배할 이름' 이 된다.

27) 고대 이집트 신화의 우신(牛神). 하이집트의 수도 멤피스를 지배한 최고의 신으로 토트의 명령에 따라 천지창조를 마치고 정의를 확립하였다고 전해진다.

28) '파이만더(Pymander)' 라는 말은 주로 '인간의 목자' 로 풀이된다.

29) 이교도의 등변 십자가는 항상은 아니지만, 십자가를 이루는 각각에 자주 네 개의 점으로 장식되고는 한다. 이 네 개의 점은 대개 각각의 지점, 즉 동서남북에 있는 태양을 상징하는 것으로 풀이된다. 이집트의 벽화에서 이 성스런 상징으로 둘러싸인 아피스를 볼 수 있으며 또한 다양한 그리스 신들의 옷에서도 심심찮게 볼 수 있는 도안이었다.

30) 1월 17일을 성 안토니우스의 날이라 하는 이유는 볼란디스트파(Bollandist)의 〈악타 쌍토룸(Acta Sanctorum)〉에 나와 있다.

31) 미국의 메리 베이커 에디(Mary Baker Eddy)가 조직(1866)한 신흥 종교로, 신앙의 힘으로 병을 고치는 정신 요법을 특색으로 한다.

32) 기독교의 외경에는 범죄로 간주될 수도 있는 기적을 예수가 행하고 있음을 볼 수 있다.

33) 1521년 함부르크의 한 외과 의사가 산파가 포기한 한 아기의 생명을 살렸다는 이유로 마술을 행한 죄로 처형당했다.

34) 예를 들어 선지자 보보카(Wovoka)가 북 아메리카 인디언들에게 가르쳤던 유령 춤이 얼마나 깊은 종교정신을 보이고 있는지를 주목해 보자. 보보카의 숭배자들은 유령 춤에서의 몇 가지 특징적인 몸가짐을 묘사한 삽화들에 잘 나타나 있다.

35) 흑마술이라는 개념과 이름은 강령술(necromancy)이라는 말이 강령술의 변조(nigromancy)로 변형된 것에서 유래되었다.

36) 이 이야기는 의심의 여지가 있지만, 루터의 성격을 고려해 보면 이 사건이 가능할 뿐 아니라, 어느 정도 개연성이 있다고 본다. 만일 루터가 악마에게 잉크병을 던지지 않았다면, 이 일화는 아무튼 최소한 '그럴 듯' 하다(ben trovato, 이탈리아어로 이야기 등이 교묘하여 그럴듯할 때 쓰인다-역주). 잉크병을 던지는 부분은 루터가 사탄을 대하는 태도를 가장 잘 표현해 주고 있다고 생각된다.

37) 특히 후자의 노래, '성령께 기도드립니다(Nun bitten wir den Heilgen Geist)'는 마녀로부터 보호해 준다고들 믿었다. 기이센(Giessen) 대학의 신자였던 교장은 악마 복장을 한 학생들이 자신을 둘러싼 적이 있었을 때, 불안에 떨며 이 찬송가를 불러 이들을 물리쳤다고 한다.

38) 십자가는 어디에나 등장한다. 사람들의 옷에도, 하늘에도 십자가 투성이며, 가시관에도 못, 채찍에도 십자가가 있다. 이는 리에즈(Liège)의 주교로 하여금 특별히 금식을 명하게 만들고, 황제로 하여금 세상을 위협하는 위험에 대한 주의를 환기시켜 주었다.

39) 5월 초하루 전날 밤. 독일에서는 이날 밤 마녀들이 브로켄(Brocken) 산에서 마

왕과 주연을 가진다고 함.

40) 두르가와 동일인물인 마하마야 창조 신화를 보려면 〈마칸데야 푸라나(Mârkandeya Purâna)〉의 '찬디(the Chandi)'를 참고. 의기양양한 거인왕 마히샤 세력 때문에 어려운 지경에 빠진 신들의 비참함을 목격한 비슈누는, 너무나 화가 나서 마하마야의 모습으로 둔갑하여 영광의 빛을 분출하였다. 유사한 광채가 다른 신들에게서도 나왔고, 여신의 전신으로 들어가더니 물소모양을 한 괴물 마히샤를 박살내었다. 이 같은 신화에 관한 또 다른 이야기가 〈바마나 푸라나(Vâmana Purâna)〉에도 있다. 더 자세한 내용을 알고 싶다면 마히샤와 마히샤마르디니(마히샤의 정복자) 힌두 신화 참고하라.

41) 다신론은 신과 만물을 동일시한다. 보편적 과학의 입장에서는, 입법자가 법령을 발포하듯 신이 자연법칙을 만든 것은 아니지만, 그 법칙은 곧 신의 현현이며 신의 일부분이라고 생각한다. 이 법칙들은 영원하고 완벽하게 이해할 수 있는 존재규범의 특수한 측면이다. 일신교란 단 하나의 신이 존재한다는 이론이며, 이 하나의 신은 대개 인격적인 존재로 이해된다.

INDEX